Beate Lohnert

Vom Hüttendorf zur Eigenheimsiedlung
Selbsthilfe im städtischen Wohnungsbau.
Ist Kapstadt das Modell für das neue Südafrika?

Osnabrücker Studien zur Geographie
Band 24

Herausgegeben von

Herausgegeben von Jürgen Deiters, Gerhard Hard,
Joachim Härtling, Norbert de Lange, Beate Lohnert, Walter Lükenga,
Diether Stonjek und Hans-Joachim Wenzel

Beate Lohnert

Vom Hüttendorf zur Eigenheimsiedlung

Selbsthilfe im städtischen Wohnungsbau.
Ist Kapstadt das Modell für das neue Südafrika?

Universitätsverlag Rasch   Osnabrück

Gedruckt mit Unterstützung der Deutschen Forschungsgemeinschaft.
D 700

Die Deutsche Bibliothek – CIP-Einheitsaufnahme

Ein Titeldatensatz für diese Publikation ist bei
Der Deutschen Bibliothek erhältlich.

© 2002 Universitätsverlag Rasch, Osnabrück,
Rechtsträger: Rasch Druckerei und Verlag GmbH & Co. KG, Bramsche
Einbandgestaltung:Tevfik Göktepe unter Verwendung des Fotos von © Oliver Dreher

ISBN 3-935326-79-3
ISSN 0344-7820I

Danke!

Eine wissenschaftliche Arbeit, insbesondere wenn sie auf empirische Datenerhebungen angewiesen ist, kann nie nur durch einen Menschen entstehen. Deshalb muss und soll an dieser Stelle einer Vielzahl von Menschen gedankt werden.

Meinen Freundinnen und Freunden in Kapstadt möchte ich an erster Stelle danken. Patric gewährte nicht nur Unterkunft, sondern ein Zuhause, Ellie war immer für mich da, insbesondere in Zeiten, in denen Leben und Arbeiten in Kapstadt schwierig und gefährlich wurde, Maureen, Glen, Gregg, David, Carinne, Jeremy, sowie Rita und Timmi und alle hier nicht genannten trugen ihr Teil dazu bei, dass Kapstadt für mich zur zweiten Heimat wurde.

Mein besonderer Dank geht selbstverständlich an alle Bewohnerinnen und Bewohner der informellen Siedlungen von Kapstadt, die trotz ihres täglichen Überlebenskampfes bereit waren, meine Fragen zu beantworten, mich in ihren von täglicher Gewalt geprägten Lebenszusammenhängen beschützten und die das Lachen nicht verlernt haben – trotz alledem.

Auch an der University of Cape Town, die zur zweiten akademischen Heimat gedieh, wurde mir vielfache Unterstützung zuteil. Gedankt sei hier Prof. Dr. Heinz Rüther (Dept. of Geomatics) für so manche logistische Unterstützung und für die Erstellung der Luftbilder. Prof. Sue Parnell, Dr. Richard Griggs, Daryll Kilian und Sophie Oldfield vom Departement for Environmental and Geographical Sciences gebührt mein herzlicher Dank für ihr inhaltliches Interesse und die vielen Diskussionen zum Thema. Prof. em. Dr. Ron Davies ließ mich in vielen Gesprächen an seinem Wissen teilhaben. Mein besonderer Dank geht an Prof. Dr. Andrew (Mugsy) Spiegel, vom Dept. of Social Anthropology für die richtigen Fragen zur richtigen Zeit.

In Osnabrück geht mein herzlichster Dank an Prof. Dr. Hans Wenzel, der für meine Forschungen den nötigen Freiraum schuf, dessen Tür für Fragen immer offenstand und dessen Sach- und Regionalkompetenz nicht hoch genug geschätzt werden können. Dem unvergleichlichen Torsten M. Schlautmann gebührt mein ausdrücklicher Dank für die stets zuverlässige und hohe Qualität seiner Mitarbeit und für die Erstellung der meisten Karten. Mein Dank geht auch an Bastian Schneider sowie Katharina Opladen und Sven Deeken.

Ohne die finanzielle Förderung durch die Deutsche Forschungsgemeinschaft, die meine Arbeit im Rahmen des Schwerpunktprogramms ›Mensch und Globale Umwelt-veränderungen‹ unterstützte, wäre die Arbeit nicht in dieser Form zustande gekommen.
Last but not least ist es wie immer mein Mann Dr. Armin Haas, dem mein größter Dank gebührt – für seine Unterstützung und für seine fachlichen Anregungen.

Inhaltsverzeichnis

Verzeichnis der Tabellen

Verzeichnis der Abbildungen

Verzeichnis der Fotos

Verzeichnis der Abkürzungen

ANC	African National Congress
BLA	Black Local Authority
CBD	Central Business District
CBO	Community-Based Organisations
CCC	Cape Town City Council
CMA	Cape Metropolitan Area
CMC	Cape Metropolitan Council (ehemals WCRSC)
CMR	Cape Metropolitan Region
CPA	Cape Provincial Administration
DAG	Development Action Group
DBSA	Development Bank of Southern Africa
GCIS	Government Communication and Information System
GEAR	Growth, Employment and Redistribution Strategy
GNU	Government of National Unity
IDASA	Institute for Democracy in South Africa
IDP	Integrated Development Plan
IESP	Integriertes Ernährungssicherungsprogramm
ILRE	Integrierte Ländliche Regionalentwicklung
IMIS	Institut für Migrationsforschung und Interkulturelle Studien (Osnabrück)
ISLP	Integrated Serviced Land Project
LUPO	Land-Use Planning Ordinance
MLC	Metropolitan Local Council
MOSS	Metropolitan Open Space System
MSDF	Metropolitan Spatial Development Framework
NGO	Non Governmental Organisation
NHB	National Housing Board
NHFC	National Housing Finance Corporation
NNP	New National Party
NP	National Party
NRO	Nicht-Regierungsorganisation
PAC	Pan African Congress
PLP	Presidential Lead Projects
PPP	Private Public Partnership
PRA	Participatory Rural Appraisal
PUA	Participatory Urban Appraisal
RDP	Reconstruction and Development Programme

SAIRR	South African Institute of Race Relations
SALDRU	South African Labour and Development Research Unit
SANCO	South African National Civics Organisation
SA-PPA	South African Participatory Poverty Assessment
SHAWCO	Student Health and Welfare Company
SMME	Small and Medium Enterprises
S&S	Site and Service
UCT	University of Cape Town
WCCA	Western Cape Civics Association
WCRSC	Western Cape Regional Services Council
WCUSA	Western Cape United Squatters Association
WESGRO	Association for the Promotion of the Western Cape's Economic Growth

Never, never, and never again shall it be that this beautiful land will again experience the oppression of one group by another... The sun shall never set on so glorious a human achievement.
Let freedom reign. God bless Africa!

Inauguration speech of President Nelson Rohilala Mandela in Pretoria, 10 May 1994

Einleitung

»Es ist modisch geworden, den Grabgesang auf das in Krisen, Katastrophen und Kriegen versinkende Afrika zu singen« schreibt NUSCHELER (1996:302) im ersten Band der Schriftenreihe des Instituts für Migrationsforschung und Interkulturelle Studien (IMIS) in Osnabrück. Sollte diese Einschätzung stimmen, dann handelt es sich im Folgenden *nicht* um eine modische Arbeit, obgleich es angesichts der Realität eines von sozioökonomischem Niedergang und ökologischer Degradation gezeichneten Kontinents bisweilen schwer fällt, den berühmten Silberstreif am Horizont im Sinne von positiven Entwicklungsanzeichen zu erkennen.

Vielmehr wird hier die positivste Entwicklung in Afrika der letzten 10 Jahre, das Ende der Apartheid in Südafrika, zum Anlass genommen, die Desegregations- und Integrationspolitik der ersten demokratisch gewählten Regierungen dieses Landes eingehender zu betrachten. Dies soll anhand der Wohnungspolitik und Wohnraumplanung für die städtischen Agglomerationen geschehen. In Südafrika fehlen derzeit etwa 3 Millionen Wohneinheiten, fast ausschließlich im sogenannten *low-cost*-Sektor, der die ehemals durch Apartheid benachteiligten Bevölkerungsgruppen betrifft. Vor diesem Hintergrund wird die Wohnraumfrage zum Spiegel einer sich transformierenden Gesellschaft. Wohnraum und Wohnbesitz werden auch von der südafrikanischen Politik als Vehikel zur Umgestaltung von einer räumlich und sozioökonomisch segregierten zu einer integrierten Gesellschaft gesehen.

> Our conceptual understanding of the housing question is not simply a matter of production and consumption. The housing question in South Africa, especially for blacks, pervades their very existence: who they are, what they are, and where they stay… Housing therefore becomes an indicator and a potent symbol of the shifting power relations between classes and within different sectors of capital.[1]

Wie und wo jemand wohnt, charakterisiert in Südafrika nicht nur Klassenzugehörigkeit, sondern ist ein Indikator für die Position einzelner Gruppen im Verhältnis zu den Apartheidstrukturen.

Kapstadt, die ›*Mother City*‹ – die erste Stadt Südafrikas –, wird in dieser Arbeit als Beispiel dienen. Wie zu zeigen sein wird, ist Kapstadt in vielerlei Hinsicht repräsentativ für die Probleme der großen Städte Südafrikas und Afrikas im Allgemeinen – in vielem jedoch auch einmalig und kann in manchen Aspekten der Wohnungspolitik als innovativ und richtungsweisend gelten.

Dem in Südafrika derzeit angewandten Konzept der unterstützten Selbsthilfe im Wohnungsbau kommt in der Arbeit eine prominente Rolle zu. Insbesondere soll untersucht

---

1 SONI zitiert in OELOFSE (1996a:91)

werden, ob und unter welchen Umständen dieses Konzept einen erfolgversprechenden Weg aus der Realität sich ausbreitender informeller Siedlungen in den Städten der Dritten Welt aufzeigen kann.

Um die hier aufgeworfenen Fragestellungen zu bearbeiten, wird im ersten Kapitel zunächst die theoretische Einordnung der Arbeit geleistet. Ausgehend von dem Bekenntnis zu anwendungsorientierter Forschungsarbeit, werden Konzepte wie *Welfare Geography*, soziale Verwundbarkeit und der Blickwinkel einer handlungstheoretischen Sozial-geographie auf ihre Relevanz für die vorliegende Forschungsfrage überprüft. Des weiteren wird der Problemkomplex Urbanisierung in Afrika behandelt.

Kapitel II beschäftigt sich dann eingehend mit der Theoriedebatte um Selbsthilfe im Wohnungsbau und der entwicklungspolitischen und entwicklungspraktischen Instru-mentalisierung dieses Konzeptes. Insbesondere die Grundannahmen, auf denen das gesamte Konzept fußt, werden eingehend analysiert.

Das dritte Kapitel skizziert die Rahmenbedingungen in Südafrika, wobei zunächst ein geschichtlicher Überblick über die Segregation und Wohnungspolitik gegeben wird. Den heutigen sozioökonomischen Rahmenbedingungen wird insofern breiter Raum eingeräumt, als sie wichtige Bestimmungsfaktoren für das Scheitern oder den Erfolg von Maßnahmen zur Behebung der Wohnungsmisere in den informellen Siedlungen Südafrikas sind. Dieses Kapitel schließt mit der Analyse der aktuellen Wohnungspolitik.

Anschließend wird das Beispiel Kapstadt vorgestellt. Die spezifischen sozio-historischen Gegebenheiten kommen hier ebenso zum tragen, wie die derzeitigen sozioökonomischen Disparitäten, die diese Stadt charakterisieren. Auch die Politik- und Planungsebene wird hier evaluiert.

In Kapitel V werden schließlich die einzelnen Untersuchungsgebiete in Kapstadt vorgestellt und die Methodik der empirischen Untersuchungen offengelegt. Das folgende Kapitel knüpft direkt an und leitet aus den empirischen Ergebnissen die wesentlichsten internen Bestimmungsgründe für die Verbesserung von Wohnraum ab.

Das Schlusskapitel VI versucht dann den Kreis zu schließen und die Resultate der empirischen Untersuchungen in den *Squattern* von Kapstadt sowie die Ergebnisse der Analyse der südafrikanischen Wohnungspolitik der Theoriedebatte und den ent-wicklungspolitischen bzw. entwicklungspraktischen Ansätzen gegenüberzustellen. Ins-besondere wird der eingangs gestellten Frage nach den Bedingungen, unter denen das Konzept der Selbsthilfe im Wohnungsbau eine realistische Lösung für das Problem informeller Siedlungen sein kann, Rechnung getragen. Weiterhin wird der Weg für eine realistische Wohnungspolitik in Südafrika angedacht und eine Prognose erstellt.

Wer Südafrika verstehen will, muss seine Geschichte kennen. Zur Geschichte gehört Apartheid – durch die Rasseneinteilung und -trennung wurden die Grundsteine zur heute noch vorherrschenden strukturellen Polarisation der Gesellschaft gelegt. Deshalb kann eine wissenschaftliche Arbeit, die sich mit gesellschaftlichen Phänomenen des heutigen Südafrika beschäftigt, nicht vollständig darauf verzichten, Rassenbezeichnungen, die die negative Konnotation der Apartheid tragen, zu verwenden. Wo es zur Klärung von

Sachverhalten nötig ist, werden daher die aus der Apartheidzeit stammenden Einteilungen der Bevölkerungsgruppen in Schwarze, *Coloureds*, Inder und Weiße übernommen. Es wurde bewusst darauf verzichtet, den Begriff *coloured* ins Deutsche zu übersetzten, da sich für die Vielzahl der unter diesem Begriff zusammengefassten Bevölkerungsgruppen keine deutsche Bezeichnung finden lässt. Obwohl sich die Verfasserin an dieser Stelle explizit von einer Kategorisierung von Menschen anhand ihrer Hautfarbe distanziert, ist es an vielen Stellen wichtig, nachzuweisen, dass Apartheid heute über ökonomische Vehikel immer noch wirksam ist. Natürlich tragen die Pauschalbezeichnungen keiner der so zusammengefassten Gruppen im ausreichendem Maße Rechnung, da sie pauschalisierend die Diversität verschleiern; wo nötig werden daher die Bezeichnungen der ethnischen Gruppen oder Herkunftsgebiete von bestimmten Bevölkerungsgruppen genannt.

Im Folgenden wird zugunsten der Lesbarkeit darauf verzichtet, immer beide Geschlechter zu benennen. Gleichberechtigung zeichnet sich schließlich nicht durch äußere Formen aus, sondern durch entsprechendes Denken und Handeln.

I. Urbanisierung und Marginalität
   – zum Begründungs- und Erkenntniszusammenhang
   der wissenschaftlichen Beschäftigung
   mit städtischen Marginalsiedlungen

1. Zur Relevanz anwendungsorientierter Forschung und der Erfassung des ›Wesentlichen‹

Wie ist es zu begründen, dass sich eine Wissenschaftlerin mit Problemen der Stadtentwicklung in Kapstadt beschäftigt und dabei mit – über die Deutsche Forschungsgemeinschaft vermittelten – Steuergeldern unterstützt wird?[2] Jede wissenschaftliche Betätigung muss sich m. E. der Frage nach ihrer Relevanz stellen – nicht nur weil Wissenschaft schließlich ein von der Gesellschaft finanziertes Unternehmen darstellt und damit zumindest die moralische Verpflichtung eingeht, auch für die Gesellschaft Leistungen zu erbringen.

Diese Sichtweise ist in der Wissenschaftstheorie selbstverständlich nicht unumstritten. Nicht wenige Kritiker der Entwicklungsplanung werfen anwendungsorientierten Wissenschaftlern vor, sich als Täter und Handlanger der Planer zu verdingen.[3] ESCOBARS manifeste Kritik an der Planung ist schließlich nicht *per se* von der Hand zu weisen und soll daher hier zitiert werden:

> One cannot look on the bright side of planning, its modern achievements (if one were to accept them), without looking at the same time on its dark side of domination. The management of the social has produced modern subjects who are not only dependent on professionals for [satisfaction of] their needs, but also ordered into realities (cities, health and educational systems, economies, etc.) that can be governed by the state through planning. *Planning inevitably requires the normalization and standardization of reality, which in turn entails injustice and the erasure of diversity.* (ESCOBAR 1992:134, Herv. B. L.)

So müssen wir als Wissenschaftlerinnen und Wissenschaftler ziemlich früh in unserer Arbeit eine Entscheidung treffen, denn wir arbeiten nicht im luftleeren Raum – und schon gar nicht als Geographinnen und Geographen. Man kann sich durch Einmischung nach

---

2   Die empirischen Arbeiten zur Stadtentwicklung in Kapstadt wurden von 1996–2000 in 3 aufeinanderfolgenden Projekten durch die Deutsche Forschungsgemeinschaft gefördert, zwei davon im Rahmen des Schwerpunktprogramms ›Mensch und globale Umweltveränderungen‹ (SPP 194).

3   Herrn Em. Prof. Dr. G. Hard sei an dieser Stelle für die kritische Diskussion eben dieses Dilemmas am 29.05.2000, als ich die Gelegenheit hatte, meine Arbeit den Osnabrücker Kollegen vorzustellen, ganz herzlich gedankt.

FOUCAULT[4] genauso schuldig machen wie durch Nichteinmischung. Letztere Option wäre für die Autorin, die sich selbst als Angehörige einer anwendungsorientierten Wissenschaftsdisziplin definiert, die schlechtere Wahl und hätte schließlich nicht zu den folgenden Ausführungen geführt. Denn die Frage: »was ist zu tun«?, die FOUCAULT offensichtlich und demonstrativ vermeidet und sich damit das Leben erheblich erleichtert, wird angesichts der inzwischen weltumspannenden Umwelt- und Sozialprobleme immer lauter – gepaart mit der Aufforderung, Verantwortung zu zeigen – auch an die Wissenschaft, gestellt.

An dieser Stelle sollte allerdings zumindest ansatzweise die Problematik der Relativität der Relevanz wissenschaftlicher Ergebnisse reflektiert werden – insbesondere dann, wenn sie den Anspruch einer Anwendungsorientierung erheben. Denn schließlich fehlt der Wissenschaft die Macht, ihre Ergebnisse umzusetzen – manche mögen hinzufügen: Gott sei Dank! Einige Theoretiker, wie etwa der Politologe WILDAVSKY (1979) oder der Anthropologe ROBERTSON (1984) gehen so weit, daß sie der *ex post facto* Analyse von entwicklungspolitischen Entscheidungen und deren Implementierung – und um eine solche wird es sich im Folgenden in weiten Teilen schließlich handeln – wenig Wert zubilligen.

> In large part, it must be admitted, knowledge is negative. It tells us what we cannot do, where we cannot go, wherein we have been wrong, but not necessarily how to loosen these constraints or correct these errors. (WILDAVSKY 1979:401)

Im besten Falle könnte man dennoch bei optimistischer (wiewohl oberflächlicher) Interpretation von WILDAVSKYs Buch mit dem vielsagenden Titel ›*Speaking Truth to Power*‹, den Eindruck gewinnen, dass Politiker und Entscheidungsträger bereit sind, aus *ex post*- Analysen zu lernen, und dass diese Art der Politikanalyse eine korrektive oder *Feedback*-Rolle spielen kann und damit zukünftig zu einem besseren Resultat führt.

Im schlimmsten Falle allerdings bewahrheitet sich ROBERTSONS (1984) unzweideutig pessimistische Sichtweise, der Politikern und Planern eine angeborene Zurückhaltung bezüglich ihrer Wahrnehmung und der Umsetzung wissenschaftlicher Ergebnisse bescheinigt:

> For their part, anthropologists and sociologists have been relegated, or have relegated themselves, to a residual role in the implementation of projects: they have been employed very largely as pathologists, picking over the corpses of defunct development enterprises and performing intricate structural-functional autopsies. The pious hope that these will advise future planning efforts is usually frustrated by the reluctance of policy makers and planners to learn from the testimony of the negative case. (ROBERTSON 1984:294)

Oder wie SPIEGEL/WATSON/WILKINSON (1995:o.S.) formulieren: »»*Power*‹, *in other words, may more often than not choose to remain deaf to the* ›*truth*‹.« Oft liegt die Taubheit der Entscheidungsträger sicherlich auch an der sprichwörtlichen Sprachlosigkeit zwischen

---

4   Eine der Grundaussagen von FOUCAULT (1979) dreht sich um die unentrinnbare Verknüpfung von Wissen und Macht, dessen Resultat er mit dem Begriff ›*governmentality*‹ belegt.

Theorie und Praxis. APPEL (1993:229) ist allerdings der Meinung, daß Wissenschaft und Politik *per se* inkompatibel sind:

> (...) academic theory [or research] and policy are different products of different social practices, (...) they are fundamentally inapposite to resolving each other's problems (...). Trying to move politics with academic theory is like using a walnut to crack a sledgehammer.

Würde diese Aussage die Meinung der Autorin widerspiegeln, so hätte sie sich niemals auf das Unternehmen eingelassen, das zu der vorliegenden Arbeit geführt hat. Die positiven Erfahrungen mit staatlichen bzw. städtischen Institutionen und nicht-staatlichen Organisationen, die sich mit der praktischen Seite der Wohnungskrise in Südafrika beschäftigen und ihr weitreichendes und kontinuierliches Interesse an meinen Forschungsergebnissen haben mich in dieser Einschätzung bestärkt. Es ist trotz aller Widrigkeiten, die m. E. im wesentlichen in Berührungsängsten und unterschiedlichen Sprachcodes von Wissenschaft und Praxis zu suchen sind, unabdingbar, dass beide Seiten aufeinander zugehen und die Bereitschaft zeigen, voneinander lernen zu wollen. Lassen doch vor allem der von direkter politischer Einflußnahme unabhängige Blick, die Zeit, ohne Implementierungsdruck bestimmte Problembereiche zu beleuchten und die Freiheit, unbequeme und unkonventionelle Fragen zu stellen, wissenschaftliche Ergebnisse für die Praxis interessant werden. Damit sei jedoch nicht gesagt, dass Wissenschaft als solche wertneutral ist oder sein kann. Im Gegenteil, ist gerade die Frage nach den Wertprämissen wissenschaftlicher Forschungen eine wichtige Voraussetzung für deren Interpretation.

MAX WEBER (1913; 1988:171) fordert die Erfassung des Wesentlichen durch die wissenschaftliche Forschung und weist damit dem Wissenswerten als solchem einen Wert zu:

> Alle denkende Erkenntnis der unendlichen Wirklichkeit durch den endlichen Menschengeist beruht daher auf der stillschweigenden Voraussetzung, dass jeweils nur ein endlicher Teil derselben den Gegenstand wissenschaftlicher Erfassung bilden, dass nur er »wesentlich« im Sinne von »wissenswert« sein solle.

Was aber ist das Wesentliche, was ist wissenswert? MAX WEBERs Postulat der Wertfreiheit in der sozialwissenschaftlichen Forschung kann hier nicht uneingeschränkt gefolgt werden,[5] denn das Wesentliche der sozialen »Wirklichkeit« – die es *per se* so nicht gibt, sondern wenn, dann nur in einem unendliche Möglichkeiten zulassenden Plural – läßt sich weder empirisch erheben noch aus wie auch immer gearteten Gesetzmäßigkeiten ableiten. Ob ein Forschungsgegenstand als wesentlich und problembehaftet bewertet wird und damit ins Zentrum wissenschaftlichen Arbeitens gerät, ist von vielen Faktoren abhängig, welche auch die Werte und Wertbeziehungen aller Handelnden, aller Ebenen des Wissenschaftsbetriebes einschließen. Ebenso erscheint eine im WEBERschen Sinne wertbeziehungsunabhängige Erklärung sozialwissenschaftlicher Gegenstände nur schwer

---

5 S. hierzu auch GIDDENS (1977:89 ff.)

vorstellbar.[6] Daher ist es im Sinne einer redlichen Sozialwissenschaft unabdingbar, die Wertprämissen und gesellschaftstheoretischen Standpunkte offenzulegen (KRÜGER/ LOHNERT, 1996:51), die sich hinter der Auswahl von Forschungsgegenständen sowie der Wahl der Methoden und Analyseinstrumente verbergen.

Die Autorin nimmt für sich in Anspruch, bei der Auswahl ihres Forschungsgegenstandes einem von GIDDENS (1989:291) postulierten »*contingent moral rationalism*« gefolgt zu sein, der sich aus einer Mischung von faktischer und ethischer Begründung ergibt und im Folgenden mit Inhalt gefüllt werden soll.

2.   Soziale Gerechtigkeit als Leitthema: *Welfare Geography* und soziale Verwundbarkeit

Verschreibt man sich einer Mischung aus faktischer und ethischer Begründung wissenschaftlichen Arbeitens, kommt man nicht umhin, sich an bestimmten Wertestandards zu orientieren, die, neben der intellektuellen, anwendungsorientierten und ideologischen Auseinandersetzung mit dem Forschungsgegenstand eine weitere Instanz der kritischen Betrachtung des Ist-Zustandes darstellen, oder wie GIDDENS (1989:290) formuliert:

> Moral critique concerns assessing the rights and wrongs of contrasting policies of courses of action. On this level we confront the classical problem of the relation between ›is‹ and ›ought‹.[7]

Unter diesen Voraussetzungen bietet es sich geradezu an, sich an einem normativen Konzept wie dem der *Welfare Geography* (SMITH:1977:7) zu orientieren und dessen Fragestellungen als erkenntnisleitend anzunehmen.

Wer bekommt

was – wo – auf welche Weise – und warum / NICHT?

wird so zum Analyseraster zur Erfassung der Defizite gesellschaftlicher Lebensqualität,[8] die sich, wie im weiteren Verlauf der vorliegenden Studie zu zeigen sein wird, in südafrikanischen Städten – und nicht nur dort – und in den Wohnbedingungen marginalisierter Gruppen niederschlagen. Schließlich ist es kein Zufall, dass der *Welfare*-Ansatz durch D. M. SMITH in Südafrika initiiert wurde und die erste öffentliche Diskussion bereits 1973 an der University of Witwatersrand in Johannesburg stattfand (SMITH, 1973). Ebenso belegen die vielfachen Anwendungen des Ansatzes in Südafrika seine Relevanz für die hier vorherrschenden Zustände.[9] Ausgehend von der Verteilungsfrage eröffnet das Analyseraster der *Welfare Geography* einen multidimensionalen Zugang zur empirischen Erhellung unterschiedlicher Lebensqualitäten, die nicht nur Aspekte der Einkommens-

---

6   Zur Kritik an der WEBERschen Argumentationslinie s. OAKES (1990)
7   S. hierzu auch WERLEN (1997:143 ff.)
8   S. auch KRÜGER (1997:35)
9   S. SMITH (1973, 1992a)

verteilung sondern Faktoren wie etwa Gesundheit, Bildung, Wohn- und Wohnumfeldbedingungen miteinbezieht.

Der Ansatz der sozialen Verwundbarkeit bietet ein Analyseraster, das sowohl nach den materiellen als auch immateriellen Möglichkeiten und Grenzen Einzelner und sozialer Gruppen im Umgang mit krisenbehafteten Lebenssituationen fragt, sowie die externen Risiken und Unsicherheiten, die in der Struktur der sozialen Gesellschaft verankert sein können und auch als unvorhergesehenes Ereignis eintreten können, beleuchtet.[10] Der im *Welfare*-Ansatz gestellten Frage, WARUM bestimmte Individuen oder Gruppen an unterschiedlichen Orten über ›bessere‹ oder ›schlechtere‹ Lebensqualitäten verfügen, ordnet der Verwundbarkeitsansatz drei Dimensionen zu, die bei der Analyse ungleicher Lebensbedingungen zu berücksichtigen sind:

a)   The risk of exposure to crises, stress and shocks,
b)   The risk of inadequate capacities to cope with stress, crises and shocks,
c)   The risk of severe consequences of, and the attendant risks of slow or limited recovery (resilience) from crises, risk and shocks. (WATTS/BOHLE, 1993:118)

Die potenzielle Gefährdung von Individuen oder Gruppen kann sowohl eine räumliche als auch eine sozioökonomische Dimension annehmen. Allerdings erleiden nicht alle Menschen, die derselben Gefährdung ausgesetzt sind, dieselben Konsequenzen. Das liegt im wesentlichen an den Möglichkeiten, über die Individuen oder Gruppen verfügen können, mit krisenbehafteten Lebensbedingungen umzugehen. Diese Bewältigungsstrategien (›*coping strategies*‹) können auf zwei Ebenen angesiedelt sein. Es sind hier interne, informelle Strategien wie zum Beispiel informelle soziale Sicherungssysteme von externen, formellen Strategien wie etwa staatlicher Sozialhilfe zu unterscheiden. Demnach sind nach BOHLE/DOWNING/WATTS (1994:38) diejenigen Individuen und Gruppen am verwundbarsten, die den größten Risiken ausgesetzt sind, deren Bewältigungsstrategien am eingeschränktesten sind, die am stärksten unter den Konsequenzen einer Krise leiden und deren Erholungspotential am geringsten ist.

Beide Ansätze verbindet die Beschäftigung mit den Schwächsten, mit den verwundbarsten Gliedern der jeweiligen Gesellschaften, sowie die Grundannahme von einer ungleichen und ungerechten Welt; wobei die dahinterliegenden Polarisationsprozesse, die zu dieser Ungerechtigkeit führen, mit ihren Gewinnern und Verlierern offenzulegen sind. Dem Verwundbarkeitsansatz kommt das Verdienst zu, ein feines Analyseraster für die Frage nach dem WARUM geliefert zu haben, indem er sowohl strukturelle als auch individuelle Aspekte in die Analyse einbezieht.

Der beiden Ansätzen implizite Leitgedanke nach ›sozialer Gerechtigkeit‹ bedarf einiger Erläuterung. Die explizite Auseinandersetzung der Anthropogeographie mit ›sozialer Gerechtigkeit‹ begann in den späten 60er Jahren, als diejenigen Prozesse, die zu räumlichen Disparitäten der Lebenschancen führen, erstmals ins Erkenntnisinteresse anthropogeographischer Arbeiten rückten. D. HARVEYS Buch »*Social Justice and the City*«, das 1973 erstmals erschien, markiert wohl einen ersten Höhepunkt geographischen

---

10 S. hierzu u.a. WATTS/BOHLE (1993), BOHLE/DOWNING/WATTS (1994), LOHNERT (1995)

Interesses an diesem Konzept. Etwa zur selben Zeit begann SMITH in Südafrika das Konzept der *Welfare Geography* zu formulieren (SMITH:1973). Nach einem kurzen Zwischenspiel der ›*Radical Geography*‹, die sich am Marxismus orientierte, kann eigentlich erst mit der post-strukturalistischen Wende in den 80ern von einem erneuten breiteren Interesse an von ethischen Grundsätzen geleiteten geographischen Untersuchungen gesprochen werden. Zunehmendes Interesse wurde denjenigen Bevölkerungsgruppen entgegengebracht, die bis dato von der herkömmlichen Geographie weitgehend vernachlässigt wurden: ethnische Minderheiten, Frauen, sowie verwundbare und marginalisierte Gruppen in allgemeinen. Natürlich ist diese neuerliche Beschäftigung der Geographie mit ›moralischen‹ Werten nur erklärbar aus und weitgehend beeinflusst durch den breiteren Gesellschafts- und Wissenschaftsdiskurs des Postmodernismus. Der postmoderne Wissenschaftsdiskurs ist gekennzeichnet durch eine weitreichende Skepsis gegenüber dem allumfassenden Wahrheitsanspruch der großen Theorien und der Anerkennung und Betonung der Diversität sozialen Lebens.

Es ist an dieser Stelle festzuhalten, dass soziale Gerechtigkeit, wie auch immer sie mit Inhalt gefüllt wird, eine normative Konzeption darstellt, deren Sinngehalt von den jeweiligen gesellschaftlichen Rahmenbedingungen, d. h. den vorherrschenden Werten und Normen abhängig ist, sowie von der jeweiligen Stellung derjenigen Person innerhalb der Gesellschaft beeinflusst ist, welche die Operationalisierung des Begriffes vornimmt. Rechtfertigt diese Feststellung jedoch eine alle Möglichkeiten eröffnende relativistische Einstellung gegenüber Gerechtigkeit oder gibt es so etwas wie ein universelles Konzept darüber, wie Menschen zu behandeln sind? Ganz im Sinne postmoderner Diversitäts-postulate bemerkte MASKIE (1977:48) bereits Ende der 70er Jahre:

> (...) the radical diversity of the goals that men *[sic!]* actually pursue and find satisfying makes it implausible to construe such pursuits as resulting from an imperfect grasp of some unitary good.[11]

Das Problem, das eine solch relativistische Sichtweise aufwirft, liegt darin, dass sie Kritik von außen quasi verunmöglicht. Achtung und Toleranz für andere Menschen und Kulturen sollen hier keinesfalls in Frage gestellt werden. Wenn aus einer radikal-relativistischen Einstellung als Konsequenz jedoch die Akzeptanz zum Beispiel rassistischer und sexistischer Unterdrückungssysteme folgte, dann wäre der Preis zu hoch. So kann sich die Autorin der Aussage von LOUDEN (1992:148) gänzlich anschließen:

> Effective criticism of social practices and attitudes eventually *requires* moral theory for the fundamental reason that criticism that hopes to convince must eventually step back from particular moral practices and attitudes and ask what (if anything) *justifies* them.

Obwohl, wie aus den obigen Ausführungen hervorgeht, eine weltweit anerkannte und allgemeingültige Definition für soziale Gerechtigkeit nur schwer erzielbar sein wird, bzw. vermutlich in unerreichbarer Ferne steht, ist es dennoch wichtig an dieser Stelle eine Operationalisierung vorzunehmen – und sei es nur aus dem Grund, die Wertprämissen der

---

11 Zitiert in SMITH (1995:3)

Autorin offenzulegen. Eine sehr allgemeine Aussage stammt von D. M. SMITH, dem Vater der *Welfare Geography* (SMITH, 1995:1): »*Social justice concerns the distribution of a society's benefits and burdens, and the institutional arrangements involved.*«

Bei der Beantwortung der Frage, wie jedoch die gesellschaftlichen Vorteile und Lasten zu verteilen sind, orientiert sich die Autorin an einer gemeinsam mit F. KRÜGER (KRÜGER/LOHNERT, 1996) vorgenommenen Auseinandersetzung mit dem Partizipations-begriff. Partizipation und soziale Gerechtigkeit sind zwei nicht voneinander trennbare Konzepte und so kann Partizipation definiert werden als:

> Teilnahme und Teilhabe an Entscheidungsprozessen sowie Teilhabe an materiellen und immateriellen Gütern und Werten in auf der globalen, nationalen, regionalen und lokalen Maßstabsebene jeweils legitimierter Weise. (KRÜGER/ LOHNERT, 1996:45)

In einem weitergehenden Operationalisierungsversuch wird die Teilhabe und Teilnahme an Entwicklungsprozessen auf die globale, nationale und regional/lokale Ebene bezogen:

> Auf globaler Ebene kann Partizipation etwa die gleichberechtigte Teilhabe aller Menschen an materiellen oder kulturellen Ressourcen oder auch die gleichwertige Einbindung aller Staaten in den Weltmarkt bedeuten. (...) Im nationalen Kontext bedeutet Partizipation z. B. Die Integration aller Bevölkerungsteile in politische Ent-scheidungsprozesse, aber auch die landesweite Schaffung gleichwertiger Lebens-bedingungen. [Auf regionaler Ebene bedeutet Partizipation v. a. die] (...) Teilnahme und Teilhabe der betroffenen Bevölkerung an räumlich begrenzten Entwicklungsprozessen. (KRÜGER/LOHNERT, 1996:45)[12]

In beiden vorgestellten Operationalisierungsversuchen besteht, neben einer normativen Aussage und Stellungnahme immer noch genügend Spielraum für die Akzeptanz und Toleranz der Diversität unterschiedlicher Gesellschaften. Wenn es ein Prinzip sozialer Gerechtigkeit gibt, das speziell auf die Zustände in Südafrika zugeschnitten ist, so ist es das normative Postulat, dass Rassenzugehörigkeit alleine keinerlei Basis für die Benachteiligung oder Privilegierung sozialer Gruppen sein darf.

3.   Der Blickwinkel einer handlungstheoretischen Sozialgeographie und die verborgenen Mechanismen der Macht

Die komplexe Heterogenität der realen Welt wurde, wie im vorherigen Kapitel angemerkt, von allen großen Entwürfen der entwicklungstheoretischen Debatte vernachlässigt. Ob nun als Ursache oder Konsequenz der Generalisierungen haben diese Theorien – seien sie nun modernisierungs- oder dependenztheoretischer Provenienz, die ihre metatheoretischen Impulse entweder aus den neoklassischen oder marxistischen Schulen bezogen – wesentliche Aspekte menschlicher Gesellschaften nicht beachtet: die Bedeutung von Aktion und Interaktion, Geschichte, Kultur und die alltägliche soziale Konstruktion der ›Realität‹. Insbesondere den lokalen Dimensionen globaler Prozesse wurde so in den großen Theorien kaum Beachtung geschenkt. Im Zeitalter der Globalisierung tritt jedoch

---

12 Zur Diskussion des Partizipationsbegriffs s. auch LOHNERT (1995:233 ff.)

immer deutlicher zutage, dass lokale Prozesse von entscheidender Bedeutung für globale Veränderung sind und umgekehrt.[13]

Insbesondere bei der Betrachtung der sogenannten ›*Human Dimensions of Global Change*‹, in der der Mensch gleichermaßen als Verursacher und Betroffener von Veränderungen seiner sozialen und natürlichen Umwelt ins Zentrum des Erkenntnisinteresses rückt, sind theoretische Konzepte gefragt, die Handlungsspielräume und –antriebe sowie deren strukturelle Begrenzungen auf allen Ebenen analytisch greifbar machen. Hierzu bietet sich eine handlungszentrierte Perspektive an.

Der Blickwinkel aus dem im Folgenden der Forschungsgegenstand ungleicher Lebens-bedingungen und Segregationsprozesse im städtischen Raum bearbeitet wird, ist der einer handlungstheoretisch orientierten Sozialgeographie. Die Autorin möchte an dieser Stelle explizit nicht die von WERLEN in zahlreichen Schriften dargelegte Diskussion um die Frage, ob die Anthropogeographie allgemein nun als Sozial- oder Raumwissenschaft zu verstehen sei, nachzeichnen,[14] da sie der Meinung ist, daß bereits seit geraumer Zeit die Mehrzahl der Anthropogeographinnen und -geographen – insbesondere diejenigen, die sich im Feld geographischer Entwicklungsforschung betätigen – diese Frage für sich im WERLENschen Sinne beantwortet haben. Denn:

> wenn gesellschaftliche Problemfelder wie globale und regionale Formen von Umweltzerstörung und Ressourcenmangel, Verstädterung und Marginalisierung, Krieg und Flüchtlingselend, Armut und Hunger in das Zentrum geographischen Interesses rücken, dann ist der Schritt von der strengen Raumwissenschaft zur umfassenden Sozialwissenschaft vollzogen. (BOHLE,1995:o.S.)

Das große Verdienst WERLENS liegt allerdings in einer Neubestimmung geographischer Raumontologie, die Räume als Konzepte und eben nicht mehr als physisch materielle Phänomene auffasst. Vor diesem Hintergrund stellt sich die Frage nach einer raumwissenschaftlichen Sozialgeographie einfach nicht mehr.[15] Oder wie HARD (1999:133) formuliert:

---

13 S. auch LOHNERT/GEIST (1999)

14 Zur Vertiefung dieser Frage s. WERLEN (1995a,b,c; 1997)

15 An dieser Stelle sei ein Einwand gegen den von einigen Fachkollegen heraufbeschworenen Paradigmenwechsel in der Geographie einerseits und dem heftigen Widerstand gegen WERLENS Konzeption der Sozialgeographie andererseits gewagt. Mit WEICHART (2000:487) bin ich der Meinung, »(...) *dass die Koexistenz rivalisierender Paradigmen auch für die Geographie ein Faktum ist, mit dem wir zu leben haben, (...) [und] dass der Paradigmenpluralismus nicht eine* **Schwäche** *sondern eine ausdrückliche* **Stärke** *unserer Disziplin darstellt. Denn die unterschiedlichen Paradigmen sind in Wahrheit nicht Konkurrenten, sondern eigentlich (...)* **Komplementoren.** *Das »Produkt« – die Forschungsergebnisse im Rahmen eines Paradigmas – erhält einen Mehrwert, wenn gleichzeitig die »Produkte« eines anderen Paradigmas vorliegen und wir damit zu einer multiperspektivischen Weltsicht im Sinne des Komplementaritätsprinzips gelangen.«* Die Befürchtung von HARD, der deutsche Geographiediskurs könne von einem »*Zentralverband tumber Diskurskontrolleure*« (Hard, 1999:134) kontrolliert werden, wird bei einer derartigen Einstellung zur eigenen Disziplin obsolet. Die Verfasserin nimmt für sich in

Die Räume um die es in WERLENS Sozialgeographie geht, das sind also Rekonstruktionen der Raumkonstruktionen handelnder Subjekte; es sind wissenschaftliche Konstrukte über alltäglichen oder »alltagsgeographischen« Konstrukten. In diesem Sinn kann man dann auch sagen: Sozialgeographie, das ist eine doppelte Hermeneutik alltäglichen Geographie-Machens, und all diese Alltagsgeographien und »alltäglichen Regionalisierungen«, die alltäglich gemacht werden und geographisch erforscht werden sollen, sind handlungsbedeutsame Sinnstrukturen und nichts, was schon als Gegenstand oder Struktur in der physisch-materiellen Welt (z. B. an der Erdoberfläche) herumstünde.

Damit sei die Frage nach der Bedeutung des Raumes aus einer sozialgeographischen Perspektive geklärt. Allerdings möchte die Autorin nicht in allen Fällen der Operationalisierung des doch äußerst weitgefassten Begriffs der ›alltäglichen Regionalisierung‹ folgen,[16] der nach WERLEN für *alle* Handlungssituationen stehen kann, die räumliche Kategorien und Konzepte beinhalten (= Regionalisierung), welche außerhalb des Wissenschaftssystems (=alltäglich) stattfinden, da wir dann fast jede menschliche Handlungssituation als Regionalisierung bezeichnen könnten. Das Konzept der ›alltäglichen Regionalisierungen‹ der Lebenswelten liefert jedoch gerade bei der Beschäftigung mit Land-Stadt Migranten und deren alltäglichen Geographiemachens etwa in Form zirkulärer Migrationsprozesse und der Errichtung unterschiedlichster informeller Siedlungen einen erheblichen Erkenntnisgewinn.

Eine handlungstheoretische Perspektive zeichnet sich dadurch aus, dass »*materielle Gegebenheiten (...) als Bedingungen, Mittel und Folgen des Handelns interpretiert* [werden]« (WERLEN, 1997:63). Die Ursachen, sozialen Kontexte von Handeln, sowie die Bedeutung der physisch-materiellen Rahmenbedingungen für spezifische Handlungsweisen bilden den Ausgangspunkt des Erkenntnisinteresses. Das heißt, die soziale Logik, die hinter den jeweiligen Handlungen steht, inklusive der strukturellen Einschränkungen, sind zu analysieren und interpretieren. Handlung wird hierbei »*als menschliche Tätigkeit im Sinne eines intentionalen Aktes begriffen, bei dessen Konstitution sowohl sozial-kulturelle, subjektive wie auch physisch-materielle Komponenten bedeutsam sind*« (WERLEN, 1995a:520). Dem Akteur wird zwar in Anlehnung an GIDDENS zuerkannt, dass er aufgrund rationaler Entscheidungen bewusst und kompetent handelt, jedoch wird nicht generell vorausgesetzt, dass er sich über seine Handlungsfolgen bewusst ist, bzw. diese bewusst herbeigeführt hat. Die Handlungsverwirklichung kann sowohl strukturellen als auch individuellen Einschränkungen unterworfen sein. Bei der Analyse der Handlungseinschränkungen kommt der Betrachtung von Macht- und Ressourcenkontrolle eine Schlüsselrolle zu.

Anspruch, nicht nur paradigmenübergreifend zu denken, sondern auch in der Auswahl ihrer Forschungsmethoden sich die Freiheit herauszunehmen, transdisziplinäre Übergriffe zu wagen. Damit wird nicht einer postmodernen Beliebigkeit das Wort geredet, sondern einer wohlbegründeten Auswahl situationsadäquater Instrumente.

16 S. das empirische Kap. VI

WERLEN (1997:65) formuliert als ein Ziel handlungstheoretischer Sozialgeographie: »*die ›verborgenen Mechanismen der Macht‹ (BOURDIEU, 1992) aufzudecken*.« Hierzu sei eine differenzierte Analyse der Macht- und Ressourcenkontrolle vonnöten, insbesondere hinsichtlich »*ihrer räumlichen Anordnung und Verfügbarkeit für die Handlungsverwirklichung*« (WERLEN, 1997:65). Eine handlungstheoretisch geleitete Sozialgeographie ist mithin in der Lage, das Verhältnis zwischen lokalem Handlungskontext und globalen Konsequenzen zu erhellen. Insbesondere bei der Analyse der Ursachen für ungleiche Lebensbedingungen und soziale Polarisationsprozesse kommt der Betrachtung der Einschränkung der Handlungsverwirklichung eine Schlüsselrolle zu. Eine Vielzahl von theoretischen Ansätzen beschäftigt sich auf unterschiedlichen Ebenen mit Konzeptionalisierungen von Macht- und Ressourcenkontrolle.[17] Diese sollen in Kapitel II – wo sinnvoll – mit der aktuellen Theoriediskussion um Selbsthilfe im Wohnungsbau verknüpft werden.

Beschäftigt man sich mit ungleichen Lebensbedingungen in Städten und den Handlungsspielräumen, die Individuen und Gruppen haben um ihre Lebensbedingungen zu beeinflussen, so ist es notwendig, dem Zusammenhang zwischen Urbanisierung und gesellschaftlichen Polarisierungstendenzen nachzuspüren. Sowohl aus einer diachronen als auch synchronen Perspektive und speziell auf Südafrika bezogen, wird das ab Kapitel III geleistet. Im Folgenden soll jedoch ein kurzer Überblick über die speziellen Probleme gegeben werden, die mit Urbanisierung in Entwicklungsländern assoziiert werden.

4.   Urbanisierung als Problem?

Der Prozess der Urbanisierung beeinflußt nicht nur die räumliche Gestaltung der Erde, sondern hat vielmehr Auswirkungen darauf, wie Menschen leben, wie sie Denken und ihr Überleben sichern und nicht zuletzt auf die Verortung der eigenen Identität – all das hat wiederum Rückwirkungen auf Urbanisierungsprozesse insgesamt. Hier wird deutlich, dass Urbanisierung mindestens zwei Dimensionen beinhaltet: eine soziale und eine quantitative. Zum einen beinhaltet der Begriff Urbanisierung das Wachstum der Anzahl von Städten innerhalb eines definierten Raumes (meist auf Staatsgebiete oder Kontinente bezogen) sowie ihr jeweiliges Größenwachstum hinsichtlich ihrer Einwohnerzahl und Flächenausdehnung.[18] Zum anderen werden unter sozialer Urbanisierung gemeinhin die Entwicklung und Ausbreitung aller mit städtischem Leben assoziierte »*Verhaltensmuster, Lebensformen, Werte und Normen der Bevölkerung*«[19] verstanden.

Es wird im Verlauf dieser Arbeit allerdings auch zu klären sein, ob der in einer solchen Definition versteckte Dualismus zwischen städtischem und ländlichem Leben noch haltbar

---

17 U. a. *Entitlement, Empowerment*, politische Ökonomie, politische Ökologie

18 Verschiedentlich wird dieser Aspekt von Urbanisierung in der deutschsprachigen Literatur auch als Verstädterung bezeichnet und die soziale Komponente des Phänomens mit dem fremdsprachigen Fachbegriff Urbanisierung belegt (u. a. KRÜGER, 1997:56).

19 KRÜGER (1997:56) nach VORLAUFER (1992) und LESER/HAAS/MOSIMANN/PAESLER (1993)

ist, ob es im Zeitalter globalisierter Alltagswelten tatsächlich das typisch städtische gibt, oder ob neue Mobilitätsmuster auf allen Ebenen nicht eher zu Hybridformen gesellschaftlichen Lebens gerade in den dynamischen urbanen Zentren postkolonialer Gesellschaften geführt haben.[20]

4.1   Zur sozialen Bedeutung der Städte

In der Auseinandersetzung mit der sozialen Bedeutung der Stadt lassen sich zwei zum Teil widersprüchliche Einschätzungen herauskristallisieren. Einerseits wird sie als Ort des kulturellen und sozialen Verfalls, auf der anderen Seite als Innovationszentrum charakterisiert – und in der historischen Stadtforschung bisweilen als Ausgangspunkt und Resultat von Hochkulturen verstanden.[21] Dem Bild der Isolation und Individualisierung steht das Bild der Freiheit von Tradition und sozialen Zwängen gegenüber.[22] Der romantisierenden Großstadtkritik der Vermassung und Entseelung, die vor allem im Bildungsbürgertum zu Beginn des letzten Jahrhunderts ihre Wurzeln hat,[23] stellt zum Beispiel FISCHER (1982:76) einen explizit positiven Zusammenhang zwischen der Veränderung traditioneller Werte und Urbanisierung gegenüber:

> (...) new ideas, behaviours, and values are created in urban centres, created in innovative subcultures. If so, they must necessarily be »nontraditional« and must be so all the time, because, even as this new idea becomes the tradition – over ten, fifty, or a hundred years – deviations from it, sometimes for better and sometimes for worse, are arising in the urban centres.

Wie auch immer man das Phänomen Stadt und städtisches Sozialleben definiert, Städte sind überall auf der Welt Mikrokosmen der Gesellschaft und spiegeln gesellschaftliche Integration ebenso wie Desintegration und Segregation wider;[24] oder, um mit WIRTH (1938), einen der Väter der soziologischen Stadtforschung zu sprechen, sind Städte ambivalente Orte voller Chancen und Risiken. Von ihm stammt auch die nach wie vor in weiten Teilen gültige soziologische Minimaldefinition der Stadt[25] als Verkörperung einer

---

20 S. hierzu auch die vor allem in der Anthropologie und Ethnologie geführte Debatte um *Transnational Localities* und *Third Space*, oder *Cross Cutting Identities*; s. u.a.. DRECHSEL/SCHMIDT/GÖLZ (2000)

21 Die Autorin will sich an dieser Stelle nicht auf die nach wie vor nicht abgeschlossene – und für die vorliegende Argumentation wenig fruchtbare – Diskussion, ob Städte nun Ausgangspunkte, d.h. Voraussetzungen für die Entwicklung von Hochkulturen waren oder ob sie als Resultat und Ausdruck derselben anzusehen sind, einlassen. Hierzu u. a. TEUTEBERG (1983) und BRENDEL (1983)

22 Hierzu u.a. TEUTEBERG (1983), PARK/BURGESS/ /MCKENZIE (1925), FISCHER (1982)

23 Hierzu u. a. BAHRDT (1970)

24 Wie in Kapitel III.1 zu zeigen sein wird, liegen die historischen Wurzeln von Apartheid in Südafrika in sozialen Prozessen der Urbanisierung des ausgehenden 19ten Jahrhunderts begründet.

25 Zum »geographischen« Stadtbegriff s. die einschlägigen Lehrbücher.

»*Vielfalt, die sich aus dem Zusammenspiel von Größe, Sesshaftigkeit, Dichte und Heterogenität bzw. vielfältigen Funktionen ergibt*« (HENNING, 2000:18). Zwischen Babylon und Jerusalem ist wohl von allem etwas – wiewohl in unterschiedlichen Anteilen und Übergangsformen – in jeder größeren Stadt der Welt zu finden.

Von 1980 bis 2000 nahm der Anteil der Stadtbevölkerung global von 39 auf 47% zu und im Jahre 2050 werden etwa 2/3 der Weltbevölkerung in Städten leben. Allein diese Zahlen rechtfertigen die intensive Beschäftigung mit der Zukunft der Städte weltweit.

Der von der Vorbereitungskommission der Weltkonferenz »Urban 21«, die Mitte 2000 in Berlin stattfand, in Auftrag gegebene Bericht der sogenannten Weltkommission zur Zukunft der Städte unterscheidet weltweit drei Stadttypen mit ihren jeweils spezifischen Problemen.[26]

Städte mit *ungesteuertem Hyperwachstum* sind diesem Expertengremium nach vor allem in Afrika, dem muslimischen Teil des mittleren Ostens, sowie in Lateinamerika zu finden. Sie sind gekennzeichnet durch einen hohen Anteil an Bevölkerung (über 40%), die unter der jeweiligen nationalen Armutsgrenze leben und in ihrer Sozioökonomie durch eine hohe Abhängigkeit vom informellen Sektor. Ihre Physiognomie ist geprägt durch ungeplante Siedlungen.

Der Typus der Stadt mit *dynamischem Wachstum* sei vor allem in Ostasien und den prosperierenden Regionen Lateinamerikas zu finden. Massive Umweltprobleme werden hier durch steigenden Konsum und Ressourcenverbrauch verursacht.

Schließlich werden die *reifen Städte* der Industriestaaten charakterisiert durch starke Überalterung, Zersiedelung und Stadtflucht.

So oberflächlich diese Dreiteilung auch sein mag, sie gibt einen ersten Hinweis darauf, wie unterschiedlich Probleme im Zusammenhang mit Urbanisierung sein können und wie unterschiedlich demnach die Lösungsansätze sein müssen. In den kommenden Jahren und Jahrzehnten wird vor allem für Afrika und Asien ein rapides Anwachsen der städtischen Bevölkerung vorhergesagt. Der Anteil der städtischen Bevölkerung Afrikas wird von derzeit 37,3% um mehr als 15% auf 53,8% bis 2015 zunehmen, ähnliche Daten werden für Asien angegeben (HENNING, 2000:19).

In den am schnellsten und ungeregelt wachsenden Städten ist die Ausprägung von Problemkomplexen wie Segregation und Polarisierung mit den jeweils resultierenden Sozialproblemen wie etwa Armut und Kriminalität am ehesten zu erwarten; nicht nur weil Politik und Planung kaum mit der Rapidität der ablaufenden Prozesse Schritt halten können, sondern auch weil in den betroffenen Ländern Politik und Planung ohnehin kaum in der Lage sind, ihre Bürger adäquat zu versorgen: »*the outstanding feature of most Third World administrative systems is their lack of structure*« (LOWDER, 1986:97)

---

26 S. www.urban21.de

4.2   Urbanisierung und sozialer Wandel in Afrika

Es ist davon auszugehen, daß sich die Wachstumsraten der Städte im subsaharischen Afrika auch in den nächsten Jahrzehnten weiterhin zwischen 4 und 7% pro Jahr bewegen werden (FEKADE, 2000:128). Das heißt, dass sich in manchen afrikanischen Staaten die städtische Bevölkerung innerhalb von 10 Jahren verdoppeln wird. So könnte etwa die Agglomeration Lagos bei gleichbleibendem Wachstum im Jahre 2015 die 24-Millionen-Grenze überschreiten. Diese Urbanisierungsraten sind zum einen das Resultat eines hohen natürlichen Bevölkerungswachstums, das für Subsahara-Afrika im Mittel zwischen 2 und 3% pro Jahr liegt und nationaler sowie transnationaler Zuwanderungsprozesse. Für Afrika gilt derzeit noch – d.h. bevor die Auswirkungen der hohen HIV-Infektionsraten ihren Höhepunkt erreicht haben – dass Migration und natürliche demographische Prozesse im Durchschnitt zu jeweils etwa gleichen Teilen für das rapide Städtewachstum verantwortlich zu machen sind. Die Probleme, die sich aus einer derart schnell voranschreitenden Urbanisierung ergeben, werden verstärkt durch eine über die letzten 20 Jahre anhaltende kontinuierliche Verringerung der ökonomischen Leistungen fast aller afrikanischer Staaten[27] und damit der fehlenden Verfügbarkeit ausreichender Mittel für die Bereitstellung sozialer wie materieller Infrastruktur für eine schnell wachsende urbane Bevölkerung. So stellt auch AMOS (1993:137) fest:

> It is almost universal experience in developing countries that the programmes for the supply of services fall far short of the social need. The current rate of urban growth greatly exceeds the resources available for service provision, with the result that there has been serious and continuous deterioration over many years.

Diese massiven quantitativen Urbanisierungsprozesse haben, unter Abwesenheit adäquater Managementfähigkeiten und finanzieller Möglichkeiten der betroffenen Stadtverwaltungen, unter anderem potenziell langfristig negative Auswirkungen sowohl auf die Umwelt insgesamt als auch auf die Gesundheit der Stadtbewohner. Gleichzeitig sind massive und rapide ablaufende soziale Veränderungsprozesse in Gang gekommen. Räumliche Segregations- und sozioökonomische Polarisierungsprozesse finden ihren materiellen und physisch sichtbaren Ausdruck wohl am ehesten in den enormen Disparitäten der Versorgung unterschiedlicher sozialer Gruppen mit Wohnraum. Daraus ergibt sich von selbst, dass Wohnraumprobleme nicht unabhängig vom breiteren sozialen, ökonomischen und politischen Kontext betrachtet werden können.

---

27 So lag zwischen 1965 und 1995 das durchschnittliche jährliche Wachstum des BSP pro Kopf in Afrika bei gerade einmal einem ¾%, während die restlichen Entwicklungsländer 2,4% erreichten. 14 von 34 afrikanischen Staaten verzeichneten sogar negative Wachstumsraten. In der selben Zeitspanne wuchs die städtische Bevölkerung im Durchschnitt um 6,3% jährlich (FEKADE, 2000:128).

4.2.1 Migration in die Stadt und die Schaffung neuer Lebensstile

Wie bereits ausgeführt wurde, sind die im weltweiten Vergleich nach wie vor hohen Zuwanderungsraten ein charakteristisches Zeichen der Urbanisierung in Afrika. Was die Herkunft der Migranten angeht, ist heute eine große Vielfalt zu beobachten. Neben der nach wie vor quantitativ stärksten Wanderung vom ländlichen Raum in die Stadt und der Stadt-Stadt- Wanderung sind zunehmend transnationale Wanderungsprozesse zu beobachten, die innerhalb Afrikas vor allem die vergleichsweise ökonomisch aufsteigenden Städte Südafrikas betreffen. Auf transkontinentaler Ebene ist eher eine Emigration aus den großen Städten Afrikas in Richtung Europa zu verzeichnen. Wiewohl vergleichsweise gering in ihrer Quantität geben diese Wanderungsbewegungen aus einer afrikanischen Perspektive dennoch Anlass zur Sorge, da diese Abwanderungsprozesse im wesentlichen durch qualifizierte und hochqualifizierte Arbeitskräfte getragen werden (*brain drain*), die in ihren Heimatländern dann im Entwicklungsprozess fehlen. Demgegenüber stehen die Zuwanderer aus den ländlichen Räumen, die zumeist kaum über Qualifikationen verfügen, die auf dem formellen Arbeitsmarkt verlangt werden. Waren es noch bis vor wenigen Jahren vor allem jüngere Männer, die sich auf den Weg in die Stadt machten, ist heute der Anteil der Frauen erheblich gewachsen.

Binnenmigranten stellen nach wie vor die größte Gruppe der neuen ›Städter‹. Von temporärer zu permanenter Wohnsitzverlagerung ganzer Familienverbände oder Einzelpersonen sind hier alle Arten von Misch- und Übergangsformen, die jeweils auch einem zeitlichen Wandel unterliegen, zu beobachten. Einfache Push- und Pull-Modelle reichen bei weitem nicht mehr aus, die Hintergründe der Land-Stadt-Migration und seiner stetigen Wandlungsprozesse ausreichend zu erklären. Traditionelle *Push-Pull*-Modelle gehen davon aus, dass die Richtung der Migration einseitig vom Land in die Stadt stattfindet und, dass die Antriebsfaktoren für die Wanderung jeweils in den vergleichsweise negativen Bedingungen im ländlichen Raum zu den in Relation gesetzten positiveren (Über-)Lebensbedingungen im städtischen Raum zu suchen sind. Ein wichtiger Erklärungsfaktor ist hierbei ein angenommenes signifikantes Einkommensgefälle zwischen städtischem und ländlichem Raum. Diese wichtige Grundannahme wird jedoch zunehmend vor dem Hintergrund eines stetigen Niedergangs der Ökonomien in Subsahara-Afrika seit den 70er Jahren in Frage gestellt, da sich seither die Schere zwischen den Einkommensmöglichkeiten in der Stadt und den Realeinkommen im ländlichen Raum weiter geschlossen hat (JAMAL/WEEKS:1988).

Zwar erfahren die Städte Afrikas nach wie vor Wanderungsgewinne in beträchtlichem Rahmen, doch handelt es sich hier seit geraumer Zeit nicht mehr – falls es jemals so gewesen sein sollte – nahezu ausschließlich um eine stetige Gruppe, die in die Stadt wandert um dort permanent ansässig zu werden.[28] Vielmehr handelt es sich zunehmend um Menschen, die sowohl in der Stadt als auch auf dem Lande leben und so die

---

28 S. hierzu u.a. BAKER (1995), BRYCESON/JAMAL (1997), ELLIS (1998)

Lebenschancen ihres Haushaltes[29] nicht nur durch eine Einkommens- sondern auch durch eine räumliche Diversifizierung erhöhen. Da sich auch die einzelnen Haushaltsmitglieder jeweils abwechselnd in der Stadt und auf dem Land aufhalten können und jeweils auch für die nicht unmittelbar anwesenden Mitglieder Verantwortung übernehmen, lehnt die Autorin den bisweilen in der deutschsprachigen Literatur benutzten Begriff der »gespaltenen Haushalte«[30] ab, da es sich bei dieser Erscheinung keineswegs um irgendeine Art von Konstante handelt. Vielmehr handelt es sich bei diesem Phänomen doch um *bi- bzw. multilokale Haushalte*,[31] die im Rahmen der alltäglichen Regionalisierung ihrer Lebenswelt[32] die ihnen zur Verfügung stehenden Handlungsoptionen ausschöpfen und mehr als ein ›Zuhause‹ haben. Die Handlungen an einem Ort, können die Haushaltsmitglieder an einem anderen Haushaltsstandort direkt beeinflussen. So dynamisch wie der Wechsel einzelner Mitglieder zwischen einzelnen Haushaltsloci sein kann, so dynamisch kann auch die Schaffung neuer Haushaltsstandorte ablaufen.

Migration betrifft nicht nur das migrierende Individuum, sondern eine ganze Reihe weiterer Personen im städtischen und ländlichen Raum und die Verantwortlichkeiten und Verflechtungen gehen im Sinne reziproker Abhängigkeitsbeziehungen in beide Richtungen. So können etwa Einkommen, die von Haushaltsmitgliedern in der Stadt erzielt werden dazu dienen, ländliche Mitglieder zu unterstützen, die dafür zum Beispiel die Kindererziehung für die Städter übernehmen. Ebenso können im ländlichen Raum angebaute Nahrungsmittel das Überleben der städtischen Haushaltsmitglieder in Krisenzeiten sichern.[33] Die Pflege der Beziehungen zum Herkunftsgebiet bietet für die Migranten eine Art Versicherung, die die Rückkehr in Krisenzeiten ermöglicht und so die Risiken der Migration abfedert. In diesem Sinne fallen Migration und die Schaffung multilokaler Haushaltsstandorte unter die im Verwundbarkeitsansatz genannten Bewältigungsstrategien. Für viele Migrantenfamilien gilt, dass die städtische Lebensform nicht zum Lebensmittelpunkt wird. Die emotionalen und kulturellen Verbindungen zu den ländlichen Herkunftsgebieten sind, wie sich an vielerlei Bräuchen und Gewohnheiten – etwa der Bedeutung von Beerdigungen im Heimatdorf und bestimmten Feier- und Festtagen, ablesen lässt, immer noch sehr hoch. Für viele ist die Stadt eine Zwischenstation,

---

29 Haushalt wird hier nach WALLERSTEIN/SMITH (1984a:13) folgendermaßen definiert: » *(...) ›household‹ [is] defined for this purposes as the social unit that effectively over long periods of time enables individuals, of varying ages of both sexes, to pool income coming from multiple sources in order to ensure their individual well-being. We shall call the multiple processes by which they pool income, allocate tasks, and make collective decisions ›householding‹«.*

30 U. a. KRÜGER (1997:59) nach POTTS (1995), VORLAUFER (1984,1985,1992)

31 TAKOLI (1999) spricht zum Beispiel von ›*multispatial households*‹.

32 S. Kap. I.3

33 Die Funktion agrarwirtschaftlicher Tätigkeiten in den Herkunftsgebieten als Sicherungsnetz in Krisenzeiten beschreibt etwa KRÜGER (1997:209ff und 1998) für die Marginalsiedlung Old Naledi in Gaborone/Botswana.
Für die Beziehungen zwischen dem städtischen Raum Kapstadt und den ländlichen Räumen der Eastern Cape Province s. Kap. VI.

die Rückkehr in die Herkunftsgebiete ist das – wiewohl nicht immer erreichbare – Ziel. Diese Wunschvorstellungen betreffen nicht nur die armen Gruppen, sondern selbst hohe Beamte und Universitätsangestellte. Auch Nelson Mandela bezog nach Ausscheiden aus dem Präsidentenamt ein neues Haus in seinem Herkunftsdorf.

Diese Erkenntnis bzw. vielmehr deren Ignoranz hat – ohne hier bereits Ergebnisse der empirischen Arbeit vorwegnehmen zu wollen – weitreichende Folgen für die Wohnungspolitik und die hierbei angewandten Selbsthilfestrategien, die nach wie vor von einem permanenten ›here to stay‹ der Migranten ausgehen.

Innerhalb der Städte werden von den Migranten neue Lebenszusammenhänge geschaffen, die teilweise ethnische Inseln repräsentieren, welche durch Kettenmigrationsprozesse genährt werden. Hybridformen zwischen ländlichem ›ethnisch-traditionellem‹ Leben und ›modern-westlich‹ orientiertem städtischem Leben entstehen. Die Erklärung für die räumliche Regruppierung von Menschen, die aus demselben Herkunftsgebiet zugewandert sind, liegt zum einen darin, dass bereits im Herkunftsgebiet Migration vorbereitet wird, d.h. man wendet sich an Besucher aus der Stadt um sich über wichtige Lebensumstände wie Wohnen, Arbeiten etc. zu informieren. Nicht selten findet dieser Austausch über die Bande der Familienzugehörigkeit statt. Diese Verbindungspersonen bieten in der Regel dann auch die erste Unterkunft. Die ungewohnte Umgebung und die Außenseiterrolle[34] erfordern die möglichst rasche Eingliederung in informelle soziale Netzwerke, die sich am wahrscheinlichsten und schnellsten entlang gemeinsamer ethnischer oder besser noch entlang familiärer Linien bilden.[35]

> Diese Wanderung zwischen den verschiedenen Lebenswelten von Dorf und Stadt verunsichert und motiviert fast zwangsläufig die Suche der Neuankömmlinge im Dschungel der städtischen Slums nach Bezugsgruppen, die in der fremden und häufig feindlichen Umwelt Schutz anbieten. (...) Migranten sind in Gesellschaften ohne funktionierende Sozialverwaltungen (Sozialversicherung, Arbeitsvermittlung etc.) auf Selbsthilfe-Netzwerke angewiesen, die am ehesten innerhalb ethnischer Solidargruppen entstehen können. Sie leisten gewissermaßen erste Hilfe, bieten Schutz und Halt, verschaffen Anerkennung und fördern damit die Selbstzuschreibung zu einer Ethnie. In dieser prekären Situation erweist sich Ethnizität wieder als Überlebenshilfe und soziales Sicherungsnetz. (Nuscheler, 1996:299)

Am besten funktionieren diese Sicherungsnetze in der Stadt, wenn die Teilnehmer auch räumlich nahe beieinander leben. Ethnische Segregation in der Stadt hat also durchaus ihre positiven Seiten und folgt einer sozialen Logik.

Urbanisierung wird immer dann zum Problem erhoben, wenn Staat und Gesellschaft nicht mit den Ursachen und Folgen umzugehen wissen. Die Problemsicht hängt vom Standpunkt ab, wer aus überlebensgefährdeten Verhältnissen im ländlichen Raum in die Stadt wandert und dort auch nur graduell bessere Lebensbedingungen vorfindet, für den ist

---

34 »*Migranten werden nach ethnischer oder nationaler Zugehörigkeit sortiert, selten willkommen geheißen und meist als Bedrohung wahrgenommen.*« (BADE/BOMMES, 1996:11)

35 S. hierzu Kap. VI

Urbanisierung nicht das Problem sondern die Lösung. Migration ist hier in völligem Einklang mit der sozialen Logik der Migranten und demonstriert die Ausschöpfung der jeweiligen, individuellen und gruppenspezifischen Handlungsspielräume.

4.2.2 Umweltrisiken ungeplanter Urbanisierung

Indem Migranten ihre Handlungsspielräume ausschöpfen und sich in den großen Städten niederlassen können sie – unter den Bedingungen eines versagenden Staates – zu Verursachern im Sinne unbeabsichtigter Handlungsfolgen und zur gleichen Zeit zu Opfern sich stetig verschlechternder Umweltbedingungen in der Stadt werden. Diese leisten über kumulative und additive Prozesse einen Beitrag zu globalen Umweltveränderungen.[36] Insbesondere ungeplante, informelle Siedlungen,[37] die in der Regel kaum über Basisinfrastruktur verfügen, sind bei gleichzeitig hoher Bevölkerungsdichte Keimzellen einer Vielzahl von Umweltveränderungen unterschiedlicher Reichweiten. Dadurch gewinnen Handlungen von Individuen wie etwa Land-Stadt-Migration globale Bedeutung.

Auf der einen Seite können durch Migrationsprozesse Ökosysteme im ländlichen Raum entlastet werden, gleichzeitig führen jedoch ungeregelte Urbanisierungsprozesse zu städtischen Umweltveränderungen, deren Folgen auch die Migranten zu tragen haben.

> In this context, migration as a coping strategy does not necessarily mean a betterment but may often result in long term deterioration of living conditions for the individual as well as for society as a whole. (LOHNERT, 1999:99)

Umweltprobleme, die durch die Wohnungskrise in den Städten der Entwicklungsländer induziert werden treten in unterschiedlichen Kontexten auf und entfalten ihre negativen Auswirkungen auf unterschiedlichen Ebenen – von der kleinsten Einheit des Individuums und Haushaltes über Stadt- und Stadtumland bis hin zur globalen Ebene. Auf der individuellen und Haushaltsebene bergen schlechte Wohn- und Wohnumfeldbedingungen, die in der Regel durch mangelhafte Infrastrukturausstattungen – wie etwa das Fehlen von Sanitäreinrichtungen, Wasser- und Abwasserversorgung, Abfallmanagement und der Versorgung mit ›sauberer‹ Energie – gekennzeichnet sind, große Gesundheitsrisiken für die Bevölkerung. Krankheiten, die über Umweltfaktoren wie Wasser und Luft oder über Nahrungsmittel übertragen werden, sowie über Insekten und andere tierische Überträger, verbreiten sich in einem solchen Milieu um ein Vielfaches schneller. Die gesamtwirtschaftlichen Folgen eines erhöhten Krankenstandes äußern sich in verlorenen Arbeitstagen und erhöhten Kosten für die Basisgesundheitsversorgung. Diese könnten durch wenige Maßnahmen eines nachhaltigen Stadtmanagements verhindert werden.

Aufgrund fehlender Alternativen sind die Bewohner informeller Siedlungen in vielen Fällen dazu gezwungen, auf offenen Feuerstellen zu Kochen und zu Heizen. Dazu wird die ohnehin spärliche noch verbliebene Vegetation in Stadt- und Stadtumland weiter dezimiert,

---

36 S. hierzu am Beispiel Kapstadt LOHNERT (1999)

37 Zu einer ausführlichen Auseinandersetzung mit dem Phänomen »informelle Siedlung« s. das folgende Kapitel

so dass um manche Großstädte der Entwicklungsländer bereits baum- und strauchfreie Ringe von bis zu 100 km entstanden sind. Neben den offensichtlichen Gesundheits- und Umweltrisiken, die eine solche Praxis mit sich bringt, führen offene Feuerstellen oft zu ausgedehnten Bränden, die nicht selten ganze Nachbarschaften betreffen und jedes Mal viele Tote und Verletzte fordern.

Auf der Ebene der Wohnviertel wirkt sich die für informelle Siedlungen kennzeichnende enorme Bevölkerungsdichte verstärkend auf das Risiko und die Rapidität von Krankheitsübertragungen aus. Aufgrund fehlender Sanitäreinrichtungen sind die Bewohner nicht selten gezwungen, ihre Fäkalien innerhalb der Siedlung im Freien zu entsorgen. Eine fehlende Kanalisation führt in den dicht bebauten Siedlungen nach Regenfällen zur Ausbreitung von Krankheiten, die dem Alptraum eines jeden Epidemiologen nahe kommt. Nicht zu vergessen, dass das so kontaminierte Oberflächenwasser seinen Weg ins Grundwasser findet. In Abwesenheit eines Abfallsystems werden die Hausabfälle in der Regel verbrannt, was einen weiteren Beitrag zur ohnehin hohen Luftverschmutzungsrate städtischer Agglomerationen leistet.

Zusätzlich zu den internen Risikofaktoren kommt das Problem, dass informelle Siedlungen sehr oft auf Grund gebaut sind, die für menschliche Siedlungen ungeeignet sind; so ist das Risiko für die Bewohner etwa von Überschwemmungen oder Hangrutschungen betroffen zu sein erhöht. Sehr oft liegen informelle Siedlungen entlang großer Hauptverkehrsstraßen, wobei aufgrund der Landknappheit Mindestsicherheitsabstände zur Straße nicht eingehalten werden. In solchen Lagen sind die Bewohner einer ganzen Reihe von Gesundheitsrisiken durch Autoabgase, Unfälle und Lärmbelastung ausgesetzt. Soziale Milieus, die einer ganzen Reihe von Umweltstressfaktoren ausgesetzt sind, zeichnen sich außerdem durch den Anstieg und die Intensivierung sozialer Gewalt aus.

Auf Stadt- und Stadtumlandebene sind bei fehlendem ökologischem Stadt-Management erhöhte Raten von Oberflächen- und Grundwasserverschmutzung ebenso zu verzeichnen, wie eine Verringerung der Luftqualität durch den Verkehr. Ein unreguliertes Siedlungswachstum führt außerdem zum Verschwinden städtischer Frei- und Ausgleichsflächen und trägt zur Bodenversiegelung bei. Gleichzeitig führt ein Verlust städtischer oder stadtnaher Agrarflächen zu erhöhten Transporterfordernissen.

Die hier natürlich nur ansatzweise und in sehr komprimierter Form angerissenen Umweltprobleme, die durch die rapiden Urbanisierungsprozesse unter Bedingungen eines ungenügenden Stadtmanagements entstehen, tragen zu Prozessen globaler Umweltveränderungen bei. Auf aggregierter Ebene führen sie zur Ausbeutung nicht-erneuerbarer Ressourcen wie fossiler Brennstoffe und zum Verlust an Biodiversität. Durch die lokale und regionale Übernutzung begrenzt erneuerbarer Ressourcen wie Trinkwasser, Boden und Flora leisten sie einen nicht zu vernachlässigenden Beitrag zu globalen kumulativen Umweltveränderungen. Die Überbeanspruchung nicht-erneuerbarer Senken durch die Emission persistenter Chemikalien, Treibhausgasen sowie in der Stratosphäre wirksamen ozonzerstörenden Stoffen trägt zusätzlich zu einer Verstärkung globaler systemischer Umweltveränderungen bei.[38]

Umweltveränderungen auf globaler Ebene können jedoch nur verstanden werden, wenn die sozialen und ökonomischen Antriebskräfte auf der lokalen bis zur individuellen Ebene mit ihren jeweiligen Verursachungsbündeln und deren Abhängigkeiten und Verstärkern explizit gemacht werden. Denn, wenn die Verursacher auf der lokalen Ebene zu suchen sind, dann müssen auch die Lösungsmöglichkeiten hier ansetzen.

Ohne jedoch die soziale Logik der Handlungen zu verstehen werden Lösungsvorschläge an der Realität vorbei gehen.

> The brown agenda for dirty, unsafe cities contrasts neatly with the ›green agenda‹ of natural resource use and management beyond the urban boundaries, but First World perceptions of the responses needed to Third World problems are not necessarily the same as Third World perceptions (MAIN, 1994:1)

Auf der anderen Seite verkennen viele Verfechter einer radikal-liberalistischen *laissez faire* Politik gegenüber informellen Formen der Wohnraumbeschaffung, die vermutlich angesichts der immensen Zunahme informeller Siedlungen und der bereits fehlgeschlagenen Regulierungsversuche einer gewissen Hilflosigkeit entspringt, jedoch gerade die massiven Umweltprobleme, die damit einhergehen und von globalem Interesse sein müssen.

Sich an den oben getroffenen Aussagen orientierend gilt es im Folgenden zunächst die Disparitäten in den Lebensbedingungen städtischer Bevölkerung in Südafrika am Beispiel Kapstadts zu erfassen und die dahinterliegenden Ursachenbündel zu analysieren. Hierzu ist sowohl ein synchrones als auch diachrones Vorgehen vonnöten, da sich viele der heutigen Disparitäten, Polarisations- und Segregationsprozesse aus der Geschichte ableiten lassen. Zuvor sollen jedoch die entwicklungstheoretischen Konzepte zur Wohnraumfrage in Entwicklungsländern und deren praktische Implementierung einer kritischen Betrachtung unterzogen werden.

---

38 Zu einer ausführlichen Auseinandersetzung mit kumulativen und systemischen globalen Umweltveränderungen s. MEYER/TURNER (1995), sowie LOHNERT/GEIST (1999)

II. Zwischen Intervention, Neoliberalismus und Postmodernismus:
Die entwicklungstheoretische Debatte und entwicklungspolitische Strategien im Wohnungsbau

Wie das vorhergehende Kapitel gezeigt hat, gibt es eine ganze Reihe guter Gründe, sich mit den Lebensbedingungen marginalisierter und verwundbarer Gruppen in den Großstädten dieser Welt auseinander zu setzen und Lösungen für die Probleme zu finden, die ein Leben in inadäquatem Wohnraum mit sich bringen. Im Folgenden sollen nun sowohl die entwicklungstheoretische Debatte als auch die entwicklungspraktischen Strategien zur Wohnraumfrage kritisch diskutiert werden.

1. Das Phänomen informelle Siedlung

Eines der wesentlichsten und sichtbarsten Zeichen der rapiden Urbanisierung in Afrika ist das Wachsen der sogenannten »informellen Siedlungen«. In einer bereits 1985 von der UNHCS in unterschiedlichen Entwicklungsländern durchgeführten Studie wird festgestellt, dass informelle Siedlungen im Durchschnitt 43% der gesamten städtischen Bevölkerung der sog. Dritten Welt beherbergen.[39] Nach BÄHR und MERTINS (2000:20) leben in einigen Ländern Afrikas derzeit mindestens 60% der städtischen Bevölkerung in Marginalvierteln. MERTINS/POPP/ WEHRMANN (1998:3) sehen es als gesichert an,

> *dass* mindestens die Hälfte der Bausubstanz, d.h. der Großstadtviertel, in einigen Fällen sogar bis zu 80%, informell, d.h. ohne behördliche Genehmigung bzw. Planung entstanden sind. Darin sind auch die einst, z. T. vor 20/25 Jahren und früher informell entstandenen, heute längst konsolidierten und legalisierten/›formalisierten‹, d.h. offiziell anerkannten Stadtviertel eingeschlossen.[40]

Selbstverständlich kann es sich bei den hier angegebenen Zahlen nurmehr um Schätzwerte handeln, da kaum offizielle valide Zahlen erhältlich sind und die Siedlungen einer kontinuierlichen Dynamik unterliegen.

Der Begriff der informellen Siedlung erfordert aufgrund seiner Komplexität und der prominenten Stellung, die er in den folgenden Ausführungen einnehmen wird, einige inhaltliche Erläuterungen. Zunächst ist festzuhalten, dass es weder eine allgemeingültige Definition noch einen allgemein anerkannten Begriff für das Phänomen »informelle Siedlung« gibt. Alternative, räumlich unterschiedliche und wertende Bezeichnungen wie –

---

39 Zitiert in BAKEN/VAN DER LINDEN (1992)
40 S. auch BÄHR/MERTINS (2000:20)

unter unzähligen anderen – etwa *shanty-town* (anglophones Afrika), *villas miserias* (Argentinien) oder *barridos marginales* (Kolumbien) weisen auf eine kolonial geprägte und durch europäische und nordamerikanische Leitbilder beeinflusste Außensicht von Planern und Politikern hin. Bisweilen wurden auch die Bewohner dieser Siedlungen als obdach- bzw. wohnungslos bezeichnet. DRAKAKIS-SMITH (1981:53) kritisiert diese Charakterisierung und die daraus hervorgegangene Einstellung der Autoritäten gegenüber informellen Siedlern zu Recht:

> But how can the inhabitants of a dwelling, however meagre, be considered homeless? It is similar refusals on the part of urban authorities to consider squatter houses as ›homes‹ which has adversely affected housing policies towards the urban poor for so many years.

Da der Begriff »informelle Siedlung« sowohl einer der wertneutralsten als auch in der einschlägigen Fachliteratur einer der gebräuchlichsten ist, soll er im Weiteren zusammen mit dem in Südafrika gängigen Begriff des *squatter settlement,* der zusätzlich die Konnotation des »illegalen« in sich trägt, Anwendung finden.

Viele ›Mythen‹ ranken sich auch heute noch um das Phänomen der informellen Siedlungen, obgleich der Anthropologe MANGIN bereits 1967 auf der Basis seiner Forschungen in Peru die wesentlichsten der im Folgenden aufgeführten Vorurteile widerlegen konnte:

1. The squatter settlements are formed by rural people (…) coming directly from ›their‹ farms.
2. They are chaotic and unorganised.
3. They are slums with the accompanying crime, juvenile delinquency, prostitution, family breakdown, illegitimacy, etc.
4. They represent an economic drain on the nation since unemployment is high and they are the lowest class economically, the hungriest and most poorly housed, and their labour might better be used back on the farm.
5. The do not participate in the life of the city, illiteracy is high and the education level low.
6. They are rural peasant villages (…) reconstituted in the cities.
7. They are ›breeding grounds for‹ or ›festering sores of‹ radical political activity, in particular communism, because of resentment, ignorance, and a longing to be led.
8. There are two solutions to the problem: a) prevent migration by law or by making life in the provinces more attractive; or b) prevent the formation of new squatter settlements by law and ›eradicate‹ (a favourite among architects and planners) the existing ones, replacing them with housing projects. (MANGIN, 1967:66)

Sicherlich ist es richtig, dass einige der hier genannten ›Mythen‹ auf einige der informellen Siedlungen zutreffen, als Ganzes allerdings waren die oben vorgestellten pauschalisierenden Ansichten weder vor 35 Jahren haltbar, noch sind sie es heute.

Die Autorin richtet sich im Folgenden nach einer Begriffsoperationalisierung durch FEKADE (2000:139), die dem Facettenreichtum und der Diversität des Phänomens

»informelle Siedlung« resp. *squatter settlement[41]* und ihrer Bewohner noch am ehesten gerecht wird:

−   They are built by the inhabitants themselves with hardly any public assistance, often in spite of eviction threats from public authorities. The houses are built with intents of owner-occupation, renting or both.

−   They are built, for the larger part, by low-income urban dwellers for whom existing formal avenues are hardly realistic options.

−   The houses are built primarily with informal financing methods, i.e. borrowing from friends or family members, inheritance, sales of inherited land or jewellery and savings in informal credit associations.

−   They employ local building materials, skills, designs and indigenous technology

−   They do not, especially during earlier stages of settlement establishment, adhere to formal/legal building codes and standards.

−   They exhibit high variations in types and quality of construction. Some housing stock is of high quality, erected with concrete blocks, corrugated iron, aluminium, zinc or tin. Others may consist of traditional rural construction materials.

−   They are built incrementally, ensuring flexibility on the part of builders/owners.

Im Allgemeinen ist das Phänomen »informelle Siedlung« durch den rechtlichen Status, der von illegal bis zu unterschiedlichen Formen der Legalisierung reichen kann, bauliche Merkmale, infrastrukturelle Ausstattung und die sozioökonomische Situation seiner Bewohner gekennzeichnet. Des weiteren zeichnen sich informelle Siedlungen durch ihre Genese aus, die i.d.R. ohne staatliche bzw. städtische Autorisierung und stadtplanerische Lenkung stattfindet.

Es erscheint wichtig, den Begriff der informellen Siedlung vom *Slum*-Begriff abzugrenzen. Im Gegensatz zu den meisten informellen Siedlungen, sind *Slums* keine illegalen Gebilde. Im Gegenteil handelt es sich hier doch zumeist um ältere, formell geplante Stadtviertel i.d.R. in zentraler Lage meist großer Städte, die durch einen fortschreitenden Verfallsprozess charakterisiert sind. Die UN definiert *Slums* folgendermaßen: »*areas of authorised, usually older, housing which are deteriorating, in the sense of being underserviced, overcrowded and dilapidated*« (zitiert in: BINNS, 1994:124). Allerdings steht dieser Begriff auch populärwissenschaftlich generell für schlechte Wohn- und Wohnumfeldbedingungen.

---

41 Im in der Literatur vielfach zitierten Standardwerk von OBUDHO/MHLANGA wird Squatter folgendermaßen definiert: »*Squatter settlement denotes housing without formal authorization, often initiated by the dwellers themselves. Typically (but not necessarily), these ›spontaneous settlements‹ are created on free land in the urban periphery, and dominated by single family housing with owner-occupiers, be it without legal title. As a result of their illegal status, squatter settlements are often poorly equipped in terms of infrastructure and urban service. Moreover, reflecting the low income levels of most of their residents, housing quality tends to be low and of a makeshift nature. The actual physical quality, location and degree of recognition by the public authorities may vary considerably.*" (OBUDHO/MHLANGA, 1988, zitiert in: VAN WESTEN, 1995:33)

Informelle Siedlungen dagegen sind häufig jüngere, durch nicht-autorisierte Landbesetzung entstandene und oft in Selbsthilfe gebaute Siedlungen, die größtenteils für die Bebauung generell ungeeignete (steile Hanglagen, überschwemmungsgefährdete Gebiete o.ä.) oder randstädtische Lagen aufweisen. Die Lage außerhalb der städtischen Zentren ist jedoch kein Ausschlusskriterium für die Charakterisierung informeller Siedlungen wie Beispiele aus Bangkok oder auch Südafrika zeigen.[42] Aufgrund fehlender städtebaulicher Planung verfügen informelle Siedlungen meist über eine äußerst unzureichende Ausstattungen mit Basisinfrastruktur (Wasserversorgung, sanitäre Einrichtungen, Transportsystem etc.).

In *Slums* verknappt sich der Wohnraum durch Untervermietungen immer weiter, in informellen Siedlungen hingegen wird zunächst neuer Wohnraum geschaffen, der allerdings dann ebenso durch weitere Zuwanderung und natürliches Wachstum sukzessiven Verdichtungsprozessen ausgesetzt ist. Bei der Neuentstehung informeller Siedlungen ist eine Bandbereite unterschiedlicher Akteure mit unterschiedlichem Organisationsgrad zu beobachten. Von spontanen Landbesetzern, die aus der Not der Wohnungsknappheit handeln bis hin zu professionalisierten und spekulativen Besetzungen ist mittlerweile alles vorhanden. Insbesondere die durch sogenannte *Squatterlords* (auch: *Warlords, Shacklords, Strongmen* u.a.) z. B. in Südafrika organisierten Okkupationen öffentlicher oder teilweise auch privater Flächen, die daraufhin aufgeteilt und an bereits wartende Haushalte vermietet werden, stellen inzwischen einen großen Teil der Landbesetzungen.[43]

Als Kategorien von ›*low-income housing*‹ beinhalten *Slums* und *Squatter* eine äußerst breite Varietät unterschiedlicher Siedlungen. Beide Kategorien sind allerdings im Endeffekt das Resultat nicht vorhandener oder nicht ausreichender Verfügbarkeit von adäquatem, das heißt vor allem erschwinglichem Wohnraum für eine rasch wachsende Anzahl urbaner verwundbarer Gruppen.

In der entwicklungstheoretischen Debatte und der entwicklungspraktischen Umsetzung zur Lösung des *Squatter*-Problems sind grundsätzlich zwei Denkrichtungen zu unterscheiden, nämlich funktionalistische Ansätze und Ansätze der politischen Ökonomie.

Funktionalistische Ansätze konzentrieren sich auf die Unausgeglichenheit zwischen Angebot und Nachfrage, wobei das fehlende Angebot als Ursache des Problems angesehen wird. Demnach liegt der praktische Schwerpunkt dieser Ansätze auf der Ausräumung der Hindernisse, die ein adäquates Angebot unterbinden. Entwicklungspraktische Programme, die sich diesem Ansatz verschrieben haben, konzentrierten sich daher auf die Schaffung von Wohnraum, sei es durch den bis Ende der 60er Jahre aktuellen sozialen Wohnungsbau oder durch die auf die Mobilisierung des Selbsthilfepotentials der Bewohner ausgerichteten derzeit gängigen Programme unterstützter Selbsthilfe.

Ansätze der politischen Ökonomie hingegen stellen den Nutzen dieser Programme grundsätzlich in Frage und argumentieren auf der Basis einer neomarxistischen Grundeinstellung, dass das *Squatter*-Problem nicht isoliert von gesamtgesellschaftlichen

---

42 S. für Bangkok: Kraas (1996), für Südafrika: Kap. IV, V. und VI.
43 S. auch Bähr/Mertins (2000:20)

Entwicklungen und den politischen und ökonomischen Interessen auf allen Maßstabs-ebenen betrachtet werden könne, sondern Teil des kapitalistischen Systems sei, das über Selbsthilfeprogramme zu einer weiteren Ausbeutung der Ärmsten und zu einer zusätzlichen Auslagerung der Reproduktion auf den nicht-kapitalistischen Sektor der Ökonomie führe. Im Folgenden sollen beide Denkrichtungen einer kritischen Würdigung unterzogen werden.

## 2.	Selbsthilfe im Wohnungsbau: Der Ansatz zur Lösung des Problems informeller Siedlungen?

Erst zu Beginn der 60er Jahre trat in der entwicklungspolitischen und -theoretischen Diskussion um die mit einer raschen Urbanisierung einhergehende Ausweitung von informellen Siedlungen und anderen unkonventionellen Formen der Schaffung von Unterkünften durch die Betroffenen selbst ein Wandel in der Bewertung ein. STOKES (1962) etwa unterscheidet im Bezug auf die industrialisierten Länder erstmals *slums of hope* von *slums of despair*. Hierbei wird einem Teil der Bewohner der ›slums of hope‹ – sogenannten ›escalator groups‹ – zugeschrieben, im Prinzip in der Lage zu sein, ihre Situation aus eigener Kraft zu verbessern. ABRAMS (1964) greift diesen Gedanken auf und wendet ihn auf die *Squatter*-Siedlungen in Entwicklungsländern an. Er argumentiert, dass das Leben in einem *Squatter* nur einen Zwischenschritt von Armut in Richtung Hoffnung bedeute. Außerdem war ABRAMS einer der ersten, der die Schaffung von infrastrukturell ausgestatteten Grundstücken propagierte,[44] auf denen seiner Ansicht nach parallel zu einer Verbesserung der ökonomischen Bedingungen der Bewohner sukzessive adäquate Unterkünfte in Selbsthilfe entstünden.

### 2.1	Der Selbsthilfe-Begriff

Wie der Begriff der Selbsthilfe im entwicklungspolitischen Diskurs mit Inhalt gefüllt wird, hängt jeweils von der entwicklungstheoretischen Verankerung der Autoren und der ent-wicklungspolitischen Zielsetzung der jeweiligen Programme ab. Grundsätzlich ist der Begriff keineswegs unproblematisch.

Zunächst ist die spontane Selbsthilfe von der unterstützten Selbsthilfe zu unterscheiden. Unter spontaner Selbsthilfe wird im Allgemeinen die Bewältigung von Problemen unter Mobilisierung und Ausschöpfung der eigenen Ressourcen und Fähigkeiten verstanden. Hierzu muss kritisch angemerkt werden, dass der Begriff der Hilfe jedoch eigentlich immer eine Unterstützung von Außen induziert. Wenn man diesen Gedanken weiterverfolgt, dann könnte auch das alltägliche Handeln des Menschen, das sein Leben und Überleben sichert, als Selbsthilfe bezeichnet werden und dieser Begriff somit zum sinnentleerten Dummy für fast jede menschliche Handlung verkommen.

Als Strategie im Wohnungssektor wird unter spontaner Selbsthilfe – die oft auch als kollektive Strategie eingesetzt wird – etwa die Organisation von Flächenbesetzungen und

---

44 Sogenannte *Sites and Utilities*-Programme, die Vorläufer der heutigen *Sites and Service*-Programme

die »illegale« Errichtung von informellem Wohnraum verstanden. Auch das Adjektiv »spontan« ist in diesem Zusammenhang zu kritisieren, da es suggeriert, dass die Betroffenen kurzfristig und unüberlegt aktiv werden. Das Gegenteil trifft für die Mehrzahl der Fälle zu, in denen Wohnraum von den Betroffenen selbst und außerhalb der gängigen Normen geschaffen wird. Vielmehr handelt es sich hierbei sehr wohl um rationales und strategisches Handeln, das in Einklang mit der sozialen Logik der Betroffenen steht.

Die Autorin zieht für diese Art der Selbstinitiative, die schließlich als Reaktion auf einen – aus der Sicht der Betroffenen gesehenen – Mangel an adäquatem Wohnraum erfolgt, den aus der Verwundbarkeitsdebatte bekannten Begriff der Bewältigungsstrategie dem der »spontanen Selbsthilfe« vor. Da es sich hier um den Versuch der Bewältigung eines Problems handelt, das weder durch staatliche noch durch anderweitige »Hilfe« von außen behoben wird. Die Bewältigung des Wohnraumproblems durch die Betroffen selbst kann sowohl auf der individuellen Ebene als auch als Gruppenstrategie unter Mobilisierung gruppeninterner Potentiale erfolgen.

2.2   Unterstützte Selbsthilfe als entwicklungspolitische Strategie

Das Konzept unterstützter oder geförderter Selbsthilfe im Wohnungssektor der Dritten Welt fand seit Mitte der 60er Jahre Eingang in die entwicklungspolitische Praxis, nachdem der an europäischen Leitbildern orientierte mehrgeschossige Massenwohnungsbau nicht die gewünschten Erfolge erbracht hatte. Zum einen konnte die Räumung der illegalen Siedlungen und die Umsiedlung ihrer Bewohner in die bereitgestellten Wohnungen in vielen Fällen nur unter massivem Polizei- oder Militäraufgebot erfolgen, zum andern wurde das beengte Wohnen in Wohnungen ohne Frei- und Gartenflächen von der Mehrzahl der ländlich geprägten Siedler abgelehnt. Zudem sahen sich die unter massiven ökonomischen Druck geratenen Städte, Kommunen und Staaten nicht mehr in der Lage, den sozialen Wohnungsbau zu fördern und die bereits erstellen Einheiten zu unterhalten.

JOHN TURNER (1968, 1969, 1976), wurde zu einem der strengsten Kritiker der Politik des *Bulldozing* und der forcierten Räumung von informellen Siedlungen, die in den 60er Jahren zum Alltag überforderter Stadtverwaltungen überall auf der Welt gehörten. Im Gegensatz zu der damals vorherrschenden Sichtweise stellen informelle Siedlungen für TURNER Teil der Lösung und nicht das Problem dar. Zum einen weist er darauf hin, dass der konventionelle Wohnungsbau unter den vorherrschenden Bedingungen ohnehin nicht in der Lage sei, die große Nachfrage nach Wohnraum zu decken, zum anderen geht TURNER davon aus, dass konventionelle Lösungen weder den Bedürfnissen der Armen angemessen seien noch aufgrund der hohen Kosten eine realistische Lösung für die städtischen Armutsgruppen darstellten.

Unter dem Hinweis, dass die urbanen Armutsgruppen ihre Bedürfnisse und Möglichkeiten besser als alle staatlichen Institutionen und privaten Unternehmer beurteilen könnten, betonte er die positiven Aspekte und Potentiale von Selbsthilfe in der Errichtung von Wohnraum und von selbst-organisierten Nachbarschaften. Zudem argumentierte er, sei Selbsthilfe durch den Einsatz der eigenen Arbeitskraft und lokaler Materialien sehr viel billiger als der formelle Wohnungsbausektor. Wie ABRAMS geht auch TURNER von einem graduellen *Upgrading* aus, das sich parallel zur Entwicklung der Bedürfnisse und Möglichkeiten der Bewohner informeller Siedlungen einstelle. In anderen Worten: im Laufe der Zeit, mit einem – nicht nur – von TURNER antizipierten sozioökonomischen Aufstieg der Bewohner von *Squattern* findet ein *Upgrading* und eine Konsolidierung des Lebensstandards und der Lebensbedingungen statt. Für TURNER ist Wohnen und die Herstellung von Wohnraum ein kontinuierlicher Prozess: »*housing is a verb, not a noun*« (TURNER, zitiert in MATHÉY 1992:380).

Die positive Rolle von Selbsthilfe bei der Errichtung von Wohnraum basiert nach TURNER auf drei Grundannahmen bzw. -voraussetzungen:

1. Urbane Armutsgruppen (oder die meisten von ihnen) sind in der Lage, ihre Situation basierend auf Eigenanstrengung zu verbessern.
2. Parallel zum sozioökonomischen Aufstieg findet eine Konsolidierung der Unterkunft im Verlauf einer bestimmten Zeitspanne statt. Eine der »natürlichen« Lebenszyklusphase entsprechende Verbesserung der sozioökonomische Lage eines Haushaltes führt quasinaturgemäß zu einer Veränderung der Ansprüche und folglich zur Verbesserung der Wohnverhältnisse.
3. Positive Selbsthilfe setzt voraus, dass absolute Freiheit bei der Gestaltung vorherrscht. Um ein *Upgrading* zu gewährleisten, d.h. wenn Investitionen in Wohnraum getätigt werden sollen, dann muss Sicherheit über den Grund und Boden auf dem der Wohnraum errichtet wird, gewährleistet sein. In den meisten Fällen wird das über Verfügungsrechte oder Besitztitel zu regeln sein.

Dem Staat wird in diesem Ansatz eher die Rolle eines Agenten zugeschrieben, der dafür Sorge tragen muss, dass Landrechte gewährleistet sind und die materielle und immaterielle Infrastruktur zu Verfügung steht und der die groben Rahmenrichtlinien vorgibt.

Zusammengefasst sieht TURNER die Hauptvorteile des Selbsthilfewohnungsbaus in folgenden Punkten[45]:

–   *Der in Selbsthilfe geschaffene Wohnraum entspricht den Ansprüchen und Bedürfnissen der Bewohner eher als konventioneller Wohnungsbau.*
    Die Bewohner selbst kennen ihre Bedürfnisse wesentlich besser als Stadtplaner und Architekten, daher wird selbst geschaffener Wohnraum adäquater sein als formeller staatlicher Wohnungsbau. Zu hohe vorgeschriebene Baustandards müssen, da sie ein Hemmnis für den Wohnungsbau darstellen, abgeschafft werden und durch eine eingeschränkte Rahmenplanung ersetzt werden (z.B. Festlegung von Miethöhe, Mindestgrundstücksflächen).
–   *Der in Selbsthilfe geschaffene Wohnraum ist billiger als konventioneller Wohnungs- bau.*
    Im Selbsthilfewohnungsbau werden die knappen Ressourcen effektiver genutzt, lokale Baumaterialien und angepasste Kleintechnologie kommen zum Einsatz.

---

45 Nach TURNER (1968, 1976), MATHÉY (1992), GERTEL (1993), TURNER/FICHTER (1972),

– *Selbsthilfe schafft anspruchs- und nutzungsadäquate Architektur*
  Da der Wohnraum ausschließlich zur Eigennutzung des Bewohners von ihm selbst
  produziert wird und nicht für den Markt, spiegelt das Design der Häuser direkt die
  Ansprüche an die Nutzbarkeit und die finanziellen Möglichkeiten der Bewohner
  wieder.

– *Selbsthilfe schafft ökonomische Möglichkeiten*
  Im Gegensatz zum Massenwohnungsbau bieten Siedlungen, die in Selbsthilfe
  entstanden sind, bessere Möglichkeiten für die Bewohner, ihre finanzielle und
  ökonomische Situation zu verbessern. Während der Bautätigkeit entstehen
  Einkommens- und Ausbildungsmöglichkeiten im Bausektor, die Funktionen Wohnen
  und Arbeiten können räumlich miteinander kombiniert werden.

– *Selbsthilfe macht die Bewohner zufriedener*
  Bewohner von in Selbsthilfe entstandenen Unterkünften identifizieren sich eher mit
  ihrer Wohnung und ihren Mängeln, da sie in ihre eigene Verantwortung fallen.

Obwohl die oben genannten Postulate im Laufe der Zeit sowohl durch eine Vielzahl empi-
rischer Studien teilweise widerlegt wurden und auch TURNER selbst einen Teil seiner
Aussagen relativierte, wurden und werden die vermeintlichen Vorteile von Selbsthilfe als
Argumente von den Entwicklungsagenturen benutzt, um Wohnbauprogramme mit
Selbsthilfekomponenten durchzuführen.

Im Laufe der Zeit veränderte sich die Schwerpunktsetzung in TURNERS Veröffentlichungen. Während er anfänglich Selbsthilfe weitestgehend gleichsetzte mit Selbstbau, so
betonte er ab Anfang der 80er Jahre besonders die Selbstorganisation und Selbst-
bestimmung der Bewohner als die entscheidende Bedingung für die Herstellung von
Wohnraum für die urbanen Armutsgruppen.

Diese Schule hatte erheblichen Einfluss auf die öffentliche Meinung und entwicklungspolitische und entwicklungspraktische Konzeptionen der *Housing*-Debatte. Auf der UN-
Habitat Konferenz in Vancouver 1976 wurde das TURNERsche Konzept des selbst-
bestimmten Wohnungsbaus als äußerst vielversprechend gewürdigt und als Strategie zur
Lösung der Wohnungskrise an die Geberinstitutionen empfohlen.

2.3   Die entwicklungspolitische Instrumentalisierung der Selbsthilfeidee

Die Formulierung des Selbsthilfeansatzes geschah in einer Zeit, in der eine grundsätzliche
Umorientierung in der allgemeinen entwicklungspolitischen Debatte stattfand und ließ sich
hervorragend mit den neuen Strategien kombinieren bzw. für diese instrumentalisieren.

Als Reaktion auf das Wachstum der Städte unter Abwesenheit von Entwicklung und
Beschäftigung in den Entwicklungsländern riefen die internationalen Organisationen, allen
voran die Weltbank, zu Beginn der 70er Jahre zum einen die grundbedürfnisorientierte
Entwicklungsstrategie[46] und zum anderen die *Redistribution With Growth*-Strategie (RWG)

---

46 Dieser Ansatz wurde auf der Weltbeschäftigungskonferenz der ILO 1976 erstmals postuliert.

aus. Das Konzept der Grundbedürfnisorientierung, das seit Mitte der 80er Jahre allerdings wieder einer stärkeren Wachstumsorientierung gewichen ist, zielte darauf ab, einer möglichst großen Zahl von Menschen im Rahmen eines sozial gerechten Wachstums sowohl eine Mindestausstattung mit Gütern des privaten Gebrauchs, als auch die Bereitstellung grundlegender Infrastruktur, d. h. die Befriedigung der sogenannten *basic needs*, zu gewährleisten. Die Förderung von Eigenverantwortlichkeit oder *self-reliance* und Beteiligung – hier unter dem Schlagwort der Partizipation zusammengefasst – spielten in diesem Konzept eine wichtige Rolle. Als theoretisches Fundament dieser Ansätze dienten neoklassisch beeinflusste Überlegungen, die dem nachfrageorientierte Grundgerüst der Modernisierungstheoretiker eine angebotsorientierte Konzeption gegenüberstellten und diese mit einer sozialverträglichen Komponente versahen. Die RGW und die Grundbedürfnisstrategie versuchen als zielgruppenorientierte Alternative zur Modernisierungstheorie, die Ziele von Wachstum und sozialer Gerechtigkeit zu verbinden, indem über die Ausweitung der Beschäftigung das *additive* Wachstum vermehrt den Armen zugute kommen sollte. Allerdings hat das im RWG-Konzept antizipierte Wachstum in Afrika nie stattgefunden. Selbst Südafrika müsste, um RWG umsetzten zu können, ein mindestens fünfprozentiges Wachstum pro Jahr aufweisen – ein Ziel, von dem auch diese Ökonomie weit entfernt ist.

Aus der neuen Entwicklungsstrategie leitete sich eine Reihe politischer Handlungsziele ab. Dazu zählte u.a. die Förderung arbeitsintensiv und mit »angepasster« Technologie produzierender Unternehmen, Erleichterungen in der Kreditvergabe für Kleinstbetriebe und die Konzentration öffentlicher Investitionen auf die Bereitstellung grundlegender Infrastrukturen (wie Wasser- und Stromversorgung), die insbesondere die Lebensqualität der Armen steigern sollten (BURGESS, 1992).

Für die Wohnungspolitik ließen sich das Selbsthilfekonzept und die *Intermediate School* TURNERS und ABRAMS gut für die neuen Ziele der Entwicklungspolitik instrumentalisieren:

> It is important to emphasize that self-help housing theories of Turner/Abrams school were operationalized and accepted as the dominant housing strategy in the 1970s and 1980s not merely because of the power of their arguments, but rather because their principles were seen to be compatible with the goals of this new development strategy. Those policy recommendations that were regarded as incompatible with these goals were either ignored or underplayed. (BURGESS, 1992: 82).

Der Selbsthilfeansatz sollte v.a. ökonomische Ziele unterstützen, wie etwa die Aktivierung der Kleinökonomie, die Ausweitung der Beschäftigung und die drastische Senkung öffentlicher Ausgaben.

> The Bank presents its thinkings as a mixture of Turner`s recommendations and response to the empirical situation. (...) It bears more relation to economic theory than to Turner`s position. (NIENTED/LINDEN 1994:147)

Die Reduzierung des öffentlichen Anteils an der Finanzierung des Wohnungsbaus ist aus der Sicht der Weltbank im wesentlichen durch zwei Maßnahmen zu erreichen:

1. durch die Beteiligung der betroffenen Bevölkerung an den Kosten der Wohnraumpro-
    duktion und der Wohnraumunterhaltung und
2. durch die Reduzierung von Standards sowohl für die Wohneinheiten selbst als auch für
    die infrastrukturelle Ausstattung der Siedlungen.

Diese Maßnahmen ließen sich gut mit dem Selbsthilfenansatz im Wohnungsbau in
Einklang bringen. Die Verringerung der Kosten auf der Angebotsseite sollte zum einen
größeren Teilen der Bevölkerung Zugang zu erschwinglichem Wohnraum verschaffen und
zum anderen dazu beitragen, die öffentlichen Ausgaben am Wohnungsbau insgesamt zu
senken. Auch dem Konzept der »Armutsorientierung« wird durch die Möglichkeit, den
Hausbau in einem fortschreitenden Prozess nach und nach durchzuführen, genüge getan.
Diese Strategie, so die Weltbank, entlaste die *Squatter*-Bewohner von hochverzinsten
Kreditrückzahlungen, die bei einer Sofortfinanzierung anfallen würden. Von den durch den
Selbsthilfewohnungsbau ausgehenden vermehrten Aktivitäten privater Kleinunternehmen
erhoffte man sich zudem positive Rückkoppelungseffekte für den Arbeitsmarkt; in der
Wohnraumproduktion sah man ein *»tool for macro-economic development with substantial
multiplier linkages through economy«* (NIENTED/LINDEN 1994:148). Insbesondere der
informelle Sektor sollte durch den ›informellen‹ Selbsthilfewohnungsbau gefördert werden.

Der Selbsthilfeansatz avancierte trotz anhaltender Kritik zu *dem* wohnungs-
baupolitischen Instrument der multi- und bilateralen Entwicklungszusammenarbeit seit den
70er Jahren.[47] Andere Möglichkeiten der Wohnraumbereitstellung für untere
Einkommensgruppen wie etwa die preiswerte Fertighausproduktion durch den Staat oder
den Privatsektor wurden so vernachlässigt.

2.4   Implementierung von Programmen zur Schaffung von Wohnraum mit Selbsthilfekomponente

Die Implementierungspolitik der Weltbank legte in Anlehnung an TURNERS Grundannahmen und -voraussetzungen folgende Rahmenkonditionen für die erfolgreiche
Durchführung von Wohnungsbauprogrammen in Selbsthilfe fest:

–   Die *Standortsicherheit* sollte gewährleistet sein, da man davon ausging, dass Rechts-
    sicherheit eine Grundvoraussetzung für die Investitionsbereitschaft individueller
    Haushalte bei der Verbesserung ihrer Wohnbedingungen darstellt.

---

47 Zwischen 1972 und 1980 investierte die Weltbank, bedeutendster internationaler Geldgeber für
   Wohnraumprojekte in Städten, ca. 2 ½ Mrd. US$ im Wohnungssektor. Dabei wurden in 29
   Entwicklungsländern im Rahmen von S&S-Projekten insgesamt 310.000 Grundstücke
   erschlossen; 780.000 Wohneinheiten wurden in *Upgrading*-Projekten legalisiert, verbessert und
   dem formellen Wohnungsmarkt zugeführt. In der Periode 1986–91 stockte die Weltbank ihren
   Etat für Stadtentwicklung und Wohnungsbau auf insgesamt 6,1 Mrd. US$ auf (TAIT, 1997).
   Durch dieses starke Engagement übernahm die Weltbank eine Vorreiterrolle im Bereich der
   städtischen Wohnraumversorgung; ihre Erfahrungen beeinflussten maßgeblich auch die bilaterale
   Zusammenarbeit der meisten nationalen Organisationen.

– Bisher gültige *Standards* im Wohnungsbau und der infrastrukturellen Einrichtungen sollten herabgesetzt werden, um so einen kostengünstigeren Wohnungsbau zu ermöglichen.

– *Schrittweises Bauen* im Sinne von TURNERS Aussage »*housing as a verb and not a noun*« mit angepassten, d.h. lokal vorhandenen und damit preiswerten Technologien und Materialien ist zu fördern.

– Der Zugang zu *Kleinkrediten* und technischer Beratung sollte bereitgestellt werden.

– Selbsthilfe-Wohnungsbauprojekte sollten gleichzeitig den *informellen Sektor* über den Absatz lokaler Materialien oder die Einbindung des ortsansässigen Baugewerbes stimulieren.

2.4.1 Ansätze mit Selbsthilfekomponente

Nach wie vor bestimmen drei unterschiedliche Ansätze mit unterschiedlich gewichteten Selbsthilfekomponenten die Durchführungspraxis von Wohnungsbauprogrammen.

Im Rahmen von *Sites and Service-Programmen* (S&S) werden durch die öffentliche Hand bereits mit minimaler Infrastruktur (*Services*) – in der Regel Wasserver- und Abwasserentsorgung, evtl. Strom – ausgestattete Siedlungsflächen (*Sites*) bereitgestellt. Die Rechtssicherheit wird über Pacht- bzw. Kaufverträge hergestellt. Daraus ergibt sich, dass die Zielgruppe dieser Maßnahme nicht die Ärmsten städtischen Gruppen sein können, da die Nutznießer zumindest in der Lage sein müssen, Kauf- bzw. Pachtraten aufzubringen. Der Bau der Unterkünfte ist den jeweiligen Besitzern überlassen und muss in der Regel keinen vorgegebenen Standards genügen. Weiterentwicklungen der reinen S&S-Projekte der frühen 70er Jahre tendieren dazu, zum einen Vorgaben etwa bzgl. der Baumaterialien zu machen und werden zum anderen zunehmend durch sogenannte *Building Support Centres* unterstützt, wo unter anderem einfache Fähigkeiten, die zum Hausbau von nutzen sind, erlernt werden können, wo Baumaterial zu Großhandelspreisen erstanden werden kann und wo Maschinen und Werkzeug verliehen werden.

Core-Housing-Programme können als Erweiterung von S&S-Programmen angesehen werden. Hier ist die bereits infrastrukturell erschlossene Fläche zusätzlich mit einem Hausteilelement bebaut. In der Regel handelt es sich hierbei um ein Ein-Raum-Haus, je nach Programm inklusive oder exklusive der wichtigsten sanitären Einrichtungen. Der An- und Ausbau des Wohnraumes ist dann den Bewohnern überlassen, die diesen sukzessive in Abhängigkeit ihrer finanziellen Möglichkeiten und individuellen Präferenzen aber im selben Standard wie das *Core*-Haus vorantreiben sollen.

Upgrading-Programme konzentrieren sich auf bereits bestehende informelle Siedlungen und haben zum Ziel, Standortsicherheit für die Bewohner herzustellen und sowohl die bausubstanzielle als auch die infrastrukturelle Sanierung voranzutreiben. Standortsicherheit wird in der Regel durch Registrierung von individuellen Besitztiteln und Katastererfassung erfolgen, in jüngster Zeit kommen aufgrund des hohen Konfliktpotentials, das die Auswahl einzelner Nutznießer in überfüllten Wohnzusammenhängen mit sich bringt, auch Konzepte zur Vergabe kollektiver Besitz- oder Nutzungsrechte im städtischen Raum in die Diskussion.

In Situ-Upgrading kann allerdings in vielen Fällen hoher Siedlungsdichte auch eine Umsiedlungskomponente für einen Teil der Bewohner enthalten, die in der Regel entweder in S&S-Programmen oder *Core-Housing*-Maßnahmen untergebracht werden. Jede Umsiedlungsmaßnahme birgt allerdings erhebliches Konfliktpotential und läuft Gefahr, bestehende soziale Netzwerke zu zerstören.

2.4.2 Veränderung der Schwerpunkte in Abhängigkeit von der jeweiligen entwicklungspolitischen Maxime

Seit die Weltbank 1972 das erste Wohnungsbau-Programm mit Selbsthilfekomponente auflegte, hat sich die spezifische Ausgestaltung und die Schwerpunktlegung mehrfach geändert. Insgesamt sind vier wesentliche Phasen der Wohnungsbaupolitik der Weltbank zu unterscheiden.[48] Von Anfang bis Mitte der 70er Jahre dominierten S&S-Projekte ca. zwei Drittel aller Weltbankprojekte. Da sie die gängigen Instrumente und Institutionen des konventionellen Wohnungsbaus nutzten, fielen S&S-Projekte in den Entwicklungsländern auf fruchtbaren Boden. Baustandards konnten etwa in Bebauungsplänen festgeschrieben, die Wohndichte durch reglementierte Grundstückzuschnitte kontrolliert, und die Projektdurchführung auf die örtlichen Behörden übertragen werden.

Bis Ende der 70er Jahre bestimmten zunehmend *Upgrading*-Projekte im Rahmen integrierter Stadtentwicklungsprogramme die wohnungspolitische Landschaft. Den parallel dazu entstandenen S&S-Projekten kam dabei die ergänzende Aufgabe zu, diejenige Bevölkerung aufzunehmen, die infolge der Entdichtung aufzuwertender Siedlungen freigesetzt wurde. Diese neue Schwerpunktsetzung kann als Reaktion auf den gravierenden Kostenanstieg durch höhere Bodenpreise und Erschließungskosten, die von den Zielgruppen nicht mehr getragen werden konnten, gewertet werden. Zusätzlich führte die allgemeine schwache wirtschaftliche Entwicklung in dieser Periode dazu, Bau- und Wohnumfeldstandards zu reduzieren und höhere Wohndichten zuzulassen. Auch das ungebremste Wachstum von informellen Siedlungen machte die *Upgrading*-Projekte aufgrund fehlender Alternativen für die jeweiligen Regierungen attraktiver.

Bis Mitte der 80er Jahre setzte man weiterhin stark auf *Upgrading*-Projekte. Allerdings waren diese nun eingebettet in Programme der Beschäftigungsförderung (s. o.). Danach konzentrierte man sich fast ausschließlich auf *Upgrading*-Programme, die nicht mehr nur den physischen Umbau der einzelnen Siedlungen zum Ziel haben, sondern als integrierte Stadt- bzw. Stadtteilentwicklungsprojekte sämtliche Aspekte der Lebensbedingungen marginaler Bevölkerungsschichten mit den allgemeinen Rahmenbedingungen verknüpfen.

Seit Mitte der 90er Jahre ist – analog zum postmodernen Wissenschaftsdiskurs – eine Abkehr von programmatischen Richtungsweisungen im Wohnungsbau auch der großen Geberorganisationen zu beobachten. Zunehmend finden die spezifischen Rahmen-

---

48 S. BURGESS (1988:6ff), GERTEL (1993:42)

bedingungen der Einzelfälle Beachtung. Die Sammlung der sogenannten *Best Practices* des UNCHS-Habitat, die alle erfolgreichen Verbesserungsanstrengungen der Wohn-bedingungen marginalisierter Bevölkerung zusammenträgt und weltweit verfügbar macht, ist für die Vielfalt der derzeit praktizierten Ansätze ein gutes Beispiel. TURNER (1996:339ff) glaubt sogar einen paradigmatischen Wandel auszumachen:

> (...) The current search for »Best Practice« in the run up to Habitat II, the City Summit, is encouraging. It focuses on what works, instead of resorting to the old habit of reacting to »problems – a paradigm shift reflected in other fields. (...) A critically important aspect of the new or renewed paradigm shift in the field of home and neighbourhood building is the move away from the search for replicable programmes and toward a focus on transferable tools for building community, together with the processes in which actions are embedded.
>
> (...) there are those pursuing the new paradigm for whom the appropriateness of particular tools depends on their social, economic and environmental impacts.(TURNER, 1996:339ff).

Entsprechend den eher ernüchternden Erfahrungen mit integrierten Projekten und Programmen auch in anderen Sektoren – wie etwa Integrierte Ernährungssicherung (IESP) oder Integrierte Ländliche Regionalentwicklung (ILRE), die mit einem Bauchladen an Maßnahmen versuchten, die Probleme ganzer räumlicher Einheiten zu lösen, findet derzeit von Seiten der großen Entwicklungsorganisationen auch im Wohnungssektor wieder eine stärkere Hinwendung zu einer sektoralen Konzentration der Aufgabenbereiche statt. Die Diskussion, inwieweit hier durch die sogenannten *Sektor Investment*-Programme (SIP) wieder einmal von der Weltbank – vermutlich aus der Hilflosigkeit geboren – alter Wein in neuen Schläuchen unter die Abnehmer gebracht wird, bringt für die vorliegende Arbeit keinen Erkenntnisgewinn und soll deshalb nicht weiter verfolgt werden.

Insgesamt ist unterstützte Selbsthilfe als entwicklungspolitisches Konzept ab Mitte der 80er Jahre unter Druck geraten und durch (noch) restriktivere finanzielle Programmbestimmungen gekennzeichnet. Die veränderten Rahmenbedingungen für das Selbsthilfekonzept resultierten auch aus einer entwicklungsstrategischen Umorientierung der Weltbankpolitik, die die Grundbedürfnisstrategie und die RWG durch eine neoliberale Strukturanpassungsstrategie ersetzte. Die finanzielle Sanierung der Staatshaushalte und die Einbindung in die globale Ökonomie sollte etwa durch Streichung von Subventionen, die Reduzierung von öffentlichen Dienstleistungen, den Abbau von Protektionen und Subventionen und die Öffnung der nationalen Ökonomie gegenüber dem Weltmarkt erreicht werden.

Gleichzeitig führte eine steigende Arbeitslosigkeit zur Verminderung der Reichweite von unterstützten Selbsthilfe-Programmen, da mit sinkenden Einkommen der Zielgruppen nur noch eine »Mittelschicht« der Armen in der Lage ist, Beiträge zum *Upgrading* ihrer Wohneinheiten zu leisten. Zusätzlich erhöhte die Verteuerung öffentlicher Dienstleistungen die in Wohnungsbauprojekten anfallenden Erschließungskosten, die auf die Bewohner umgelegt werden mussten.

3.   Kritik am Selbsthilfe-Ansatz und dessen Umsetzung

Das Konzept der Selbsthilfe kann aus zwei Perspektiven kritisch beleuchtet werden. Zum einen müssen die Grundannahmen und die daraus resultierende Umsetzung des Ansatzes beleuchtet werden, auf der anderen Seite ist die grundsätzlichere, gesellschaftstheoretische Sicht zu beleuchten. Beide Herangehensweisen lassen sich in ihren Argumentationslinien nicht scharf voneinander abgrenzen, so dass bisweilen Überschneidungen unvermeidbar sind.

3.1   Die gesellschaftskritische Position der Politischen Ökonomie: Macht- und Ressourcenkontrolle

Die Hauptkritik am Selbsthilfe-Modell kommt aus der Schule der politischen Ökonomie. Der Problemkomplex der Schaffung von Wohnraum kann demnach nicht isoliert vom weiteren sozioökonomischen Kontext gesehen werden. GILBERT/GUGLER (1982:86, 105) etwa argumentieren, dass gerade die strukturellen Zwänge den Rahmen vorgeben, der wenig Spielraum für individuelles strategischen Handeln lässt.

Selbsthilfe bei der Schaffung von Wohnraum, wie jede Art von Selbsthilfe-anstrengungen, kann nicht autonom von den politischen und ökonomischen Interessen auf allen Maßstabsebenen von der globalen bis zur regional/lokalen existieren, sondern muss als Teil eines Systems, das durch peripheren Kapitalismus geprägt ist, gesehen werden. Demnach ist Selbsthilfe nichts anderes als eine weitere durch den kapitalistischen Sektor gelenkte Übertragung der Reproduktion der Arbeit auf den nicht-kapitalistischen Sektor der Ökonomie, bis zum Punkt geförderter Selbstausbeutung verwundbarer Gruppen.[49]

Aus politisch-ökonomischer Sicht erscheinen die Ideen von TURNER zur Selbsthilfe wenig erfolgversprechend, da sie die grundsätzlichen Strukturen des kapitalistischen Systems nicht angreifen. BURGESS (1977, 1978, 1988, 1992) formulierte die umfang-reichste theoretische Kritik am Selbsthilfeansatz. Grundsätzlich kritisiert er an TURNERs Argumentation, dass die gesellschaftlichen Implikationen von Selbsthilfe nicht beachtet werden, insbesondere der systemstabilisierende Aspekt von Selbsthilfe werde nicht erkannt. In der Argumentationslinie der politischen Ökonomie können nur grundsätzliche gesellschaftliche Veränderungen zur Überwindung der Armut und somit zur Verbesserung der Wohnsituation führen.

Weiterhin kritisiert BURGESS, dass der Warencharakter des in Selbsthilfe produzierten Wohnraums nicht erkannt werde. Zwar sei beim Selbsthilfewohnungsbau Produzent und Konsument des Objektes zunächst der selbe, daraus lasse sich jedoch nicht schließen, dass der Selbsthilfe- Wohnungsbau außerhalb des Prozesses der Warenentstehung stattfinde und der Gebrauchswert Wohnraum nicht zum Tauschwert Wohnraum werde. Demnach kann Selbsthilfe nicht außerhalb der Grundstrukturen des kapitalistischen Systems existieren. Insbesondere in peripher-kapitalistischen Gesellschaften werden über unterstützte

---

49 U. a. BURGESS (1977, 1978, 1988, 1992)

Selbsthilfeprojekte Reproduktionskosten für Arbeit in den nicht-kapitalistischen, d.h. in den Subsistenzsektor ausgelagert und führen so zu einer doppelten Ausbeutung der Armen.

Zunehmend findet nach BURGESS allerdings ein Wandel von rein handwerklichen Produktionsweisen im Wohnungswesen hin zu industriellen Mischformen statt. Für den industriell-kapitalistischen Sektor bedeutet das die Möglichkeit zur Expansion von Märkten. Das wiederum bedeutet, dass es letztlich auch das Ziel bzw. die Folge kapitalistischer Interessen wäre, die vorkapitalistischen Produktionsweisen zugunsten der Akkumulation von Kapital zu verdrängen, was gleichzeitig wiederum zu einer Erhöhung der Kosten für Wohnraum führt. Dieser Prozess werde mittelfristig eine Verdrängung der ärmsten Bevölkerungsgruppen aus dem Projektgebiet bedingen, bzw. von vornherein eine Teilnahme der Ärmsten an den Projekten unmöglich machen.

Was die Regulierung der Besitzrechte angeht, sieht BURGESS zwar einen positiven Einfluss auf die Wohnbedingungen, andererseits stellt er jedoch fest, dass durch die Legalisierung Kostensteigerungen zu verzeichnen sind. Die *Squatter*-Bevölkerung wird zu Steuerzahlungen verpflichtet und Marktmechanismen im Bereich des Land- und Wohnungsmarktes ausgesetzt, die zuvor aufgrund des illegalen Status nicht voll zum Tragen kamen. Das hat zur Konsequenz, dass die einkommensschwächeren Bewohner mittelfristig aus der Siedlung verdrängt werden oder darauf angewiesen sind, in teurem und überfüllten Mietwohnraum innerhalb der Siedlung zu leben. Dieses sei, so BURGESS (1982, 1992), eine Konsequenz des Integrationsprozesses vormals nicht-kapitalistischer Segmente in das kapitalistische Marktsystem. Zusammengefasst heißt das, dass Besitzrechte den Tauschwert von Wohnraum erhöhen.

Das Prinzip der progressiven Entwicklung *(housing is verb, not a noun)* in die Wohnungspolitik bietet aus staatlicher Sicht den Vorteil der Trennung der Initialkosten (Erschließungskosten) und der Finalkosten (Baukosten) für die Wohnraumproduktion, wobei die Hauptlast der Finalkosten auf die Seite der Bewohner fällt. Das bedeutet aus staatlicher Perspektive, dass durch Selbsthilfeprojekte bei gleichbleibenden Gesamtausgaben für den Wohnungsbau, mehr Wohnungsbauvorhaben realisiert werden könnten. Allerdings sind die Vorraussetzungen für eine tatsächlich stattfindende progressive Entwicklung steigende oder zumindest stabile Einkommensverhältnisse der Zielgruppen. Davon ist allerdings, wie bereits im vorherigen Kapitel angemerkt wurde, zumindest für Afrika nicht auszugehen. Gleichzeitig steigen die Kosten für Grundstücke, Baumaterialien und Konstruktion nach BURGESS wesentlich schneller als die durchschnittlichen Einkommen, was einen erheblichen Einfluss auf die progressiven Investitionsmöglichkeiten habe. Die Erfolgsaussichten des Prinzips der progressiven Entwicklung sind zusammengefasst also nicht projektimmanent oder durch die Situation des einzelnen Haushalts bestimmt, sondern abhängig von strukturellen Bedingungen, die weder durch Wohnungsbaupolitik noch durch Selbsthilfe beeinflussbar sind.

Im Zusammenhang mit der Forderung nach der Reduktion der Mindeststandards befürchtet BURGESS, dass es durch die Kalkulationen nach den Prinzipien der ›*full cost recovery*‹ und der ›*affordability*‹ zu einer Abkopplung des festgelegten Mindeststandards für Wohnraum von den sozialen, moralischen und technischen Überlegungen kommt, die das Ergebnis von 150 Jahren Klassenkampf seien (BURGESS, 1992:88).

Ein weiterer zentraler Kritikpunkt der Vertreter der politischen Ökonomie an der Selbsthilfeidee bezieht sich auf TURNERs implizites Konzept der Rolle des Staates und der staatlichen Planer. TURNER entpolitisiere, so BURGESS, das Wohnraumproblem, indem er es außerhalb der politischen, ökonomischen und sozialen Sphäre ansiedele und auf die rein technischen, räumlichen und organisatorischen Dimensionen beschränke. Klassen-gegensätze und unterschiedliche Interessen spielen in TURNERs Konzept keine Rolle, die Macht und Autorität des Staates besteht scheinbar unabhängig und jenseits von Klassenkonflikten und kapitalistischen Interessen. Für BURGESS (1982:77) sind staatliche Interventionen in den Wohnungsbausektor allerdings eher die »(...) *rational expression of the process valorization of capital for various fractions of capital tied to housing, land and urban development (...)*«

Ebenso kritisiert BURGESS die schon fast naive Annahme TURNERs, dass der Staat willens und auch in der Lage sei, den Zugang zu Land, Finanzen und Material etc. zu garantieren – ist doch die Verfügung über diese Elemente direkt mit kapitalistischen Interessen verbunden. Die in TURNERs Konzeption enthaltene Implikation eines staatlichen Eingriffs, der den Zugang zu den »Elementen« garantiert, sei so weitreichend, dass er die »Grundfesten der kapitalistischen Gesellschaft« erschüttern würde, da sie den kapitalistischen Interessen diametral entgegen stünden. Daher hält es BURGESS für unwahrscheinlich, dass eine Regierung diese Konzeption in größerem Maßstab implementiert.

> In Turner's work, (...) one is immediately struck by the contradiction between the way in which he recommends economic and technical changes of a draconian nature (...); and yet at the same time he is unwilling to contemplate any radical change in the political system. These political systems were taken as a constant element throughout his analysis. (BURGESS, 1982:74f)

Insgesamt gesehen stellt der Selbsthilfeansatz aus Sicht der politisch ökonomischen Kritiker ein gänzlich ungeeignetes Mittel zur Bekämpfung des Wohnraumproblems in Entwicklungsländern dar, da er nicht die Ursache für die Verelendung der städtischen Armutsgruppen beseitigt, sondern innerhalb des ausbeuterischen Systems nach einer Lösung sucht, die in ihrer langfristigen Konsequenz die Lebenssituation der *Squatter*-Bewohner allerdings eher verschlechtert als verbessert: »*In other words the diagnosis is one that fervently attacks the symptoms in the conviction that these are the disease; (...)*« (BURGESS, 1982:67).

Bei aller Nachvollziehbarkeit ihrer Argumente versäumen es die Kritiker aus der politisch- ökonomischen Denkschule leider – wie übrigens alle neomarxistisch beeinflussten theoretischen Entwicklungskritiken – wie auch immer geartete Alternativ- und Lösungsvorschläge für das real existierende Armuts- und Wohnraumproblem zu unterbreiten, die außerhalb der schon fast stereotyp implizit oder explizit geforderten Klassenkampf- und Revolutionslösungen liegen.

Ein ganz wesentlicher und äußerst wichtiger Aspekt, der sich aus der Beschäftigung mit der Kritik der politischen Ökonomie für die entwicklungspraktische Analyse und die anwendungsorientierte Forschung ergibt, ist die Einsicht, dass Entwicklungsprogramme nie im luftleeren Raum operieren und individuelle Handlungsverwirklichungen immer in den Zusammenhang der tatsächlich vorhanden Handlungsoptionen unter Einbezug der individuellen und strukturellen Rahmenbedingungen von lokal bis global zu setzen sind.

3.2   Kritische Überlegungen zu den Grundannahmen und der Durchführung von Selbsthilfeprojekten im Wohnungsbau

Evaluierungen unterstützter Selbsthilfe-Projekte zeigen unterschiedliche Resultate, jedoch ist allen gemein, dass unterstützte Selbsthilfe nicht die verwundbarsten Gruppen erreicht, da diese nur sehr eingeschränkt über Selbsthilfepotential verfügen. Im Gegenteil wird nicht selten eine Elite von Staatsangestellten und die Mittelklasse bedient.[50]

Zudem konnten alle Untersuchungen zum Selbsthilfe-Ansatz bisher zwei wichtige Fragen nicht beantworten:[51]

1.   Kann das Konzept einen langfristigen sozioökonomisch und ökologisch nachhaltigen Beitrag zur Behebung der Wohnungskrise in den Städten der Dritten Welt leisten?
2.   Welche Konditionen (exogene und endogene) müssen gegeben sein, um dieses Konzept zum Erfolg zu führen, da sowohl die externen Konditionen als auch die Möglichkeiten und die Bereitschaft der vermeintlichen Selbst-Helfer, sich selbst zu helfen, erheblich variieren?

Um diese Fragen zu behandeln, soll noch einmal auf die Grundannahmen der Selbsthilfe-schule zurückgegriffen werden und diese auf ihre Validität hin überprüft werden. Der antizipierte Erfolg von Selbsthilfe im Wohnungsbau stützt sich auf drei wesentliche Eckpunkte:

1.   Die Annahme, dass urbane Armutsgruppen (oder die meisten von ihnen) in der Lage und vor allem bereit sind, ihre Wohnsituation in der Stadt basierend auf Eigenanstrengung zu verbessern, dient als Grundvoraussetzung.
2.   Parallel zum sozioökonomischen Aufstieg findet eine Konsolidierung der Unterkunft statt, da sich die Ansprüche verändern.
3.   Schließlich wird die Standortsicherheit, die in der Regel über individuelle Besitztitel geregelt wird, zur wichtigsten Grundvoraussetzung für die Selbsthilfebereitschaft erhoben.

3.2.1 Die Übertragung von Besitz- und Eigentumstiteln

Mit zunehmender Bedeutung von »Selbsthilfe« bei der Versorgung verwundbarer städtischer Gruppen mit erschwinglichem Wohnraum, wurde der Zugang zu Land und die

---

50 Am Beispiel Kenya s. MACOLOO (1988)
51 S. auch MATHÉY (1992:388)

Rechtstitelfrage zum zentralen Punkt der Diskussion erhoben[52]: »*land – its use, abuse, control and ownership – is the central problem of the city*« (MCAUSLAN, 1993:274). Rechtssicherheit ist sowohl für TURNER als auch die Weltbank eine Grundvoraussetzung für die Selbsthilfebereitschaft. Ob diese Rechtssicherheit, die hier keinesfalls in Frage gestellt werden soll, durch die Übertragung von individuellen Besitz- oder Eigentumstiteln für ganze Grundstücke zu regeln ist, soll hier allerdings kritisch beleuchtet werden. Wie bei anderen Ressourcen kann die Landverteilung entweder über staatliche Interventionen oder den Markt erfolgen.

Trotz aller Schwierigkeiten, die mit der Landvergabe und Titelübertragungen einhergehen, scheint es empirische Belege dafür zu geben, dass staatliche Unterstützung von Selbsthilfestrategien im Wohnungsbau die Anzahl der ›owner-occupier‹ in den Ländern der Dritten Welt erhöht hat (GILBERT, 1992:440). Gleichzeitig ist allerdings ein Trend zur Kommerzialisierung von städtischem Grund zu beobachten und die Frage stellt sich, ob die Selbsthilfeoption für die städtischen Armen bei steigenden Bodenpreisen in Zukunft offen bleiben wird. GILBERT (1992:440ff) bemerkt zu diesem Problem, dass die Kommerzialisierung des Bodens nicht notwendigerweise zu einem Ausschluss der städtischen Armen oder zu steigenden Bodenpreisen führen muss, da bei zunehmender Unfähigkeit der Regierungen, verwundbare urbane Gruppen mit Wohnraum zu versorgen, oder bei Rückzug aus der Verantwortung der erhöhte Druck auf verfügbare Siedlungsgebiete auf lange Sicht zur Lockerung von Zuzugskontrollen führt. Dies hat nicht nur in Lateinamerika *de facto* zur Tolerierung von *Squattern* geführt und gleichzeitig auch dem aus ökologischer, ökonomischer und sozialer Sicht nachteiligem Wachstum der großen Städte in die Fläche Vorschub geleistet.

Ein zentraler Punkt, der bei der Diskussion um Eigentums- und Besitztitel an Land (nicht an Wohnraum!) für städtische Marginalgruppen fast immer vergessen wurde, ist die Betrachtung der Auswirkungen auf Umweltallgemeingüter – im wesentlichen Boden und Wasser. In der Diskussion um globale Umweltveränderungen wird dieser Frage seit einiger Zeit jedoch zunehmend Beachtung geschenkt.[53] Insbesondere die prinzipielle Frage, ob im Sinne nachhaltiger Nutzung individuelle Nutzungsrechte und Kontrolle über die jeweiligen Umweltallgemeingüter der kollektiven Kontrolle vorzuziehen sind, stellt sich in diesem Rahmen als zentral heraus.

> Picture a pasture open to all... the rational herdsman concludes that the only sensible course for him to pursue is to add another animal to his herd... the conclusion reached by each and every rational herdsman sharing a commons. Therein is the tragedy. Each man is locked in a system that compels him to increase his herd without limit – in a world that is limited. Ruin is the destination towards which all men rush, each pursuing

---

52 Z. B. BARÓSS/VAN DER LINDEN (1990), MERTINS/POPP/WEHRMANN (1998); für Afrika u. a. STREN/WHITE (1989), DURAND-LASSERVE (1993).

53 S. u. a. diverse Veröffentlichungen der Arbeitsgruppe ›Allmende‹ des SPP Mensch und Globale Umweltveränderungen der DFG, LOHNERT (1998, 1999)

his own best interest in a society that believes in the freedom of the commons. Freedom of the commons brings ruin to all. (HARDIN, 1968:1243)

Dieses bekannte Zitat wurde sowohl wegen seiner unklaren Terminologie als auch wegen seiner teilweise historisch nicht nachweisbaren Aussagen bereits vielfach kritisiert.[54] Dennoch gebührt HARDIN das Verdienst, die Frage um die Relevanz von Besitzrechten bei der Nutzung und Übernutzung von Umweltallgemeingütern in die Diskussion eingebracht zu haben.

Auf den städtischen Raum übertragen würde seine Annahme implizieren, dass, nur unter der Prämisse individueller Nutzungs- und Besitzrechte davon auszugehen ist, dass finite Ressourcen auch im städtischen Raum nicht übernutzt werden. Hier ist etwa an eine ökologisch nachhaltige Entsorgung von festen und flüssigen Abfällen zu denken. Wie bereits angemerkt, führt jedoch eine individuelle Nutzungsübertragung an städtischem Land bei der derzeitig in fast allen afrikanischen Ländern vorherrschenden Maxime *one family – one plot* die den mehrgeschossigen Wohnungsbau nicht einmal als Option für die städtischen Armutsgruppen in Betracht zieht, zu einem immensen Flächenverbrauch mit entsprechenden ökologischen Folgeschäden.

Die Übertragung von Besitz- und Eigentumstiteln bedarf also der gleichzeitigen Anwendung eines verbindlichen Regelwerkes, das bestimmt, wie mit dem Besitz und Eigentum zu verfahren ist – etwa im Sinne von »Eigentum verpflichtet«.

(...) However the concept of individual property does not provide for resource conservation and sustainability. It does not, consequently, relate to long-term perspectives of survival in a given habitat. Consequently, the concept of full ownership in land needs additional provisions for environmental control. (OESTEREICH, 2000:222)

Insgesamt betrachtet, ist die Forderung nach Rechtssicherheit bezüglich Wohnraum für urbane Marginalgruppen ohne Zweifel angebracht und verdient ihren Platz in der Hierarchie der Grundvoraussetzungen für Selbsthilfe im Wohnungsbau zu Recht. Allerdings wird Rechtssicherheit zu oft synonym gebraucht mit individueller Eigentumsübertragung an städtischem Land, ohne die massiven ökologischen Folgen des Wachstums in die Fläche in Betracht zu ziehen und ohne auch nur ansatzweise über Alternativen nachzudenken.

3.2.2 Handlungsoptionen, soziale und räumliche Mobilität und Konsolidierung

Es gibt einen Rahmen aus legalen, sozioökonomischen und politischen Barrieren, denen sich Migranten gegenübersehen, wenn sie in der Stadt Unterkunft suchen. Demgegenüber stehen die Strategien, die den Betroffenen selbst zur Verfügung stehen, um ihre Situation zu verbessern. VAN WESTEN (1995:47ff) differenziert nach individuellen und kollektiven Strategien.

Das Eintreten in das urbane Milieu ist in der Regel auf der individuellen Ebene geprägt durch das Sichern einer sogenannten Eintritts-Unterkunft, bei Verwandten, Freunden,

---

54 U. a.: DASGUPTA (1982), COX (1985), HANNA (1990), BROMLEY (1992)

ehemaligen Nachbarn oder über das Mietsegment des Wohnungsmarktes. Von diesem Ausgangspunkt aus ist die Verbesserung der Wohnsituation durch zwei Strategien möglich: Mobilität oder *In Situ*-Selbsthilfeaktivitäten. Kollektive Strategien sind im Eintritts-Stadium kaum zu erwarten, da davon auszugehen ist, dass Neuankömmlinge nicht in einem solchen Maße in Netzwerke eingebunden sind, die es ihnen ermöglicht kollektiv zu operieren. Erst im Stadium der Mobilität bieten zum Beispiel organisierte Invasionen die Möglichkeit zu kollektivem Handeln. Dasselbe gilt auch für die *In Situ*-Konsolidierungs-phase, wo die Möglichkeit besteht, kollektiv Forderungen geltend zu machen oder etwa durch kollektive Selbsthilfe Gemeinschaftseinrichtungen zu schaffen.

Auf der individuellen Ebene kann Mobilität die Infiltration in andere bereits bestehende informelle Wohnsiedlungen und dort die Errichtung von Unterkünften in Selbsthilfe bedeuten. *In Situ*-Konsolidierung kann bedeuten, dass bereits bestehender Wohnraum von Verwandten, Freunden etc. vergrößert und/oder verbessert wird.

TURNER (1968) entwickelte ein theoretisches Modell in dem er die Strategien einzelner Migrantenhaushalte mit einem Konzept zur intra-urbanen Mobilität verband. TURNERs Beobachtungen in den ›*Barridas*‹ von Lima in den 60er Jahren zeigten, dass die Bevölkerung von *Squattern* nicht unintegrierte, gerade neu angekommene Migranten waren, sondern eher Personen aus der Stadt, die einen bestimmten Grad an sozioökonomischem Status bereits erreicht hatten und jetzt der Anmietung von Wohnraum in der City Wohneigentum am Stadtrand vorzogen. Migranten erfahren nach TURNER im Laufe der Zeit eine Verbesserung ihrer sozioökonomischen Situation mit der sich gleichzeitig die an den Wohnraum gestellten Anforderungen verändern. Diese veränderten Prioritäten führen dann zu einer weiteren Migration in die Viertel, in denen die entsprechenden Bedürfnisse befriedigt werden können. Das Modell unterscheidet drei Typen von Migranten:

1.   *Bridgeheaders:* Neu angekommene Migranten aus den ländlichen Regionen nennt TURNER *Bridgeheaders*. Sie sind jung, unverheiratet und verfügen über einen sehr geringem Ausbildungsstand. Ihr wichtigstes Ziel liegt in der Suche nach einer regelmäßigen Einkommensquelle. Auf der Basis empirischer Untersuchungen in Lateinamerika geht TURNER davon aus, dass sich diese Gruppen zunächst in der City niederlassen, wo billiger – wiewohl schlechter – Wohnraum in der Nähe zu potenziellen Arbeitsmöglichkeiten zu erhalten ist.

2.   *Consolidators:* Nach einer gewissen Zeit, wenn diese Migranten eine reguläre Einkommensquelle gefunden haben, gehen sie über die Gründung einer Familie weitere Verpflichtungen ein. In diesem Stadium werden Wohnraumsicherheit und die Größe des Wohnraums zu Prioritäten. Darauf folgt der Umzug in die Peripherie, wo Grundstücke zur Errichtung von Wohnraum in Selbsthilfe legal oder illegal zu haben sind.

3.   *Status Seekers:* Die dritte Stufe ist erreicht, wenn der Haushalt über höheres und sicheres Einkommen den Status der Mittelklasse erreicht hat. In diesem Stadium werden die Qualität des Wohnraums und die Nachbarschaft zu den wichtigsten Kriterien, nach denen Wohnraum ausgesucht wird.

Wie das Selbsthilfemodell wurde auch das Mobilitätsmodell vor allem deshalb kritisiert, weil es versäumte, die empirischen Beobachtungen in Lateinamerika in einen größeren strukturellen, ökonomischen Kontext zu stellen. Das Modell spricht den individuellen Initiativen der Betroffenen die Schlüsselrolle zu, durch die strukturelle Zwänge aufgebrochen werden können.

Zudem definiert die Kategorie des *Consolidators* den Typus des sich selbst helfenden Wohnraumproduzenten für den Eigenbedarf. Als Voraussetzung dafür sieht TURNER den sozialen und wirtschaftlichen Aufstieg der *Bridgeheader*. Erst der über ein regelmäßiges Einkommen verfügende *Consolidator* ist in der Lage, sich selbst zu helfen. Die Förderkriterien der Weltbank orientieren sich an diesem Modell und schränken die Zielgruppe der Projektteilnehmer auf diese Mittelschichtaspiranten ein.

Während TURNER davon ausgeht, dass der *Bridgeheader* durch seine zunächst andere Prioritätensetzung – nämlich nahe an potentiellen Arbeitsplätzen zu wohnen – (noch) kein primäres Interesse an Selbsthilfe im Wohnungsbau aufweist, stützt sich die Weltbank und andere Entwicklungsorganisationen einzig auf das *Affordability*-Kriterium, das nur die Förderung ökonomisch stabiler Projektteilnehmer vorsieht. Diese sind nach diesem Modell erst im Stadium des *Consolidators* zu erwarten. Allerdings ist in vielen Entwicklungsländern und insbesondere in Afrika südlich der Sahara der Übergang vom *Bridgeheader* zum *Consolidator* bei der derzeitigen Wirtschaftslage für die meisten Bewohner informeller Siedlungen kaum als Option vorhanden.

Ein weiterer Kritikpunkt bezieht sich auf die deskriptive Natur des Models, das es versäumt zu erklären, warum bestimmte Prozesse gerade so ablaufen sollen. Hier sei etwa die implizit vorhandene Unterscheidung zwischen den Strategien und Prioritäten von Migranten aus den meist ländlichen Gebieten und den einheimischen Städtern genannt. Genauso unklar ist weiterhin der postulierte und unausweichliche Zusammenhang zwischen sozialer und räumlicher Mobilität. Es ist durchaus möglich, dass Konsolidierung auch am Eintrittsort stattfindet. Dieses ist besonders dann denkbar, wenn der Eintritt in der städtischen Peripherie erfolgt.

Die Übertragbarkeit des Modells ist auch deshalb begrenzt, weil viele Citys weder die Absorptionskapazität für Neumigranten aufweisen, noch bei fortschreitender räumlicher und ökonomischer Diversifizierung die Arbeitsmöglichkeiten für ungelernte Arbeiter in der City liegen. Auch die Tatsache, dass viele Migranten zuerst bei Verwandten oder Bekannten unterkommen, die in der Regel schon einige Zeit in der Stadt sind, widerspricht der Annahme, die City sei grundsätzlich erste Station.

Das TURNERsche Modell liefert somit keine ausreichende Erklärung für den Zusammenhang zwischen unterschiedlichen Typen informeller Siedlungen und den Mobilitätsprozessen urbaner Marginalgruppen, seien sie räumlicher oder sozioökonomischer Art. Die Diversität zwischen den Bewohnern einer Siedlung ist oft substanziell (LOHNERT 1995, 1996) und kann sich in vollkommen unterschiedlichen Ansprüchen und Ausprägungen der Wohnraumverbesserung und -konsolidierung äußern. Die pauschale Annahme, dass Selbsthilfegruppen eine aufsteigende soziale Mobilität aufweisen und als logische Konsequenz diesen Aufstieg in eine graduelle Verbesserung und Konsolidierung von Wohnraum investieren ist somit nicht haltbar.

3.2.3 Neue Migrationsformen und Selbsthilfe

Sollten sich die ›neuen‹ hochflexiblen Migrationsformen, die mit der Schaffung multilokaler Haushalte einhergehen, als ernstzunehmendes und vor allem quantitativ signifikantes Phänomen herausstellen, so wäre das Konzept der Selbsthilfe im Wohnungsbau der großen Städte in den Entwicklungsländern und insbesondere in Afrika in seinen Grundfesten erschüttert. Die wichtigste und grundsätzlichste – wiewohl nie explizit genannte – Grundannahme des Konzeptes ist ja schließlich die der Ortsfestigkeit der Bewohner informeller Siedlungen. Zum einen wird implizit angenommen, dass Migranten in die Stadt kommen um dort zu verbleiben (›here to stay‹) – wenn nicht für immer, so doch lange genug, um an partizipativen Planungsprozessen teilzunehmen, um selbst bei dem Bau ihrer Wohnungen Hand anzulegen, um bereits vorhandene *Core*-Häuser auszubauen, kurzum, um in den Wohnraum in der Stadt zu investieren. Selbsthilfe und das stetige Verfolgen von Zielen wie etwa das des *Upgrading* von Wohnraum, aber auch die Konsolidierung von Nachbarschaften erfordern die Anwesenheit von Individuen als Handlungsträgern. Es ist kaum zu erwarten, dass Vereinbarungen, die ein Haushaltsmitglied eines multilokalen Haushaltsverbandes zu Zeiten seiner Anwesenheit getroffen hat, auch von allen anderen, dann jeweils temporär anwesenden Mitgliedern nicht nur respektiert, sondern auch unter Einsatz von Engagement, Arbeitskraft und finanziellen Inputs weiter vorangetrieben werden.

Außerdem stellt sich die Frage, wie groß die Antriebskräfte bei hochmobilen Gruppen überhaupt sind, in Immobilien zu investieren. Hier sei die Hypothese aufgestellt, dass es der sozialen Logik multilokaler Haushaltsverbände geradezu widerspricht, langfristige Engagements bezüglich der Erschaffung und Erhaltung von städtischem Wohnraum zu tätigen. Das soll nicht heißen, dass Unterstützungsangebote und Wohnungsbauprogramme mit Selbsthilfekomponente von dieser Gruppe nicht angenommen würden. Es entspricht durchaus der sozialen Logik und der Ausschöpfung aller Handlungsoptionen, das Antragsverfahren und auch die individuellen Inputleistungen so lange mitzutragen, bis eine Rechtssicherheit auf das entsprechende Grundstück bzw. evtl. *Core*-Haus besteht. Dass danach kaum mehr Investitionen getätigt werden, ist wiederum vollkommen im Einklang mit den Präferenzen dieser Gruppen.

Die Lebensform multilokaler Haushalte stellt auch das Verfahren der Übertragung von Besitz- und Nutzungsrechtenrechten vor erhebliche Probleme. Wer wird Besitzer oder Eigentümer? Der älteste männliche Haushaltsvorstand, der eventuell nur zur Übertragung der Titel in die Stadt gereist ist und ansonsten aber vorwiegend im ländlichen Raum lebt? In Ländern, in denen kein Meldewesen existiert, ist das nicht nachprüfbar.

Es soll hier keinesfalls der Eindruck entstehen, als sei das Konzept der unterstützten Selbsthilfe *per se* zu verwerfen, da schließlich auch ein großer Teil der *Squatter*-Bewohner zu den sogenannten ›alten‹ Städtern gehört, die bereits seit Generationen im städtischen

Raum leben und die kaum eine Rückkehroption in Betracht ziehen. Es sei allerdings darauf hingewiesen, dass für manche Gruppen das Konzept unterstützter Selbsthilfe keine Option für die Wohnraumverbesserung in den großen Städten der Entwicklungsländer darstellt und bei gleichbleibender ökonomischer Situation auch in Zukunft vermutlich zunehmend nicht darstellen wird.

Analog zu den Forderungen der politischen Ökonomie sollen im Folgenden zunächst die für die Behandlung der Wohnungskrise wichtigen strukturellen Rahmenbedingungen in Südafrika einer eingehenden Betrachtung unterzogen werden. Hierzu gehören historische Faktoren ebenso wie sozioökonomische, sowie die Wohnungspolitik auf nationaler Ebene. Anschließend werden die Gegebenheiten auf regional/lokaler Ebene des Großraumes Kapstadt analysiert. Schließlich soll unter Einbezug der Rahmenbedingungen anhand von empirischen Ergebnissen die Validität der hier vorgestellten theoretischen und entwicklungspraktischen Konzepte sowie ihre Relevanz für Südafrika überprüft werden.

III. Südafrika: Politisch bedingte Sozial- und Raumstrukturen

Mehr als in den meisten anderen Staaten sind die Sozial- und Raumstrukturen in Südafrika durch die politische Geschichte geprägt. Die Politik der Apartheid, die eine rassenspezifisch getrennte ›Entwicklung‹ verfolgte, prägt noch heute, sechs Jahre nach den ersten freien demokratischen Wahlen, sowohl die räumliche als auch die sozioökonomische Struktur des Landes.

Die räumliche Segregation der Arbeits-, Boden- und Kapitalmärkte der Apartheidgesetzgebung führte zu einer unproduktiven Aufteilung der Arbeitskräfte zwischen den *Homelands* und dem Rest von Südafrika, zwischen Stadtzentren und *Townships* sowie zwischen urbanen und ländlichen Regionen. Insbesondere die forcierte räumliche Segregation innerhalb der Städte negierte die Errungenschaften an Effizienz und Produktivität, die normalerweise mit Urbanisierung assoziiert werden. Die heutigen Probleme in den urbanen Räumen Südafrikas – von denen das Wohnraumproblem sicherlich eines der dringlichsten ist – müssen daher als Symptome historisch bedingter struktureller Ungleichheiten angesehen werden. Die folgende Analyse beginnt daher mit einem Rückblick auf die politische Geschichte Südafrikas unter besonderer Berücksichtigung ihrer raumstrukturierenden und sozial polarisierenden Wirkung. Anschließend werden die wichtigsten sozialen und ökonomischen Rahmenbedingungen, unter denen die heutige südafrikanische Planungs- und Entwicklungspolitik operiert, dargestellt. Schließlich soll die aktuelle Desegregations- und Wohnungspolitik kritisch diskutiert werden.

1.   Die weißen Armen und der Beginn der Segregation

Die Segregation der verschiedenen Bevölkerungsgruppen nahm ihren Anfang nicht erst mit Apartheid. Schon die ersten Europäer, die am Kap landeten achteten darauf möglichst weit entfernt von den Einheimischen zu siedeln:

> Only last night it happened that about 50 of these natives wanted to put up their huts
> close to the banks of the moat of out fortress; and when told in a friendly manner by our
> men to go a little further away, they boldly declared that this was not our land, but theirs
> and they would place their huts wherever they chose (Auszug aus Jan van Riebeecks
> Journal, 10.02.1655, in: ELLIS, 1977:144)

Ebenso gab es lange bevor das Apartheidregime der National Party 1948 an die Macht kam, bereits auf soziale Segregation und auf weiße Dominanz ausgerichtete Gesetzgebungen in Südafrika. Diese nahmen ihren Ausgang in Entstehung und Wachstum einer weißen urbanen Unterschicht zu Beginn des zwanzigsten Jahrhunderts. Der enorme Anstieg der weißen urbanen Bevölkerung zwischen 1890 und 1904 (s. Tabelle III. 1) erklärt sich aus drei in kurzer Zeit aufeinanderfolgenden Ereignissen. Die verheerenden Auswirkungen des Burenkrieges (1899–1902)[55], der die Zerstörung vieler burischer Farmen zur Folge hatte, löste die Migration vieler weißer Farmer in die Städte aus. Die zwischen 1896 und 1897 grassierende Rinderpest sowie eine Dürreperiode von 1903 bis 1908 taten ihr übriges, vielen Farmern ihre agrarische Lebensgrundlage zu entziehen.

Tabelle III. 1:   Urbane Bevölkerung in Südafrika 1890–1960
(Prozentualer Anteil der einzelnen Bevölkerungsgruppen)

	1890	1904	1911	1921	1936	1946	1951	1960
Weiße	35,8	53,0	51,6	55,8	65,2	74,5	78,4	83,6
Schwarze	n. b.	13,0	12,6	12,5	17,3	23,7	27,2	31,8
Coloureds	n. b.	46,0	46,0	45,8	53,9	60,9	64,7	68,3
Inder	n. b.	n. b.	46,0	30,9	66,3	71,7	77,5	83,2
Gesamt	n. b.	25,0	24,7	25,7	31,4	38,4	42,6	47,0

Quelle: WELSH (1978:173)

Weiße mittellose Bauern (Buren) hatten keine andere Wahl als in die Städte zu migrieren und mussten dort mit *Coloureds*, Schwarzen und der aus England eingewanderten Arbeiterklasse um Arbeitsplätze und Wohnraum konkurrieren.

> (...) they were faced with three problems: to find work, food and a place to live. Employment was the greatest problem, because these partly educated countrymen were totally unsuited for town life. Clerical work was available but the majority could not write quickly. (...) They knew only Afrikaans, a language many of the employers neither spoke, nor wished to learn. (...) The majority had only unskilled labour to offer. (...) It was as difficult for the poor family to find a home as to obtain food. If they discovered their relatives they moved in with them. (HUMPHRISS, 1968:18–19).

Die Überlebensprobleme der weißen burischen Unterschicht zu Beginn des zwanzigsten Jahrhunderts in den Städten und ihre Lebensbedingungen weisen erstaunliche Parallelen zu denen der heutigen schwarzen Land-Stadt Migranten auf. Es gab weder ein ausreichendes Arbeitsplatzangebot für ungebildete und ungelernte Arbeiter noch stand erschwinglicher Wohnraum zur Verfügung. Auch die Reaktionen rechtsgerichteter englischer Politiker gemahnen sehr an die Rhetorik der National Party zu Apartheidzeiten:

> Right wing opinion, expressed on public platforms and in letters to the papers, regarded the surplus Afrikaners as a menace to the town, and without going into the reasons for

---

55 Äußerst blutige geführte Auseinandersetzung zwischen Buren und Briten, die die Briten für sich entschieden und mit der Annexion der Burenrepubliken und deren Übernahme als Kronkolonien endete. Dieser Krieg wird von einige Autoren als der härteste und blutigste Kolonialkrieg der Geschichte bezeichnet (so etwa FISCH, 1990:213). Zur weiteren Darstellung der Geschichte Südafrikas s. u. a.: WILSON/THOMPSON: The Oxford History of South Africa (1978); FISCH: Geschichte Südafrikas (1990); DAVENPORT: South Africa, A Modern History (1987).

their arrival and the results of such action, demanded that they be driven into the country and dumped there. (HUMPHRISS, 1968:20).

PARNELL (1993:473)[56] bezeichnet die daraus folgende politische Krise und ihre Folgen als den Beginn der Rassentrennung in Südafrika.

Nicht selten entwickelten sich *Slums* und *Squatter*, in denen die schwarze und weiße Unterschicht zusammenlebte. Genau diese Vermischung schürte jedoch die Ängste des Establishment:

> In the pre-war period, urban cohabitation of African workers with unemployed and underemployed whites did generate ruling-class anxiety because of the fear that poor whites' resistance to economic insecurity would assume an explicitly working-class character. Foremost among the fears of capital were the possibilities of racially united working class organization and communism. (PARNELL, 1993:475).

Um die gefürchtete ›Verbrüderung‹ zu verhindern und die Buren, die am stärksten unter den Auswirkungen des Krieges zu leiden hatten, auf ihre Seite zu ziehen, wurden die ersten segregierenden und diskriminierenden Maßnahmen durch die englische Kolonialregierung ergriffen. Die Festschreibung der Arbeitsplatzreservierung für die mehrheitlich burischen Weißen erfolgte durch den *Mines and Works Act* im Jahre 1911.[57]

Beginnend mit Umsiedlungsmaßnahmen, die unter dem Deckmantel der öffentlichen Gesundheitsfürsorge innerhalb der Städte durchgeführt wurden, wurde 1913 das erste Gesetz der territorialen Dominanz, der *Lands Act* eingeführt, der die Trennung zwischen schwarzem und weißem Grundbesitz regelte. Demnach war es Schwarzen verboten, außerhalb der im späten 19. Jahrhundert eingerichteten Reservate, die damals etwa 7,3 % der Landesfläche ausmachten, Land zu besitzen.[58] Die Städte waren hiervon zunächst noch ausgenommen. Mit dem *Native Urban Areas Act* (1923) wurden schließlich die Hauptziele des *Lands Act* auch auf die städtischen Räume übertragen, mit dem Resultat, dass Schwarzen der Wohnsitz und Landkauf nur noch in ihnen zugewiesenen Stadtvierteln erlaubt war. Das Prinzip der Wanderarbeit und des temporären Aufenthaltes von Schwarzen in den Städten, das fortan die Lebensumstände der schwarzen Mehrheit der Bevölkerung bestimmen sollte, wurde im Bericht der Vorbereitungskommission zum *Urban Areas Act* plastisch ausgedrückt:

> Dem Eingeborenen sollte der Zutritt in die städtischen Gebiete, die im wesentlichen die Schöpfung des weißen Mannes sind, nur dann gestattet werden, wenn er bereit ist, die

---

56 PARNELL (1993:473): »*The emergence of an unemployed class of unskilled whites in the cities of the Rand during the 1900s and the 1910s produced a political crisis whose resolution lies at the heart of the explanation for the rise of racial segregation in South Africa.*«

57 Dieses Gesetz wurde zwar 1923 als verfassungswidrig erklärt; es wurde jedoch 1926 in der Koalitionsregierung, in der die burischen Nationalisten zum ersten Mal die stärkste Kraft bildeten, neu erlassen.

58 In der Kapprovinz galt das Kaufverbot für Schwarze bis 1936 nicht.

Bedürfnisse des weißen Mannes zu befriedigen, und er sollte von dort wieder verschwinden, wenn er aufhört, diese Bedürfnisse zu befriedigen.[59]

Sukzessive wurde den Schwarzen bis 1937 das ohnehin geringe und im wesentlichen nur in der Kapprovinz funktionierende Mitspracherecht durch Wahlberechtigung entzogen und durch den sogenannten *Native Representative Council*, der nur ›beratende Funktion‹ hatte, ersetzt.[60] Außerdem wurden im selben Jahr Zuzugsbeschränkungen und das generelle Verbot für Schwarze, in den Städten Land zu erwerben, beschlossen.

2.   Stadtentwicklung in der zweiten Hälfte des zwanzigsten Jahrhunderts: Die Politische Geographie der Apartheid

Die National Party (NP), die als Interessenvertretung der Buren gegründet wurde, verstand es, die Ängste der ärmeren weißen Bevölkerung weiter zu schüren und das Wachstum der nicht-weißen Bevölkerung tat ein übriges, die Furcht vor Macht- und Wohlstandsverlust zu verdichten. 1921 betrug das Verhältnis von weißer zu nicht-weißer Bevölkerung 1:3,6 und erhöhte sich bis 1960 auf 1:4,2 (WESTERN, 1981:60). 1948 gewann die National Party dann mit der klaren Aussage zur Segregation der Rassen die Parlamentswahlen und am 3. Juni bildete Malan die erste rein burische Regierung. Apartheid bedeutete jedoch nicht einfach nur Segregation als Resultat rassistischer Einstellungen, sondern wurde als Mittel eingesetzt, einer zahlenmäßig unterlegenen Gruppe die ökonomische und soziale Vorherrschaft zu sichern. Wie aus den vorherigen Ausführungen deutlich wurde, bedeutete der Machtwechsel 1948 nicht eine Umorientierung der Politik zu Apartheid, sondern lediglich eine konsequente Fortführung und Verschärfung der Segregations- und Diskriminierungspolitik.

1950 wurde der *Population Registration Act* verabschiedet, der die Einteilung aller Südafrikaner in drei Rassengruppen[61] – Weiße, *Coloureds* und Schwarze – festlegte. Damit war der Grundstein für alle weiteren Diskriminierungen gelegt. Der Prozess der politischen Entrechtung der Nichtweißen fand seinen Abschluss in der Aufhebung des Wahlrechts für Schwarze am Kap und ihrer Vertretung im Parlament im Jahre 1959 sowie der Abschaffung des Wahlrechts für *Coloureds* im Jahre 1968. Getrennte Körperschaften für *Coloureds* und Inder mit beratender Funktion wurden eingerichtet, während die Schwarzen ihre politischen Rechte in den ihnen zugewiesenen Gebieten wahrnehmen sollten.

---

59 *Transvaal Local Government Commission Report* 1922, zit. in FISCH (1991:255)

60 Dieser tagte 1946 aus Protest gegen die Rassendiskriminierung das letzte Mal und wurde 1951 aufgelöst.

61 *Coloureds* wurden in weitere Gruppen unterteilt wie etwa Inder und Mischlinge. Die immer wieder geänderte und im Verlauf der Jahre immer komplizierter werdende Rassengesetzgebung kann und soll hier nur ansatzweise dargestellt werden. S. hierzu HORRELL (1978)

2.1 Sicherung der weißen Vorherrschaft durch die Errichtung von Homelands

Auf nationaler Ebene wurde mit dem Ausbau der Reservate, *Homelands* oder *Bantustans* der Versuch unternommen die Urbanisierung der schwarzen Bevölkerungsmehrheit zu regeln. Mithilfe der Passgesetze sollte der Zuzug schwarzer Arbeitnehmer strikt den Erfordernissen der weißen Ökonomie angepasst werden.

Ab 1948 galten die Städte als rein weiße Gebiete, in denen Schwarze sich nur so lange aufhalten sollten, wie sie gebraucht wurden. Konsequenterweise wurde der Zuzug von Personen, die für die urbane Ökonomie unbrauchbar waren – Frauen, Kinder, Alte, Kranke und Arbeitslose – strenger reglementiert. 1952 wurden die Passgesetze verschärft, was zur Folge hatte, dass jeder Schwarze, der sich in der Stadt aufhielt, seine Berechtigung dazu in einem *Reference Book* – das der Arbeitgeber auszufüllen hatte – nachweisen musste. Im *Natives Law Amendment Act*, der ebenfalls 1952 verabschiedet wurde, war festgelegt, dass Schwarze ohne Arbeit sich nicht länger als 72 Stunden in einem städtischen Gebiet aufhalten durften.

Wanderarbeit wurde so zur gesetzlich festlegten Einkommensform schwarzer arbeitsfähiger Männer und Frauen außerhalb der Reservate. Beide Gesetze veränderten das Arbeits- und Privatleben der schwarzen Bevölkerung in dramatischer Weise. Wenn sie in der Stadt Arbeit fanden, dann mussten sie geringe Löhne akzeptieren um dort bleiben zu können. Die Familien mussten in den Reservaten zurückbleiben. Nicht mehr arbeitsfähige Personen wurden sofort ausgewiesen. Hunderttausende wurden jährlich wegen Vergehen gegen die Passgesetze angeklagt, verurteilt und ausgewiesen (FISCH, 1991:296). Die Trennung der Familien forderte ihren Tribut. Die Anzahl der quasi alleinstehenden Frauen in den *Homelands*, die sowohl ihre Kinder als auch die Älteren zu versorgen hatten, erhöhte sich enorm. Aber auch in den städtischen Räumen nahm die Anzahl alleinerziehender Frauen zu, da viele männliche Arbeitsmigranten auch in den Städten – zusätzlich zu ihren in den *Homelands* verbliebenen – Familien gründeten. Mit keiner dieser Familien konnten sie jedoch zusammenleben. So wuchs eine ganze Generation schwarzer Südafrikaner ohne Väter auf. Aufgrund der zusätzlichen Verpflichtungen gegenüber den städtischen Familien aber auch durch zunehmende Entfremdung von den *Homeland*-Familien kamen viele männliche Arbeitsmigranten ihren Unterstützungspflichten gegenüber den in den ländlichen Räumen zurückgebliebenen Familienmitgliedern nicht mehr nach.

Die Reservate entstanden im 19ten Jahrhundert, nachdem es den Weißen nicht gelungen war, sich alles Land vollständig anzueignen. Sie gewannen im 20sten Jahrhundert enorme wirtschaftliche Bedeutung, da billige Wanderarbeit durch die Subsistenzproduktion in den Reservaten subventioniert werden konnte. Auf politischer Ebene konnte die Existenz der Reservate als Begründung für den Entzug aller politischen Rechte herhalten. Mit dem *Bantu Authorities Act* (1951) erhielten die Reservate allerdings nur vordergründig mehr Selbstverwaltungsrechte, da die Träger der neuen Befugnisse – nach dem Prinzip des *Indirect Rule* – im wesentlichen aus traditionellen *Chiefs* bestanden, die von der Zentralregierung eingesetzt waren.

In den sechziger und zu Beginn der siebziger Jahre wurden dann die Vorbereitungen zur Einrichtung unabhängiger Staaten für die einzelnen schwarzen Volksgruppen getroffen. Dabei kann es nie Absicht gewesen sein – wie aus einem Blick auf die Karte deutlich wird (s. Abbildung III. 1) – aus den zehn als *Homelands* abgetrennten ›unabhängigen‹ bzw. ›autonomen‹ Gebieten auch wirklich autonome und überlebensfähige staatliche Einheiten werden zu lassen. Ziel muss vielmehr gewesen sein, eine weitere legalisierte Abgrenzung von den weißen Gebieten – die dann 83% der Landesfläche ausmachten – und eine Trennung der einzelnen schwarzen ethnischen Gruppen herbeizuführen. Durch die Trennung der einzelnen ethnischen Gruppen sollte die Bildung einer breiten, ethnisch übergreifenden Opposition verhindert werden. 1976 wurde die Transkei als erster Staat ›unabhängig‹, gefolgt von Bophuthatswana (1977), Venda (1979) und der Ciskei (1981),[62] weitere sechs unzusammenhängende Gebiete wurden zu autonomen Staaten erklärt.

Obwohl diese unfreiwilligen ›Unabhängigkeiten‹ von keinem Staat der Welt außer Südafrika anerkannt wurden, hatten sie doch immense Auswirkungen auf die dort lebende Bevölkerung, die über Nacht die südafrikanische Staatsbürgerschaft verlor und jetzt noch einfacher ausgewiesen werden konnte. Zwangsumsiedlungsmaßnahmen, die alle nicht als Arbeitskräfte benötigten Personen betrafen, waren die Folge.

Offiziellen Angaben zufolge wurden bis 1984 etwa 450.000 Menschen zwangsumgesiedelt. Die offiziellen Zahlen spiegeln jedoch keineswegs die Realität wider. Seriöse Rekonstruktionen ergaben, dass zwischen 1960 und 1982 mindestens 3,5 Millionen Menschen deportiert wurden (SURPLUS PEOPLE PROJECT, 1983c:6). Diese Zahl beinhaltet Zwangsumsiedlungen von weißen Farmen, sogenannten *Black Spots*[63] sowie aus den Städten.

Die Entwicklung der prozentualen Verteilung der schwarzen Bevölkerung verstärkt den Eindruck, dass die rekonstruierten Zahlen der Realität weit näher kommen als die staatlichen Angaben.

Tabelle III. 2:   Prozentuale Verteilung der schwarzen Bevölkerung 1950–1980

Jahr	Städte	*Homelands*/Reservate	›Weiße‹ ländliche Gebiete
1950	25,4	39,7	34,9
1960	29,6	39,1	31,3
1970	28,1	47,4	24,5
1980	26,7	52,7	20,6

Quelle: FISCH (1991:316)

---

62 Im Folgenden: TBVC-Staaten
63 Landbesitz von Schwarzen in ›weiß‹ deklarierten Gebieten

Abbildung III. 1: Die Lage der Homelands

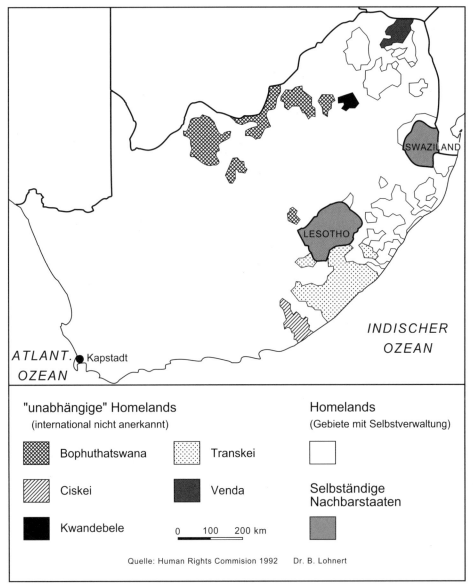

"unabhängige" Homelands
(international nicht anerkannt)

Homelands
(Gebiete mit Selbstverwaltung)

Bophuthatswana

Transkei

Ciskei

Venda

Selbständige
Nachbarstaaten

Kwandebele

0   100   200 km

Quelle: Human Rights Commision 1992   Dr. B. Lohnert

Quelle: Human Rights Commission (1992:o.S.)

77

2.2 Die Städte

Apartheid ist untrennbar mit Urbanisierung verbunden.[64] Die Städte Südafrikas wurden bis weit in die 80er Jahre in einer Weise umgestaltet, die auf der ganzen Welt ihresgleichen sucht. So stellt WESTERN (1981:63) zu recht fest:

> The cities of South Africa have been remoulded over the last thirty years with a thoroughness that has seldom been equalled in the world. Berry (1973) decided that probably only Israel and the People's Republic of China (and I would add the Pol Pot regime's Democratic Kampuchea from 1975 to 1979) have attempted such drastic reorganization.

Obwohl das Gesetz von 1923 *(Native Urban Areas Act)* bereits die Ausweisung von rein schwarzen Wohngebieten in den Städten bestimmt hatte, wurde diese in der Folgezeit nur zögerlich durchgesetzt. Nach 1948 wurde das Gesetz jedoch in seiner ganzen Härte angewandt und Schwarze waren vom Grundbesitz in den Städten fortan vollständig ausgeschlossen. Da sich während des zweiten Weltkrieges die Zuwanderung schwarzer Bevölkerung in die Städte verstärkte, für deren Wohnraumversorgung von staatlicher und städtischer Seite aber keine Vorkehrungen getroffen worden waren, entstand gerade in dieser Zeit eine große Anzahl informeller und illegaler Siedlungen.[65]

Die Wohnraumpolitik von 1948 bis 1985 ist einerseits gekennzeichnet vom ›Bulldozing‹ aller informellen Siedlungen in der Nähe von weißen Gebieten und andererseits von einem immens expandierenden staatlichen Wohnungsbau. Dies ist die Zeit, in der die meisten der heute noch existenten Townships mit ihren eintönigen Reihen einheitlicher, vom Staat erstellter Miethäuser entstanden.

Mit Inkrafttreten des *Group Areas Act* 1950 verschlechterten sich die Möglichkeiten der freien Wahl des Wohnortes und des Erwerbs von Landbesitz in der Stadt auch für die Gruppe der *Coloureds* grundlegend. Das Gesetz über die getrennten Wohngebiete versetzte den Staat in die Lage, den unterschiedlichen Gruppen bestimmte Gebiete zum Wohnen oder für Geschäftstätigkeiten *(Group Areas)* zuzuweisen. Dieses Gesetz traf im wesentlichen die Gruppen der *Coloureds* und der Inder, da die Schwarzen bereits durch das Gesetz von 1923 erfasst wurden und die weißen Gebiete weitgehend unangetastet blieben. So mussten bis 1976 nur 5.898 weiße Familien umziehen, während fast 500.000 *Coloured*-Familien ihre Häuser und Gemeinden verlassen mussten. (WESTERN, 1981:72)

---

64 SMITH (1992:1): »*Since the doctrine of apartheid as legislated racial separation was introduced following the National Party's power in 1948, it has been inextricably bound up with urbanization.*«

65 MCCARTHY (1981.302) kommentiert 1981 die Art und Weise wie mit informellen Siedlern umgegangen wurde, zynisch: »*Under the influence of popular media interpretations of South Africa, many of us have come to wonder if the viciousness with which African squatters have been and continue to be treated has its origin in some defect in the white South African personality.*«

Das Gesetz bezog sich auch auf Handels- und Unternehmertätigkeiten. So wurden 1957 alle Stadtzentren zu weißen *Group Areas* erklärt, wodurch vor allem die indische Unternehmerschicht nicht selten ihre komplette Wirtschaftsbasis verlor:[66]

> For Indians it was necessary as part of their trading occupations that they be widely dispersed throughout the city, accessible to their multiracial market. To require Indians to live and trade in their own group areas (...) is to destroy their businesses. (WESTERN, 1981:82)

Die Apartheidcity stellt wohl ein einmaliges Phänomen der Stadtplanung dar. Die geplante Segregation in den Städten sollte alle Bereiche des Lebens umfassen. Lediglich in den Industriegebieten, wo man auf billige Arbeitskräfte angewiesen war, war der Kontakt zwischen den Rassen nicht gänzlich zu vermeiden. Um das gegenseitige Überschreiten der Grenzen zu den jeweiligen Gruppengebieten möglichst minimal zu halten, wurde die Stadt sektoral aufgeteilt.

Abbildung III. 2: Modell der Apartheidcity

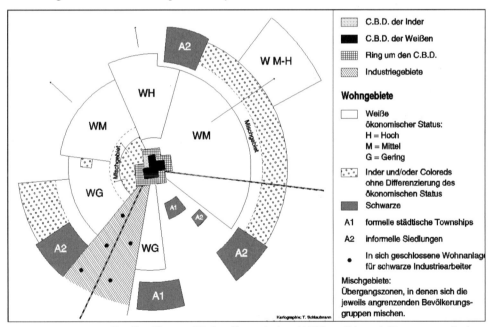

Quelle: *Human Rights Commission* (1992: o.S.) nach DAVIES, verändert

---

66 Seit 1988 wurden die Innenstädte für Geschäftsleute aller Rassen wieder freigegeben. S. hierzu u. a. JÜRGENS/BÄHR (1992)

Die soziale Apartheid in den Städten – auch kleine Apartheid genannt – bedeutete die größte Demütigung für die Betroffenen. Da es unmöglich war die Rassen im Geschäfts- und Wirtschaftsleben zu trennen, wurden in den 50er Jahren Maßnahmen ergriffen, die eine gleichberechtigte Begegnung von Weißen und Nicht-Weißen in der Öffentlichkeit verunmöglichten. Die Trennung erfasste alle Bereiche des Lebens, von getrennten Stränden und Parkbänken zu Verkehrsmitteln und Krankenhäusern – um hier nur einige zu nennen. 1953 wurde das Gesetz über getrennte öffentliche Einrichtungen *(Separate Amenities Act)* verabschiedet, das die Gleichwertigkeit öffentlicher Einrichtungen für die einzelnen Gruppen nicht mehr vorsah.

Das Stadtplanungskomitee der Stadt Durban gab 1951 die wichtigsten Prinzipien der zu erreichenden Segregation – die zukünftig Vorbildcharakter für die Planung der städtischen *Group Areas* haben sollten – folgendermaßen an:

1. A residential race zone should:
   a) have boundaries which should as far as possible constitute barriers of a kind preventing or discouraging contact between races in neighbouring residential zones;
   b) have direct access to working areas and to such amenities as are used by all races, so that its residents do not have to traverse the residential area of another race, or do so only by rail or by way of a common highway segregated from the residential areas abutting it;
   c) be large enough to develop into an area of full or partial self-government or be substantially contiguous to such an area;
   d) provide appropriate land for all economic and social classes which are present in the race group concerned, or may be expected to emerge in the course of time; and for group institutions, suburban shopping, minor industry and recreation;
   e) be so sited, that the means of transport most suitable for the group concerned is or can be made available;
   f) The number of races not contiguous to zones occupied by the same race must be kept as low as possible; accordingly large areas offering scope for urban expansion not too remote from the group's places of employment are to be preferred to areas that cannot be expanded.
   g) In order to give a maximum length of common boundary between working areas and residential zone, and thus reduce transport costs and difficulties, dispersal of industry in ribbon formation where practicable is preferable to the massing of industry in great blocks.
   h) In planning areas for each race group, the present and future requirements of the group, in relation to other groups, must be determining factors; the extent of the situation of land presently owned, occupied or otherwise allocated to that group is not a material consideration.
   i) Selected racially homogenous communities should not be disturbed except in so far as it is necessary to give effect to the postulates above.
   j) Different race groups may have differing needs in respect of building and site development. In allocating zones to each race, due account must be taken of the topographical suitability of the land and of the extent to which the race group concerned effectively utilise existing sites and building developments.

k) The central business area and the existing or potential industrial areas should not, in the initial stages, be earmarked for the exclusive use of any [one] race.

(*Durban City Council*, 1951, zitiert in WESTERN, 1981:88–89)

Trotz Zuzugskontrollen und allen repressiven Mitteln aus dem Gruselkabinett der Apartheid konnte die Urbanisierung einer ständig wachsenden schwarzen Bevölkerung jedoch nicht verhindert werden.

> Very simply, urbanisation under apartheid, no matter how carefully the state contrived to control it, has undermined apartheid itself, bringing South African society and its cities to the brink of significant if still uncertain change. (SMITH, 1992:1).

Weiterhin argumentiert SMITH (1992:6), dass der Fall des Systems weniger dem internen und externen Widerstand, als vielmehr den Widersprüchen innerhalb des Systems selbst zuzuschreiben ist.[67] Die Folgen, die eine derartige Trennung der Gesellschaft für das *Nationbuilding* und die sozioökonomische Entwicklung des Landes hatten, werden erst jetzt, sechs Jahre nach den ersten freien Wahlen in ihrer vollen Tragweite klar.

3. Von der Politik der *Orderly Urbanisation*
Mitte der 80er bis zur Übergangsphase der frühen 90er Jahre

Nachdem sich das alte System angesichts der Realität einer großen und offensichtlich permanent in der Stadt lebenden schwarzen Gesellschaft als ökonomisch ineffektiv, politisch kaum mehr haltbar und als praktisch nicht durchführbar erwiesen hatte, sah sich die National Party gezwungen, mit dem *White Paper on Urbanization* (1985) ihre Politik der Realität anzugleichen. Die Stadtplanungspolitik der *Orderly Urbanisation*[68] von Mitte der 80er bis Anfang der 90er Jahre wurde durch einen zunehmend unkontrollierbaren Zuzug aus den ländlichen Regionen erzwungen, der mit wachsendem Widerstand aus den benachteiligten Bevölkerungsschichten und einer zunehmenden internationalen Öffentlichkeit zusammenfiel. Das *Bulldozing* informeller Siedlungen war nun aus innen- wie außenpolitischen Gründen nur mehr schwer durchführbar.

Der bis dato vorherrschende staatliche Mietwohnungsbau in klar abgegrenzten *Group Areas* für die schwarze Arbeiterschaft der Städte war seit langem nicht mehr in der Lage gewesen, das Heer der Migranten unterzubringen, deren Zuzug auch durch die – 1986 abgeschaffte – *Influx Control*-Gesetzgebung schon lange nicht mehr kontrolliert werden

---

67 SMITH (1992:6): »*While it may be tempting to explain the demise of apartheid in terms of such forces as internal struggle and external sanctions, the contradictions built into the system itself must bear major responsibility.*«

68 Folgende Definition für ›orderly or planned urbanisation‹ findet sich im White Paper on Urbanisation (1985:71): »*Orderly or planned urbanisation implies the freedom of movement of all citizens and also refers to the operation of economic and social forces and the concomitant obligations. It means further that the process of urbanisation must be ordered, planned and directed by predominantly indirect forms of control, such as incentive and restrictive measures, as well as by direct measures comprising legislation and ordinances.*«

konnte. Finanzielle Schwierigkeiten der Städte und die, als Ausdruck des Widerstands der schwarzen Bevölkerungsmehrheit durchgeführten, Miet- und Mietnebenkostenboykotts für städtische Wohnungen waren weitere Gründe, die schließlich zur Akzeptanz informeller Wohnformen in den Städten führten. Allerdings sollten diese kontrolliert und ›ordentlich‹ erfolgen:

> The government believes that development in all fields must proceed only in an evolutionary and orderly manner and also accepts responsibility for maintaining social order and stability during this period of rapid change. (White Paper, 4.2.1, 1985: 5).

In dieser Zeit findet die Abkehr von staatlichem und städtischem Engagement im *low-cost* Wohnungsbau hin zur Ausweisung von *Site & Service* Gebieten statt. Dem neoliberalen Geist der Zeit folgend, wurde der Selbsthilfegedanke propagiert und gleichzeitig etwa 500.000 Häuser aus staatlichem und städtischem Besitz verkauft. Zur gleichen Zeit fand ein Rückzug aus dem öffentlichen Personennahverkehr statt, indem Busgesellschaften privatisiert wurden und der innerstädtische Transportsektor zunehmend der Privatinitiative überlassen wurde. Unter Anwendung von Sektion 6A des veränderten *Prevention of Illegal Squatting*-Gesetzes wurden seit Mitte der 80er Jahre große Gebiete mit minimaler Infrastruktur, die außerhalb der formellen Townships lagen, für legalisierte informelle Siedlungen zur Verfügung gestellt. Weite Teile von Khayelitsha in den Cape Flats von Kapstadt sind dafür ein prominentes Beispiel. Diese legalen und geplanten informellen Siedlungen lagen – nach wie vor im Einklang mit den Segregationsprinzipien der Apartheid – weit außerhalb der Stadt. So verhehlt auch das *White Paper on Urbanisation* nicht, dass die Ansiedlung innerhalb des Gruppenkontextes zu erfolgen hat:

> The timely identification of sufficient land and areas where people can settle within group context and where commercial, industrial and social development can take place, is an essential prerequisite for the planned management of urbanisation. (White Paper, 4.3.2, 1985:7).

Das *Committee for Economic Affairs* geht in seinem Bericht zur *Revised Urban Strategy for South Africa* von 1992 noch einen Schritt weiter, was den Rückzug des Staates aus dem Wohnungsbau angeht und stellt fest:

> The provision of housing for less affluent persons is the responsibility of the individual, the employer, other sections of the private sector and, in absolutely exceptional cases, the Government sector. (REPUBLIC OF SOUTH AFRICA, 1992:9)

Die Verwaltung und die Verantwortung der einzelnen nach Hautfarben segregierten *Communities* wurde in die Hände neugegründeter, wiederum nach Hautfarben getrennter *Local Authorities* gelegt, die auf kommunaler Ebene sowohl Entscheidungs- als auch Finanzhoheit hatten.[69] Was hier aussieht wie ein Schritt zu Liberalisierung, muss jedoch als weiterer Schritt zum Rückzug der Regierung aus ihrer Verantwortung interpretiert werden.

---

69 White Paper on Urbanisation 10.1.2 (1985:40): *»The Government has already indicated that the means should be provided for converting local government institutions of all population groups into autonomous local authorities of equal ranking status.«*

Black Local Authorities standen nun ihren verarmten Gemeinden vor und waren plötzlich verantwortlich für deren Entwicklung, ohne über entsprechende Finanzmittel zu verfügen.

Dem Rückzug des Staates aus dem Wohnungsbau, bei gleichzeitigem Anstieg der Land-Stadt Migration nach Abschaffung der Zuzugskontrollen und der Passgesetze am 1.6.1986, folgte eine extreme Verschärfung des urbanen Wohnraumdefizits, das sich von 150.000 Einheiten im Jahr 1982 auf 850.000 Einheiten im Jahr 1987 erhöhte (PARNELL, 1992:55).

So bemerkt auch SMITH (1992:2) zum Ergebnis der Politik der *orderly urbanization*:

> The outcome has hardly been orderly, however. Coinciding with the privatization impulse elsewhere (in Britain under the Thatcher government, for example), the state largely abandoned its earlier role as direct provider of housing for urban Africans, manifest in construction of the familiar townships. Very simply, it sought the benefits of accelerated urbanization but without bearing all the enormous costs.

Die Konsequenz dieser Politik war der extreme Anstieg informeller ›illegaler‹ Siedlungen und das Aufweichen der *Group Areas* in den großen Städten des Landes, da die *Site & Service* Allokation zum einen der Migrationswelle nicht nachkam und sich andererseits schwarze Migranten zunehmend dagegen wehrten, weit außerhalb jeglicher ökonomischer Möglichkeiten zu leben. In der Übergangsphase bis zu den ersten freien Wahlen im April 1994, war die staatliche Kontrolle außerordentlich schwach, so dass viele der illegalen Siedlungen zunächst den Status von Transitgebieten erhielten, bis neue politische Richtlinien vorlagen.

4.   Südafrika heute: die sozioökonomischen Rahmenbedingungen

Im April 1994 fanden die ersten freien Wahlen in Südafrika statt, aus denen die Regierung der Nationalen Einheit (GNU) mit einem Mehrparteienkabinett hervorging.[70] Nachdem das Parlament die neue Verfassung – die als eine der liberalsten der Welt gilt – im Mai 1996 verabschiedet hatte, zog sich die National Party unter F.W. de Klerk aus der Regierung zurück, ging in die Opposition und überließ dem ANC die Regierungsverantwortung. Die neue Regierung übernahm ein Erbe aus der Apartheidzeit, welches das Land noch einige Jahrzehnte verfolgen wird: disparitäre Wirtschafts- und Sozialstrukturen mit starker räumlicher Ausprägung. Auch die zweite am 2. 6. 1999 demokratisch gewählte Regierung[71] unter Präsident Thabo Mbeki wird die fünf Jahre ihrer Amtszeit mit diesen Problemen zu kämpfen haben.

Die sozioökonomischen Disparitäten innerhalb der südafrikanischen Gesellschaft gehören zu den ausgeprägtesten der Welt. So gehen 40% des in Südafrika erwirtschafteten

---

70 Wahlergebnisse 1994 nach Parteien: African National Congress (62.6 %), National Party (20.4%), Inkatha Freedom Party (10.5%) Freedom Front (2.2%), Democratic Party (1.7%), Pan Africanist Congress (1.2%), African Christian Democratic Party (0.5%).

71 Wahlergebnisse 1999 nach Parteien: African National Congress (66.35 %), Democratic Party (9.56%), Inkatha Freedom Party (8.58%), New National Party (6.87%), United Democracy Movement (3.42%), African Christian Democratic Party (1,43%), andere (3.79%)

Jahreseinkommens an die reichsten 7% der Gesellschaft (etwa 10% aller Haushalte) und nur etwa 11% des Gesamteinkommens gehen an die ärmsten 50% der Bevölkerung (etwa 40% aller Haushalte). Der Gini-Koeffizient der Einkommensungleichheit war lange der höchste der Welt; heute liegt nur Brasilien über der für Südafrika angegebenen 0,58-Marke.

Etwa 40% aller südafrikanischen Haushalte leben unter der Armutsgrenze, die für Südafrika mit 353 Rand[72] im Monat an verfügbarem Einkommen pro Erwachsenem angegeben wird (MAY, 1998:3). Armut[73] ist zwar nicht auf einzelne Rassengruppen beschränkt, sie ist jedoch am ausgeprägtesten unter der schwarzen Bevölkerung: 61% aller Schwarzen und 38% aller *Coloureds* werden als arm klassifiziert, während 5% der indischen und nur 1% der weißen Bevölkerung unter diese Kategorie fallen.

Etwa 71% der Bevölkerung im ländlichen Raum leben unter der Armutsgrenze. Die Armut der Bewohner ist auch zwischen den neun Provinzen ungleich verteilt. So leben in der Eastern Cape Province, in die nach der Gebietsreform die beiden ehemals ›unabhängigen‹ *Homelands* Transkei und Ciskei fielen, 71% aller Bewohner unter der Armutsgrenze. Gauteng mit 17% und die Western Cape Province mit 28% weisen die geringsten Anteile armer Bevölkerungsschichten auf (MAY, 1998:3). Die hier vorgestellten Daten können zwar Hinweise auf die enorme Ungleichheit der Lebenschancen geben, allein auf der Basis ökonomischer Statistiken gewonnene Aussagen sagen jedoch nur wenig über die tatsächliche Erfahrung von Armut durch die Betroffenen aus, diese müssen durch qualitative Studien in Erfahrung gebracht werden. So argumentiert auch MAY (1998:4):

> Statistics say little about people's actual experience of poverty. However, qualitative data from the SA-PPA study *[South African Participatory Poverty Assessment, 1995, Anm. B. L.]* indicates clearly that poverty typically comprises ill health, arduous and often hazarduous work for low income, no power to influence change, and high levels of anxiety and stress. The absence of power is virtually a defining characteristic of being poor, and is worsened for women by unequal gender relations. Poverty also involves constant emotional stress, and violence has a profound impact on the lives of the poor.

Dieser kurze Abriss der Disparitäten verdeutlicht die immensen Anforderungen an eine Desegregations- und Entwicklungspolitik. Auch die Betrachtung der Wohnungspolitik als einen wichtigen Eckpfeiler der Entwicklungspolitik muss demnach in einen größeren Zusammenhang eingebettet werden und sowohl die aus der Geschichte gewachsenen strukturellen Hintergründe als auch aktuelle ökonomische und soziale Prozesse beleuchten.

---

72 353 südafrikanische Rand entsprachen 1999/2000 im Durchschnitt etwa DM 105.

73 Armut wird im Bericht zu *Poverty and Inequality* (MAY, 1998:2) folgendermaßen operationalisiert: »*Poverty is characterized by the inability of individuals, households or communities to command sufficient resources to satisfy a socially acceptable minimum standard of living. Poverty is perceived by poor South Africans themselves to include alienation from the community, food insecurity, crowded homes, usage of unsafe and inefficient forms of energy, lack of jobs that are adequately paid and/or secure, and fragmentation of the family. In contrast, wealth is perceived to be characterized by good housing, the use of gas or electricity, and ownership of a major durable good such as a television set or fridge.*«

Die Erfolge der Desegregations- und Umgestaltungspolitik hängen von mehreren Faktoren ab. Nicht zuletzt werden die ökonomischen Rahmenbedingungen und die finanziellen Mittel, die der Regierung, den Provinzen und den administrativen Einheiten auf unterer Ebene sowie den Privathaushalten zur Verfügung stehen, entscheidend sein. Auch die demographische Entwicklung und die räumliche Verteilung des Bedarfs muss in die Analyse einbezogen werden.

4.1 Makroökonomische Rahmendaten

Im Jahr 2000 konnte die südafrikanische Ökonomie im achten aufeinanderfolgenden Jahr positive Wirtschaftswachstumsraten schreiben. Allerdings hat sich das Wirtschaftswachstum erheblich verlangsamt. Konnten 1995 Wachstumsraten von etwa 3,4 % und 1996 von 3,2% verzeichnet werden, fielen sie 1997 mit 1,7% unter die Bevölkerungswachstumsrate, die derzeit auf 2% p. a. geschätzt wird. Da die Auswirkungen der weltweiten Finanz- und Wirtschaftskrise auch Südafrika erfasst hatten, lag das tatsächliche Wirtschaftswachstum 1998 bei gerade 0,1% (RSA 2000 05/99:3). Auch für das Jahr 2000 wird ein Wirtschaftswachstum von unter 3% angegeben. Die von der Weltbank als Voraussetzung für eine erfolgreiche sozioökonomische Restrukturierung errechneten 5% (WORLD BANK:1995) und von MAY (1998:5) mit 6% angegeben Wirtschaftswachstumsraten konnten demnach noch in keinem Jahr erreicht werden.

Die Abnahme der Wirtschaftswachstumsraten ist im wesentlichen auf verringerte Wachstumsraten im primären und sekundären Sektor zurückzuführen, ohne dass der Dienstleistungssektor diese kompensieren konnte.

Südafrika verfügt über eine große Anzahl unterschiedlichster mineralischer Rohstoffe bester Qualität und besitzt für einige Mineralien wie Chrom, Vanadium, und Mangan die größten abbaubaren Reserven der Welt.

Insbesondere der Bergbau war von einer geringeren Nachfrage auf dem Weltmarkt, der im wesentlichen auf die ökonomischen Probleme Japans und der restlichen asiatischen Länder zurückzuführen ist, betroffen.

Tabelle III. 3:   Mineralische Rohstoffe
Südafrikas

	%-Anteil an Weltreserve	Rang
Aluminiumsilikate	37,0	1
Chrom	68,3	1
Kohle	10,6	5
Kupfer	2,1	12
Diamanten	n.b.	4
Gold	40,4	1
Eisenerz	5,7	8
Blei	2,4	6
Mangan	81,4	1
Phosphate	7,0	3
Platin	55,7	1
Silber	2,4	7
Titan	17,0	2
Uran	5,6	7
Vanadium	44,8	1
Zink	4,5	4
Zircon	26,0	2

Quelle: SOUTH AFRICAN COMMUNICATION
SERVICE (1997:140)

Der südafrikanische Goldbergbau befindet sich seit Jahren in einer strukturellen Krise und wurde 1997/98 zusätzlich durch sinkende Weltmarktpreise getroffen.[74] Südafrika ist nach wie vor der größte Goldproduzent der Welt. Seit 1996, das als das schlechteste Jahr seit 1957 für die Goldindustrie gilt, rangiert Südafrika allerdings auch auf Platz eins der Produktionskosten vor Australien, Kanada und den USA (SOUTH AFRICAN COMMUNICATION SERVICE, 1997:140).

Obwohl die Bergbauindustrie immer noch vergleichsweise hohe Anteile am BSP erwirtschaftet, ist die Zahl der Beschäftigten in diesem Sektor von 769.000 (1980) und 758.000 (1990) auf etwa 520.000 im Jahr 1997 gefallen (CSS:1999). Allein zwischen 1995 und 1996 gingen etwa 40.000 Arbeitsplätze in der Bergbauindustrie verloren. Abnehmende Produktivität durch den in immer größere Tiefen vordringende Goldbergbau[75] oder das kostenintensive ›off-shore mining‹ von Diamanten erforderten Rationalisierungsmaßnahmen, die nicht zuletzt auch als Reaktion auf zunehmende Streiks und Lohnerhöhungen zu deuten sind. Dadurch wurden Zehntausende von Bergarbeitern freigesetzt, die nun das Heer der armen Arbeitslosen vor allem in der Gauteng Provinz verstärken.[76]

---

74 Die Feinunze Gold wurde in London zwischen 1994 und 1996 relativ stabil mit durchschnittlich US $385 gehandelt, zwischen 1997 und Mitte 1999 fiel der Goldpreis kontinuierlich, bis er am 8. Juli 1999 auf 20-jähriges Rekordtief von $ 257 abgefallen war. Auch im Jahre 2000 erfolgte nur eine leichte Erholung. (*South African Reservebank:* http//www.resbank.co.za: Economic Data 1997/98/99/00).

75 Die tiefste Goldmine der Welt in 3.777 m Tiefe wird in Charletonville in der Gauteng Province betrieben.

76 Viele Beschäftigte im Bergbau sind Arbeitsmigranten aus den Nachbarländern, deren Aufenthaltsgenehmigung von ihrer Beschäftigung abhängt. Wenn ihre Verträge enden, bleiben die meisten von ihnen illegal in Südafrika (SOUTH AFRICAN COMMUNICATION SERVICE, 1997:394).

Tabelle III. 4 :   Prozentuale Anteile der einzelnen Wirtschaftssektoren am BIP

Wirtschaftssektoren	1994	1995	1996	1997	1998	1999
Landwirtschaft, Forstwirtschaft, Fischerei	5,1	4,4	4,7	4,5	4,3	4,2
Bergbau	8,6	7,8	8,1	7,8	7,9	7,5
Gesamt: Primärer Sektor	13,7	12,2	12,8	12,3	12,2	11,7
Gesamt: Sekundärer Sektor	30,6	31,4	30,7	30,8	30,8	30,9
Gesamt: Tertiärer/Quartärer Sektor	55,7	56,4	56,5	56,9	57,0	57,4

Quelle: *South African Reserve Bank*, unterschiedliche Veröffentlichungen

Ein weiterer wichtiger Faktor, der sich negativ auf das Wirtschaftswachstum auswirkte, sind die in den Jahren 1998 und 1999 wieder gestiegenen Streikaktivitäten. Wurden 1996 etwa 1,2 Millionen Arbeitstage aufgrund von Streiks und Ausständen verloren, konnten diese Ausfallzeiten 1997 zunächst auf 650.000 verringert werden. Im Jahr 1998 wurden 2,8 Millionen Arbeitstage durch Streikaktivitäten verloren. Das Jahr 1999 brachte mit 3,1 Millionen verlorenen Arbeitstagen die höchste Ausfallrate seit dem Wahljahr 1994.[77] Fast 97% der Streiks wurden 1998 und 1999 durch höhere Lohnforderungen ausgelöst (SACS, 1999/2000:o.S.). Eine verbesserte Gesetzgebung, die die Arbeitgeber-Arbeitnehmer-Beziehungen regelt[78] und die Einsetzung des Arbeitsgerichtshofes im November 1996 sollten die bisweilen blutig geführten Auseinandersetzungen zwischen Arbeitnehmern und Arbeitgebern in geregelte Bahnen lenken. Nach der kurzen Erholungspause von 1997 zeigen die enorm gestiegenen Ausfalldaten von 1998 und 1999 sowie die Tatsache, dass bei Streiks im letzten Jahr wieder 11 Personen ihr Leben verloren, dass dieses Ziel nicht erreicht wurde.

Zwar konnte die Produktivität der Arbeitskraft in allen Sektoren außer der Landwirtschaft zwischen 1995 und 1997 um durchschnittlich etwa 3% jährlich gesteigert werden und der Anstieg der Arbeitskosten auf 6,8% verringert werden, die neuerlichen Entwicklungen, die mit einem Anstieg der Löhne und Gehälter einhergingen haben hier jedoch wieder zu einer Verschlechterung der Relationen geführt.

---

77 Im Jahr 1987, einem der aktivsten Jahre des Widerstandes gegen das Apartheidregime wurden 9 Millionen Arbeitstage durch Streiks verloren (SOUTH AFRICAN RESERVEBANK: Economic Data 1998 und 1999).

78 U. a.: Basic Conditions of Employment Act (Act 75 of 1997), Labour Relations Act (Act 55 of 1995), Employment Equity Act (Act 55 of 1998)

Tabelle III. 5:   Wachstumsraten der nominalen Arbeitskosten und der Arbeitsproduk-
tivität ausgewählter Länder 1970–95 im Privatsektor (ohne
Landwirtschaft)

	1970–1995		1990–1995	
	Arbeitskosten pro Einheit	Arbeits-produktivität	Arbeitskosten pro Einheit	Arbeits-produktivität
Frankreich	5,8	3,1	0,5	2,7
Deutschland	3,9	2,2	2,7	1,9
Japan	3,5	3,6	1,7	0,9
Südafrika	*12,8*	*1,0*	*10,1*	*1,8*
Taiwan	6,2	4,8	1,0	5,4
Großbritannien	8,0	3,4	1,8	3,8
USA	3,6	2,8	0,3	3,6

Quelle: *South African Reservebank* (http//www.resbank.co.za): Economic Data 1997 nach
National Productivity Institute

Trotz Produktivitätssteigerungen hat Südafrika jedoch immer noch nicht den Anschluss an
die konkurrierenden Industrienationen geschafft. Die Erhöhung der Produktivität ist im
wesentlichen auf stärkere Spezialisierung einzelner Betriebe und höhere Investitionen in
Bildung und Ausbildung aber auch auf Rationalisierungsmaßnahmen zurückzuführen.
Rationalisierungsmaßnahmen im sekundären Sektor und die Bestrebungen der Regierung,
den Staatsapparat zu verschlanken, haben zu einem realen Verlust von 422.000
Arbeitsplätzen im formellen Sektor der Ökonomie zwischen 1989 und 1997 geführt. Allein
die Anzahl der Beschäftigten im öffentlichen Dienst hat sich seit 1994 von 1,27 Millionen
auf 1,1 Millionen im Jahr 1998 um mehr als 10% verringert.

4.1.1 Außenhandel und Außenhandelsbeziehungen

Trotz erhöhter Anstrengungen auch mit Hilfe ausländischen Kapitals die Exportbasis zu
diversifizieren, ist Südafrika immer noch darauf angewiesen, im wesentlichen Rohstoffe in
die Industrieländer zu exportieren. Nach wie vor ist die EU – vor den ASEAN-Staaten und
Nordamerika – der größte Handelspartner Südafrikas. Am 11. Oktober 1999 wurde ein
Handels-, Entwicklungs- und Kooperationsabkommen mit der EU unterzeichnet. Südafrika
wird gemäß dem Abkommen 86% seiner Importe aus der EU zollfrei stellen und die EU
wird ihrerseits 95% ihrer Einfuhren aus Südafrika Zollfreiheit gewähren (RSA 2000,
11/99:2). Diese Vereinbarungen sollen innerhalb einer Übergangsperiode von 12 Jahren
umgesetzt werden. Das Abkommen wird Südafrika noch stärker an die EU binden.
    Die Exporte Südafrikas in dic afrikanischen Länder, bestehen zu 70% aus verarbeiteten
Waren (SACS, 1997:252). Spätestens seit Südafrika am 3. August 1994 SADC-Mitglied
wurde und so der Boykott Südafrikas durch die Entwicklungsgemeinschaft auch offiziell
beendet wurde, erhöhen sich die Exporte in die Nachbarstaaten der Gemeinschaft. Zur Zeit

zählt die SADC 14 Mitgliedsstaaten: Südafrika, Angola, Botswana, DR Kongo, Lesotho, Malawi, Mauritius, Mosambik, Namibia, Seychellen, Swaziland, Tansania, Sambia und Simbabwe. Mit der Aufnahme Südafrikas in die SADC verband sich die Hoffnung der Mitgliedsstaaten, an der ökonomischen Entwicklung Südafrikas teilzuhaben. Die Ausstrahlungseffekte der südafrikanischen Ökonomie auf das restliche Afrika und insbesondere die SADC-Staaten sind jedoch geringer als angenommen (PIAZOLO:1996). Auch bei der ökonomischen Integration der SADC-Staaten sind wenig Erfolge zu verzeichnen.

Die ökonomischen Beziehungen Südafrikas mit den SADC-Staaten sind durch ein extremes Handelsungleichgewicht geprägt: Südafrika ist zwar für fast alle SADC-Länder der bedeutendste Importpartner, bezieht aus diesen Staaten jedoch nur 2% seiner Importe. Zudem sollte nicht vergessen werden, dass der Handel innerhalb der *Southern African Customs Union* (SACU), in der Südafrika, Botswana, Lesotho, Namibia und Swaziland assoziiert sind, 69% des gesamten Intra-SADC-Handels ausmacht.

Im Versuch Anschluss an globale Märkte zu finden und gleichzeitig innenpolitische Stabilität zu erzielen – was wiederum eine der Grundvoraussetzungen für Auslandsinvestitionen ist – distanziert sich Südafrika, trotz aller gegenteiligen Rhetorik, von seinen Nachbarn.

Gold ist nach wie vor der größte Einzelposten in der Exportstatistik Südafrikas. Der Exportanteil von Gold hat sich allerdings von durchschnittlich 37,2% während der 80er Jahre auf durchschnittlich 21,3% während der 90er Jahre verringert. Dies ist, wie bereits erwähnt, auf die verringerte Produktivität der Minen und damit eine geringere Produktion sowie den Einbruch der Goldpreise zurückzuführen.

Tabelle III. 6:   Südafrikas Exporte (in Mio. Rand)

	1995	1996	1997
Pflanzliche Produkte	3 548	5 107	5 563
Mineralische Rohstoffe	12 653	15 303	18 392
Produkte der Chemischen Industrie	6 311	8 164	9 162
Holz und Celluloseartikel	4 140	3 793	3 633
Textilien	2 257	2 579	3 213
Edel- /Halbedelsteine, Edelmetalle, Münzen, Gold	13 102*	37 387	41 731
Basismetalle und Verarbeitungsprodukte	15 233	18 547	21 357
Maschinen und Geräte	3 253	5 320	6 551
Fahrzeuge, Flugzeuge, Transportausrüstung	2 771	3 546	4 303
Anderes	18 029	18 373	7 483

Quellen: *Dept. of Trade and Industry; South African Communication Service,* 1997:255; 1998:225 (* ohne Gold)

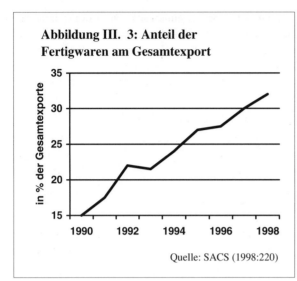

Abbildung III. 3: Anteil der Fertigwaren am Gesamtexport

Quelle: SACS (1998:220)

Die Exportbasis Südafrikas fußt – mit jährlichen Schwankungen – zu fast 70% auf mineralischen und metallischen Rohstoffen, Perlen und Edel- bzw. Halbsteinen sowie deren Be- und Verarbeitungsprodukten. Diese Abhängigkeit macht Südafrika besonders verwundbar gegenüber Rohstoffpreisschwankungen auf dem Weltmarkt. Allerdings ist seit 1990 der Anteil der Fertigwaren an den Gesamtexporteinnahmen stetig gestiegen und deutet einen Trend hin zu größerer Diversifizierung der Exportbasis an.

Den weitaus größten Anteil der Importe Südafrikas machen Maschinen und elektrische Geräte aus. Die hohen Importanteile für Fahrzeuge und Produkte der chemischen Industrie verdeutlichen die nach wie vor hohe Außenabhängigkeit Südafrikas.

Tabelle III. 7:   Südafrikas Importe (in Mio. Rand)

	1995	1996	1997
Pflanzliche Produkte	2 685	2 978	2 942
Produkte der Chemischen Industrie	11 230	13 595	14 551
Plastik- und Gummiartikel	4 781	5 198	5 808
Holz und Celluloseartikel	2 970	3 196	3 268
Textilien	4 498	5 012	5 772
Basismetalle und Verarbeitungsprodukte	5 333	5 881	6 021
Maschinen und Geräte	33 009	39 454	43 824
Fahrzeuge, Flugzeuge, Transportausrüstung	13 706	9 078	10 356
Mineralöle	9 104	11 646	16 958
Anderes	21 282	15 680	19 047

Quellen: *Dept. of Trade and Industry; South African Communication Service,* 1997:253; 1998:220.

Insgesamt reflektiert die makroökonomische Entwicklung Südafrikas seit 1994 den mehr oder weniger gelungenen Versuch der Eingliederung eines Landes in den Weltmarkt, das während der Apartheidjahre zumindest teilweise durch Handelsboykotte abgeschottet war und eine Importsubstitutionspolitik verfolgte. Südafrika ist nach wie vor gekennzeichnet durch eine duale Wirtschaftsstruktur. Einem modernen, produktiven Sektor der sich auf die Eckpfeiler von Bergbau, Industrie, Dienstleistungen und die kommerzielle Landwirtschaft stützt steht ein traditioneller Sektor gegenüber, der nicht auf Kapitalakkumulation sondern auf die Sicherung der Subsistenz gerichtet ist.

4.1.2 Staatshaushalt

Die Einnahmenseite hat sich zwischen 1980/81 und 1996/97 erheblich verändert. Stammten im Finanzjahr 1980/81 noch über 20% des Gesamthaushaltes aus Abgaben der Goldbergbauindustrie, so sind diese im Finanzjahr 1996/97 auf 0,4% zusammengeschrumpft. Auch diese Daten verdeutlichen den Veränderungsprozess der südafrikanischen Ökonomie.

Betrachtet man die Ausgabenseite des Staatshaushaltes, so wird deutlich in welch engem Rahmen sich die Ausgaben zu bewegen haben. Bildung wird als einer der wesentlichsten Sektoren, in denen die Benachteiligung einzelner Bevölkerungsgruppen zu Apartheidzeiten aufzuheben ist und als Hauptinvestition in die Zukunft eines nicht-rassistischen Südafrika gesehen und nimmt deshalb folgerichtig mehr als ein Fünftel der gesamten Haushaltsausgaben ein.

Tabelle III. 8:   Staatshaushalt: Ausgaben der Finanzjahre 1995/96 bis 1998/99

Finanzjahr:	1995/96		1996/97		1997/98		1998/99	
	% des Budgets	% des BSP	% des Budgets	% des BSP	% des Budgets	% des BSP	% des Budgets	% des BSP
Regierungsservices	6,9	2,2	7,6	2,4	6,9	2,2	4,4	1,3
Verteidigung	7,4	2,3	6,7	2,1	5,6	1,7	5,3	1,6
Innere Sicherheit	8,6	2,7	9,2	2,9	9,9	3,0	10,8	3,3
Bildung	22,1	6,9	22,1	7,0	21,2	6,6	22,8	7,0
Gesundheit	10,3	3,2	10,4	3,3	10,6	3,3	12,2	3,8
Sozialversicherung und Vorsorge	9,7	3,0	9,3	2,9	9,7	3,0	9,6	3,0
Wohnungsbau	1,9	0,6	0,9	0,3	2,2	0,7	1,9	0,6
Freizeit und Kultur	0,4	0,1	0,6	0,2	0,7	0,2		
Gemeindeentwick-lungsprogramme	2,7	0,9	2,6	0,8	2,9	0,9	3,2	1,0
Ökon. Investitionen und Infrastruktur	11,2	3,9	11,0	3,6	10,5	3,1	8,3	2,6
Schuldendienst	18,8	5,9	19,6	6,2	20,4	6,2	21,0	6,4
Gesamter Haushalt in Mio. Rand	158 068	31,7	177 555	31,7	190 222	30,6	205 203	30,7

Quelle: *South African Communication Service*, 1997:222; *Budget Speech* T. Manuel, 11.03.98

Den wachsenden Schuldenzinsen von derzeit über 20% des Staatshaushaltes und den sozialen Erfordernissen des gesellschaftlichen Umbaus wird in den letzten vier Jahren im wesentlichen durch Einsparungen bei den Verteidigungsausgaben, Steuererhöhungen und zusätzlicher Neuverschuldung Rechnung getragen. Zwischen 1985 und 1997 hat sich das Verhältnis zwischen Exporteinkommen und Verschuldung von 126,1 auf 93,8 erholt. Diese Zahlen sollten jedoch nicht allzu euphorisch interpretiert werden, da sie vor dem Hintergrund der Aufhebung internationaler Importboykotte für südafrikanische Waren nach der Apartheidzeit gesehen werden müssen. Dennoch hat sich die neue Regierung rigorose Sparmaßnahmen auferlegt und versucht, die Neuverschuldung auf ein Minimum zu begrenzen.

Eine disziplinierte Geldpolitik hat dazu geführt, dass die Inflationsrate 1993 das erste Mal seit langem mit 9,7% nur mehr einstellig war. 1994 lag die Inflationsrate bei 9,0 und 1995 bei 8,7 um 1996 mit 7,4% den niedrigsten Wert seit 24 Jahren zu erreichen. Ab 1997 pendelte sich die Inflationsrate dann wieder bei 9% ein, die im afrikanischen Kontext immer noch vergleichsweise gering ausfällt; im gleichen Jahr stiegen die Löhne und Gehälter um etwa 9,8% (CSS, 1997:o.S.).

Als Finanzminister Trevor Manuel am 11.03.1998 den Haushalt für das Finanzjahr 1998/99 bekannt gab, wurde gleichzeitig die erste mittelfristige Finanzplanung – bis 2000/01 – vorgestellt.

Zu den wichtigsten Trends von 1994/95 bis 2000/01 gehören:

– *die sukzessive Reduktion der Verteidigungsausgaben von 8,7% (94/95) auf 5,1 % (2000/01) des Gesamtbudgets,*

– *die Erhöhung der Ausgaben für den Wohnungsbau* von 1,3% im Finanzjahr 1994/95 auf 1,8% im Jahr 2000/01, die jedoch nicht linear verlief und ihren niedrigsten Wert 1996/97 von 0,9% und ihrem höchsten Wert von 2,2% im Finanzjahr 1997/98 erreichte. Obwohl die Allokation von 1,9% des Gesamtbudgets von 98/99 nicht die Erwartungen der Provinzen und des Departement of Housing erfüllte und vor allem von der Bauindustrie mit Kritik bedacht wurde, die eine weitere Verlangsamung des Baus von ›low-cost‹ Wohnraum antizipierte, lagen die Finanzmittel für den Wohnungsbau durch den Übertrag aus dem Vorjahreshaushalt dennoch um 600 Millionen Rand über denen von 1997/98.

– *die Reduktion der Einkommenssteuern für die unteren Einkommensklassen* von 1998/99 an.

– das Bekenntnis: – trotz drängender Sozialprobleme und dem de facto sinkendem BSP

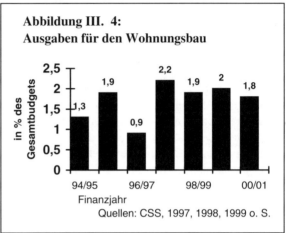

Abbildung III. 4:
Ausgaben für den Wohnungsbau

in % des Gesamtbudgets

Finanzjahr
Quellen: CSS, 1997, 1998, 1999 o. S.

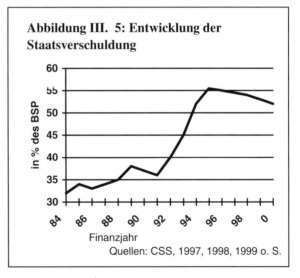

Abbildung III. 5: Entwicklung der Staatsverschuldung

in % des BSP

Finanzjahr
Quellen: CSS, 1997, 1998, 1999 o. S.

pro Kopf – *das Budgetdefizit von 4,3% (1997/98) auf 3,5% im Finanzjahr 1998/99 zu senken.* Der Prozess, der in den folgenden Jahren fortgeführt werden soll, wird jedoch im wesentlichen von einem Wirtschaftswachstum über der 3%- Marke abhängen. Die neuesten Zahlen deuten daraufhin, dass diese in absehbarer Zeit jedoch nicht erreicht werden wird.

4.2   Disparitäten

Wie bereits ausgeführt wurde, ist eines der prägendsten Merkmale Südafrikas die Ungleichheit der Lebenschancen seiner Bewohner. Diese Disparitäten äußern sich sowohl auf der räumlichen Ebene im inter-provinziellen Vergleich und zwischen Stadt und Land als auch zwischen den einzelnen Bevölkerungsgruppen.

4.2.1 Die neun Provinzen

Seit 1994 existieren die ehemaligen *Homelands* de jure nicht mehr und Südafrika wurde in neun neue Provinzen aufgeteilt, die sich sowohl in ihrer gesellschaftlichen Zusammensetzung als auch in ihrer Wirtschaftsbasis und ihrem ökonomischen Potential erheblich unterscheiden. Allein die Betrachtung der durchschnittlichen Haushalts-einkommen der einzelnen Provinzen im Vergleich verdeutlicht diese Unterschiede. Viel signifikanter als die Unterschiede im inter-provinziellen Vergleich sind jedoch nach wie vor die Unterschiede zwischen den einzelnen Bevölkerungsgruppen.

Tabelle III. 9:   Durchschnittliche Haushaltseinkommen 1997 nach Provinzen und Bevölkerungsgruppen in Rand

Provinz	Schwarze	Coloureds	Inder	Weiße	Insgesamt
Eastern Cape	17.000	24.000	58.000	90.000	24.000
Free State	14.000	16.000	k. A.	72.000	25.000
Mpumalanga	20.000	30.000	78.000	82.000	30.000
North West	21.000	25.000	k. A.	93.000	30.000
Northern Province	26.000	43.000	k. A.	140.000	31.000
Northern Cape	13.000	18.000	34.000	79.000	31.000
KwaZulu-Natal	24.000	41.000	61.000	98.000	37.000
Western Cape	22.000	33.000	54.000	98.000	53.000
Gauteng	37.000	53.000	111.000	118.000	71.000

Quelle: *Business Times*, 12. Oct. 1997 nach *Central Statistical Office*

Auch die Arbeitslosenquoten für die einzelnen Provinzen differieren erheblich. Mit einem Arbeitslosenanteil von 48,5% ist die Eastern Cape Province absoluter Spitzenreiter. Die Ursachen hierfür sind im wesentlichen in der sozioökonomischen Vernachlässigung der ehemaligen *Homelands* Transkei und Ciskei zu suchen, die heute zur Eastern Cape Province gehören. Angesichts der hohen Arbeitslosenzahlen im Eastern Cape ist es nicht verwunderlich, dass diese Provinz eines der Hauptquellgebiete für Land-Stadt-Migranten darstellt.

Auch der Vergleich der Schulbildung der über 20jährgen lässt erhebliche Unterschiede zwischen den Provinzen erkennen.

Tabelle III. 10:   Schulbildung der über 20-jährigen nach Provinzen in %

	E. Cape	Free State	Gau-teng	K.Z.-Natal	M.-langa	N. Cape	N. Prov.	North West	W. Cape	Süd-afrika
Keine	20,9	16,1	8,5	22,9	29,4	21,7	36,9	22,7	6,7	19,3
Teilw. Primar	21,6	22,5	11,6	17,9	15,2	21,0	12,1	20,4	15,7	16,7
Primar	9,0	8,9	8,7	6,7	6,9	8,9	5,9	7,6	8,9	7,5
Teilw. Sekundar	32,7	33,7	40,2	31,8	29,0	30,8	26,6	31,5	39,2	33,9
Sekundar	11,1	13,6	22,6	15,9	14,5	11,8	14,0	13,6	18,9	16,4
Tertiäre Bildung	4,7	5,2	8,4	4,8	5,0	5,8	4,5	4,2	10,6	6,2

Quelle: *South African Communication Service*, 1997

Der überdurchschnittlich hohe Anteil tertiär gebildeter Personen in der Western Cape Province lässt sich zum einen durch den hohen Anteil an weißer und *Coloured*-Bevölkerung erklären, da diese zu Apartheidzeiten grundsätzlich bessere Bildungschancen hatten; zum anderen ist hier auch die Nachfrage – insbesondere in Kapstadt – nach hochqualifizierten Arbeitskräften relativ hoch. Alle Provinzen, in die ehemalige *Homelands* inkorporiert wurden, weisen demgegenüber einen unterdurchschnittlichen Bildungsstand ihrer Bewohner auf. Dies ist jedoch – neben anderen Faktoren – ein erheblicher Standortnachteil für die Ansiedlung von Industrie und die Schaffung von Arbeitsplätzen.

Die nun folgenden Kurzdarstellungen der neun Provinzen verfolgen das Ziel, in einem Überblick die wesentlichen Merkmale und Unterschiede zwischen den einzelnen Verwaltungseinheiten herauszuarbeiten, um so zu verdeutlichen, wie unterschiedlich Entwicklungs- und Umgestaltungspolitik schon auf der hohen Aggregationsebene im inter-provinziellen Vergleich sein muss.

Gauteng Province

Das ökonomische Herz Südafrikas schlägt in der Gauteng Provinz mit ihrem wirtschaftlichen Zentrum Johannesburg, in der etwa 40% des gesamten BSP Südafrikas erwirtschaftet werden. Trotz Dezentra-lisierungsprogramme und Investitionserleichterungen in weniger entwickelten Gebieten konnte diese Domi-nanz nicht aufgebrochen werden. Die Wirtschaftskraft der Provinz fußt im wesentlichen auf einem diversi-

95

fizierten produzierenden Gewerbe, dem Finanzsektor und dem Bergbau. Gautengs 159 Minen – davon 44 Goldminen – beschäftigen etwa 190.000 Menschen. Die Provinz verfügt über das höchste Pro-Kopf-Einkommen im Landesdurchschnitt und ist Anziehungspunkt nicht nur für Migranten aus ärmeren Provinzen des Landes sondern auch aus dem benachbarten Ausland. Etwa 19% der Bevölkerung Südafrikas leben hier auf weniger als 1,5% der Landesfläche, die Urbanisierungsrate liegt bei 96%. Die drei wichtigsten Muttersprachen der Bewohner sind Afrikaans (21%), isiZulu (18%) und Englisch (16%).

Northern Province

Der Gegensatz zur nördlich anschließenden *Northern Province*, im großen Bogen des Limpopo gelegen, könnte nicht größer sein. Die Provinz ist ein typisches Entwicklungsgebiet, das im wesentlichen sowohl agrarische Rohstoffe – wie etwa Baumwolle, Mais, Sonnenblumenkerne, Erdnüsse, tropische Früchte, Tee und Kaffee – als auch mineralische Rohstoffe – wie Kupfer, Eisen und Kohle – exportiert und andererseits Fertigwaren und Dienstleistungen importieren muss. Das durchschnittliche Pro-Kopf-Einkommen liegt im unteren Drittel im Landesvergleich und viele Familien hängen von den Rücküberweisungen der Arbeitsmigranten aus der Gauteng Provinz ab. In der *Northern Province* leben etwa 11% der Bevölkerung Südafrikas, von denen allerdings nur etwa 3,7% des BSP erwirtschaftet werden. Sepedi ist mit 57% die bedeutendste Muttersprache der Bewohner, gefolgt von Xitsonga (23%) und Tshivenda (12%).

Mpumalanga

Auch die Wirtschaft der im Süden an die *Northern Province* angrenzende Provinz Mpumalanga ist im wesentlichen auf die Rohstoffproduktion angewiesen. Mpumalanga verfügt über reichhaltige Kohlevorkommen. Die größten Kohlekraftwerke Landes – davon die drei größten der Südhemisphäre – liegen in der Provinz und verursachen hier allerdings auch die höchsten Luftverschmutzungsraten in ganz Südafrika. Die Gegend um die Hauptstadt Nelspruit ist das zweitgrößte Zitrusanbaugebiet des Landes, hier wird etwa ein Drittel des Orangenexportes Südafrikas produziert. Das Bevölkerungswachstum Mpumalangas liegt weit über dem Landesdurchschnitt und auch die Arbeitslosigkeit ist mit 32,9% überdurchschnittlich hoch. Die Provinz hat aufgrund ihrer Grenzlage zu Mozambique über Jahre hinweg die Hauptlast der Flüchtlingsströme aus dem benachbarten Bürgerkriegsland getragen. In Mpumalanga leben etwa 7% der Gesamtbevölkerung

Südafrikas, hier werden etwa 8,1% des nationalen BSP erwirtschaftet. Hauptsprachen sind SiSwati (30%), isiZulu (24%) und isiNdebele (11%).

North-West Povince

Die *North-West Povince*, die sich westlich an Gauteng anschließt, ist eine der wichtigsten Nahrungsmittel-produktionsregionen Südafrikas. Im wesentlichen werden Mais, Erdnüsse und Sonnenblumen in der durch Sommerregen gekennzeichneten *North West Province* angebaut. In dieser Provinz finden sich auch einige der größten Viehherden der Welt. Der Bergbau (Gold, Diamanten, Platin, Marmor) spielt eine herausragende Rolle, er ist für 55% des Regionalproduktes verantwortlich und beschäftigt ein Viertel der Arbeitskräfte. Da sowohl die Farmen als agroindustrielle Betriebe mit erheblichem maschinellem Aufwand bewirtschaftet werden, als auch die großen Minen zunehmend rationalisieren, sind hier die Arbeitslosenzahlen überdurchschnittlich hoch. In dieser Provinz leben etwa 3 Millionen Menschen und hier werden ca. 5,5% des BSP erwirtschaftet. Neben Setswana, das die Muttersprache von 59% der Bevölkerung der North-West Provinz ist, wird hier im wesentlichen Afrikaans (8,8%) und isiXhosa (6,3%) gesprochen.

Free State

Die Provinz *Free State* ist zwar die drittgrößte Provinz, hat jedoch im inter-provinziellen Vergleich nur eine sehr geringe Bevölkerungsdichte. Der *Free State* ist der Getreidespeicher der Nation; auf 3,2 Millionen ha wird hier Getreide angebaut und weitere 8,7 Millionen ha dienen als Viehweiden. Dennoch ist die Bergbauindustrie der größte Arbeitgeber der Provinz und ist für 22,6% des Regionalproduktes verantwortlich. Das größte zusammenhängende Goldabbaugebiet Südafrikas liegt mit 32.918 ha in dieser Provinz. Die *Free State Consolidated Goldfields* schürfen etwa 30% der gesamten südafrikanischen Goldproduktion. Die Wirtschaftsbasis des *Free State* wird diversifiziert durch einen starken Anteil produzierenden Gewerbes, das im wesentlichen von der chemische Industrie auf Kohlenstoffbasis und der Weiterverarbeitung agrarischer Rohstoffe fußt. Sesotho ist mit 57% die am häufigsten gesprochene Muttersprache, gefolgt von Afrikaans (15%) und isiXhosa (9%). Hier leben etwa 2,4 Millionen Menschen und die Provinz bestreitet etwa 6% des nationalen BSP. Die Mehrheit der burischstämmigen Südafrikaner, die einen unabhängigen burischen Volksstaat befürworten lebt im *Free State*.

KwaZulu-Natal

KwaZulu-Natal ist die einzige Provinz Südafrikas, mit einer in der Verfassung anerkannten Monarchie. Neben der Western Cape Provinz ist KwaZulu-Natal eine der beiden Provinzen, deren Regierung nicht durch die Regierungspartei ANC sondern, hier, durch die Inkatha Freedom Party gestellt wird. Mit Durban besitzt die Provinz den größten Hafen Südafrikas und einen der 10 größten Häfen der Welt. Der Zuckerrohranbau in einem breiten Gürtel entlang des Indischen Ozeans bildet den Hauptpfeiler der Wirtschaft. Obwohl in den letzten Jahren erhebliche Anstrengungen zur Ansiedlung von produzierendem Gewerbe unternommen wurden, ist derzeit weniger als die Hälfte der arbeitsfähigen Bevölkerung im formellen Sektor beschäftigt. KwaZulu-Natal ist eine der Haupteinzugsregionen für Arbeitsmigranten in Gauteng. Mit 7,7 Millionen Menschen oder einem Anteil von 20,3% an der Gesamtbevölkerung ist KwaZulu-Natal die bevölkerungsreichste Provinz des Landes, 14,9% des BSP werden hier erwirtschaftet. Für 80% der Bevölkerung ist isiZulu die Muttersprache, während etwa 16% Englisch und 2% Afrikaans sprechen.

Northern Cape Province

Die *Northern Cape Province* ist mit einer Fläche von 361.830 km^2 – das entspricht einem Anteil von 29,7% an der Gesamtfläche Südafrikas – die größte Provinz des Landes, sie hat allerdings mit nur 0,75 Millionen Einwohnern gleichzeitig die geringste Bevölkerungsdichte. Die Hauptstadt Kimberley ist die Diamantenhauptstadt der Welt. Hier wurde 1888 *de Beers Consolidated Mines* gegründet, die heute noch von Kimberley aus den Welthandel mit Diamanten kontrollieren. Die Provinz besitzt die größten Eisenerzvorkommen Südafrikas, außerdem werden hier Kupfer, Asbest, Mangan und Marmor abgebaut. Weite Teile der Provinz sind von aridem Klima geprägt, so dass außer der Schafzucht auf riesigen Farmen hier wenig agrarisches Potential besteht. Nur im Tal des Orange Flusses ist der Anbau von Obst und Gemüse möglich. Sowohl die Bergbauindustrie als auch die extensive Schafweidewirtschaft stellen nicht genügend Arbeitsplätze zur Verfügung, so dass auch hier vor allem auf dem Land die Arbeitslosigkeit hoch ist. Die Provinz trägt mit 2% zum nationalen BSP bei. Hauptsprache ist hier Afrikaans mit einem Anteil von 66%, gefolgt von Setswana mit 19% und isiXhosa mit 6%.

Eastern Cape Province

Die *Eastern Cape Province* hat erhebliches land- und forstwirtschaftliches Potential, das zum Teil jedoch wegen nach wie vor ungeklärter Landrechtsfragen brach liegt. Die Entwicklung der Provinz wird durch den schwierigen Prozeß des Zusammenschlusses dreier Verwaltungseinheiten: der ehemaligen ›weißen‹ Provinz Ost Kap und der beiden ehemals ›unabhängigen‹ *Homelands* Transkei und Ciskei erheblich erschwert. Der Vernachlässigung der *Homelands* zu Apartheidzeiten ist es auch anzulasten, dass die Alphabetenrate in der *Eastern Cape Province* mit 72,3% um 10% unter dem nationalen Durchschnitt liegt. Die *Eastern Cape Province* ist das Hauptquellgebiet für Migranten nach Kapstadt.[79] Etwa 6,3 Millionen Menschen leben hier und erwirtschaften etwa 7,65 % des BSP. IsiXhosa ist mit 82,6% die Hauptsprache der Provinz, gefolgt von Afrikaans mit 9,6% und Englisch mit 4,2%.

Western Cape Province

Die *Western Cape Province* ist weltweit bekannt für ihre exzellenten Weine und die hier für den Export produzierten Trauben, Äpfel, Oliven und Orangen. Der Fischfang im Atlantischen Ozean an der Westküste der Provinz bietet etwa 30.000 Westküstenbewohnern Arbeit. Tourismus ist die größte ökonomische Wachstumssparte in der Provinz. Die Provinzhauptstadt Kapstadt beherbergt die meisten Zentralen der großen in Südafrika tätigen Versicherungsunternehmen sowie der Erdölkonzerne und der großen Warenhausketten. Mit einer halben Million Beschäftigten ist die Textilindustrie Kapstadts der größte Arbeitgeber der Provinz. Mit 95% ist die Alphabetenrate in der *Western Cape Province* die höchste in ganz Südafrika auch die Arbeitslosenquote von 18,6% ist niedriger als in den meisten Regionen des Landes. Die im Vergleich mit den angrenzenden Provinzen vorteilhaften ökonomischen Bedingungen ziehen monatlich mehrere tausend Menschen auf der Suche nach Arbeit an. Die Provinz beherbergt derzeit etwa 4,1 Millionen Menschen und trägt mit 14,1% zum BSP bei. Hauptsprachen sind Afrikaans, das von etwa 62% der Bevölkerung gesprochen wird, sowie Englisch (20%) und isiXhosa (15,3%).

---

79 Im folgenden Kapitel wird auf die Push-Faktoren insbesondere aus den ländlichen Räumen der ehemaligen *Homelands* Transkei und Ciskei noch näher eingegangen.

4.2.2 Land-Stadt-Gegensätze: Entwicklungsprobleme der Eastern Cape Province und ihre
    Folgen für die Migration nach Kapstadt

Mehr als zwei Drittel der 17,1 Millionen Menschen, die unter die Armutsgrenze fallen,
leben im ländlichen Raum. Die meisten Bewohner der ländlichen Räume leben außerhalb
der kommerziellen Großfarmen in formellen oder informellen Wohneinheiten. Allen
gemein ist jedoch, der unzureichende Zugang zu Trinkwasser, zu sanitären Einrichtungen
und eine generelle Unsicherheit bezüglich ihrer Besitzrechte.

4.2.2.1 Ländliche Entwicklungsprobleme als Resultat von Apartheid

Die Politik der Rassentrennung (oder euphemistisch: Politik der getrennten Entwicklung) in
Südafrika hat die – in allen Entwicklungsländern beobachtbaren – Stadt-Land-Gegensätze
nicht nur verschärft, sondern zu einem bedeutenden Teil erst geschaffen. Die *Homeland*-
Politik bildet die strukturelle politisch-ökonomische Basis für die heutigen Disparitäten der
Lebensqualität zwischen dem ländlichen Raum und den Städten, sowie innerhalb der
Städte. Eine Reihe von gesetzlichen Bestimmungen hatte die räumliche Mobilität und
damit einhergehend auch die sozioökonomische Mobilität der schwarzen Bevölkerung
weitgehend eingeschränkt. Im Zuge der Makroapartheid (s. Kap. III. 1) fanden
Umsiedlungen statt, wurde Menschen ohne Arbeitsplatz der Aufenthalt in den »weißen«
Städten verwehrt und auf diese Weise eine Bevölkerungsverteilung geschaffen, in der 40%
der südafrikanischen Bevölkerung auf etwa 17% der Landesfläche leben mussten. Dabei
handelte es sich überdies um ökonomisch und ökologisch benachteiligte Gebiete. Die
Bevölkerung der *Homelands* verdreifachte sich von 1950 bis 1980.[80] Neben einem hohen
natürlichen Bevölkerungswachstum (2,8–3%) sind es die Umsiedlungsmaßnahmen der
Apartheidzeit und die Einschränkung der Mobilität, die einen hohen Bevölkerungsdruck
auf die ländlichen Regionen der ehemaligen *Homelands* verursachten. Heute leben 70 %
derjenigen Bewohner Südafrikas, die kaum in der Lage sind, ihren täglichen
Kalorienbedarf von 2.500 kcal. pro Erwachsenem zu befriedigen, in den Gebieten, die
ehemals die *Homelands* bildeten. Da die überwiegende Mehrzahl der Migranten in
Kapstadt aus den ländlichen Gebieten der heutigen Eastern Cape Province und hier
insbesondere den ehemaligen *Homeland*-Gebieten Transkei und Ciskei stammen, soll im
Folgenden eine Darstellung der Entwicklungsprobleme dieser Regionen erfolgen.

Während der Apartheid wurden in den *Homelands* nur wenige Untersuchungen zu
sozioökonomischen Fragestellungen durchgeführt und von diesen wenigen Daten, die zur
Verfügung stehen, sind die meisten nur unter Vorbehalt zu verwenden. Ebenso schwierig
ist es, valide Bevölkerungsdaten für diese Zeit zu erhalten. Nach der Schaffung der Eastern
Cape Province tauchen die inkorporierten ehemaligen *Homelands* Transkei und Ciskei
nicht mehr als eigenständige statistische Einheiten in den offiziellen Berichten auf.
Erschwerend hinzu kommen die nach wie vor virulenten gewalttätigen politischen

---

80 FISCH (1990:316)

Auseinandersetzungen, die empirische Erhebungen in den schwer zugänglichen ländlichen Gebieten bisweilen verunmöglichen.

Aus diesen Gründen mussten bei der folgenden Analyse eine ganze Reihe unveröffentlichter Studien, die an den Universitäten von Fort Hare und Port Elisabeth gefunden wurden, sowie Auftragsarbeiten internationaler Entwicklungsagenturen zu Rate gezogen und auf ihre Plausibilität hin überprüft werden. Viele Gespräche mit Schlüsselpersonen in Planung und Verwaltung flossen ebenso in die Analyse ein, wie die Überprüfung ausgewählter Aussagen vor Ort – soweit die politischen Verhältnisse dies zuließen.

4.2.2.2 Die Eastern Cape Province: Herkunftsregion von Land-Stadt-Migranten

Im Zuge der administrativen Restrukturierung Südafrikas wurden zwei ehemalige *Homelands*, *Transkei* und *Ciskei*, Teil der neugeschaffenen *Eastern Cape Province*. Heute leben in der Provinz etwa 15,8% der Gesamtbevölkerung Südafrikas aber 24% derjenigen Bevölkerung, die kaum in der Lage ist, ihren täglichen Nahrungsbedarf zu befriedigen.[81] Über 65% der Bevölkerung der *Eastern Cape Province* lebt im ländlichen Raum; damit liegt der Anteil der ländlichen Bevölkerung über dem nationalen Durchschnitt von etwa 50%. Während die Mehrzahl der Weißen (90%) und *Coloureds* (85%) in den Städten leben, wird die ländliche Bevölkerung im wesentlichen durch Schwarze gestellt.[82] Etwa Dreiviertel der schwarzen ländlichen Bevölkerung lebt im Gebiet der ehemaligen Transkei.

Die Reintegration der zu Apartheidzeiten formell von Südafrika »unabhängigen« *Homelands* stellt die betroffene Provinz vor ein ganzes Bündel beträchtlicher Probleme. In der *Eastern Cape Province* existieren immense ökonomische Disparitäten – die Provinz ist trotz der florierenden (Export-)Industrie in den Großräumen Port Elizabeth und East London aufgrund der vernachlässigten wirtschaftlichen Entwicklung der ehemaligen *Homelands* heute eine der ärmsten Regionen Südafrikas. Während die Wirtschaft in den früheren *Homelands* von Subsistenzlandwirtschaft und Aktivitäten im informellen Sektor dominiert wird, spielen diese Bereiche im ehemals »weißen« Eastern Cape kaum eine Rolle. Die ökonomische Situation der Bevölkerung ist in der ehemaligen Transkei am schlechtesten, wo 1995 das durchschnittliche Pro-Kopf-Einkommen gerade einmal 23% des Provinz-Durchschnitts erreichte (s. Tabelle III. 11).

---

81 SALDRU (1995:4)
82 CENTRAL STATISTICS (1998)

Tabelle III. 11:   Beschäftigung und Einkommensverteilung in der Eastern Cape Province

Region	Beschäftigte im formellen Sektor (% der ges. Eastern Cape Province)	Anteil der Bev. in formellen Beschäftigungs-verhältnissen	Durchschnittliches jährliches Pro-Kopf-Einkommen in Rand
Ehem. East Cape	55,7%	23,4%	5 722
Ciskei	14,8%	14,7%	1 711
Transkei	29,6%	6,7%	911
Eastern Cape Province	100%	12,9%	3 985

Quelle: L&APC (1995:o.S.)

Die Landwirtschaft im ehemaligen East Cape ist auch heute noch von großen kommerziellen Farmen, die sich im Besitz von weißen Südafrikanern befinden, geprägt. Zu Beginn der 90er Jahre bewirtschafteten 6.731 Farmen mit einer durchschnittlichen Größe von 1.600 ha etwa 95% der gesamten Fläche des East Cape.[83] Unter Berücksichtigung der agro-ökologischen Gegebenheiten und unter Nachhaltigkeitsgesichtspunkten wird auf den Großfarmen im wesentlichen extensive Weidewirtschaft betrieben, die auf die Produktion von Schafwolle, Angora und Rindfleisch spezialisiert ist, in den neunziger Jahren kam die Produktion von Straußenfleisch und -federn hinzu. Noch 1991 beschäftigten die Großfarmen 86.157 schwarze Farmarbeiter (ANTROBUS ET AL, 1994:12), bis 1995 sank die Zahl um etwa 10%.[84] Da sich dieser Trend weiter fortgesetzt hat, kann davon ausgegangen werden kann, dass heute nur noch etwa 70.000 Arbeiter auf den Farmen eine Beschäftigung finden.

Der Zugang zu landwirtschaftlich nutzbarem Land für die schwarze Bevölkerung in dieser Region ist beschränkt auf die wenigen Flächen, die von der Regierung über die Landreformprogramme[85] zu Verfügung gestellt werden, sowie auf kleine Parzellen, die die weißen Farmer ihren Arbeitern zu Verfügung stellen.

Der Wegfall von Arbeitsplätzen auf den Großfarmen, fehlende Beschäftigungs-alternativen für im wesentlichen ungelernte Arbeitskräfte und mangelnder Zugang zu Land führen auch im ehemaligen East Cape zu Migration in die urbanen Zentren innerhalb und außerhalb der Provinz.

4.2.2.3   Entwicklungsprobleme der ehemaligen Homelands Transkei und Ciskei

Die ökonomische Basis der Bevölkerung in den ehemaligen *Homelands* bildet die Sub-sistenzlandwirtschaft, insbesondere die Viehhaltung. In der Transkei ist der größte Teil der landwirtschaftlichen Flächen Allmendland, das sich in gemeinschaftlichem Eigentum

---

83 S. ANTROBUS ET AL. (1994)
84 ECSECC (1998)
85 Zu einer detaillierten Darstellung der Landreform s. Kap. III. 7.

ländlicher Gemeinden befindet und als Weideland genutzt wird. Die Nutzungsrechte hierfür werden von traditionellen Führern vergeben. Lediglich der Hausgarten und ein zumeist überwiegend mit Mais bebautes Feld wird von jedem Haushalt individuell bestellt. Auch das Ackerland und die Flächen für Häuser und Hausgärten werden von den traditionellen Führern zugeteilt.

Subsistenzproduktion von Mais

In den letzten 20 Jahren wurden aufgrund des natürlichen Bevölkerungswachstums und den Umsiedlungsmaßnahmen die Ackerflächen immer knapper. Noch 1979 konnten 32% der Haushalte in der Transkei über Ackerflächen verfügen, die die Größe von 2 ha überschritten; 6% konnten Flächen zwischen 1 und 2 ha sowie 52% zwischen 0,1 und 1 ha bebauen. Zehn Prozent der Bewohner waren landlos.[86] Nach BEMBRIDGE (1984:58) benötigte ein Durchschnittshaushalt in der Transkei im Jahre 1979 ca. 3,8 ha Ackerfläche um seinen jährlichen Subsistenzbedarf von etwa einer Tonne Mais zu decken. Anhand dieser Zahlen ist davon auszugehen, dass bereits vor 20 Jahren, als die Bevölkerung der Transkei noch etwa 2,5 Millionen Menschen zählte, mindestens 70% der Haushalte nicht in der Lage waren, ihren Mindestbedarf an Grundnahrungsmitteln selbst zu produzieren. Bis heute ist die Bevölkerung der Transkei um eine Million gewachsen, doch kaum geeignetes Ackerland hinzugekommen. Da die Nutzungsrechte für Ackerland in den kommunalen Gebieten jeweils vom ältesten Sohn geerbt werden, kann davon ausgegangen werden, dass heute über ein Drittel der Haushalte in der Transkei keinen Zugang zu Ackerland haben.

Tabelle III. 12:   Zugang zu Ackerflächen in der ehemaligen Transkei 1999

Größe des Ackerlandbesitzes	Anzahl der Haushalte	Anteil an der Gesamtbevölkerung
> 2 ha	133.333	22,9%
1.01–2 ha	25.000	4,1%
0.1–1 ha	216.667	37,2%
Landlose	207.967	35,7%
Insgesamt	582.967	100,0%

Quelle: LOHMEIER ET AL. (1999)

Der größte Anteil – etwa 90% – der Ackerflächen wird mit Mais bebaut. Das hat sich, wie Untersuchungen an der Universität von Fort Hare im Jahre 1998 ergaben,[87] seit der Studie von BEMBRIDGE (1984) nicht verändert. Allerdings sind die Erträge pro Hektar seit den 30er Jahren von 636 kg über 252 kg Mitte der 70er, zu heute geschätzten 189 kg dramatisch gesunken (ANDERSSEN/GALT:1998). Hierfür sind im wesentlichen Erosions-

---

86 S. BEMBRIDGE (1984)
87 Mündliche Auskunft, W. van Averbecke, *Dept. of Agricultural Research, University of Fort Hare,* 1999.

vorgänge und die abnehmende Bodenfruchtbarkeit verantwortlich zu machen. Die meisten Felder werden Jahr für Jahr mit Mais bepflanzt ohne die Regenerierung der ohnehin nährstoffarmen Böden durch eine Fruchtwechselfolge zu unterstützen.[88] Gleichzeitig sind bei abnehmenden Erträgen und generellen ökonomischen Problemen Barmittel für den Kauf von Dünger nicht vorhanden.

Hier tritt der Mechanismus politischer Ökologie besonders deutlich zutage. Zu kleine Flächen und das Fehlen von Alternativen veranlassen einen Teil der Bauern aus reiner Überlebensnotwendigkeit das Maximum ihres Lebensunterhaltes über die Subsistenz-produktion zu sichern. Das hat zur Folge, dass nicht unter Nachhaltigkeitsgesichtspunkten gewirtschaftet wird, sondern die Böden bis zur Erschöpfung ausgebeutet werden.

Neben der Verringerung der Ernteerträge lässt sich ein weiterer beunruhigender Prozess in den ehemaligen *Homelands* beobachten. Empirische Untersuchungen in der ehemaligen Ciskei (VAN AVERBECKE ET AL.:1998) erhärten die Ansicht, die viele vor Ort arbeitenden Experten seit geraumer Zeit äußern, dass zunehmende Anteile potentiell nutzbarer Ackerflächen nicht mehr bebaut werden. In zwei Dörfern in der ehemaligen Ciskei konnten VAN AVERBECKE ET AL. (1998) nachweisen, dass im Anbaujahr 1997/98 etwa 70% der potentiell nutzbaren Anbaufläche seit mehr als 5 Jahren nicht mehr bewirtschaftet wurden. Laut dieser Studie lassen die Ergebnisse von Beobachtungen und Befragungen von Schlüsselpersonen in der Transkei ähnliche Ergebnisse erwarten. Die Autoren der Studie geben eine Reihe möglicher Gründe für das Brachfallen von Ackerland an:

– Das Fehlen von Zugkraft für die Bearbeitung der Böden,
– das Risiko der Ernteschädigung durch freilaufendes Vieh, da die Weidezäune – wo überhaupt vorhanden in einem denkbar schlechten Zustand sind,
– das Fehlen von Arbeitskräften in den arbeitsintensiven Zeiten, sowie
– die ständig abnehmenden Ernteerträge.

Die wichtigsten Gründe sind jedoch auf anderen Ebenen zu suchen. So konnten VAN AVERBECKE ET AL. endlich empirisch bestätigen, was schon lange vermutet worden war. Der größte Teil des nicht genutzten Ackerlandes befindet sich im Besitz von Personen, die dieses Land zwar irgendwann zugeteilt bekamen, jedoch nicht mehr im ländlichen Raum leben, sondern in die Städte abgewandert sind. Anstatt in einem Milieu genereller Landknappheit anderen diese Ressource zur Verfügung zu stellen, wird die Nutzung durch andere z. T. aktiv verhindert. Eigene Untersuchungen bei Migrantenhaushalten in Kapstadt bestätigen diese Aussagen. In informellen Gesprächen gaben viele Männer aus den ehemaligen *Homelands* an, zuhause über Land zu verfügen, das sie irgendwann nach ihrer Rückkehr wieder bebauen wollten. Viele erklärten sogar Wachleute angestellt zu haben, die aufpassen, dass kein Unbefugter ihr Land bebaut.

---

88 Mais entzieht dem Boden pro Hektar bebauter Fläche und Erntejahr im Durchschnitt etwa 13 kg Stickstoff, 2 kg Phosphor und 5 kg Kalium (GEIST, 1999:124). Der Stickstoffverbrauch von Mais liegt um drei Kilogramm pro Hektar über dem Durchschnitt der für andere in Afrika üblichen Grundnahrungsmittel.

LOHMEIER ET AL. (1999:141) erklären dieses Verhalten aus einer Geschichte von Enteignungen und Staatsinterventionismus: »*Against a historical background of dispossession and government intervention, African landholders appear to jealously guard their land allocations against any potential claim.*« Dadurch wird fruchtbares Ackerland der Nutzung entzogen und die Migration in die Städte weiter forciert.

Viehzucht

In vorkolonialen Zeiten lebten die Menschen in der heutigen Eastern Cape Provinz im wesentlichen von der Rinderhaltung. Die agro-ökologischen Bedingungen in weiten Teilen des Eastern Cape lassen bis heute nur extensive Viehweidewirtschaft zu. Eine stetige Vermehrung des Bestands an Rindern, Schafen und Ziegen hat indessen seit Jahrzehnten zunehmende und an einigen Standorten insbesondere in der Transkei bereits dramatische Ausmaße annehmende Überweidungsprobleme zur Folge.[89]

In den bergigen Regionen, die durch teilweise sehr steil geneigte Hänge und hohe Niederschlagswerte bis zu 1.500 mm gekennzeichnet sind, hat exzessiver Viehtritt eine rasche, oft irreparable Bodenerosion zur Folge. Auch die Viehzucht ist von zwei Realitäten geprägt. Während die Weidewirtschaft im ehemaligen East Cape auf den Großfarmen kontrolliert und nach rein ökonomischen Gesichtspunkten betrieben wird, spielen in den ehemaligen *Homelands* nicht-ökonomische Faktoren wie das Ansehen, das mit der Größe der Herde steigt, eine größere Rolle als die Gesundheit der Tiere und der potenziell zu erzielende Verkaufspreis. Neben dem hohen Tierbesatz in den ehemaligen *Homelands*, der sich nicht nach der Verfügbarkeit von Weideland richtet, trägt die Abwesenheit eines kontrollierten Weidemanagements zur fortschreitenden Erosion bei.

---

89 Fortschreitende Erosionsprozesse, die im wesentlichen auf die anthropogene Verstärkung naturräumlicher Disposition – etwa durch die Überstockung der Viehweidegebiete – zurückzuführen ist, haben in den ländlichen Räumen Südafrikas zu Degradationserscheinungen geführt, die bereits mehr als 250.000 ha Land jeglicher agrarischer Nutzungsmöglichkeit entzogen haben (SOUTH AFRICAN COMMUNICATION SERVICE, 1997:169).

Tabelle III. 13:   Viehbestand in den historischen Regionen der Eastern Cape Province 1995

	East Cape	Ciskei	Transkei	Eastern Cape Province (E.C.P.)
Größe (ha)	11 886 200	823 137	4 365 263	17 074 600
Anteil an der E.C.P.	69,6%	4,8%	25,6%	100%
Anzahl Rinder	662 978	161 929	1 551 655	2 376 562
Anteil am Gesamtbesatz der E.C.P.	29,9%	6,8%	65,3%	100 %
Anzahl Schafe	4 052 820	239 972	2 766 760	7 059 522
Anteil am Gesamtbesatz der E.C.P.	57%	3,4%	39,2%	100%
Anzahl Ziegen	1 185 485	249 991	1 847 440	3 282 916
Anteil am Gesamtbesatz der E.C.P.	36,1%	7,6%	56,3%	100%
Großvieheinheiten (GVE)	1 536 029	243 590	2 320 688	4 100 307
Anteil am Gesamtbesatz der E.C.P.	37%	5,9%	56,6%	100%
Besatzdichte (GVE/ha)	11,12	3,38	1,88	4,16

Quelle: *Livestock Census* 1995

Durch die fortschreitende Zerstörung der Subsistenzbasis gewinnt die Erwirtschaftung von Bargeldeinkommen immer größere Bedeutung für die Existenzsicherung der ländlichen Bevölkerung. Die wichtigsten Bargeld-Einkommensquellen der hier lebenden Menschen bilden Überweisungen von Arbeitsmigranten sowie staatliche Sozialleistungen, von denen etwa die Hälfte (!) der Bevölkerung in den ländlichen Gebieten von Transkei und Ciskei profitiert. Etwa ein Drittel der durchschnittlich sechs Mitglieder eines Haushalts migriert permanent oder temporär zur Arbeitssuche in die industriellen Zentren des Landes. Von den ›Welfare Grants‹ profitieren neben Rentnern vor allem Behinderte. Da der Sozialhilfesatz höher liegt als viele potenzielle Löhne auf dem Arbeitsmarkt, ist es auch für gesunde Menschen äußerst lukrativ, von einem Arzt als ›Disabled‹ eingestuft zu werden. Nach eigenen Beobachtungen kann eine entsprechend hohe Missbrauchsquote vermutet werden; offizielles Zahlenmaterial hierzu ist aus verständlichen Gründen nicht erhältlich.

Eine wesentliche ebenfalls durch die Apartheidpolitik bedingte Ursache der geschilderten Problematik sind die hohe Bevölkerungsdichte und die starke Zersiedlung der Landschaft in der Transkei und der Ciskei. Damit verbunden ist eine extrem schlechte infrastrukturelle Ausstattung: bis heute verfügen die wenigsten ländlichen Haushalte in den früheren *Homelands* über adäquate sanitäre Einrichtungen, Wasserversorgung oder gar einen Anschluss ans öffentliche Strom- oder Telefonnetz. Auch Schulen, Postämter und Banken sind für einen Großteil der Bevölkerung nur schwerlich erreichbar. Um dieser Situation zu begegnen, führt auch die neue Regierung die bereits von den Apartheid-regimes begonnenen Umsiedlungsmaßnahmen fort, die vorrangig eine kostengünstigere Bereitstellung von Infrastruktur im ländlichen Raum zum Ziel haben. Allerdings werden diese sogenannten »Betterment-« bzw. »Rehabilitation Schemes« von einem Großteil der

Bevölkerung in den ehemaligen *Homelands* nicht akzeptiert, da sie vielfach mit einer erheblichen Reduzierung der pro Haushalt individuell landwirtschaftlich nutzbaren Fläche einhergehen.

Politisch-administrative Schwierigkeiten ergeben sich aus der Zusammenführung dreier vormals selbständiger Regierungen und Verwaltungen (»Nationalstaaten« Transkei und Ciskei sowie südafrikanische Regionalverwaltung). Der für viele Politiker und Spitzenbeamte mit der Reintegration einhergehende Machtverlust und die allgemeine Reduktion von Arbeitsplätzen im öffentlichen Sektor führen naturgemäß zu erheblichen Konflikten, die neben der (in Südafrika nach wie vor virulenten) rassistischen Komponente auch durch die besondere ethnische Problematik im Eastern Cape verschärft wird. Im Hinblick auf sich verschärfende Umweltprobleme ist hierbei vor allem der Umstand bemerkenswert, dass insbesondere in der Ciskei noch kurz vor deren Wiedereingliederung in die Republik Südafrika riesige Ländereien, die sich bis dahin in Staatsbesitz befanden, auf dubiosem Wege zu Privateigentum hochrangiger Staatsbediensteter wurden. Die Mehrzahl der neuen Besitzer ist jedoch an einer produktiven Nutzung des in den meisten Fällen für landwirtschaftliche Produktion besonders geeigneten Landes nicht interessiert und Bauern, die diese Flächen bislang für den Ackerbau bzw. die Viehzucht im Rahmen staatlicher Kooperativen nutzten, werden systematisch vertrieben. Der Druck auf die knappen verbleibenden landwirtschaftlichen Nutzflächen wird auf diese Weise erhöht, wodurch sich hier die oben erwähnte Flächendegradation weiter zuspitzt.

Schließlich verunmöglicht es der in ganz Südafrika stark ausgeprägte *urban bias* staatlicher Entwicklungsprogramme immer mehr Menschen, ein Auskommen im ländlichen Raum zu finden und intensiviert damit die Land-Stadt-Migration. Probleme des ländlichen Raumes werden auf diese Weise in die urbanen Zentren verlagert, wo sie in potenzierter Form auftreten: »*Indeed, rural dispossession lies behind almost every form of urbanization*« (MABIN, 1992:22).

In den Städten sind die Verwaltungen allerdings kaum in der Lage die große Anzahl von Migranten in adäquater Weise aufzunehmen, so dass für die meisten nur die Errichtung illegaler informeller Siedlungen bleibt. Durch diese Art der Selbsthilfe werden jedoch eine Vielzahl der ökologischen Probleme der Städte erst geschaffen[90]:

> (...) people will find their own solutions to the daunting challenges of day-to-day living, seeking this generation's survival while perhaps unconsciously compounding the problems facing those to come. *(SMITH 1992:9)*

---

90 Für eine ausführliche Darstellung der ökologischen Auswirkungen informeller Siedlungen s. LOHNERT (1999a)

Tabelle III. 14:   Monatliche Haushaltseinkommen 1997

Einkommensklassen in Rand pro Monat	Prozentanteil	Haushalte in Millionen
bis 800	39,7	3,30
801-1.500	29,0	2,41
1501-2500	11,8	0,98
2501-3500	5,6	0,64
> 3501	13,9	1,15
Gesamt	100	8,3

Quelle: *Government of South Africa,* 1997:8

4.3   Haushaltseinkommen

Etwa 49% aller Haushalte Südafrikas verfügen über ein Einkommen, das unter dem offiziellen Subsistenzminimum von 1.072 Rand pro Monat liegt (GOVERNMENT OF SOUTH AFRICA, 1997:4).

Die durchschnittliche Verschuldung der Haushalte wuchs von 54,5% (1992) des verfügbaren Einkommens auf 67% im Jahre 1996 (SOUTH AFRICAN COMMUNICATION SERVICE, 1997:248). Der Anstieg der Lebenshaltungskosten bedeutet für viele Familien eine enorme Bürde. Insbesondere die Erhöhung der Nahrungsmittelpreise während der letzten Jahre zusammen mit weiterhin hohen Arbeitslosenzahlen setzen die Regierung unter enormen Druck, da der Hauptanteil der ANC-Wählerschaft im unteren Einkommenssegment zu suchen ist. Die durchschnittlichen Haushaltseinkommen sind nicht nur von Provinz zu Provinz unterschiedlich sondern spiegeln nach wie vor die soziale Stratifikation der Apartheid wider, so dass viele in Südafrika inzwischen von einer neuen alten ›Money Apartheid‹ sprechen.

Tabelle III. 15:   Konsumentenpreisindex 1990-1998

Jahr	Nahrungs-mittel	Alle Waren	Dienst-leistungen
1990	50,5	56,7	60,9
1991	60,5	66,3	68,6
1992	75,7	77,1	76,3
1993	80,9	85,1	82,9
1994	92,0	93,1	90,2
1995	100,0	100,0	100,0
1996	106,1	106,2	109,4
1997	116,4	114,8	119,5
1998	123,7	124,6	128,9

Quelle: *South African Communication Service,* 1997/1998/1999

Derzeit sind ca. 4,6 Millionen Südafrikaner oder 34% der potenziell ökonomisch aktiven Bevölkerung arbeitslos. Die Arbeitslosenquoten der neun Provinzen differieren erheblich zwischen 48,5 % in der Eastern Cape Province und 17,9% im Western Cape.

Desgleichen variieren auch die Zahlen für die einzelnen Bevölkerungsgruppen und zwischen den Geschlechtern. Die Arbeitslosenquote ist am höchsten innerhalb der schwarzen Bevölkerungsgruppen, im ländlichen Raum, unter Frauen und Jugendlichen und denjenigen ohne Arbeitserfahrung.

Tabelle III. 16:   Arbeitslosenquote in Südafrika nach Bevölkerungsgruppen 1998

	Schwarze	*Coloureds*	Inder	Weiße
Insgesamt	36,9	22,3	13,4	5,5
Männer	28,9	17,8	9,9	3,7
Frauen	46,9	27,8	19,9	8,3

Quelle: CSS (1998:o.S.)

In der 1998 erschienenen Studie zu *Poverty and Inequality in South Africa*[91] (MAY, 1998) werden südafrikanische Arbeitslose sechs Kategorien zugeordnet:

a)   Arbeitslose im ländlichen Raum mit schlechter bzw. ohne Schul- bzw. Ausbildung (29%)

b)   Arbeitslose im städtischen Raum mit schlechter bzw. ohne Schul- bzw. Ausbildung (13%)

c)   Junge Arbeitslose ohne Erfahrungen auf dem Arbeitsmarkt (36%)

d)   Langzeitarbeitslose ohne bzw. mit wenig Erfahrungen auf dem Arbeitsmarkt (6%)

e)   Arbeitslose mit Arbeitsmarkterfahrung und geringer Ausbildung (15%)

f)   Qualifizierte Arbeitslose (1%)

Die Charakteristika der sechs Gruppen sind sehr unterschiedlich:

–   Gruppe a) wird von der schwarzen Bevölkerung dominiert, ist zum größten Teil weiblich und findet sich im wesentlichen in der Eastern Cape Province, KwaZulu-Natal und der Northern Province.

–   Gruppe b) hat einen etwas geringeren Anteil schwarzer und weiblicher Mitglieder und einen höheren Anteil *Coloureds*, diese Gruppe generiert sich im wesentlichen aus folgenden Provinzen: Eastern Cape, Gauteng und Western Cape.

–   Gruppe c) ist weiblich dominiert, ist etwas stärker in ländlichen als im städtischen Raum zu finden in der Easten Cape Province, KwaZulu-Natal, Gauteng, Northern Province und Mpumalanga beheimatet.

–   Gruppe d) ist ausgesprochen weiblich dominiert, zumeist der schwarzen Bevölkerungsschicht zugehörig und konzentriert in der Eastern Cape Province und KwaZulu-Natal.

–   Gruppe e) ist leicht männlich dominiert, mit einem beachtlichen Anteil an *Coloureds*, vorwiegend urbanisiert und lebt im wesentlichen in der Eastern Cape Province, Gauteng, KwaZulu-Natal und der North West Province.

---

91 Ein hochqualifiziertes Team, zu dem u.a. Debbie Budlender und Chris Rogerson gehörten, erstellte unter der Leitung von Julian May im Auftrag der Regierung und mit finanzieller Unterstützung durch das UK Department for International Development, UNDP, die Weltbank und der Niederlande diese erste ernstzunehmende Übersicht zu Armut und Ungleichheit in Südafrika.

– Gruppe f) ist dominiert von schwarzen Bevölkerungsgruppen, vorwiegend urbanisiert und im wesentlichen in der Western Cape Province, Eastern Cape Province und in KwaZulu-Natal zu finden.

Ewa 24% aller schwarzen Bürger Südafrikas haben keinerlei Schulbindung genossen, während dies nur bei 10% der *Coloureds*, 7% der indischen und 1% der weißen Bevölkerung der Fall ist. Viele, die keine Beschäftigung im formellen Sektor finden können, versuchen ihr Glück im informellen Teil der Ökonomie. Etwa 1,2 Millionen Menschen sind derzeit im informellen Sektor tätig, davon sind 86% schwarz und 7,6% *coloured*. Die Aktivitäten im informellen Sektor sind vielfältig, allerdings konzentrieren sich die meisten Beschäftigungen im Handel- und Dienstleistungssektor (MAY, 1998:11). Nach einer SALDRU-Studie[92] liegen die durchschnittlichen Einkommen im informellen Sektor bei 826 Rand, wobei mehr als 45% der hier Beschäftigten unter 220 Rand pro Monat verdienen. Innerhalb des informellen Sektors wird die Benachteiligung einzelner Personengruppen im wesentlichen durch drei Charakteristika bestimmt: die Hautfarbe, das Geschlecht und das Alter. So bilden Schwarze mit einem Anteil von 76% die größte Gruppe der in informellen Sektor Tätigen, die unter 220 Rand pro Monat verdienen. Etwa 60% aller Personen, die unter 220 Rand erwirtschaften, sind Frauen. Die Altersgruppe der 15–24 jährigen ist mit 67% derer, die unter 220 Rand pro Monat verdienen, besonders stark vertreten.

4.4   Demographie und Wohnraum

Im Oktober 1996 lebten 40,5 Millionen Menschen (CSS, 1997:1) in Südafrika. Die durchschnittliche Haushaltsgröße lag zum Zeitpunkt der Volkszählung 1996 bei etwa 4,5 Personen. 55,7% der Bevölkerung lebt im städtischen Raum und ca. 66% der Bevölkerung sind funktional urbanisiert.[93] Von den ca. 18,8 Millionen, die in den ländlichen Regionen leben, werden viele zumindest einen Teil ihres Arbeitslebens in den Städten verbringen.

Tabelle III. 17:   Urbane und ländliche Bevölkerung in den einzelnen Provinzen in Mio.

Provinzen	E. Cape	Free State	Gau- teng	K.Z.- Natal	M.- langa	N. Cape	N. Prov.	North West	W. Cape	SA
Urban	2,3	1,8	7,1	3,6	1,1	0,6	0,5	1,2	3,5	21,7
Ländlich	4,0	0,8	0,2	4,8	1,7	0,2	4,4	2,1	0,4	18,8
insg.	6,3	2,6	7,3	8,4	2,7	0,8	4,9	3,3	3,9	40,5

Quelle: *Census* 1996 (www.statssa.gov.za)

---

92 Zitiert in MAY (1998:11)

93 Diese Zahl beinhaltet alle Bewohner von Städten, dem sub-urbanen und peri-urbanen Raum, soweit sie in ihrem Einkommen von den Städten abhängig sind.

Die Provinzen Gauteng (97,0%), das Western Cape (88,9%), das Northern Cape (70,1%) sowie der Free State (68,6%) weisen die höchsten Urbanisierungsraten auf. In den über-durchschnittlich urbanisierten Provinzen sind auch die Anteile der informellen Wohnformen überdurchschnittlich vertreten (s. Abbildung III. 6). Die North West Province fällt aus diesem Raster heraus, da sie nur eine Urbanisierungsrate von 35% erreicht. Die vergleichsweise hohe Rate informeller Behausungen in der North West Province ist im wesentlichen auf die Errichtung von informellen Unterkünften der von den Großfarmen vertriebenen ehemaligen Farmarbeiter und der Arbeitsuchenden um die Minenstandorte zurückzuführen. Die Northern Provinz und das Eastern Cape, deren ländliche Bevölkerung 64 bis 65% beträgt, sind dagegen geprägt durch überdurchschnittlich hohe Anteile traditioneller Wohnformen.[94]

Abbildung III. 6: Wohnformen nach Provinzen 1996 in ProzentQuelle: *Census* 1996

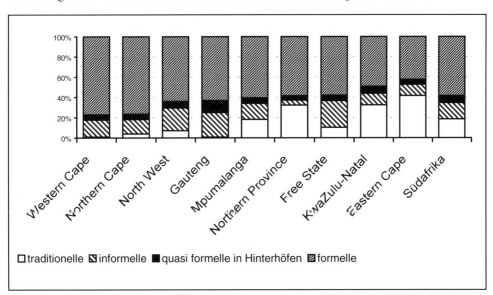

Insgesamt lebten zum Zeitpunkt der Volkszählung etwa 58% der 9 Millionen Haushalte Südafrikas in formellen Wohneinheiten[95] und an die 20% der Haushalte in informellen Wohneinheiten, darunter fallen etwa 620.000 Haushalte die auf *Serviced Sites* leben. Betrachtet man nun die Verteilung der unterschiedlichen Wohnformen auf die einzelnen Bevölkerungsgruppen, so ergibt sich das zu erwartende Bild: Die Wohnungsbedingungen

---

94 Unter traditionellen Behausungen werden alle kulturell angepassten Bauweisen im ländlichen Raum zusammengefasst.

95 Formeller Wohnraum: jede Wohneinheit deren Struktur eine geschätzte Lebensdauer von 20 und mehr Jahren hat. (GOVERNMENT OF SOUTH AFRICA, 1994:9)

der Bevölkerungsgruppen Südafrikas reflektieren die sozioökonomische Stratifikation der Gesellschaft; 96% aller informellen Unterkünfte werden von schwarzen Haushalten bewohnt. *Coloureds* sind in diesen Wohnformen zu etwas unter 4% zu finden und die Anteile an Indern und weißer Bevölkerung sind verschwindend gering.

Die Erfordernisse der Wohnraumpolitik liegen auf der Hand. Das derzeitige Wohnraumdefizit in Südafrika beläuft sich auf 3 Millionen Wohneinheiten.[96] Allein 220.000 neue Wohneinheiten müssten jedes Jahr gebaut werden, nur um mit dem Bevölkerungswachstum Schritt zu halten. Einkommensschwache Haushalte, die sich im wesentlichen aus der schwarzen Bevölkerung rekrutieren, sind von der Wohnungskrise am stärksten betroffen. Legt man eine durchschnittliche Haushaltsgröße von etwa 4,5 Personen, die in den unteren Einkommensschichten eher höher anzusetzen ist, zugrunde, sitzen etwa 30% der südafrikanischen Bevölkerung buchstäblich auf der Straße oder leben in unzumutbaren Verhältnissen in überfüllten Unterkünften, in *Backyard Shacks* und *Squattern*. Die Misere beschränkt sich keineswegs auf die Großstädte, dort tritt sie jedoch am eindrücklichsten zutage und fordert die größten Auseinandersetzungen und Verteilungskämpfe heraus.

Allein die hier beschriebenen Defizite und deren ungleiche Verteilung auf räumlicher und gesellschaftlicher Ebene lassen die Aufgabe für die Regierung zur enormen Herausforderung werden. Ein weiterer Aspekt, der die Wohnungs- und Planungspolitik zu einem großen Teil beeinflusst und behindert, ist die aus der Apartheid geerbte Struktur der Städte.

5.   Die Struktur der Städte

Die Städte Südafrikas gleichen sich trotz aller individueller Unterschiede in drei herausragenden Merkmalen:

– unverdichtetes, extensives und unkontrolliertes Flächenwachstum,
– starke Fragmentierung in einzelne, unverbundene Entwicklungskerne,
– größtmögliche Trennung von Funktionen, Einkommensklassen und Bevölkerungsgruppen.

5.1   Flächenwachstum

Es sind im wesentlichen drei Prozesse, die das Ausmaß des Flächenwachstums südafrikanischer Städte beeinflussen: Spekulation und ein Land- und Wohnungsmarkt, der es den einkommensstarken Schichten erlaubt, in die sub-urbanen Räume mit immer größeren Anlagen zu drängen, stehen auf der einen Seite.

Die Wohnungskrise der untersten Schichten andererseits zwingt die Kommunen, immer neue Gebiete für den ›low cost‹-Wohnungsbau zu erschließen. Der enorme öffentliche Druck, die Erwartungen und die bisher noch vorherrschende Maxime ›*Eine Familie – Ein*

---

96 Housing Minister Sankie Mthembi-Mahanyele zur Eröffnung der *National Conference of the Institute for Housing of South Africa* in Nelspruit am 18.10.1999.

Grundstück‹ führen nicht selten zur unüberlegten Ausweisung von Freiflächen am Stadtrand und immensem Flächenkonsum.

Drittens sind es schließlich die illegalen Siedlungen, die zum einen aufgrund der Wohnungskrise entstehen aber auch weil die meisten Billigwohnsiedlungen weit entfernt von allen Einkommensmöglichkeiten liegen, die zum unkontrollierten Flächenwachstum der Städte beitragen.

Diesem unverdichteten Wachstum liegt eine Stadtplanungsphilosophie zugrunde, die das sub-urbane einstöckige Einfamilienhaus umgeben von einem großen Grundstück zum Idealbild des urbanen Lebens stilisiert. Dieses Bild geht von der Vorstellung aus, dass jede sub-urbane Familie mindestens ein Kraftfahrzeug besitzt. Daraus ergeben sich immer höhere Investitionen in Transportinfrastruktur, immer längere Wege und nicht zuletzt immense Umweltbelastungen. Um die einkommensschwachen Gruppen von den Vororten zu ihren Arbeitsplätzen zu bringen sind andererseits immense Subventionen des öffentlichen Nahverkehrs vonnöten. So gehen Weltbankschätzungen zufolge jährlich etwa 25% des BIP Südafrikas aufgrund der ineffektiven Organisation der Städte verloren.

5.2   Fragmentierung

Südafrikanische Städte sind stark fragmentiert, das heißt einzelne Entwicklungszellen sind von kleineren Wohngebieten umgeben und diese durch große Straßen oder unbebauten Flächen von den anderen Zellen abgegrenzt. Einer der wichtigsten Gründe dafür ist der stadtplanerische Glaube an nach innen gerichtete Nachbarschaften in Form ›städtischer Dörfer‹, die ihre funktionalen Kerne mit den jeweiligen zentralen Einrichtungen in ihren geographischen Zentren haben. Diese einzelnen Zellen operieren in relativer Isolation und sind im wesentlichen durch einzelne große Straßen verbunden. Auch in dieser Beziehung kommt dem Individualverkehr im Gegensatz zu anderen Formen der Mobilität die größte Bedeutung zu.

5.3   Trennung

Südafrikanische Städte operieren unter der Maxime einer größtmöglichen Segregation von Funktionen, Einkommensklassen und Bevölkerungsgruppen. Die Trennung der Funktionen Wohnen und Arbeiten ist eine der herausragenden Merkmale der Städte. Die dominierende Landnutzungsstruktur drückt sich in relativ homogenen Einheiten (Industriegebiete, Wohngebiete, Erholungsgebiete etc.) unterschiedlicher Nutzungen aus, die durch schnelle Transportwege des Individualverkehrs verbunden sind. Aufgrund der Apartheidgeschichte, die die ärmsten Klassen in die urbane Peripherie verbannte und weil das Bevölkerungswachstum im wesentlichen durch die ärmsten Bevölkerungsschichten getragen wird, findet sich eine immer größer werdende Masse armer Bevölkerung räumlich marginalisiert an den ausufernden Stadträndern, weit außerhalb jeglicher urbaner Möglichkeiten. Das Wachstum der Städte spielt sich im wesentlichen durch das Entstehen monofunktionaler Wohngebiete ab. Was die einkommensschwachen Gebiete angeht, so wird hier die vorherrschende Philosophie der sub-urbanen Lebensweise in eine Eigenheim-

Mentalität übersetzt. Nach wie vor herrscht der Bau von einstöckigen Einfamilienhäusern auf einzelnen Grundstücken vor, nur dass die Grundstücke und die Häuser sehr viel kleiner sind. In ihrer Struktur spiegeln diese Anlagen die Eintönigkeit konventioneller suburbaner Planungen Europas und Nordamerikas wider.

Die Konsequenz der Kombination dieser Merkmale liegt gerade für die urbanen Armutsgruppen in ihrer zusätzlichen Benachteiligung. Ein unkontrolliert wachsendes, fragmentiertes urbanes System erfordert ein enormes Maß räumlicher Mobilität, dessen Unterstützung durch ein funktionierendes öffentliches Transportsystem jedoch nicht gegeben ist. Die zeitlichen und finanziellen Kosten dieser Mobilität werden für die ärmeren Schichten immer weniger tragbar. So verstärken die strukturellen Merkmale südafrikanischer Städte die wichtigsten Entwicklungsprobleme Südafrikas: Armut, Arbeitslosigkeit und Ungleichheit. So kommt auch DAVID DEWAR (1992:245), einer der herausragenden Stadtplaner Südafrikas, zu dem Schluss, das urbane System sei »(...) *economically inefficient, inflationary and mitigates against economic growth.*«

6.   Zwischenresümee: Die wichtigsten Einflussfaktoren auf die Lösung der Wohnraumkrise im ›Neuen Südafrika‹

Die Wohnungspolitik der ersten frei gewählten demokratischen Regierungen Südafrikas ist mit einem Erbe aus der Geschichte konfrontiert, das wohl einmalig sein dürfte. Als die erste demokratische Regierung 1994 ihr Amt antrat, hatte sie eine Vielzahl struktureller Probleme übernommen, die zunächst auf unterschiedlichsten Ebenen angegangen werden mussten, bevor die von vielen erwartete Umstrukturierung der Gesellschaft und Umverteilung der Ressourcen ihre ersten Früchte tragen konnten. Viele der im Folgenden genannten Probleme sind bis heute noch virulent und es werden trotz erheblicher Anstrengungen noch viele Jahre vergehen, bevor diese gelöst sein werden.

Einer der wichtigsten Faktoren, welche die erfolgreiche Bewältigung der Wohnungskrise beeinflussen, ist das nach wie vor bestehende immense *Defizit an Wohnraum* bei zugleich starkem *Wachstum des Bedarfs*. Es existieren erhebliche *räumliche Disparitäten* der Wohnraumbedingungen sowohl zwischen urbanen und ländlichen Regionen als auch zwischen unterschiedlichen urbanen Räumen und zwischen den einzelnen Provinzen, so dass eine einheitliche zentrale Strategie unmöglich ist. Das geringe Einkommen der meisten bedürftigen Südafrikaner reicht nicht aus, um sie in die Lage zu versetzen, adäquaten Wohnraum aus eigener Kraft zu schaffen, so dass staatliche Programme dieses Defizit auffangen müssen.

Die *Struktur des südafrikanischen Siedlungssystems* stellt ein zusätzliches Problem dar. Hohe Urbanisierungsraten führen zur Konzentration des Wohnungsproblems in den Städten. Die ineffiziente und ungerechte Stadtstruktur, die sich durch Segregation nach Bevölkerungsgruppen und Klassen, Disparitäten in der Ausstattung mit und im Zugang zu sozialer und materieller Infrastruktur äußert, verursacht Ineffizienz und hohe Kosten bei Verwaltung, Erhaltung und Entwicklung der Städte. Die disperse Natur vieler ländlicher

Siedlungen erhöht die Kosten für die Bereitstellung adäquater Infrastruktur und behindert den Zugang zu soziokulturellen Einrichtungen.

Die von der Apartheidregierung *geerbten institutionellen Rahmenbedingungen* erschweren und verzögern die Implementierung einer zielgerichteten Umgestaltungspolitik. Die Duplizierung von Institutionen und die Fragmentierung der für Wohnraum zuständigen Verwaltungseinheiten während der Apartheid in ›own *affairs administrations‹* für jede Bevölkerungsgruppe und zusätzlich dazu einem nationalen *Department of Housing* bedingen erhebliche Zeitverluste bei der Transformation zu einer einheitlichen Politik und Institution. So standen etwa der erste Wohnungsbauminister Joe Slovo und seine Nachfolgerin Mthembi-Mahanyele, die auch in der seit 1999 amtierenden Regierung in diesem Amt vertreten ist, vor dem Problem, 17 ungleiche und nach rassistischen Gesichtspunkten ausgerichtete Verwaltungsapparate in einer nationalen Behörde zusammenzufassen. Hinzu kam, dass mit der Neueinrichtung der neuen Provinzen neun neue Behörden auf Länder- resp. Provinzebene entstanden sind, die in vielen Fällen mit unerfahrenen und unqualifizierten Beamten besetzt worden waren. Zudem hatten die TBVC-Staaten und die autonomen *Homeland*-Gebiete vormals ihre eigene Gesetzgebung und Administration. Fehlende Ausbildung, Korruption und die Mentalität eines Beamtenapparates, der personell überausgestattet ist, tut ein übriges, die Implementierung einer neuen Wohnraumpolitik zu behindern. Das langsame Voranschreiten von Dezentralisierungsmaßnahmen stellt die Schaffung von Wohnraum vor zusätzliche Probleme, da finanzielle und personelle Zuständigkeiten zum Teil noch ungeklärt sind.

Neben der Duplizierung der Administrationen und ungleichen Planungsansätzen für die einzelnen Bevölkerungsgruppen während der Apartheid fallen das Fehlen einer nationalen Wohnungsstrategie und die *Überschneidung und Widersprüchlichkeit von Gesetzgebungen* bzgl. Wohnungspolitik, Landbesitz und Infrastruktur als geerbte Schlüsselprobleme ins Gewicht.

Weiterhin war die Apartheidzeit geprägt durch das *Fehlen einer kohärenten Landnutzungs- und Planungspolitik*, die sich darin äußerte, dass klaren Richtlinien und Verantwortlichkeiten für die Identifikation und Allokation von Land für ›low-income‹- Wohnungsbau fehlten. Noch heute scheitert die rasche Identifikation von Wohngebieten für Einkommensschwache an dem nach wie vor vorhandenen Denken in *Group Areas* sowohl auf Seiten der städtischen Verantwortlichen als auch auf Seiten der jeweils betroffenen Anlieger. Da sich die Regierungen seit Mitte der 80er Jahre fast völlig aus dem Wohnungsbau zurückgezogen hatten und den Verkauf von städtischem Bauland und Wohnraum forciert hatten, befindet sich heute zu wenig Land in öffentlichem Besitz, das für den Wohnungsbau Einkommensschwacher zur Verfügung gestellt werden könnte.

Zunehmend führen heute *illegale Landbesetzungen* zur Verzögerung und in einigen Fällen zur Verhinderung der Bereitstellung adäquaten Wohnraums. Durch ›Selbsthilfe‹ überspringen viele den legalen Weg der offiziellen Zuschüsse und Zuweisungen.

Der private Wohnungsbausektor kann derzeit nicht die ihm zugedachte Rolle als Investor übernehmen. Zu wenige für Wohnraum ausgewiesene Flächen sowie uneinheitliche und verwirrende Planungsvorschriften behindern die Fähigkeit des kommerziellen Wohnungsbausektors, sich im ›low-cost‹-Wohnungsbau zu engagieren. Dazu kommen Defizite in Ausbildung und Managementfähigkeiten im gesamten Baugewerbe. Zudem ist ein räumliches Ungleichgewicht zwischen der Nachfrage und den derzeitigen Baukapazitäten und den Zulieferindustrien zu verzeichnen.

Viele *soziale Merkmale der südafrikanischen Gesellschaft* üben zusätzlichen Druck auf die neue Regierung und ihr Wohnungsbauprogramm aus. Zum einen sind die Erwartungen nach wie vor sehr hoch; dazu kommt, dass Kriminalität und Gewalt die gerechte Verteilung von Wohnraum behindern. *Gewalt und Korruption* finden sich nicht nur auf den unteren Ebenen, wo ›Squatterlords‹ Bestechungsgelder für die Zuteilung von Grundstücken und das Ausfüllen von Unterstützungsanträgen verlangen, sondern auch auf den höchsten Managementebenen in der Verwaltung.[97]

Eine *schlechte Informationspolitik* führt zu Missverständnissen auf Konsumentenseite und die Nachwirkungen der politischen Vergangenheit der Miet- und Nebenkostenboykotts ist nach wie vor ein virulentes Problem. Viele städtische Migranten sind der Meinung, dass allein das Wählen des ANC sie berechtigt, Wohnraum, Wasser und Strom umsonst zu beziehen. Die extreme Mobilität der unteren Einkommensschichten der urbanen Bevölkerung und die fehlende Perzeption von Wohneigentum als Sicherheit auch für die nachfolgenden Generationen lässt befürchten, dass sich mit steigender Wohnraumproduktion auch ein schnell expandierender ›low-cost‹-Wohnungsmarkt entwickeln wird. Die Praxis der zirkulären Migration mit Doppelhaushalten in der Stadt und auf dem Land rufen besondere Ansprüche an Wohnraum in der Stadt hervor, die nicht mit einer einzigen Strategie beantwortet werden kann. Ein weiteres Problem ergibt sich daraus, dass die meisten Migranten an traditionelle Landzuteilungssysteme gewöhnt sind, und so zu Katasterplänen und Einzelbesitz keine Beziehung haben. Traditionelle Konventionen behindern auch die Zuteilung und den Erwerb von Wohnraum für frauengeführte Haushalte, die im ländlichen Raum von Grundbesitz weitgehend ausgeschlossen sind.

Wie aus den Ausführungen deutlich wird, ist das Wohnungsproblem in Südafrika als *Symptom struktureller Probleme auf allen Ebenen* zu begreifen. Daraus haben auch die demokratischen Regierungen die Konsequenzen gezogen und versucht, ihre Wohnungspolitik in ein Gesamtkonzept struktureller Veränderung einzubetten.

7.   Die Desegregations- und Wohnungspolitik der demokratischen Regierungen

Die Desegregation der südafrikanischen Gesellschaft genießt höchste Priorität im Programm der ersten beiden demokratischen Regierungen des Neuen Südafrika. Die Verfassung, die am 4.12.1996 verabschiedet wurde, bildet die Basis jeglicher politischer Anstrengungen in dieser Richtung.

---

97 So wurde im Februar 1998 in Johannesburg aufgedeckt, dass 6 Millionen Rand der *Housing Subsidy* in dunklen Kanälen verschwunden sind (SABC News, 11.02.98).

In der Präambel werden folgende Grundziele der Verfassung genannt:
- Heal the divisions of the past and establish a society based on democratic values, social justice and fundamental human rights
- Lay the foundations for a democratic and open society in which government is based on the will of the people and every citizen is equally protected by law
- Improve the quality of life of all citizens and free the potential of each person
- Build a united and democratic South Africa able to take its rightful place as a sovereign state in the family of nations.

Zum Heilungsprozess der gesellschaftlichen Teilungen gehört nicht zuletzt die Desegregation und Integration der Städte und die Aufhebung des Stadt-Land-Gegensatzes.

7.1   Landreform

Da Apartheid auf der Basis räumlicher Trennung der Bevölkerungsgruppen und der Verweigerung von Landbesitzrechten außerhalb der definierten *Group Areas* und *Homelands* basierte, ist eine der dringlichsten aber auch schwierigsten Schritte zur Desegregation der Gesellschaft die Rückgabe von enteignetem Land bzw. die Entschädigung für Enteignungen sowie die Bereitstellung eines Landangebotes für diejenigen, die aufgrund ihrer Hautfarbe nicht in der Lage waren, Landbesitz zu erwerben. Die Landreformpolitik, die im *White Paper on Land Policy* festgeschrieben wurde, stützt sich auf die drei Eckpfeiler von Rückgabe, Umverteilung und einer umfassenden Landbesitzreform:[98]

1. »*Land restitution, which involves returning land (or otherwise compensating victims) lost since 19 June 1913 because of racially discriminatory laws*[99]
2. *Land redistribution, which makes it possible for poor and disadvantaged people to buy land with the help of the Settlement/Land Acquisition Grant*[100]
3. *Land tenure reform, which aims to bring all people occupying land under a unitary, legally-validated system of landholding.*« (GCIS, 1998:390)

Als eines der schwierigsten Unterfangen im gesamten Landreformprozess stellt sich die Überprüfung der Rückgabeanträge dar. Zum einen leben in vielen Fällen nur noch die Nachkommen der Vertriebenen, zum anderen ist es aufgrund fehlender Registrierung und nicht vorhandener Katasterpläne mit herkömmlichen Mitteln kaum möglich, Ansprüche zu beweisen. In einigen Fällen werden nun alte Luftbilder eingesetzt, die den überlebenden Mitgliedern antragstellender Gemeinden zur Benennung der ehemaligen Nachbarn vorgelegt werden. Dass die Überprüfung von Ansprüchen mit diesen Methoden äußerst

---

98 Zur Problematik von Landbesitzreformen s. *Proceedings of the International Conference on Land Tenure in the Developing World with a Focus on South Africa* (BARRY: 1998).

99 Dieses Datum stößt bei den wenigen verbliebenen Mitgliedern der Khoi und San-Völker auf erbitterten Widerstand, da diese sich als eigentliche Ureinwohner Südafrikas betrachten, deren Landrechte schon zu Zeiten der ersten Einwanderungswelle durch Bantu-Stämme bedroht wurden.

100 Bedürftige Haushalte können eine Unterstützung von 16.000 Rand für den Kauf von Land beantragen.

langwierig verlaufen und den Forderungen vieler benachteiligter Südafrikaner zuwiderlaufen, versteht sich von selbst. Erschwert wird der ganze Prozess auch dadurch, dass viele der Zwangsumgesiedelten und Enteigneten inzwischen ein hohes Alter erreicht haben oder nicht mehr am Leben sind und deshalb den Nachkommen die Beweisführung extrem schwerfällt. So wird der Landrückgabe und Entschädigungsprozess zu einem Wettlauf mit der Zeit.

Bis zum Stichtag der Antragstellung am 31.12.98 waren 54.218 Rückgabeanträge bei der *Commission on the Restitution of Land* (CRLR) eingegangen. Aufgrund der oben genannten Schwierigkeiten der Nachweisführung konnten bis April 1999 nur 237 Anträge genehmigt und 284 abgelehnt werden. Etwa 264.615 ha Land wurden zu Kosten von 50 Millionen Rand an enteignete Familien und Gemeinden zurückgegeben (GCIS, 1999:o. S.).

Grundsätzlich verfolgt die Regierung eine Landreformpolitik, die bereits bestehende Besitzverhältnisse respektiert. Dieser Grundsatz hat zwei Seiten:

Zum einen stärkt er die Rechte derjenigen Haushalte und Gemeinden, die seit längerem ohne formelle Besitzrechte Land nutzen. Dies gilt im wesentlichen für die ehemaligen *Homelands*, wo bis heute die Besitzrechte ungeklärt sind. Aber auch für Landarbeiter auf Großfarmen wirkt sich diese Regelung positiv aus, da sie nun nicht mehr einfach vertrieben werden können. So ist es inzwischen auch nicht mehr ohne weiteres möglich, illegale Siedler im urbanen Raum zu vertreiben, nachdem sie sechs Monate vor Ort waren oder bereits am 4. Februar 1997 mit der Zustimmung des Eigentümers Land bewohnt oder bebaut haben.[101] In diesen Fällen müssen entweder Ausweichflächen angeboten werden oder ein Legalisierungsverfahren eingeleitet werden.

Zum anderen garantiert dieser Grundsatz aber auch denjenigen Rechtssicherheit, die zu Apartheidzeiten durch Enteignung und Vertreibung an ihren Landbesitz gekommen sind. Das heißt neuerliche Enteignungen zur Rückgabe an die ursprünglichen Besitzer – insofern diese überhaupt ermittelt werden können und ihre Besitzrechte beweisen können – sind erheblich erschwert und meist nur sehr schwer durchsetzbar. Es gilt das ›*willing buyer – willing seller*‹-Prinzip, wobei in der Realität der Staat oder mittels staatlicher Subventionen in die Lage versetzte Privatpersonen bzw. Gemeinden als Käufer auftreten.

Dieser Grundsatz beinhaltet auch, dass – wo möglich – zuerst in Staats- bzw. Kommunalbesitz befindliches Land zur Umverteilungs- und Kompensationszwecken genutzt wird. Wie bereits in vorherigen Kapiteln erwähnt wurde, befinden sich aufgrund der neoliberalistischen Wohnungspolitik der 80er Jahre heute vor allem in den Städten zu wenig geeignete Flächen im Besitz der Kommunen um den Wohnungsbedarf Einkommensschwacher zu befriedigen.

---

101 Der *Extension of Security of Tenure Act* (Act 62, 1997) trat am 28.2.1997 in Kraft und regelt das Verfahren, das jeder Vertreibung von Land vorhergehen muss. Im Februar 1998 wird in einer Erweiterung des Gesetzes vom Parlament beschlossen, dass wer länger als 6 Monate auf einem Stück Land gelebt hat, nicht von dort vertrieben werden kann, es sei denn adäquater Ersatz wird zur Verfügung gestellt.

7.2 Dezentralisierung der Verantwortlichkeiten und Local Government Reform

Nach Verhandlungen zwischen der alten Regierung und dem ANC, die den ersten freien Wahlen vorausgingen, wurde der *Local Government Transition Act* (Act 209, 1993) verabschiedet, der bis Ende 1999 Gültigkeit hatte. Dieses Gesetz sollte während der Übergangszeit, die für eine Regierungsperiode angesetzt war, dezentrale Mitbestimmungs- und Entscheidungsstrukturen sichern und vor allem dazu führen, die bis dato auf Rassenbasis bestehenden Verwaltungsstrukturen zu verschmelzen.[102] Das Übergangsgesetz sollte aber auch Zeit schaffen für die Formulierung einer konsistenten Dezentralisierungspolitik, in der die Kommunen nicht nur Durchführorganisationen nationaler Politik sein sollten. Nicht zuletzt haben die Verfasser des *White Paper on Local Government*, das am 9.3.1998 verabschiedet wurde, von den Erfahrungen der letzten Jahre profitiert. Als wichtigste Erkenntnisse gelten:

– die meisten der 1994 neugeschaffenen 791 Kommunen sind ineffektiv organisiert,
– viele Kommunen haben während der letzten vier Jahre immense Schulden angehäuft[103] und
– die Mehrheit der Bevölkerung erachtet die Ebene des *Local Government* für weit weniger wichtig als die anderen Regierungsebenen.[104]

Der *Local Government Transition Act* erlaubte größeren Metropolen die Aufsplittung von Verantwortlichkeiten in ein zweigliedriges System: metropolitane Ratsversammlungen, die für die gesamte Metro zuständig sind und einzelne, mit weitreichenden Kompetenzen ausgestattete Substrukturen, die im weiteren Sinne kommunalrechtliche Aufgaben übernehmen. Die Probleme, die sich aus einem solchen System für die Stadtentwicklung, insbesondere in großen Agglomerationen wie Johannesburg, Durban und Kapstadt ergaben, fasst das *White Paper on Local Government* (1998:16) folgendermaßen zusammen:

> The Local Government Transition Act allowed for a local negotiation process to define the allocation of powers and functions between the Metropolitan Council and Metropolitan Local Councils. This has resulted in different allocations in each area. In some cases the location of municipal functions does not enable sound management and administrative practice, and simply reflects the balance of local power relations. The

---

102 Im *Local Government Transition Act* wurden drei Phasen des Übergangs bestimmt: »*The pre-interim phase, which prescribed the establishment of local forums to negotiate the appointment of temporary Councils, which would govern until municipal elections. The interim phase, beginning with municipal elections and lasting until a new local government system has been designed and legislated upon. The final stage, when a new local government system will be established.* (WHITE PAPER ON LOCAL GOVERNMENT, 1998:15)

103 So stand etwa Johannesburg Anfang 1998 am Rande des Ruins. Das wird im wesentlichen auf unausgeglichene Grenzziehungen für die vier Substrukturen bzw. Stadtverwaltungen des Großraumes Johannesburg und die unklaren Kompetenz- und Machtverteilungen zwischen den einzelnen Substrukturen zurückgeführt.

104 So das beunruhigende Ergebnis einer IDASA-Studie von 1997, zitiert in *Business Day*, 16.03.1998.

current lack of clarity regarding the specific powers and duties of each tier has resulted in considerable confusion and inefficiency, and in some instances has strained relations between Metropolitan Council and Metropolitan Local Councils.

All Metropolitan Councils are responsible for redistribution across the metropolitan area. In all cases some redistribution occurs between high-income and low-income consumers of services, and through the allocation of regional Services Council levies (employment and turnover levies) to underdeveloped parts of the metropolitan area. These mechanisms for intra-metropolitan redistribution are not optimal, do not facilitate targeted redistribution, and have resulted in significant tension.

The current transitional arrangements are not optimal for addressing many of the service delivery, governance and management problems within metropolitan areas.

Insbesondere die Debatten um die einzelnen Kommunalgrenzen innerhalb der Metroregionen haben zum Beispiel in Kapstadt dazu geführt, dass die Wahlen zu den einzelnen *Local Governments* mehr als ein halbes Jahr später als in den meisten anderen Regionen stattfinden konnten. Heute sind in den großen Städten langwierige und entwicklungshemmende Auseinandersetzungen an der Tagesordnung, wenn es um metroweite Ausgleichsinteressen geht. So sind etwa die Ausweisung neuer Wohngebiete für Geringverdienende – insbesondere wenn diese zwei oder mehrere Kommunalgrenzen überschreiten – und die unterschiedlichen Verfahrensweisen bei illegaler Besiedlung immerwährende Streitpunkte zwischen den einzelnen *Local Councils* in den Metropolitanregionen – um nur mit einigen Beispielen die oben getroffenen Aussagen zu verdeutlichen. Ein weiterer Kritikpunkt an den Übergangsstrukturen sind die enormen Verwaltungs- respektive Personalkosten, die ein derart aufgesplittetes Management einer funktionalen Einheit verursachen.

Die Verfasser des *White Paper on Local Government* gehen in ihrer Beurteilung der Übergangsregelung sogar so weit festzustellen, dass diese nicht zu einer Desegregation der großen Städte, sondern zu einer Perpetuierung der ererbten Strukturen beigetragen hätte:

> (...) What has become clear is that the fragmentation of metropolitan areas into separate municipal governments will perpetuate inherited economic inequities and social divisions, and therefore cannot be favoured for the future. (White Paper on Local Government, 1998:59)

Diese Erfahrungen führten dazu, im neuen *White Paper on Local Government* zentralistischere Regelungen für das Management großer Agglomerationen zu favorisieren. Die Einheit einer *Metropolitan Area* wird im *White Paper* (1998:57) folgendermaßen definiert:

> Metropolitan areas are large urban settlements with high population densities, complex and diversified economies, and a high degree of functional integration across a larger geographic area than the normal jurisdiction of a municipality. Economic and social activities transcend municipal boundaries, and metropolitan residents may live in one locality, work in another, and utilise recreational facilities across the metropolitan area.

> Metropolitan governments are governments whose area of jurisdiction covers the whole metropolitan area. Where there is no metropolitan government, the metropolitan area is divided into many municipal jurisdictions.

Drei Hauptgründe für die Bevorzugung von metroweiten Regierungs- und Verwaltungssystemen in den großen Agglomerationen werden genannt:
1. Eine einheitliche Metro-Regierung und Verwaltung bildet die Grundlage für sozial gerechte und räumlich ausgeglichene metropolitane Gebiete.
2. Sie ermöglicht eine strategische Landnutzungsplanung und die Koordination öffentlicher Investitionen.
3. Sie ermöglicht weiterhin ein metroweit gültiges integriertes System für ökonomische und soziale Entwicklung.

Das *White Paper on Local Government* stellt den großen Städten zwei Optionen zur Auswahl,[105] wobei über die Art der metropolitanen Regierungs- und Verwaltungssysteme durch die jeweiligen gesetzgebenden Versammlungen auf Provinzebene entschieden werden muss.[106] Option eins *(Metropolitan Government with Ward Committees)*, sieht die Schaffung eines zentralen *Metropolitan Councils* vor, der über die komplette Palette aller – legislativen, exekutiven und administrativen – Machtbefugnisse und Pflichten verfügt. Dieser *Metropolitan Council* wird von auf lokaler Ebene eingerichteten Stadtbezirkskomitees beraten.

Option zwei *(Metropolitan Government with Metropolitan Substructures)* sieht auch die Schaffung eines *Metropolitan Councils* mit den entsprechenden legislativen, exekutiven und administrativen Machtbefugnissen und Pflichten vor. In dieser Option ist dem *Metro Council* jedoch eine Reihe metropolitaner Substrukturen zur Seite gestellt, deren Funktionen und Machtbefugnisse vom *Metropolitan Council* an diese übertragen werden müssen. Die Substrukturen können je nach ausgehandelten Modalitäten beratende, überwachende oder entscheidende Funktionen übernehmen.

Beide Optionen für die großen Städte sind zweifellos zentralistischer als die Regelungen der letzten fünf Jahre und es wird mit Sicherheit erhebliche Auseinandersetzungen mit den einzelnen städtischen Kommunen über den Verlust erst kürzlich gewonnener Befugnisse geben. Es steht jedoch zu hoffen, dass die neuen Regelungen dazu führen, Kompetenzen und Ressourcen zu bündeln und Entscheidungsbefugnisse so zu verteilen, dass sie die Desegregation und Entwicklung der Metropolen Südafrikas vorantreiben. Für die neuerliche Übergangsphase – die weitere 5 Jahre dauern kann – bis die neuen Regelungen eingesetzt und vor allem funktionsfähig sind, ist jedoch eine weitere Konfusion bei den Verwaltungen zu befürchten, die rasche und dringend benötigte entwicklungsrelevante Entscheidungen und Implementierungen weiterhin verhindern können.

---

105 Die hier getätigten Aussagen beziehen sich ausschließlich auf die sogenannten *Category A Municipalities*. Selbstverständlich sind im *White Paper of Local Government* nicht nur die Metropolen behandelt; auch alle weiteren Ebenen der *Local Governments* finden dort eingehende Betrachtung. Für weitere Informationen s. *White Paper on Local Government* (1998).

106 *Section* 155(5) der Verfassung

7.3   Die neue Wohnungspolitik

Im Dezember 1994 wurde das *White Paper on Housing* veröffentlicht, dessen Präambel die ererbten Probleme und die neue Richtung der Wohnungspolitik folgendermaßen beschreibt:

> Housing the Nation is one of the greatest challenges facing the Government of National Unity. The extend of the challenge derives not only from the enormous size of the housing backlog and the desperation and impatience of the homeless, but stems also from the extremely complicated bureaucratic, administrative, financial and institutional framework inherited from the previous government. (Republic of South Africa, 1994:4)

In der Folgezeit wurden verschiedene Programme zur Lösung der Wohnraumfrage auf den Weg gebracht. Die Wohnungsbaupolitik und die aufgelegten Wohnungsbauprogramme unterliegen einem kontinuierlichen Wandel. Dies ist ohne Zweifel auf die Veränderungen auf allen Ebenen in Südafrika seit 1994 zurückzuführen. Im Folgenden sollen daher die Schlüsselelemente der Wohnungspolitik, denen ein gewisses Beharrungsvermögen zugeschrieben wird und die bereits sichtbare Zeichen in der Wohnungslandschaft Südafrikas hinterlassen haben, eingehender betrachtet werden.

7.3.1 Das erste einheitliche Wohnungsbaugesetz für Südafrika und die Dezentralisierung der Verantwortlichkeiten

Nachdem die neue Verfassung, in der der Zugang zu adäquatem Wohnraum als Menschenrecht festgeschrieben wurde, 1996 verabschiedet worden war, konnte im Dezember 1997 das erste einheitliche Wohnungsgesetz für ganz Südafrika[107] unterzeichnet werden. Dadurch wurden alle vorherigen – zumeist noch aus der Apartheidzeit stammenden – Wohnungsgesetze außer Kraft gesetzt.[108] Das Wohnungsgesetz fußt auf fünf wesentlichen Prinzipien:

1.   Die Wohnungspolitik muss auf die Interessen der armen und verwundbaren Gruppen der Bevölkerung, die nicht in der Lage sind, durch eigene Kraft Wohnraum zu schaffen, [109] fokussiert sein.
2.   Es ist eine integrierte Wohnraumpolitik zu verfolgen, die finanziell, sozial, ökonomisch und fiskalisch nachhaltig ist.
3.   Ein effektives Funktionieren der Kräfte des freien Wohnungsmarktes ist zu unterstützen.
4.   Alle Menschenrechte sind einzuhalten und keine Gruppe zu benachteiligen.
5.   Der wirtschaftliche und verantwortliche Umgang mit Ressourcen ist zu gewährleisten.

---

107 *New Housing Act* No 107 of 1997
108 Insbesondere: *Housing Act*, 1966; *Slums Act* 1979; *Abolition of Influx Control Act Section* 16, 1986; *Development and Housing Act*, 1989; *Development Act* 1987; *Housing Act* 1987; Act No 155, 1993.
109 Das sind derzeit etwa 85% aller Haushalte, davon verfügen etwa 70% über ein Einkommen unter 1.500 R pro Monat.

Abbildung III. 7:   Verantwortlichkeiten der einzelnen Ebenen bei der Bereitstellung von Wohnraum

Nationale Ebene (National Government)

– Formuliert die nationalen politischen Richtlinien und Gesetze
– Setzt die nationalen Ziele (u.a. wie viele Häuser bis wann zu bauen sind)
– Überwacht die Durchführung
– Handelt ein nachhaltiges Budget aus
– Unterstützt Provinzen und Kommunen bei der Entwicklung der notwendigen administrativen Kapazitäten
– Unterstützt die Konsultation zwischen allen Interessengruppen und Betroffenen
– Sichert effektive Kommunikation zwischen allen Ebenen

Provinzen (Provincial Government)

– formulieren die politischen Richtlinien der einzelnen Provinzen
– Achten auf die Einhaltung der gesetzlichen Rahmenrichtlinien
– Unterstützen die Kommunen personell und finanziell bei ihren Aufgaben
– Koordinieren Maßnahmen im Wohnungsbausektor
– Führen Aufgaben und Verantwortlichkeiten der Kommunen durch wann immer diese dazu nicht in der Lage sind[110]

Lokale Ebene (Local Government)

– Formuliert die lokalen Ziele der Schaffung von Wohnraum
– Identifiziert und stellt Land für die Errichtung von Wohnraum bereit[111]
– Initiiert, plant, koordiniert und unterstützt adäquaten Wohnungsbau
– plant und stellt Infrastruktur zur Verfügung
– führt die Landnutzungs- und Bebauungsplanung durch
– kann als Bauherr auftreten[112]
– verwaltet Wohnungsbauprogramme

Quelle: Eigene Recherchen u. a. nach *New Housing Act* No 107 of 1997

---

110 Derzeit existieren 791 Kommunen in Südafrika, viele bestehen nur aus ihren gewählten Repräsentanten (insbesondere in den ländlichen Regionen der Eastern Cape Province) und haben keinerlei administrative Apparate hinter sich, so dass sie die ihnen zugedachte Rolle gar nicht wahrnehmen können.

111 Unter bestimmten Umständen können die Kommunen hierfür Enteignungen vornehmen.

112 In 80% aller Fälle sind die Kommunen die Auftraggeber für Wohnungsbauvorhaben.

Die Verantwortlichkeiten wurden nach dem Subsidiaritätsprinzip auf die drei Regierungsebenen National-, Provinz- und Lokalregierung aufgeteilt und weisen insbesondere der lokalen Ebene respektive den Kommunen eine starke Rolle zu. Das *National Housing Board* wurde mit Wirkung zum 01.04.1998 abgeschafft und statt dessen wurde in jeder Provinz ein *Provincial Housing Development Board* gegründet, das im wesentlichen die drei wichtigsten Wohnungsprogramme *(housing subsidy scheme, discount benefit scheme, hostels redevelopment scheme)*[113] verwalten und durchführen soll.

Die starke Rolle und die Verantwortlichkeit, die der kommunalen Ebene zugedacht ist, wird zusätzlichen Druck auf sie ausüben und wird fast unweigerlich zu einer neuen Welle von Räumungen neu entstandener illegaler Siedlungen führen. Um der nach wie vor ungebrochenen Zuwanderung in die Städte Herr zu werden, sind bereits jetzt viele Kommunen wieder verstärkt dazu übergegangen, nicht registrierte illegale Behausungen und Siedlungen zu räumen. Diese Vorgehensweise stellt wiederum nurmehr eine Verlagerung des Problems dar. Dazu beigetragen hat auch das sicherlich notwendige Gesetz zur Verhinderung illegaler Vertreibungen, das unter anderem festhält, dass jeder Siedler nach einer Anwesenheitsdauer von sechs Monaten an einem Ort ein Bleiberecht, respektive das Recht auf einen adäquaten Ersatz erwirbt.[114]

Es steht zu erwarten, dass dieser neuerliche – wiewohl im Rahmen einer weiteren Dezentralisierung sicher wünschenswerte – Transfer von Verantwortlichkeiten zunächst wieder Unsicherheiten auf den unteren Verwaltungseinheiten schaffen wird und so zunächst zu einer weiteren Verzögerung bei der Schaffung von Wohnraum führen wird. Es steht außer Frage, dass zum gegenwärtigen Zeitpunkt nur ein geringer Prozentsatz der Kommunen überhaupt über die personellen und finanziellen Mittel verfügt, um die ihnen zugedachten Aufgaben zu erfüllen.

Auch die zeitliche Abfolge der einzelnen Erlasse, die die Aufgaben und Verantwortlichkeiten der Kommunen regeln, hat zu einem erheblichen Verschleiß an Ressourcen und Nachlassen der Bereitschaft von Verwaltungen, sich immer wieder auf neue Verordnungen einzustellen, vor allem in den großen Städten geführt. Nach Inkrafttreten des neuen Wohnungsgesetzes Ende 1997 begannen die einzelnen Kommunen innerhalb der großen Metroregionen etwa mit der Formulierung spezifischer Richtlinien für den Wohnungsbau und der Identifikation von geeigneten Freiflächen etc. Nach Bekanntgabe der Richtlinien für eine stärkere Zentralisierung innerhalb der Metroregionen im *White Paper on Local Government* fast drei Monate später sind viele der getroffenen Vereinbarungen hinfällig geworden, bzw. müssen nun neu verhandelt werden. Viele Mitarbeiter der einzelnen *Housing Departments* auf kommunaler Ebene fallen von einem Restrukturierungsprozess in den nächsten, ohne dass der vorhergehende abgeschlossen wäre.

---

113 S. III. 7.3.2

114 *Prevention of Illegal Eviction from and Unlawful Occupation of Land Act* (Act 19 of 1999), das den *Prevention of Illegal Squatting Act* (Act 52 of 1951) ersetzt hat.

Weiterhin wird im neuen Wohnungsgesetz angekündigt, dass allgemeingültige Normen und Standards – die es bisher nicht gab – für permanente Behausungen festgelegt werden sollen. Dies entspringt der Erfahrung, dass mit den bereitgestellten Mitteln aus den Wohnungsbauprogrammen, auf die im Folgenden detailliert eingegangen wird, bisweilen Häuser mit höchstens 20m^2 Grundfläche entstanden sind. Da der Unterstützungsbetrag nicht erhöht werden kann, sollen nun Minimalstandards erlassen werden. Zwei Gründe sind maßgeblich für die geringe Summe die nach Abzug der Grundstücks- und Infrastrukturkosten noch für die Errichtung der Häuser übrig blieben:

Die Ausgaben und die Standards für Infrastruktur einzelner Provinzen und Kommunen sind zu hoch und variieren von Provinz zu Provinz. So wurden den Nutznießern der *Subsidy* in der Eastern Cape Province 1997 durchschnittlich 4.500 Rand, in Gauteng durchschnittlich 7.500 Rand und in Kapstadt durchschnittlich 9.500 Rand für Grundstücks- und Infrastrukturkosten abgezogen. In der Eastern Cape Province konnten mit den verbleibenden Mitteln Häuser mit einer Grundfläche von 40m^2 gebaut werden. Es gibt nach wie vor zu wenige Baufirmen, die sich im Niedrigkostenwohnungsbau engagieren. Monopole und Preisbestimmung sind so nicht zu verhindern.

7.3.2 Staatlich unterstützte Selbsthilfe

Bereits 1994 wurden eine Reihe von Wohnungsbauprogrammen auf den Weg gebracht. Die wichtigste Maßnahme ist sicherlich das 1994 eingerichtete *Capital Subsidy Scheme*, das bis zu einem Haushaltseinkommen von 3.500 Rand pro Monat nach Einkommen gestaffelte nicht-rückzahlbare Zuschüsse von bis zu 16.000 Rand vergibt.

Tabelle III. 18:   Das Capital Housing Subsidy Scheme

Einkommen in Rand pro Monat	Wohnungsbau-Zuschuss in Rand	Anteil an der Gesamtbevölkerung
> 3.500	0	13,9%
2.501–3.500	5.500	5,6%
1.501–2.500	10.000	11,8%
<= 1.500	16.000	68,7%

Quelle: PARNELL (1996:132), aktualisiert

Diese Maßnahme bezieht sich zum ersten Mal in der Geschichte Südafrikas ausschließlich auf die ärmsten Teile der Gesellschaft, egal welcher Bevölkerungsgruppe sie angehören. So werden mehr als zwei Drittel der Zuschüsse an Einkommensklassen unter 1.500 Rand vergeben. Folgende Kriterien müssen von den Antragstellern erfüllt werden:
– sie müssen mindestens 21 Jahre alt sein,
– vorher noch nie Wohneigentum besessen haben,
– noch keine staatliche Unterstützung erhalten haben,

–   entweder alleinstehend mit von ihnen Abhängigen oder entweder nach öffentlichem oder traditionellem Recht verheiratet sein, oder mit einem Partner in eheähnlichem Verhältnis zusammenleben und

–   sie müssen entweder südafrikanische Staatsbürger sein oder eine dauerhafte Aufenthaltsgenehmigung für Südafrika besitzen.

Zwei besonders verwundbare Bevölkerungsgruppen fallen jedoch aus diesem Raster: Mehr als die Hälfte der ersten Schwangerschaften in Südafrika treten im Alter unter 20 auf, viele Frauen dieser Altersgruppe sind jedoch unverheiratet und für sie kommt deshalb ein Antrag nicht in Frage. Auf der anderen Seite sind alleinstehende Frauen ohne Kinder über 21 ebenso von der Antragstellung ausgeschlossen. PARNELL (1996:136) beurteilt diese Regelung nicht nur als benachteiligend gegenüber Frauen, da diese die geringsten Einkommen und die höchste Arbeitslosenquote aufweisen, sondern befürchtet zudem, dass sie als Grund für Schwangerschaften im Alter über 21 dienen könnte:

> The alarming aspect of these *regulations* is that it establishes an institutionalised support system that a) excludes the vulnerable group of teenage mothers from housing assistance and b) encourages women in their 20s to have children in order to obtain state housing assistance. (PARNELL, 1996:136)

Die zweite Gruppe, für die keine Vorkehrungen getroffen wird, sind die legalen und illegalen Arbeitsmigranten der Nachbarländer, deren befristete Aufenthaltsgenehmigungen in der Regel von ihren Arbeitsplätzen abhängen. Entsprechend der hohen Arbeitslosigkeit unter südafrikanischen Staatsbürgern werden seit langem jedoch neben dem Vertragsarbeitssystem der Minen nur noch für wenige hochqualifizierte Berufe befristete Arbeits- und Aufenthaltsgenehmigungen vergeben. Die größte Gruppe der legalen Arbeitsmigranten war bisher in den Minen Südafrikas zu finden. Entlassungen in diesem Sektor trafen zuerst die Ausländer, deren Familien mittlerweile vielfach illegal nachgezogen waren. Diese verblieben aufgrund der in ihren Heimatländern vergleichsweise schlechteren Lebensbedingungen in Südafrika. Diese Gruppe und eine statistisch nicht fassbare Anzahl illegal zugewanderter Arbeitsmigranten, sowie Flüchtlinge – etwa aus Mosambik[115]– formen große Bevölkerungsteile der informellen Siedlungen in und um die großen Städte Südafrikas.[116] Es gibt natürlich keine verlässlichen Daten über die Anzahl der Migranten ohne Aufenthaltsgenehmigung in Südafrika.[117]

---

115 Der UNHCR schätzt die Anzahl der mosambikanischen Flüchtlinge in Südafrika auf ca. 400.000 (*South African Communication Service*, 1997:394)

116 In den großen informellen Siedlungen um Johannesburg gibt es ganze Viertel, die ausschließlich von Migranten bewohnt werden. Untersuchungen von MCDONALD (1997) belegen, dass etwa in Imizamo Yethu in Kapstadt auf 4.500 Einwohner 500–700 Migranten kommen, viele von ihnen ohne gültige Aufenthaltsgenehmigung.

117 Methodologisch suspekte und vermutlich übertriebene Schätzungen, die in den Printmedien veröffentlicht werden, geben Zahlen zwischen 2,5 und 9 Millionen an. 1996 hat Südafrika 180.713 Migranten ohne Aufenthaltsgenehmigung in 73 Länder ausgewiesen, die meisten davon in die Nachbarländer Mosambik, Simbabwe und Lesotho (MCDONALD, 1997:3).

> But even if there are as few as 500 000 undocumented migrants currently living in South Africa this places an important additional demand on urban housing, particularly when one considers that many undocumented migrants are also poor and many migrate to urban centres for work. (MCDONALD, 1997:3)

Ein weiteres Programm, das *Discount Benefit Scheme*, sieht eine einmalige Unterstützung von 7.500 Rand für die Transferkosten beim Verkauf von städtischen und staatlichen Mietwohnungen und -häusern an die Mieter vor.

Und schließlich wurde das *Hostels Redevelopment Scheme* auf den Weg gebracht, das dazu benutzt werden soll, die heruntergekommenen Einzelunterkünfte für Arbeitsmigranten zu renovieren. Bewohner der ›hostels‹ können dabei wählen zwischen der Umwandlung von Einzelunterkünften in Familienunterkünfte – in diesem Fall werden Zuschüsse von bis zu 16.000 Rand gezahlt – und der Verbesserung ihrer Einzelunterkünfte, was sie zu einem Zuschuss von 3.750 Rand berechtigt.

Alle Programme werden finanziert durch jährliche Zuweisungen aus dem nationalen Haushalt an das Wohnungsbauministerium, die dann nach Genehmigung durch die einzelnen *Provincial Housing Boards* ausgezahlt werden. Die Wohnungsbaubeihilfen können auf vier Weisen vergeben werden:

– als *projektgebundene* Beihilfe an private oder öffentliche Einrichtungen, die genehmigte Wohnungsbaumaßnahmen für Geringverdienende unternehmen,

– als *individuelle* Beihilfe, die an einzelne Haushalte, die in Eigenregie genehmigten Wohnraum bauen oder kaufen, ausgezahlt werden,

– als Beihilfe an *Institutionen*, an Kooperativen oder andere gemeinnützige Organisationen, die soziale Mietwohnungs- oder Eigentumswohnungsbauprogramme initiieren,

– als *Top-up* oder Konsolidierungsbeihilfen, die an Gemeinden oder Individuen vergeben werden, um informelle *Serviced Site*-Strukturen in formellen Wohnraum umzuwandeln.

Die Unterstützungsbeiträge von maximal 16.000 Rand reichen unter den derzeitigen Gegebenheiten gerade einmal aus, um entweder Wohnraum zu erwerben, der sich in Kommunalbesitz befindet und zu historischen oder Discountpreisen verkauft wird, oder um Neubauten zu erstehen, die im besten Falle – unter der Voraussetzung minimaler Land- und Infrastrukturkosten – aus 1–2 Raumeinheiten sogenannter *Core*-Strukturen bestehen.

Selbst unter den optimalsten Rahmenbedingungen müssen die Betroffenen noch erhebliche zusätzliche finanzielle Ressourcen mobilisieren, um Wohnraum, der mit Hilfe des Zuschusses erstanden wurde, in einer Weise aufzubessern, auszubauen und zu komplettieren, dass er einen Standard erreicht, der den Bedürfnissen der Mehrzahl der unterprivilegierten Haushalte gerecht wird. Hierzu benötigen die Haushalte Kleinkredite, die jedoch von den kommerziellen Banken nur sehr zurückhaltend vergeben werden. Um das Risiko für die Banken niedrig zu halten, wurde ein *Mortgage Indemnity Fund* durch den Staat eingerichtet, der den Banken eine Art Versicherungsschutz bietet. Die Auswirkungen dieses Programms waren bisher jedoch kaum der Rede wert. Gleichzeitig wurden erhebliche Aufklärungsversuche unternommen, die den weitverbreiteten Rückzahlungsboykotten entgegensteuern sollen, die auf die für Südafrika schon fast sprichwörtliche ›culture of non-payment‹ in den Townships zurückgeführt werden.

Als zusätzliche Maßnahme wurde damit begonnen, im ganzen Land sogenannte ›Building Support Centres‹ aufzubauen, die Beratung in juristischen Fragen aber auch technische Unterstützung für die Zielgruppen der Wohnungsprogramme anbieten.

Insgesamt gesehen stützt sich die bisherige Wohnungspolitik und alle bisher aufgelegten Programme auf ein Konzept staatlich unterstützter Selbsthilfe, das sich in seinen Grundannahmen an der in Kapitel II dargelegten theoretischen Selbsthilfedebatte orientiert. Trotz erheblicher Mittel, die von Regierungsseite in die Schaffung von Wohnraum investiert werden, ist es offensichtlich, dass diese durch die Eigenanstrengung der Betroffenen, über die Mobilisierung zusätzlicher finanzieller und personeller Ressourcen oder sozialer Netzwerkverbindungen ergänzt werden müssen.

Die Einrichtung des Capital Housing Subsidy Scheme hat es ermöglicht, bis Ende 1999 den Bau von 750.000 Häusern in Gang zu setzen. Dennoch sind die Kritikpunkte erheblich:

– Der bürokratische Aufwand zur Beantragung und Genehmigung der Unterstützung ist enorm. So sind allein 183 Verwaltungsschritte zwischen der Genehmigung der Wohnungsbaubeihilfe und dem tatsächlichen Baubeginn vonnöten.

– Die bisherige Massenproduktion von Kleinsthäusern hat nicht dazu beigetragen, die urbane Landschaft zu verändern. Die meisten der gebauten Unterkünfte entstanden in unmittelbarer Nähe bereits existierender Townships in ehemaligen Black Group Areas und teilen mit ihnen alle Probleme der peripheren Lage. Weder von räumlicher noch sozialer Desegregation kann hierbei die Rede sein. Das ist nicht zuletzt darauf zurückzuführen, dass bisher versäumt wurde, die Wohnungsfrage in eine sektorübergreifende und kohärente Strategie zum Umbau und zur Desegregation urbaner Räume einzubetten. Das trifft gleichermaßen auf den nächsten Kritikpunkt zu.

– Auch das Capital Housing Subsidy Scheme unterstützt das Idealbild des sub-urbanen einstöckigen Einfamilienhauses, das schon die Stadtplanungsphilosophie der Apartheid bestimmte. Die ohnehin starke Zersiedelung südafrikanischer Städte wird so ins unend- liche fortgesetzt, ebenso die damit einhergehenden sozialen und ökonomischen und nicht zuletzt ökologischen Probleme. So wird die Planungsphilosophie der Apartheid Südafrika auch ins neue Jahrtausend begleiten.

– Mit den bereitgestellten Mitteln der Housing Subsidy von maximal 16.000 Rand pro Haushalt sind bisweilen Häuser mit einer Grundfläche von kaum 20m^2 entstanden. Das hängt zum einen mit hohen Erschließungskosten zusammen, zum anderen auch mit unlauteren Geschäftspraktiken des Bausektors.

– Auch die zusätzlich aufgelegten Spar- und Kreditprogramme zielen im wesentlichen auf die Schaffung von Wohneigentum ab. Diese Einseitigkeit negiert jedoch die Unter- schiedlichkeit der Ansprüche an Wohnraum wie etwa den Wohnungsbedarf einer zirkulär migrierenden semi-urbanisierten Arbeiterklasse, die vorzugsweise in ihre ländlichen Herkunftsgebiete investiert.

Erst in jüngster Zeit zeichnet sich auch in der offiziellen politischen Rhetorik ein Umdenken ab. War es noch bis 1997 nur im Vieraugengespräch mit offiziellen Vertretern möglich, über die Förderung des Mietwohnungsbaus zu diskutieren, hat sich diese Idee inzwischen offensichtlich bei einer größeren Gruppe innerhalb des ANC durchgesetzt. Noch sind keine Mietwohnungsbauprogramme aufgelegt; es ist allerdings zu erwarten, dass die Regierung in Kürze in dieser Richtung aktiv wird[118] und das *Housing Subsidy Scheme* aufgrund der genannten Defizite – trotz gegenteiliger Rhetorik – mittelfristig zumindest in seiner jetzigen Form auslaufen wird. Ob sich die Verantwortlichen dazu durchringen können, auch das ›*Eine Familie – ein Grundstück*‹-Prinzip anzugehen und einen mehrgeschossigen Mietwohnungsbau zumindest in Betracht ziehen, bleibt derzeit offen.

---

118 »There is a serious shortage of low cost rental stock and the current subsidy policy does not specifically promote the business of providing rental housing. (...). A strong demand exists for rental housing, especially for the income group R1500 –R3500 per month. Rental in urban areas is often preferred because ownership tends to limit economic mobility«. (Statement by Sankie Mthembi-Mahanyele, Minister of Housing, on the Draft Rental Housing Bill, 20.01.1999; Ministry of Housing, 20.01.1999).

IV. Wohnen in Kapstadt

In Kapstadt manifestieren sich die strukturellen Rahmenbedingungen, die im vorherigen Kapitel beschrieben wurden, in besonderer Weise. Allerdings ist die Stadt im südafrikanischen Kontext in vielen Bereichen einmalig. So ist Kapstadt etwa die älteste Stadt Südafrikas und ihre Bevölkerungszusammensetzung ist mit kaum einer anderen Stadt Südafrikas vergleichbar. Analog zum vorherigen Kapitel soll im Folgenden zunächst ein kurzer geschichtlicher Überblick – soweit er für das Verständnis der heutigen Strukturen von Belang ist – erfolgen. Daraufhin wird den heutigen Disparitäten, die schließlich die Rahmenbedingungen für die Desegregations- und Wohnungspolitik darstellen, besonderes Augenmerk gewidmet werden. Zuletzt wird die Wohnungspolitik Kapstadts einer kritischen Analyse unterzogen.

1. Kapstadt: ›The Mother City‹

Als Jan van Riebeeck mit seiner Besatzung am 6. April 1652 am Kap landete, hatte er den Auftrag, einen Versorgungsstützpunkt für die holländische Indienschifffahrt zu errichten. Dass *De Kaap* einmal – nach Johannesburg und Durban – mit derzeit etwa 2,9 Millionen Einwohnern die drittgrößte Stadt Südafrikas werden sollte, hätte damals keiner gedacht. Im Gegenteil, hier sollte keine Stadt gegründet werden, sondern lediglich die Voraussetzung für die Versorgung der Schiffe der Niederländischen Ostindischen Kompanie geschaffen werden. Selbst heute, fast 350 Jahre später, sind die Spuren Jan van Riebeecks und seiner Gruppe noch in Kapstadt lesbar. Um die Versorgung der Besatzungen mit frischem Gemüse und Obst sicherzustellen, wurde ein Garten angelegt, der heute noch als *The Gardens* im Herzen der City neben dem Parlamentsgebäude erhalten ist. Frischfleisch sollte über den Tauschhandel mit der damals am Kap indigenen viehzüchtenden Bevölkerung, den KhoiKhoi, die heute als weitgehend ausgerottet gelten, bereitgestellt werden.

Da der Tauschhandel eine sehr unsichere Versorgungsbasis bot und die Bediensteten der Ostindienkompanie die Versorgung nicht selbst sicherstellen konnten, entstand 1657 eine weitere Kolonie Weißer am Kap. Die sogenannten Freibürger aus Holland begannen an den unteren Hängen des Tafelberges mit dem Anbau von Nahrungsmitteln. Ein Jahr später, 1658 wurden die ersten Sklaven sowohl aus Ostafrika – im wesentlichen aus Madagaskar – als auch aus Indien, Ceylon und Indonesien eingeführt, um auf diesen Farmen zu arbeiten. Es folgten weitere europäische Einwanderer aus Frankreich – im wesentlichen Hugenotten, die ihr Land nach dem Edikt von Nantes (1685) verlassen hatten – sowie aus Deutschland. Das Kap wurde jedoch nie zum klassischen Einwanderungsland, da offizielle Anwerbungen und Ansiedlungen – wie etwa in den USA – weitgehend unterblieben. Die

Zunahme der Einwanderungsbevölkerung ist seit dem 18. Jahrhundert im wesentlichen auf ein natürliches Bevölkerungswachstum zurückzuführen.

Salt- und Liesbeckriver dienten lange Zeit als natürliche Grenzen zwischen den KhoiKhoi und der Kompanie. Als jedoch weiße sklavenhaltende Bauern begannen, sich auf KhoiKhoi-Gebiet auszudehnen, war der Grundstein zur Ausrottung der KhoiKhoi gelegt. Denn gegen Feuerwaffen konnten ihre Speere und Pfeile nichts ausrichten. Genauso wenig wehren konnten sie sich gegen die von den Weißen mitgebrachten Krankheiten. So starben 1713 während einer Pockenepidemie mehr als die Hälfte, weitere Epidemien 1755 und 1767 taten ihr übriges. Die verbliebenen KhoiKhoi wichen entweder zurück, um sich mit im Nordosten des Landes lebenden Jägern und Sammlern der San zu der Volksgruppe der KhoiSan zusammenzuschließen oder sie traten in die Dienste der weißen Siedler ein. In der Folgezeit konnte sich die weiße Grenze ungehindert weiter ins Hinterland ausdehnen und Kapstadt wuchs zu einem kleinen Verwaltungs- und Vermarktungszentrum für ein wachsendes agrarisches Hinterland heran. Nach WESTERN (1981:32) zählte Kapstadt zum Ende der Kontrolle der holländischen Ostindienkompanie im Jahre 1795 ca. 1.200 Häuser.

Nach der Sklavenbefreiung 1834 errichteten ehemalige Sklaven kleinere Siedlungen – wie etwa die heute inmitten des Zentrums liegenden Viertel *District Six* (Kanaaldorp) und das Malaienviertel (Schotsche's Kloof) an den damaligen Außenrändern der Stadt. Die ehemaligen Sklaven formten die unterste Schicht der städtischen Bevölkerung und die ersten informellen Siedlungen entstanden. Die Bewohner derselben lebten, wie der Chef der ersten Wohnraum-Kommission Kapstadts im Jahre 1840 bemerkte, unter außerordentlich schlechten Bedingungen:

> Their habitations are overcrowded. They cannot build and capitalists have not yet built proper houses for them. They are therefore, apparently from necessity, crowded in dozens into cellars, back courts and cavern-like holes.[119]

Eine aus Durchmischung der vielen oben genannten Volksgruppen entstandene – wiewohl keinesfalls homogene – Bevölkerungsgruppe, die *Coloureds*, wurde von Sklaven zu Bediensteten, die von den Weißen aufgrund ihrer kulturellen Assimilation nicht gefürchtet wurden. Die Gleichheit vor den Gesetz wurde ihnen durch die britische Verwaltung garantiert. Die Konstruktion der ersten Bahnlinien und die ersten Diamanten- (1867) und Goldfunde (1886) sowie der Beginn des Hafenbaus im Jahre 1870 ließen Kapstadt zum Eintrittsort ins Innere des Landes heranwachsen und die Bevölkerung verfünffachte sich von 1875 bis 1911 auf fast 170.000. Dennoch hatte Kapstadt zu Beginn der Industrialisierung noch lange nicht das Flair einer Weltstadt. Am 25.6.1897 schreibt O. Walrond, der Privatsekretär von Sir Alfred Milner, dem Gouverneur der Kapkolonie: »*a forth-rate provincial town full of the most awful cads.*«[120]

---

119 S. JUDGES (1977)
120 Zitiert nach: WESTERN (1981:31)

1.1   Von Integration zu ökonomischer Segregation: die Coloureds

Ende des 19. Jahrhunderts gab es kein Gesetz, das eine nach Rassen getrennte Siedlungs-struktur auferlegte. Der Wohnungsmarkt wurde durch den freien Markt geregelt und der sozioökonomische Status der *Coloureds* und der wenigen Schwarzen war generell ohnehin immer niedriger als derjenige der Weißen. Dennoch waren 1936 etwa 37% der Wohngebiete Kapstadts gemischtrassig bewohnt – weit mehr als in allen anderen südafrikanischen Städten –, WESTERN (1981:36) spricht hier von einem Kontinuum der Pigmentierung, die den sozioökonomischen Status widerspiegelt:

> One of the interesting symmetries of the social and spatial structure in pre-apartheid Cape Town is that in this city, to a far greater extent than in any other in South Africa, there was and is a continuum of pigmentation or ›race‹, like Brazil's, with no unambiguous break between White and Black. This phenotypic continuum was also paralleled, in this city to a far greater extent than in any other in South Africa, by a continuum or gradient of space (...).

Kapstadt unterschied sich zwar durch dieses in Südafrika einmalige Kontinuum der Haut-farben und der daraus folgenden Raumnutzung von allen anderen Städten; andererseits war die sozioökonomische Struktur anderer Städte durchaus ähnlich, so dass die von KUPER ET AL. (1958:213) für Durban getroffene Aussage: »*to a large extent the present ecological distribution of the races is a distribution of income groups. Race differences and economic differences tend to coincide*«, auch auf Kapstadt zutraf. Obwohl nicht alle Weißen der Oberschicht angehörten, so war doch eine sozioökonomische Hierarchie der Hautfarben, an deren unterster Stufe auch damals schon die schwarzen, urban unerfahrenen Migranten standen, erkennbar. Diese Hierarchie schlug sich in einem alleine durch Marktkräfte geregelten Wohnungswesen in räumlichen Segregationstendenzen nieder.[121]

> Until the Group Areas Act the class/colour continua in the inner city area tended to rise on two axes – altitude (the higher one lived the better) and distance from Cape Town Station (the further, the better) (M. G. WHISSON, zitiert in WESTERN 1981:38*).

Nicht nur die räumliche Lage der Wohnungen der *Coloured*-Bevölkerung, sondern auch deren Qualität war insgesamt schlechter als die der Weißen:

> Dr. T. Shadick Higgins, Medical Officer of Health, reports that: ›the streets are so congested that some or all of the houses are unsanitary‹. A commonly accepted standard of living is two persons per room, but in typically Coloured districts Dr. Higgins in a recent survey found that more than half of the Coloured families live in single room lettings. 44 per cent are living three persons in a room; 32 per cent are living four in a room; while 12 per cent are living five or more in a room.
>
> According to the Coloured Commission Report (1937) the rent paid by Coloured breadwinners is so high that many are forced to sub-let their pitifully small houses.
>
> The majority of Coloured people pay nearly one-third of their small incomes in house rent!

---

121 S. hierzu etwa die Studien von UNTERHALTER (1975) und WATSON (1970)

> So little is left for food when rent and instalments have been paid that undernourishment of our people is inevitable (GOOL, 1938:4)

Das weitere Wachstum der Stadt orientierte sich im wesentlichen an den Bahnlinien. Als die Bahnlinie nach Simons Town im Jahr 1860 gebaut wurde, entschlossen sich viele vor allem *Coloured*-Arbeiter aus der Innenstadt in die damals noch kleinen landwirtschaftlich geprägten Dörfer Mowbray, Rondebosch, Newlands, Claremont und Wynberg zu ziehen. Kapstadt dehnte sich in der Folgezeit sukzessive nach Süden entlang der Bahnlinie nach Simons Town aus.

Mit dem raschen Wachstum der Stadt und insbesondere mit dem Wachstum weißer suburbaner Bevölkerung und deren Ausdehnung in die südlichen Gebiete im frühen zwanzigsten Jahrhundert, entstand ein weiteres charakteristisches Siedlungsbild für Kapstadt. Kleinere Enklaven hochverdichteter Wohnviertel, in denen die *Coloured*-Bediensteten und Arbeiterschaft lebten, wurden von großzügig angelegten weißen Wohngebieten umschlossen, die die Ausdehnung der *Coloured*-Gemeinden verhinderten und so zur weiteren Verdichtung beitrugen. In den Stadtteilen mit den höchsten Bodenpreisen fand eine erkaufte Segregation statt. Die Entfernung von der Industrie, die Nähe zu Freizeitmöglichkeiten und die Nähe zu den Naturschönheiten des Kaps, wie dem Atlantik oder den einmaligen Aussichten von den Hängen des Tafelberges, beeinflussten die Bodenpreise. So entstanden die Stadtteile Fresnaye, Sea Point, Clifton und Bishopscourt, die noch heute zu den teuersten Wohngegenden Kapstadts zählen.

> In sum, the poorest neighbourhoods, such as the insanitary and crowded working-class housing tracts of District Six, were markedly lacking White residents. The richest neighbourhoods were wholly lacking in residents other than Whites (save retainers). Moderately affluent suburbs were usually wholly White with perhaps some pockets of Coloured residents. The older neighbourhoods of intermediate-to-lower status were mixed. (WESTERN, 1981:42).

1.2 Gesetzliche Segregation vor der Apartheid: schwarze Migranten

Die Weißen setzten jedoch nicht ausschließlich auf die segregierenden Kräfte der Bodenpreise. Wie bereits in Kapitel III.1 dargestellt wurde, resultierte analog zu anderen Städten Südafrikas auch in Kapstadt der Anstieg einer schwarzen urbanen Bevölkerung in segregierenden Maßnahmen. Zu Beginn des Jahrhunderts sollen nach Schätzungen von SAUNDERS (1978:29) etwa 10.000 schwarze Migranten in Groß-Kapstadt (Kapstadt und seine damals noch stark agrarisch geprägten Vororte und umliegende Dörfer) gelebt haben.

Anders als für die *Coloureds*, die die weiße Kultur übernommen hatten und somit bislang keine Bedrohung darstellten, wurden für die schwarzen Migranten schon sehr früh segregierte Wohneinheiten erstellt. 1890 wurden etwa für Hafenarbeiter die ersten Schlafquartiere nur für Schwarze gebaut[122]. In den Jahren 1901/2 wurde nach innerhalb der schwarzen Bevölkerung grassierenden Infektionskrankheiten das erste ›*Government*

---

122 Die ›*Dock Native Location Barracks*‹ (WESTERN, 1981:45)

Reserve‹ (WESTERN, 1981:45) in Ndabeni gegründet. Bereits 1923 entstand das erste *Township* ausschließlich für Schwarze: Langa in den Cape Flats, das damals noch außerhalb der Stadt gelegen war. Im selben Jahr wurde der *Natives Urban Areas Act* verabschiedet. Zunächst hatte das Gesetz begrenzte Auswirkung auf den Zuzug und die Verteilung dcr schwarzcn Bcvölkerung in Kapstadt. 1946 lebten über 350.000 Schwarze in Kapstadt, allerdings nur etwa 8.000 in Langa, die anderen lebten bis 1952 zum Teil in der City, überwiegend jedoch in den schlechteren *Coloured*-Wohngebieten sowie in bereits damals existierenden »*shantytown squatter camps*« (WESTERN, 1981:46) an deren Rändern. Da Kapstadt während des 1. Weltkrieges zwar auf zugewanderte Arbeitskräfte angewiesen war, gleichzeitig aber keine Vorkehrungen getroffen wurden, diesen Arbeitskräften Wohnraum zu schaffen, entwickelten sich bis 1952 mindestens 25 informelle Siedlungen im Stadtgebiet (s. Abbildung IV.1). Schon bevor der *Group Areas Act* in Kraft trat, wurden schwarze Familien von ihren Wohnorten vertrieben um Platz für weiße Siedlungsgebiete zu machen.

Vor dem Hintergrund der hier beschriebenen Segregationsgeschichte erscheinen Aussagen wie die von NEL (1962:199): »*fact is that the races in South Africa's urban areas have traditionally segregated themselves*«, als geradezu naiv. NEL verkennt das Wirkgefüge der sozioökonomischen Kräfte, die zu dieser Segregation geführt haben. Die Meinung einiger Autoren wie etwa LEMON (1996), Kapstadt sei die am wenigsten segregierte Prä-Apartheid-Stadt Südafrikas gewesen, ist im Vergleich mit etwa Durban und Johannesburg wohl richtig; es sollte jedoch nicht vergessen werden, dass es sich hier um graduelle Unterschiede einer seit Landung der Europäer am Kap fortschreitenden Segregation der Klassen analog zu rassenspezifischen Merkmalen handelt.

Abbildung IV. 1:   Formelle und informelle Siedlungsgebiete von Schwarzen und
                   Coloureds 1952

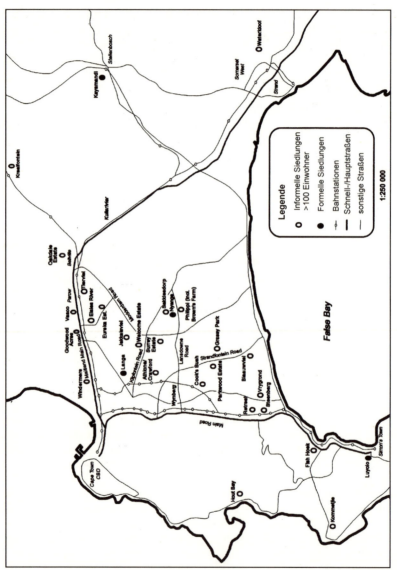

Quelle: FAST (1995:3), verändert

1.3   Exkurs: Die Lebensbedingungen der Betroffenen

In Weltevreden Valley, einem der Untersuchungsgebiete der empirischen Arbeiten, konnte am 28.2.1997 die Biographie von Arletta[123] aufgenommen werden. Diese Lebensgeschichte spiegelt in vielfältiger Weise die Lebensbedingungen der schwarzen Bevölkerung in Kapstadt in den letzten beiden Dritteln des 20sten Jahrhunderts exemplarisch wieder. Die verschiedenen erzwungenen Wohnortverlagerungen werden durch diese Lebenserinnerungen ebenso verdeutlicht, wie die Bedingungen, unter denen insbesondere schwarze alleinstehende Frauen unter dem Apartheidregime zu leiden hatten. Auch die Erfahrungen, die Arletta im Neuen Südafrika gemacht hat, decken sich mit denen unzähliger Menschen in ähnlichen Situationen.

Nur selten gelingt es, eine Lebensgeschichte in der hier vorliegenden Konsistenz nachzuzeichnen. Aus diesem Grund wurde diese Biographie bewusst nicht in den Anhang verlegt. So soll Arlettas Geschichte die nun folgenden Ausführungen bis zum Schlusskapitel begleiten.[124]

Arletta's Story 1933–1952

> So my dear this is the first recall of my life ever. First of all I was born at Windermere [s. Abb. IV. 1], which is Kensington in 1933, the 10 of September what my mother tells me and we lived there in Kensington about 15 years, I can say. And for that time we were living there in such a hard time, the time of the Apartheid. First of all we couldn't go to places. When we wanted to go to the beach because there was a nearby beach at Windermere, we could not go because the Government wouldn't allow us to go there, my friend, it was only for the whites.
> Right. We lived in that cruel life. Schooling – I was going to Windermere. We were about 12 children of my mother and I was in the middle – no I can't say I was the youngest, I was in the middle yaa. We didn't much of schooling because my mother had such a lot of children and my father died in 1942 when I was exactly 9 years of age so there was nobody who was going to educate us. So my mother, she was in service in a farm.
> As they were working they would come with bags of food to feed the children. For the schooling business it was very poor for us – we couldn't. My elder sisters also had to work. And in that work, you know what is the woman. When we were still thinking they were working there they get married, one by one get married. So there was none to educate us.
> So my mother said, listen children – and I was exactly standard five [12–13 Jahre, Anm. d. Verf.] when my mother said: you can see that your sisters are all getting married, and we had only two brothers, then they also started their families.
> Chee, look at this and I said all right. In 1948 my mother said children see I can't afford now because I'm also starting to get sick and old. You see my mother was also getting a

---

123 Aus Personenschutzgründen wird hier kein Nachname angegeben
124 Der hier wiedergegebene Text wurde originalgetreu transkribiert, Auslassungen und Anmerkungen der Verfasserin sind jeweils gekennzeichnet.

bit – kaputt you know. We sat down and my mother, she said I think you and you Arletta you can afford to work if you can get some light work. Because we were still young – all right. Luckily my brother in law he came one day, he said he has got his boss because he was working in the dock in the shipping and he said his master of him he wants somebody to work in service. And my brother in law he says I think Arletta would be suitable for that Lady, because that Lady wanted somebody who could at least understand because she was also an English somebody. And I was very bright in hearing [lacht] so they took me. (...) And they were saying they would pay me 12 Pound a month. So in that time that was a lot of money, aha. I was so pleased, you know I was so pleased in my heart, now I am going to help my mother. Mind you 12 Pound was a lot of money. Anyway I started to work for this Lady – really I worked there for 8 months, äh working for this 12 pounds.

You know how it is the young. Then I heard people saying there is a lot of better money at Groote Schuur.[125] And they wanted young people. So one day I gave a notice to this Lady – oh she was so fond of me. She said Arletta why are you leaving? And I said no, we are a big family, I want to go and work for a better money because I had to tell the truth. It was not a good thing of telling lies like I'm going to school – no I was going to get better money. So there the money was 15 pounds. So it was better than that 12. Chee, we had a struggle with the money in these days.

All right, at that end of the month I left the place that was 1949. Then I went to start now working at Groote Schuur – really it was nice. People use to in the evening go and stay in a hostel, we were never supposed to go out in the evening. They had lectures for us like red-crossing lectures; we must know also how to treat people and how to work in the hospital – well that interested me also. And I said well I have no husband I am still my mother's child I can stay in a hostel, I can live in a hostel. We do get our offs. So in our offs we had the whole day off. But after your off in the evening you got to go back to the hostel and sleep in the hostel. You were not supposed to sleep out the door. It was a very strict somebody who looked after us and it was a German Lady, yes it was a German Lady and she was a strong somebody. She was just worrying about the time because we were young people, we had to be looked after. So it was nice for us it was a lot of us young ones. I think we were a hundred sleeping in that hostel.

So I worked there until I also.... , no I was still working there when we were shifted at Windermere, they said we must go – there it is no more place, Windermere is going to be built. So my mother got a place in Town, we went to live in Town in Waterkant Street [Innenstadt, CBD]. So we lived in Waterkant Street. In that living in Waterkant Street then I got my marriage also. All right I met a boyfriend, so in that I got married in 1949. So, there was no work for me again I had to be a mother of my home also. Then I lived in Jordan Street not far from my mothers place. Waterkant and Jordan Street are not far. So I lived in Jordan Street with my husband and myself. So we lived there and there was this dividing and thus we were not supposed to go there. Anyway we lived in that life and then I got my first child in 1950, my first-born was born in 1950, and then

---

125 Das *Groote Schuur* (Afrikaans: Große Scheune) Hospital wurde zu Beginn der 60er Jahre durch die weltweit erste Herztransplantation berühmt.

the second one, a son, he was born in 1952, and then the other son was born in 1954, my baby, the one that you met here the other day she was born in 1956.

2.   Die Apartheid-City Kapstadt

Analog zu allen anderen großen Städten Südafrikas wurden auch in Kapstadt ab 1952 *Group Areas* für die einzelnen Bevölkerungsgruppen ausgewiesen. Da die Ausdehnung Kapstadts sowohl durch den Atlantik als auch durch das Tafelbergmassiv beschränkt ist, wurden die *Group Areas* für die nicht-weißen Bevölkerungsgruppen nach Osten, möglichst weit vom Stadtzentrum entfernt, ausgelagert. Dabei fand die bereits für die Zeit vor der Apartheid charakteristische soziale Hierarchie entlang eines Pigmentierungsgradienten weitere Anwendung. Für die Schwarzen wurden die Wohngebiete ausgewiesen, die am weitesten entfernt von der Innenstadt lagen, während die *Coloureds* und Inder eine Art Puffer zwischen weißen und schwarzen Wohngebieten bilden sollten.

Abbildung IV. 2:   Die Apartheid-City Kapstadt

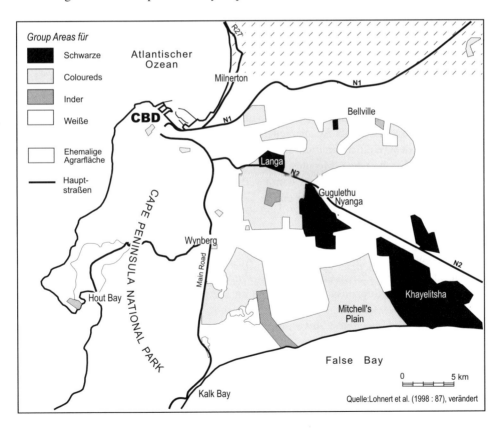

2.1   Umsiedlungen in Kapstadt

Die Gesetzgebung der Apartheidregierung (s. Kap. III. 2) erlaubte ab 1952 die Räumung aller von Schwarzen und *Coloureds* bewohnten informellen Siedlungen. Desgleichen mussten alle als Nicht-Weiße deklarierten Personen die weißen *Group Areas* verlassen, bzw. konnten aus den Städten vertrieben werden.

In Kapstadt wurde wegen der besonderen ethnischen Zusammensetzung der Bevölkerung neben den landesweit gültigen Klassifizierungen in Schwarze, *Coloureds*, Inder und Weiße eine weitere Gruppe mit eigenen Wohngebieten ausgewiesen. Den sogenannten Kap-Malaien war es zunächst weiterhin erlaubt, in ihren innenstadtnahen Wohngebieten Schotsche's Kloof und im *Malay Quarter* zu bleiben.

> In terms of subsection 12 (2) of the (revised) Group Areas Act Number 36 of 1966, the state president has the power to ›create‹ a group for the purposes of the act; that is, the act sates that there is (a) a White group, (b) a Bantu group, (c) a Coloured group, and (d) »any group of persons which is under subsection (2) declared to be a group« Under this act, then, cape Malays are recognised as such only in the places where they are numerous enough to warrant (...) their own group areas. In Cape Town the situation is uniquely complex. There are clearly enough Malays to warrant the provision for separate, specified Malay group areas according to the act, for the Malays make up approximately 20% of the Coloured population of the Cape Peninsula. Thus only Malays are allowed to inhabit their historic territory, Schotsche's Kloof, the Malay Quarter. (WESTERN, 1981:78)

Kanaaldorp oder District Six, einst eine multikulturelle Siedlung, in der Späteinwanderer aus der ganzen Welt und *Coloureds* zusammenlebten, wurde 1966 zur weißen *Group Area* erklärt. Die Lage von District Six zwischen dem CBD und dem Hafen ließ offensichtlich eine Duldung Nicht-Weißer inmitten der Stadt nicht zu. Bis 1975 wurde die Siedlung mit Ausnahme der Kirchen und Moscheen dem Erdboden gleichgemacht – ein einmaliges architektonisches Erbe der Stadt war damit verloren. Die Räumung von District Six sollte sich als folgenschwerer Fehler erweisen, da sie den Widerstand gegen die Apartheid von Seiten der *Coloureds* potenzierte. Bis heute ist ein Großteil von District Six, obwohl das Gebiet wegen seiner Innenstadtlage höchste Bodenpreise erzielen würde, nicht wieder bebaut worden. Die Fläche mit einem vor wenigen Jahren eingerichteten Museum dient heute als Mahnmal an die Gräueltaten der Apartheid. Erst zu Beginn des Jahres 1999 konnten, nach langen Verhandlungen und Verwirrungen über die Feststellung ehemaliger Besitzer, die ersten Kompensationszahlungen an ehemalige Hausbesitzer des District Six erfolgen.

Im *Natives Law Amendment Act* wurde festgelegt, dass kein Schwarzer im städtischen Raum leben darf, es sei denn,

–   er/sie ist dort geboren *(Section 10 (1) a rights)*,
–   hat dort für 15 Jahre ununterbrochen gelebt oder
–   hat seit 10 Jahren für einen Arbeitgeber gearbeitet *(Section 10 (1) b rights)* oder

– ist Abhängiger einer Person, auf die eine der beiden oben genannten Regelungen zutrifft *(Section 10 (1) c rights)*.

Die sogenannten *Section 10*-Rechte waren für die meisten aufgrund fehlender Geburtsurkunden oder sonstiger Papiere nur sehr schwer nachweisbar und Arbeitsplatzwechsel, die ein besseres Einkommen versprachen, ließen bereits vorhandene 10b-Rechte ungültig werden. Sukzessive wurden in Kapstadt alle von Schwarzen bewohnten informellen Siedlungen geräumt und auch alle diejenigen, die in formellem Wohnraum etwa in der City gewohnt hatten und *Section 10*-Rechte nachweisen konnten, in drei Siedlungen zusammengefasst.

Bis 1966 waren alle sogenannten *Black Spots* im Stadtgebiet geräumt und die Bewohner entweder ausgewiesen, oder nach Langa, Gugulethu oder Nyanga umgesiedelt[126] – manchmal geschah das über die temporäre Umsiedlung in andere informelle Siedlungen (s. *Arletta's Story*).

Die *Influx Control*-Gesetzgebung wurde in Kapstadt weit härter ausgelegt, als in vielen anderen Städten, da die Provinz Western Cape nach wie vor eine sogenannte *Coloured Labour Preference*-Politik verfolgte.

> Articulated in 1954 by the Minister of Native Affaires, Dr. W. W. M. Eiselen, the ultimate aim of the nationalist state was to remove all Africans from the Western Cape, which was allegedly the natural home of the coloured people *(FAST, 1995:11)*

Wohnungspolitik und *Influx Control* verschärften sich gegenseitig. Da der generelle Wille bestand, die schwarze Bevölkerung in Kapstadt so gering wie möglich zu halten, wurde auch für die nach *Section 10* Berechtigten nicht genügend formeller Wohnraum zur Verfügung gestellt. Mit einem Baustop für Familienunterkünfte von Schwarzen, der offiziell für die Cape Peninsula im Jahre 1962 bekanntgegeben wurde, versuchte man schwarze Migranten aus der Stadt fernzuhalten (FAST, 1995:24). Im *Bantu Laws Amendment Act* von 1964 wurde festgehalten, dass vor allem Frauen den städtischen Raum nicht betreten durften, es sei denn, sie konnten eine formelle Unterkunft nachweisen. So wurde die Wohnungsnot dazu benutzt, Hunderte von Frauen aus der Stadt auszuweisen.

Trotz aller Regelungen und deren Durchsetzung konnte die schwarze Bevölkerung in Kapstadt jedoch zu keiner Zeit kontrolliert werden. Nach den damaligen Gesetzen »illegale« Migranten versteckten sich entweder bei Freunden und Verwandten oder lebten in Hütten in den Wald- und Buschgebieten um die Stadt. Eine Angestellte des *Athlone Advice Office*, das sich ausgewiesener Personen annahm, bemerkt hierzu:

> You know, we didn't realise it until 1975 or 6, was it, when Crossroads started, and a lot of people came out the bushes. We didn't realise in those days when we did everything, including getting lawyers, to try to help someone to stay, if we finally lost it, we assumed that they went, but we found out afterwards when they all came out of the bushes that many of them hadn't gone... others who were absolutely desperate to work here, they definitely stayed here. (Zitiert in: FAST, 1995:23)

---

126 Khayelitsha entstand erst in den 80er Jahren.

Abbildung IV. 3:   Wohngebiete Schwarzer Bevölkerung 1966

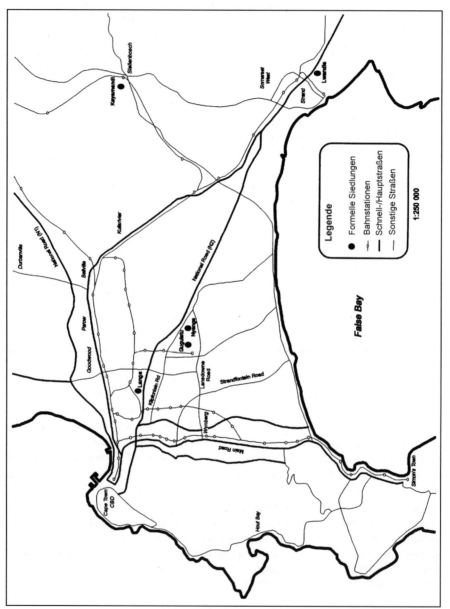

Quelle: FAST (1995:11), verändert

Der stark gestiegene Arbeitskräftebedarf in Kapstadt aber auch in ganzen Lande führte die *Influx Control*-Regelungen und Quotenfestlegungen für schwarze Kontrakt-Arbeiter ad absurdum. Zwischen 1960 und 1970 erlebte Südafrika einen Wirtschaftsboom mit einem durchschnittlichen jährlichen Wirtschaftswachstum von 5,8% (HOUGHTON, 1976:212) und das Arbeitsplatzangebot veranlasste viele »illegale« Migranten, ein Leben in Unsicherheit und Furcht auf sich zu nehmen. Nach WEST (1983:27) war es immer noch finanziell vorteilhafter für Migranten aus den *Homelands*, in Kapstadt einer Teilzeitarbeit nachzugehen, auch wenn sie mehrmals in Haft genommen wurden und Strafe bezahlen mussten, als in den *Homelands* zu verbleiben. Valide Schätzungen, die die offiziellen Zahlen um mehr als 100% übersteigen,[127] gehen davon aus, dass die schwarze Bevölkerung Kapstadts zwischen 1960 und 1970 um 69% zunahm (FAST, 1995:24). Der Rückzug aus der Wohnungsbautätigkeit, gepaart mit einem natürlichen Bevölkerungswachstum und der Zunahme von Migranten, führte zu einer akuten Wohnungskrise für Schwarze gegen Ende der 60er Jahre.

2.2   Entstehung neuer informeller Siedlungen in den 70er und 80er Jahren

Als Reaktion auf die Umsiedlungen und die Ausweisungen fanden viele organisierte Proteste seit Ende der 50er Jahre in Kapstadt statt. Diese kulminierten zunächst in der landesweit durch den *Pan African Congress* ausgerufenen Anti-Pass Kampagne am 21.3.1960. Die Polizei erschoss bei einer Kundgebung in Langa, zu der sich etwa 6.000 Menschen versammelt hatten, vier Menschen. Diesem Vorfall folgte ein 3-wöchiger Ausstand, der von gewalttätigen Ausschreitungen begleitet war. Es ist zu vermuten, dass die äußerst harte Gangart bei der Räumung und Umsiedlung von Schwarzen zu der Etablierung einer vergleichsweise hohen Widerstandsbereitschaft in Kapstadt beitrug. So bemerkt auch LODGE (1978:237): »[Peninsula Africans] *presented the biggest challenge that had faced the South African Government (...)*«. Jedoch erst in den 70ern sollte der Widerstand voll ausbrechen.

Der Widerstand in Kapstadt gegen die Apartheidgesetze äußerte sich – neben den gewalttätigen Auseinandersetzungen mit der Polizei – durch eine zunehmende Missachtung der Passgesetze und die Entstehung und Ausweitung informeller Siedlungen. Mitte der 70er Jahre schätzt der stellvertretende *Minister of Bantu Administration*, dass sich etwa 90.000 »illegale« Personen am Kap aufhalten, welche damals etwa 44% der gesamten schwarzen Bevölkerung ausmachten (MAREE, 1978:2).Die ersten drei informellen und illegalen Siedlungen entstanden etwa 19 km vom Stadtzentrum entfernt zwischen 1972 und 1975 in Bellville South (s. Abb. IV. 4). Die Siedlungen Unibel, Modderdam und Werkgenot zählten bis Mitte bzw. Ende der 70er jeweils zwischen 10.000 und 20.000 Einwohner (FAST, 1995:26). Der Aufbau der wohl bekanntesten informellen Siedlung, Crossroads, begann 1974. Innerhalb von 3 Jahren wuchs die Siedlung auf über 18.000 Bewohner an (MAREE/CORNELL, 1978:9) und wurde in der Folgezeit zum Symbol für den Widerstand gegen Räumungen durch die Autoritäten.

---

127 Die offiziellen Bevölkerungszahlen spiegeln bis Anfang der 90er Jahre eher die gewünschte Bevölkerungszusammensetzung wider.

Abbildung IV. 4:	Informelle Siedlungen und offizielle Townships 1977

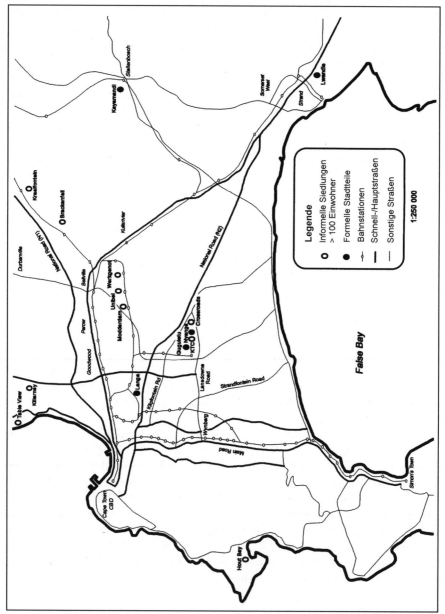

Quelle: FAST (1995:23), verändert

KTC[128] wurde als einzige informelle Siedlung toleriert, hier durften ab 1975 »legale« schwarze Bewohner Kapstadts informelle Behausungen aufbauen. Es wäre verfehlt anzunehmen, dass nicht schon lange vor der Entstehung erster informeller Siedlungen, Menschen nicht auch in den offiziellen *Townships* schon in Hinterhöfen und Freiflächen zwischen formellen Einheiten informelle Behausungen gebaut hätten (s. *Arletta's Story*). Entstanden die ersten Siedlungen im wesentlichen in Bellville und um die bereits bestehenden *Townships*, begann in den späten 70ern die Errichtung informeller Siedlungen weit weg von diesen, inmitten weißer *Group Areas*.[129] Aufgrund ihrer Lage und auch weil ihre Bevölkerung geringer war, wurden diese immer wieder geräumt.

DEWAR/ROSMARIN/WATSON (1991:17) schätzen die Anzahl der Schwarzen in informellen Siedlungen gegen Mitte der 70er Jahre auf etwa 51.000. Allerdings lebten nicht nur Schwarze in informellen Behausungen. Das SOUTH AFRICAN INSTITUTE OF RACE RELATIONS (1975:76) schätzt den Anteil der *Coloureds*, die 1975 in informellen Behausungen lebten, auf 150.000–200.000. In vielen der *Squatter*-Siedlungen lebten Schwarze und *Coloureds* zusammen. Die Politik verfuhr jedoch mit Schwarzen und *Coloureds* unterschiedlich. Als etwa Modderdam 1977 geräumt wurde, durften die *Coloureds* zunächst bleiben.

Während die informellen Siedlungen in Bellville South zwischen 1976 und 1978 geräumt wurden, konnten die Pläne zur Räumung von Crossroads nie in die Tat umgesetzt werden. Die Bewohner von Crossroads schafften es, sich zu organisieren und erlangten mit Unterstützung der Kirchen große Aufmerksamkeit in der Öffentlichkeit. Der öffentliche Aufschrei gegen die Räumung von Crossroads führte schließlich 1976 dazu, dass die Siedlung zu einem »*Emergency Camp*« deklariert wurde, was de facto die Duldung bedeutete (FAST, 1995:29). Nachdem das gemeinsame Ziel erreicht war, brachen allerdings die Koalitionen auf und rivalisierende Banden begannen in Crossroads um die Vorherrschaft zu kämpfen. Die Auseinandersetzungen, die viele Menschenleben kosteten, bewegten viele dazu, die Siedlung zu verlassen.

Crossroads kann im nachhinein als Wendepunkt betrachtet werden. Obwohl die Räumung informeller Siedlungen – vor allem in der Nähe weißer Gemeinden – bis in die späten 80er anhielt, hatten die Bewohner von Crossroads einen Präzedenzfall geschaffen, der in den folgenden Jahren den Weg zur Duldung anderer informeller, »illegaler« Siedlungen ebnete.

Der Anstieg informeller Siedlungen in den 70ern ist nicht nur dem Bevölkerungs-wachstum geschuldet, sondern auch einer Verschlechterung der Lebensbedingungen in den formellen *Township*-Häusern und enormen Mietsteigerungen für diese. Im Jahre 1973 wurden die schwarzen Siedlungsgebiete sogenannten *Bantu Affairs Administration Boards* unterstellt, die von der Zentralregierung ernannt wurden und dieser auch direkt verantwortlich waren. Die *Boards* waren dazu autorisiert, die Mieteinnahmen aus den

---

128 Der Name KTC geht auf den Namen eines Geschäftes zurück, dem K(akaza) T(rading) C(ompany) Bazaar, der gegenüber der Siedlung gelegen war.

129 So z.B. in Hout Bay, Killarney und Table View.

formellen Wohnungen und die Profite staatliche kontrollierter Bierhallen in den Bau von Wohnungen in den *Homelands* zu investieren. Nach dem Abriss der *Beerhalls*, wurden als Kompensation für die verlorengegangenen Einnahmen die Mieten um ein Vielfaches erhöht. Gleichzeitig wurde überhaupt nicht mehr in die existierende Infrastruktur investiert. Der Niedergang der Infrastruktur, die enorm gestiegenen Mieten und die ohnehin vorhandene Überbelegung von Wohnraum bewog viele, aus den offiziellen *Townships* auszuziehen.

Die Unkontrollierbarkeit der Zustände veranlasste den Staat, sich aus dem Wohnungsbau zurückzuziehen und auf die kostensparende Lösung der »Selbsthilfe« zu setzen. Ab Beginn der 80er Jahre war es für schwarze legale Städter möglich, Pachtverträge über 99 Jahre für ausgewiesene *Site & Service*-Flächen abzuschließen. Insbesondere Khayelitsha, das 1983 zum offiziellen *Township* erklärt wurde, reflektiert die Entwicklung zu Zeiten der *Orderly Urbanization*-Politik. Die Bevölkerung von Khayelitsha generierte sich aus Siedlern geräumter informeller Siedlungen, sowie aus den überfüllten Siedlungen zwischen Gugulethu und Nyanga. Auch die massiven Auseinandersetzungen innerhalb Crossroads und zwischen Crossroads und KTC,[130] die 1986 etwa 100 Tote forderten, veranlassten viele dazu, sich in Khayelitsha niederzulassen (COLE, 1987:142). 1987 betrug die Bevölkerung Khayelitshas bereits 126.000 Personen (SEEKINGS ET AL., 1990:12). Nur ein Bruchteil derjenigen, die nach Khayelitsha zogen, konnte jedoch auf *Serviced Sites* unterkommen. So entstanden innerhalb kürzester Zeit die bis heute existierenden informellen *Squatter*-Siedlungen Site C, Site B, Greenpoint und Silvertown um Khayelitsha.

---

130 An dieser Stelle sei angemerkt, dass die aktive Unterstützung von Auseinandersetzungen innerhalb der schwarzen Bevölkerung eine wichtige Strategie der Apartheid-Politik darstellte. Da man daran interessiert war, möglichst viele Menschen aus der Gugulethu-Nyanga Gegend zu vertreiben, wurden die Konflikte innerhalb Crossroads und zwischen Crossroads und KTC massiv von außen geschürt.

Abbildung IV. 5:	Informelle Siedlungen und offizielle Townships 1990

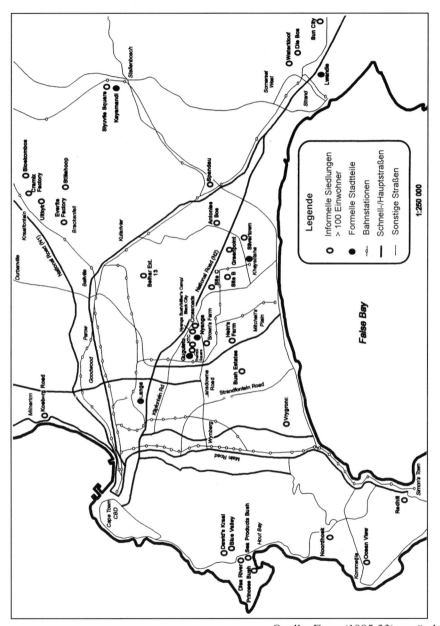

Quelle: FAST (1995:33), verändert

2.3   Exkurs: Die Lebensbedingungen der Betroffenen

Wie alle Schwarzen waren auch Arletta und ihre Familie gezwungen, aus ihrer Wohnung in der Innenstadt auszuziehen und über 40 Jahre in einer selbstgebauten Hütte zu leben. Da sie in Kapstadt geboren war, und dies auch nachweisen konnte, entging sie einer Deportation in eines der *Homelands*. Über Grassy Park, einer kleinen von Schwarzen bewohnten Enklave in der *Coloured Group Area* Retreat, kamen sie schließlich nach Nyanga und von dort nach Guguletu. Bis zum Beginn der 90er Jahre wurden die *Townships* und *Squatter* immer wieder nach sogenannten »Illegalen« durchsucht. Insbesondere in den 80er Jahren, der Hochzeit des Widerstandes wurde auch versucht, vor allem die Männer unter fadenscheinigen Begründungen zu verhaften und so die Widerstandsbewegung zu destabilisieren. Viele Frauen wurden in dieser Zeit zu Alleinerziehenden. Die im Folgenden geschilderten Erlebnisse machen einmal mehr klar, welche Bedeutung die Freilassung Nelson R. Mandelas am 11.2.1990 für die Mehrheit der Südafrikaner hatte. Es wird allerdings auch deutlich, welche immensen Hoffnungen auf ein besseres Leben sich mit der Person Mandela verbanden.

Arletta's Story 1952–1994

Then we were shifted now to the outside locations. We were shifted to Grassy Park.
Q: How did they do it?
Ya, they did announce. I will never forget how it happened. They say now it is a white area. Now, according to the changing of the law all the blacks must go to the outside areas. That was how it came.
Q: That was when?
(...) It worked in 1952. Because my baby was still young when it worked. Then the man that we were renting to, he said all right this has just starting to be said, I leave you people until you find yourself a place then you can go. It was a Jewish place we were renting.
Q: How did it work?
They didn't supply with nothing my dear, you had to see your own way. Mind you, if see your own way you've got furniture you've got to hire somebody to take you to Grassy Park. From Town to Grassy Park. I can say at Grassy Park we didn't live very long. Then they say there is a place in Nyanga, people should go to Nyanga. That was 1960 after the riot. When the riot was so strong in the 60s, they say people must go to Nyanga. Because we can't be near by the white with our fighting and whatnot. We must go further away.
Q: How did you live at Grassy Park?
It was a shack, we came from Town, from a flat into a shack. From that shack I came to Nyanga and Gugulethu again in a shack. We had to build a shack again. My mother, she was still alive that time she also had to move into a shack.
And the riot went strong. And it went strong. I can still remember when the soldiers were – you know – in the location. Hunting people, saying the men must come out.
So I didn't know what was going on. Oh chee there were the soldiers outside. When I was still looking at the s33oldiers outside, the other soldiers came in the house, the

others in front the others in the back. So I was still making coffee for my mother. Then I got confused, then they started asking us where is your husband? We said we have no husbands. They said no you people must have husbands. How can you have a lot of children and you have no husbands? In that time I didn't know there was people hiding themselves in the back of our house. All right, as they are going round they were taking a group of men and they started hitting this poor men. My one sister's husband he was already arrested, he was already at Robben Island. My sister was also with us because when this riot business started we used to go, all of us were going together because we didn't know what was going to happen. So we liked to see my mother and see the family of ourselves if we are still safe. You see, that was the procedure when they are having these fights.

And it was so, I don't know what was going on, and it was a shooting and it was a hitting of people. And they say the people must go and fight, we must go out and fight. Oh this was something. So we poor people we had that terrible life and also we were not safe because we were frightened even at night. You don't know whether you're safe or what's going on. We lived in that tough time like that. And in 1961/2 it started a little bit when they started to arresting all the leaders and taking all the leaders to the jail. And then it started a little bit but not too strong but still people are getting arrested and the soldiers were going house to house and the police was hunting to see if there was men around and they say the men must all be locked up in jail.

So lucky in that time, my husband was already dead, I had no husband. Because my husband died when I had this four children – he had a car accident. So I was feeling sorry for my sisters because they had husbands still alive and the one was caught to be in jail and the others used to hide their husbands in the bushes. That was not even safe because the soldiers are going out to the bushes and they start catching these men. Then you see them coming with lots of men, chasing them to be locked up.

All right, we sat in this terrible life. And we thought chee, this is something that is not going to give us a good life. And my mother started to get sick and she started to get worried how is it going to get on with her children and with herself. She didn't worry much about herself and she said I wish God could take me because I don't want to see this. So we said no to my mother, no you mustn't worry, God will make us safe. One day we will be seeing what is all this about. Although we don't know what this is all about but maybe in a time to come... And my mother says when that time comes I will be dead. And dead she was. And really it happened like that because my mother died in 1974. So when things now had gone down a bit when my mother died, so we were moved at those shacks to Gugulethu, that was Nyanga East. In Gugulethu it was shacks where I come from now, oh it was shacks again. Anyway we left, because the former Government didn't care about giving us a place. He said he was going to build houses when he got money – he's got no money. So in the meantime you can live where you want in a shack. In that place of a ground that is given you, you can stay there that is all he can do about you. All right we didn't mind. We stayed there and some people were getting arrested for the passes because they came with no trespasses from Transkei. And that was also hot. Because people getting arrested and locked up for not having permit for coming in Cape Town. Then it was just that terrible life.

(...)

The police every time when they came they checked on my place if I haven't got people from different places. (...) . So we had that terrible time. Anyway this went on and on until I can't remember now. And after that riot stayed. The Toi-Toi kept on. People with the not satisfaction of not getting. Then they started to riot with the police because they are arresting people every day. Oh, that again it was a big fight again. Soldiers had to come again to assist with this riot of these residents.

It was a shooting, it was a dying of people, shooting, dying people. Fires, burning tyres too, because this was the way we could fight. Because we've got no guns, throwing stones and whatnot. Anyway it went on and on and on until we left, we stopped I can say we stopped the riot because they also stopped.

And the Government also saw that some of the buildings are getting destroyed so even the bottle stores were destroyed. The Government thought, I suppose he thought, now he better stop now doing this. Because it doesn't help people are not stopping, instead of stopping they are getting worse. So that's how it came down until now.

We got this, this late years when Mandela came. That's where now we got a better relief . Really when we heard that he was coming out from Robben Island. Oh, I remember that day it was thousands of people even myself I wanted to see him, if he was still really alive. Because in those years I could not really believe that he was still alive. But when I saw him in Town[131] luckily – we went early to see him and I thought, chee, the old man is still alive. Then we thought now we got ... when Mandela came out, because the struggle was all about this Mandela business. And each time when you talk to these people then they tell you your Minister, your Mandela, he is going to die in jail. So when we saw him we were so glad. Because the late Government he did not like him and each and every time when he addresses Mandela he used to address him as... I don't know like what.

Anyway but we knew that God is there. He's going to spare him, until we also see him and get this better life that he has promised us. Now we're really see that we getting a better life; we must also help him with all what he's giving us, to work with him together. Until we must now forget about the past and that's some of us say what was happening we must forget about. Now we must go on with this new life. There is a change, there is a big change. So we must see that change on to us – nobody else it will go to.

Even those Truth Commission, people must just tell the truth so that things can be forgiven. All what was happening must be forgiven, because now we can really see the better life that we are getting. Also at our age. I am 64 but I feel that (lacht) I'm in a better life. Although I haven't been living in a brick house, still in a shack, but I feel that I'm in a brick house. The next month I'll be in a brick house. By his promises and giving the plot and giving all the material of building myself a house. I feel that I am in a brick house now.

I'm really glad even if I'm sleeping in this noisy shack but I've got the feeling that, chee, one day.. . I've been struggling, struggling living but now I see that I'm in the

---

131 Am Tag seiner Haftentlassung hält Nelson Mandela die erste Rede in Freiheit in der Innenstadt von Kapstadt, sie beginnt mit den Worten: *»Friends, comrades and fellow South Africans. I greet you all in the name of peace, democracy and freedom for all!«*

right, right place to live. And Mandela has made me, my heart very, very... In all the time that I was holding my life. But now I feel free, really free with everybody. I like to live free with everybody. So that's all I can say.

3.   Kapstadt im Neuen Südafrika – ein sozioökonomisches Profil der Disparitäten

Während der letzten zehn Jahre war die *Western Cape Province* und ihre Metropole Kapstadt die am schnellsten wachsende Region der Republik Südafrika. Derzeit leben in der *Cape Metropolitan Area* (im Folgenden: CMA) etwa 2,6 Millionen Menschen.[132]

Die CMA wurde im Zuge der Umstrukturierung und Dezentralisierung der Übergangsphase seit 1994 in sechs weitgehend autonome, sogenannte *Substructures* bzw. *Metropolitan Local Councils* (MLC) eingeteilt, die im wesentlichen kommunale Aufgaben übernehmen. Den Grenzziehungen gingen erhebliche Auseinandersetzungen voraus, so dass in Kapstadt die Wahlen zu den einzelnen *Local Governments* erst etwa ein Jahr später als in den anderen südafrikanischen Kommunen stattfinden konnten. Die Grenzziehungen sollten eine möglichst gleichwertige Verteilung von entwicklungsschwachen und entwicklungsstarken Gebieten innerhalb einer Kommune gewährleisten und damit eine gerechte Verteilung der Steuereinkommen und der Investitionen erreichen, sowie die Apartheidgrenzen durch eine größtmögliche Mischung der unterschiedlichen Bevölkerungsgruppen verschwinden lassen. Mit dem *White Paper on Local Government*,[133] das für Großstädte eine stärkere Zentralisierung vorsieht, haben sich die Voraussetzungen für die kontroverse Verwaltungseinteilung jedoch wieder verändert.

Die in Tabelle IV. 1 angegebenen Bevölkerungszahlen basieren auf einer ersten repräsentativen Auswertung der Volkszählungsergebnisse von 1996, die der Verfasserin Anfang 2000 – wiewohl dann noch nicht offiziell – freundlicherweise zur Verfügung gestellt wurde. Einige Anmerkungen zu diesen Zahlen sind jedoch nötig: Zum einen werden die Volkszählungsdaten von verschiedensten Verwaltungseinheiten angezweifelt. So ist man etwa in der Provinzregierung des Western Cape der Meinung, es sei eine erhebliche Anzahl an Personen nicht erfasst worden. Da die Bevölkerungszahlen der wichtigste Parameter für die Zuteilung von Geldern aus dem Nationalen Budget sind, müssen solche Vorwürfe zwar zunächst unter dem Aspekt politischer Rhetorik mit Vorsicht betrachtet werden; sie scheinen jedoch, wie Überprüfungen auf lokaler Ebene ergeben haben, durchaus plausibel.[134] Als Beispiel mag die zu gering angegebene Zahl der weißen Bevölkerung in *Cape Town Central* dienen. Befragungen von Zensus-Interviewern ergaben, dass diesen etwa in Sea Point, einem traditionellen Mittelklasse- bis oberen Mittelklasse-Wohngebiet von Weißen, das im wesentlichen durch entlang der Küste

---

132 Diese und die folgenden Einwohnerzahlen basieren auf den Volkszählungsdaten vom Oktober 1996.

133 Eine detaillierte Auseinandersetzung mit dem *White Paper on Local Government* findet sich in Kap. III.7.2

134 Mündliche Mitteilungen verschiedener mit der Überprüfung der Zensus-Ergebnisse befasster Stellen.

gebaute hochgeschossige Apartmenthäuser charakterisiert wird, oftmals der Zutritt unmöglich war. Diese Apartmenthäuser sind in den meisten Fällen mehrfach durch Sicherheitssysteme geschützt, die einen ungehinderten Zutritt in die Blocks nicht ermöglichen. Diese Sicherheitsvorkehrungen erklären sich aus den immens gestiegenen Kriminalitätsraten gerade in diesen Wohngegenden während der letzten Jahre. Die meist nicht-weißen Zensus-Interviewer, die darauf angewiesen waren, zunächst auf die Grundstücke zu kommen, um dann von Tür zu Tür der Einzelhaushalte zu gehen, wurden in vielen Fällen aus Angst vor Einbrechern gar nicht erst vorgelassen. So blieben etliche Blocks mit zum Teil mehr als 50 Wohneinheiten ungezählt. Des weiteren wird vermutet, dass die weiße Bevölkerung Südafrikas insgesamt zu gering angegeben wurde, da vor allem jüngere Weiße sich zum Zeitpunkt des Zensus zu Ausbildungszwecken im Ausland befanden.

Tabelle IV. 1:   Bevölkerung der CMA 1996 nach Verwaltungseinheiten und Bevölkerungsgruppen

	Schwarze	Coloureds	Inder	Weiße	ohne Ang.[135]	insgesamt 1996	insgesamt 1991
Cape Town	296.939	475.843	20.043	117.306	36.770	946.902	832.898
S. Peninsula	20.744	188.610	7.194	102.751	20.231	339.532	288.917
Helderberg	16.731	55.353	483	46.580	2.285	121.435	97.222
Tygerberg	274.532	314.347	6.686	174.448	16.039	786.059	661.234
Blaauwberg	9.313	59.789	818	48.314	5.478	123.708	107.286
Oostenberg	30.025	142.417	598	51.991	14.936	239.970	167.624
insgesamt:	648.284	1.186.532	35.822	541.390	95.739	2.557.606	2.155.190

Auch Bewohner der informellen Siedlungen, die falsch oder gar nicht über die Ziele des Zensus informiert waren, waren zum Teil aus Angst nicht bereit, Auskünfte zu erteilen, so dass auch hier zu vermuten ist, dass eine große Anzahl der Bewohner nicht erfasst wurde.

Zusammenfassend ist festzustellen, dass die Daten der Volkszählung von 1996 zwar allgemein als die verlässlichsten Daten bisher gelten, da Zensen während der Apartheid oft politischen Zielen dienten und bisweilen manipuliert wurden, jedoch auch diese Daten mit Vorsicht zu nutzen sind und im wesentlichen Anhaltspunkte und Trends liefern. In Ermangelung verlässlicherer Daten werden sie jedoch auch hier genutzt, um einen Überblick über die wichtigsten Charakteristika Kapstadts zu liefern.

Basierend auf der 10%-Stichprobe der Daten von 1996 gibt das *Development Information Centre* der CMC (CAPE METROPOLITAN COUNCIL: 1998a:9ff) den Wanderungsgewinn der CMA zwischen 1991 und 1996 mit 209.466 Personen an. Sollten

---

135 Der Erhebungsfragebogen der Volkszählung 1996 sah eine Rubrik vor, in der sich die Befragten Personen selbst einer der Rassenklassifikationen der Apartheid zuordnen sollten, nicht wenige weigerten sich diese Selbstklassifizierung vorzunehmen.

diese Zahlen zuverlässig sein, würde das eine Zuwanderung von unter 35.000 Personen pro Jahr und unter 3.000 Personen pro Monat im Durchschnitt bedeuten und damit weit unter den Expertenschätzungen liegen, die noch 1997 mit zwischen 7.000 und 10.000 Migranten pro Monat rechneten. Die Mehrzahl der Zuwanderer kommt laut Zensus aus der Eastern Cape Province (47%).[136] Da gerade diese Migranten im wesentlichen zunächst über soziale Netzwerke in einer der informellen Siedlungen unterkommen,[137] hält die Annahme – unter Hinweis auf oben getroffene Aussagen – Plausibilitätsüberlegungen stand, dass die tatsächliche Zuwanderung insbesondere aus benachteiligten ländlichen Regionen über den offiziell angegebenen Zahlen liegt.

3.1 Sozioökonomische Disparitäten

Im Jahre 1996 waren 22% der arbeitsfähigen Bevölkerung der CMA arbeitslos.[138] Damit liegt Kapstadt zwar über der Arbeitslosenquote der Western Cape Province von 17,9% aber immer noch weit unter dem nationalen Durchschnitt von ca. 34%. Die Arbeitslosenquote Kapstadts erklärt sich im wesentlichen aus der Diskrepanz zwischen der Qualität des Arbeitsplatzangebotes und der (fehlenden) Qualifikation der Arbeitssuchenden. Die Arbeitslosigkeit spiegelt die Bildungschancen der alten Apartheidhierarchie wider. So sind 50% aller schwarzen Frauen und 33% aller schwarzen Männer in der CMA arbeitslos. Das sind immer noch diejenigen Bevölkerungsgruppen mit der niedrigsten Bildung und der geringsten Qualifikation.

Kapstadt als Parlamentssitz, Provinzhauptstadt und Tourismusknotenpunkt bietet jedoch gerade für diese Bevölkerungsgruppen wenige Beschäftigungsmöglichkeiten, da selbst für traditionell schlecht qualifizierte und schlecht bezahlte Tätigkeiten – wie etwa in der Tourismusindustrie als Putzhilfen – Coloured-Frauen, die englisch sprechen, bevorzugt eingestellt werden. Ähnlich verhält es sich mit Anlerntätigkeiten in der Textilindustrie, dem größten Arbeitgeber im sekundären Sektor mit 37% aller Beschäftigten, sowie in der Schuh- und Nahrungsmittelindustrie.

An dem Anteil von 36% der arbeitsfähigen Bevölkerung der CMA, die im Jahre 1996[139] ihr Überleben außerhalb des formellen Sektors der Ökonomie sicherten, wird deutlich, dass jede Entwicklungsanstrengung, die es versäumt, den informellen Sektor und die Überlebensökonomien zu stärken, als Fehlschlag angesehen werden muss. Ein Großteil der im informellen Sektor Beschäftigten sind in irgendeiner Form des Handels engagiert. Dieser

---

136 Weitere 14% kommen aus Gauteng, 14% aus der Western Cape Province, 5% aus KwaZulu-Natal, 5% aus anderen Staaten, der Rest ist aus den anderen Provinzen Südafrikas zugewandert.

137 S. hierzu die Kapitel V und VI

138 Arbeitslosigkeit wurde im Zensus 1996 folgendermaßen definiert: » (...) refers to an economically active person who had no work, and did not specify the time period of job-seeking behaviour at the time of Census 1996, but would accept work if given the opportunity, and could start immediately. « (CMC, 1998a:57)

139 Es ist davon auszugehen, dass sich die Zahl im informellen Sektor Beschäftigten innerhalb der letzten 5 Jahre weiterhin erhöht haben dürfte.

Erkenntnis versuchen diverse Gesetze auf Landes- und Provinzebene, die eine Erleichterung und Regelung des informellen Straßenhandels vorsehen, Rechnung zu tragen.[140]

Ebenso wie die Beschäftigungsmöglichkeiten für die einzelnen Bevölkerungsgruppen unterscheiden sich auch die Einkommen. Die weiße Bevölkerung Kapstadts verdient im Durchschnitt 48.000 Rand pro Jahr, demgegenüber stehen Jahreseinkommen von 24.000 Rand der asiatischen Bevölkerung, 15.000 Rand der *Coloured*-Bevölkerung und ein durchschnittliches Jahreseinkommen der schwarzen Bevölkerung von nur 4.200 Rand.

Nach dem Zensus von 1996 leben 20% aller Haushalte Kapstadts in informellem Wohnraum. Das sind bei einer Gesamtbevölkerung von 2,56 Millionen mindestens 512.000 Menschen. Da jedoch die Bewohner der informellen Siedlungen fast ausnahmslos schwarz sind und die durchschnittliche Haushaltsgröße dieser Bevölkerungsgruppe weit über dem Durchschnitt liegt, kommen Schätzungen aufgrund kleinräumiger empirischer Untersuchungen, die die Gesamtzahl der in informellem Wohnraum Lebenden mit über 650.000 Menschen angeben, der Realität weit näher. Auch die Angaben von etwa 80% der Haushalte, die in sog. formellem Wohnraum leben, verschleiert die Realität hoffnungslos überfüllter Wohnungen und Häuser in den Wohngebieten der Schwarzen und *Coloureds*, wo sich bisweilen acht und mehr Personen ein einziges Zimmer teilen müssen.[141]

Etwa 79% aller Haushalte in der CMA haben einen direkten Trinkwasseranschluss im Haus, 11% beziehen ihre Wasserversorgung durch Anschlüsse, die außerhalb des Hauses liegen und weitere 10% sind in ihrer Wasserversorgung auf öffentliche Wasserstellen, Flüsse oder Dämme angewiesen.

3.2   Räumliche Disparitäten

Die Probleme im heutigen Kapstadt sind direkte Folgen der Apartheid mit ihren rassistischen Einstellungen und einem Wertesystem, das auf die räumliche Trennung von Rassen und wirtschaftlichen Aktivitäten ausgelegt war und so finden die im vorherigen Kapitel beschriebenen sozialen Disparitäten hier ihre räumliche Abbildung. Einer der wichtigsten Effekte der Stadtplanung der Apartheidzeit in der CMA ist die Schaffung einer

---

140 *»Whereas it is recognised that there is a need to create an environment in which the carrying on of the business of informal trading is permitted in public streets and public places subject to the rights of all citizens as contained in the constitution of the Republic of South Africa and the provision of the Business Act, 1991* (Act 71 of 1991)
And whereas it is recognised that all active participants in the Western Cape economy are committed to creating conditions that will make street trading commercially viable and contribute to the economic activity and growth of the Western Cape economy.« (Province of Western Cape, 1996)

141 Insbesondere in städtischem Wohnraum in den ehemaligen *Coloured*-Wohngebieten wie Manenberg ist es keine Seltenheit, dass sich bis zu 19 (!) Personen ein 2-Zimmer-Haus teilen (*Cape Times*, 5.5.1999).

unverdichteten, flächenkonsumierenden Stadtregion, in der die verwundbarsten Gruppen in wildwuchernden *Squattern* am Stadtrand (über-)leben.

3.2.1 Die räumliche Manifestation des Lebensstandards

Abbildung IV. 6 im Anhang fasst fünf verschiedene soziale Indikatoren, welche die Lebensbedingungen der Bevölkerung Kapstadts beschreiben, zusammen. Die Datenbasis für die unten beschriebenen Indikatoren bildet die repräsentative Auswertung von 10% der Volkszählungsdaten von 1996. Die Daten wurden auf die kleinstmöglichen räumlichen Einheiten, den sogenannten *Enumerator Sub Districts* (ESD), die etwa 200 Haushalte umfassen, abgebildet.

Folgende Indikatoren wurden zur Abbildung der Disparitäten des Lebensstandards in der CMA herangezogen:

– *Einkommensindex:* repräsentiert den Anteil der Haushalte in jedem ESD, die unter dem Haushaltssubsistenzeinkommen, das vom *Institute for Planning Research* der Universität von Port Elisabeth mit 10.000 Rand pro Jahr angegeben wurde, lagen.

– *Bildungsindex:* repräsentiert den Anteil derjenigen Erwachsenen über 18 Jahre in jedem ESD mit weniger als 6 Jahren Schulbildung. Dies ist das Minimum an Schulbildung, das für eine außerschulische Ausbildung vonnöten ist, ihr Fehlen verringert die Chancen auf dem Arbeitsmarkt.

– *Arbeitslosenindex:* repräsentiert den Anteil der Erwachsenen über 18 Jahre pro ESD, die aktiv Arbeit suchen. Arbeitslosigkeit zieht nicht nur ökonomische Probleme für die betroffenen Personen und Familien etwa bezüglich Ernährung und Unterkunft nach sich sondern kann auch gravierende Auswirkungen auf die psycho-soziale Sphäre etwa im Rahmen eines geringeren Selbstbewusstseins, größerer Gewaltbereitschaft und erhöhtem Alkoholmissbrauch haben. Damit kann Arbeitslosigkeit als ein Indikator für Lebensqualität dienen.

– *Sozialhilfeindex:* repräsentiert den Anteil alleinerziehender Frauen mit drei und mehr Kindern pro ESD. Dies ist eines der Hauptkriterien für den Zuspruch staatlicher Sozialhilfeunterstützung und wird hier als Proxiindikator für Lebensqualität herangezogen.

– *Überfüllungsindex:* repräsentiert den Anteil aller Haushalte pro ESD, mit mehr als 1,5 Personen pro Wohnraum. Als Wohnraum gelten hier alle Schlaf- und Wohnzimmer, nicht jedoch Küchen, Badezimmer und Toiletten. Zu viele Menschen pro Wohnraum verhindern Privatheit, erschweren die Aufrechterhaltung hygienischer Minimalstandards und erhöhen die Übertragungsrate von Krankheiten.

Obwohl nur fünf Indikatoren die tatsächlichen Lebensbedingungen der Menschen nur unzureichend abbilden können, so kann ihre räumliche Darstellung dennoch einen Überblick über die immensen Disparitäten in der CMA liefern und in Verbindung mit weiteren qualitativen und quantitativen Daten auf Haushaltsebene[142] wichtige Hinweise für die Desegregations- und Entwicklungsplanung geben.

Zusammenfassend lassen sich drei große Gruppen von Gemeinden unterscheiden:

– *Gemeinden mit hohem Lebensstandard:* diese finden sich im wesentlichen nördlich der Autobahn N1, entlang der Bergkette der Kaphalbinsel, entlang der Atlantikküste sowie der Helderbergniederung. Diese Wohngebiete verfügen über eine hervorragend ausgebaute Transport- und Versorgungsinfrastruktur sowie eine hohe Land-nutzungsdiversität, die sowohl kommerzielle Erschließungen, eine hohe Dichte an Ausbildungseinrichtungen, Arbeitsplätze als auch Erholungsflächen einschließen.

– *Gemeinden mit mittlerem Lebensstandard:* liegen im wesentlichen westlich der Cape Flats. Die hier vorhandene Basisinfrastrukturversorgung ist größtenteils veraltet, in sehr schlechtem Zustand und völlig unzureichend für weitere Ausbau- und Entwicklungsmaßnahmen.

– *Gemeinden mit dem niedrigsten Lebensstandard:* finden sich im wesentlichen im süd-östlichen Sektor der CMA und reflektieren die alten Group Areas. Diese Gebiete, wie etwa Khayelitsha, sind gekennzeichnet durch eine – wenn überhaupt vorhanden – außerordentlich schlechte Versorgung mit materieller und sozialer Infrastruktur. Die große Entfernung dieser Wohngebiete von den Arbeitsplätzen und eine schlecht ausgebaute Transportinfrastruktur belasten die Bewohner mit hohen Kosten für Transport und verlangen einen erheblichen Zeiteinsatz um vom Wohn- zum Arbeitsort zu gelangen.

3.2.2 Probleme geringer Verdichtung und des Transports

Die geringe Verdichtung der Stadtregion führt neben den ökologischen Folgen vor allem zu einer Verfestigung von Armut und Verwundbarkeit aufgrund der Dispersion der Märkte und hoher Transportkosten. Weltbankschätzungen zufolge gehen Südafrika jährlich etwa 25% des BIP aufgrund der ineffektiven Organisation der Städte verloren. So sind etwa immense Summen an staatlichen Transportsubventionen, die sich in Kapstadt jährlich auf 240 Mio. Rand belaufen, vonnöten, um die schwarze Arbeiterschaft von ihren Wohnorten weit außerhalb zu den Wirtschaftszentren der Stadt zu bringen (WESTERN CAPE REGIONAL SERVICES COUNCIL, 1994). Allein zwischen 1980 und 1990 hat die *Cape Metropolitan Region* (CMR) 7700 Hektar Farmland an den gering verdichteten Bau von neuen Wohneinheiten in *Townships* und Vororten verloren (CMC, 1996).

Täglich pendeln fast 300.000 Menschen aus den benachteiligten Wohngebieten der *Cape Flats* – vor allem aus Khayelitsha und Mitchells Plain – zu den wichtigsten Industriegebieten entlang des Epping/Parow–Bellville-Korridors, in die Innenstadt und die östlichen Vororte der Standorte der Textilindustrie, sowie entlang des Claremont/Wynberg-Korridors in die südlichen Stadtteile (s. Abbildung IV. 8).

---

142 S. hierzu die Kap. V und VI

GASSON (1995) errechnete 1995, dass die Arbeitnehmer Kapstadts im Durchschnitt 16 km pro Tag zurücklegen, um zu ihren Arbeitsplätzen zu kommen; das entspricht der durchschnittlichen Pendlerdistanz von Los Angeles, allerdings hat Los Angeles fünfmal mehr Einwohner.

Die Aufgaben, die sich der Stadt- und Entwicklungspolitik Kapstadts stellen sind immens. Im Folgenden sollen die wesentlichen entwicklungspolitischen Pläne und bereits implementierte Maßnahmen zur sozialen und ökonomischen Desegregation der CMR dargestellt und kritisch hinterfragt werden. Insbesondere der Wohnungspolitik wird besondere Aufmerksamkeit gewidmet werden.

Abbildung IV. 7:   Ausdehnung der bebauten Flächen der Metroregion Kapstadt von 1900 bis 1998

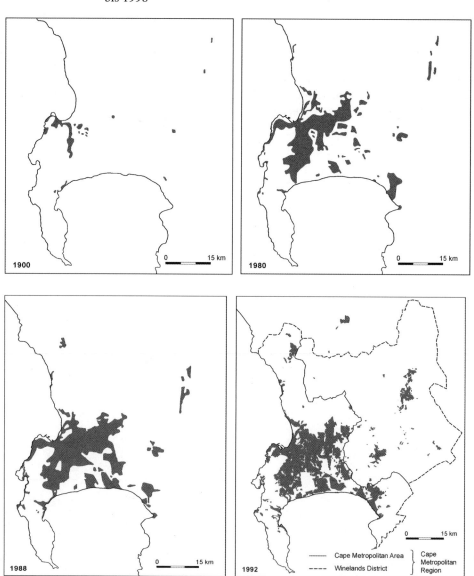

Quellen: DEWAR/UITENBOGAARDT, 1991; CMC 1998b, verändert.

Abbildung IV. 8:   Richtungen des täglichen Pendlerverkehrs in der CMR

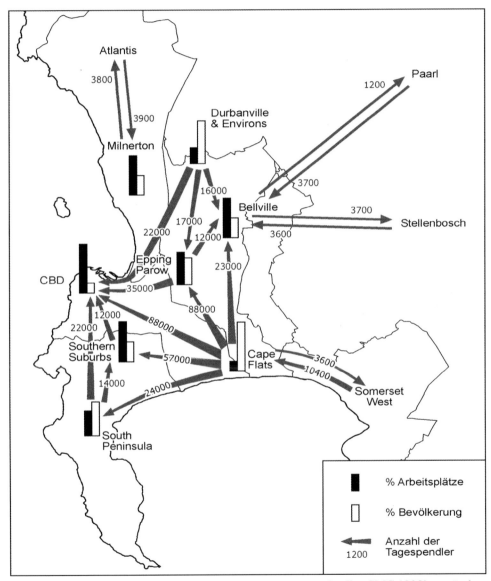

Quelle: CMC 1998b, verändert

4.   Stadtplanung und Wohnraumpolitik in der CMA heute

4.1   Das Metropolitan Spatial Development Framework

Seit 1993 wird auf Metroebene versucht, eine einheitliche und verbindliche Raumplanungs-politik für die Metroregion Kapstadt zu formulieren. Das *Metropolitan Spatial Development Framework* (MSDF) bildet den räumlichen Planungsteil des Integrierten Entwicklungsplanes[143], der für alle Gebietskörperschaften vorgeschrieben ist[144] und löst nach seinem Inkrafttreten alle vorherigen Raumstrukturpläne ab. Der Metrorahmenplan (MSDF) bezieht sich auf die funktionale Region Kapstadt, die neben der CMA auch den *Winelands District* umfasst.

Die Entwicklung der CMA fällt derzeit unter die Zuständigkeit des *Cape Metropolitan Council* (CMC) und die des *Winelands*-Distriktes unter den *Winelands District Council* (WDC). Nach jetzigem Stand der Verwaltungsgliederung und der Zuständigkeiten ist in der CMA der *Cape Metropolitan Council* dafür verantwortlich, die Rahmenpläne für die Metroentwicklung zu erstellen und nach Inkrafttreten deren Einhaltung zu überwachen. Die Implementierung der Vorgaben sowie die kleinräumige Detailplanung unterliegt derzeit den einzelnen *Metropolitan Local Councils* (MLC).

Das *Metropolitan Spatial Development Framework* (MSDF) enthält sowohl räumliche als auch sozioökonomische Leitlinien, die sich im wesentlichen aus der Problemanalyse des vorherigen Kapitels ableiten lassen.

Die räumlichen Leitlinien sollen folgenden Zielen gerecht werden:
– Nachhaltiges Management und nachhaltige Nutzung der urbanen Ressourcen;
– Eindämmung der ungeregelten räumlichen Ausdehnung der Stadt;
– Intensivierung des städtischen Wachstums innerhalb der derzeit existierenden urbanen Gebiete;
– Integration bislang isolierter und benachteiligter Wohngebiete durch Mischnutzung, sowie Ausbau des öffentlichen Transportsektors und des Straßennetzes;
– Auflösung räumlicher Disparitäten bezüglich urbaner Infrastrukturleistungen und Arbeitsplätze
– Entwicklung einer qualitativ hochwertigen urbanen Umwelt.

Die sozioökonomischen Ziele des MSDF schließen folgende Vorgaben ein:
– Gewährleistung einer Entwicklung, die von den betroffenen Menschen an der Basis ausgeht,
– Koordination von Raumplanung und sozioökonomischer Entwicklungsplanung,
– Sicherstellung, dass öffentliche Investitionen auf die identifizierten benachteiligten Gebiete fokussiert werden,
– Gewährleistung der Verbindung von Planung und Zielsetzung mit Budgetierung und Finanzierung (CMC, 1996:xi).

---

143 IDP-*Integrated Development Plan*
144 Unter: *Local Government Transition Second Amendment Act*, No. 97, 1996

Abbildung IV. 9:   Die Metropolitanregion Kapstadt (CMR)

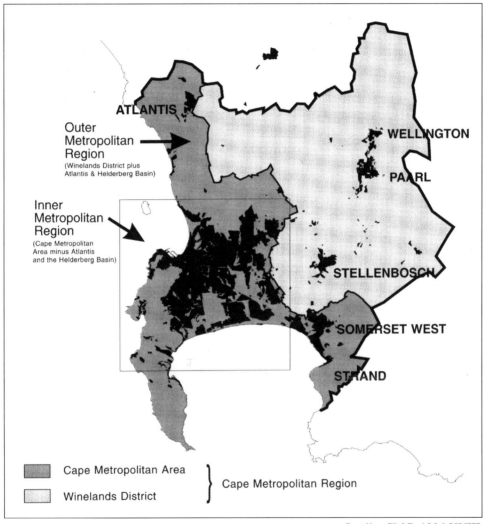

Quelle: CMC, 1996:XVIII

161

Alle hier aufgelisteten Zielsetzungen erscheinen zunächst banal und sollten die Grundlage einer jeden Stadtplanung bilden, für Kapstadt sind sie jedoch – aufgrund der forcierten Segregation während der Apartheidzeit – etwas völlig Neues.

Die wesentlichen Strukturelemente der Stadt- und Stadtumlandentwicklungsplanung bilden vorhandene sowie auszubauende urbane Entwicklungspole und Entwicklungsachsen, ein festgelegtes System metropolitaner Freiflächen (*Metropolitan Open Space System* – MOSS) sowie die Festlegung verbindlicher Bebauungsgrenzen *(Urban Edges)*.

Bei der Formulierung des MSDF hat man sich am Curitiba-Entwicklungsmodell orientiert, das einen integrierten Stadtentwicklungsansatz verfolgt und dem Ausbau des öffentlichen Personennahverkehrs absolute Priorität einräumt, sowie verbindliche Strategien entwickelt hat, eine möglichst umweltgerechte und nachhaltige Stadtentwicklung zu ermöglichen. Hier sei jedoch kritisch angemerkt, dass das Curitiba-Modell nur deshalb Erfolge verzeichnen konnte, weil die gesamte Metroregion Curitiba – anders als derzeit in Kapstadt – von einer zentralisierten Kommunalregierung mit integrierten Planungs- und Finanzmanagementaufgaben geleitet wird und wurde.

4.1.1 Urbane Entwicklungspole und Entwicklungsachsen

Unter urbanen Entwicklungspolen versteht das MSDF Entwicklungsknotenpunkte, die folgende Charakteristika aufweisen:

a)   sie liegen an Verkehrsknotenpunkten, um bestmöglichen Zugang zu schaffen,

b)   sie bieten materielle und soziale Infrastruktureinrichtungen höherer Ordnung wie etwa Gesundheitseinrichtungen, Erholungs- und Bildungseinrichtungen sowie kommerzielle Aktivitäten,

c)   sie erlauben eine hohe Wohnbevölkerungsdichte,

d)   sie bieten die Voraussetzung zum Ausbau durch private und öffentliche Investitionen.

Drei ausgebildete Entwicklungspole dieser Art besitzt Kapstadt bereits. Diese sind neben dem CBD entlang der Ost-West Entwicklungsachse der Bellville-Entwicklungspol und entlang der Nord-Süd-Achse das Entwicklungszentrum von Claremont/Wynberg. Ein Blick auf die Abbildungen IV. 8 und IV. 10 verdeutlicht, dass sich zum einen in diese drei Zentren die wichtigsten Arbeitspendlerströme richten und zum anderen Gebiete mit den niedrigsten Lebensstandards in den *Cape Flats* weder über signifikante Entwicklungspole noch über nennenswerte Entwicklungsachsen verfügen. Daher erscheint die Planung, in Philippi einen neuen Entwicklungspol auszubauen und diesen mit den bestehenden ökonomischen Zentren im CBD, in Bellville und Claremont/Wynberg über sogenannte Entwicklungskorridore zu verbinden, sinnvoll. Der Ausbau dieses Pols soll durch öffentliche Investitionen in Infrastruktur und Wohnungsbau in der Umgebung des geplanten Entwicklungspols und entlang der Verbindungsachsen sowie durch eine Planung, die private Investitionen erleichtern soll, umgesetzt werden.

Die Standortvorteile, die sich den privaten Investoren bieten, liegen auf der Hand. Noch sind die Grundstückspreise relativ gesehen niedrig, ein Arbeitskräfteangebot ist in hohem Maße vorhanden und auch die Transportverbindungen sind bereits weitgehend ausgebaut.

Bereits heute sind die wichtigsten Wohnungsprojekte in der Region um Philippi angesiedelt.[145] Ein Standortnachteil ergibt sich jedoch aus der für Kapstadt überdurchschnittlich hohen Kriminalitätsrate in dieser Gegend. Die Planung für den Philippi-Entwicklungspol und die Verbindungskorridore soll durch einen Ausbau und eine Verdichtung mit Wohnraum und ökonomischen Aktivitäten entlang weiterer Aktivitätsachsen entlang der Hauptverbindungsstraßen begleitet werden. Überall entlang der in Abbildung IV. 10 (im Anhang) dargestellten Hauptkorridore und Achsen wurden genügend freie Flächen, die für eine Mischnutzung in Frage kommen, identifiziert.

4.1.2 Urbane Freiflächen und Bebauungsgrenzen

Das im MSDF ausgewiesene System urbaner Freiflächen (MOSS) soll folgenden Zielen gerecht werden:

a) es soll den Erholungsansprüchen der Bewohner Kapstadts gerecht werden, ohne dass diese große Distanzen zurücklegen müssen,

b) die einmaligen ökologischen Gegebenheiten und die natürlichen Charakteristika der Kaphalbinsel sollen erhalten bleiben,

c) sie sollen als Ausgleichsflächen für urbane Umweltverschmutzung dienen,

d) es soll zu einer harmonischen Abwechslung zwischen anthropogen geschaffener und natürlicher Umwelt beitragen,

e) für die anthropogene Nutzung ungeeignete Flächen (etwa Überschwemmungsflächen) müssen im MOSS enthalten sein.

Ein System von unbebauten Flächen, das die natürliche Attraktivität der CMR erhält, hat nicht nur positive Auswirkungen auf die ökologischen Gegebenheiten der Region und auf die Erholungs- und Freizeitmöglichkeiten der Bewohner, sondern auch auf die Tourismusindustrie, die eine der wichtigsten ökonomischen Potentiale Kapstadts darstellt.

Es ist in der Realität jedoch nur zu oft der Fall, dass informelle Siedlungen aufgrund fehlender Alternativen auf den vorhanden Freiflächen entstehen. Insofern spielt auch für die Erhaltung der urbanen Ausgleichsflächen eine konsistente Wohnungspolitik eine wichtige Rolle. Ohne eine rasche Bereitstellung akzeptabler Alternativen zur Errichtung informeller und illegaler Siedlungen werden sich die ausgewiesenen Freiflächen jedoch nicht lange ohne den Einsatz von Gewalt freihalten lassen. Ähnliches gilt auch für die Einhaltung der räumlichen Wachstumsgrenzen der Stadt. Auch diese werden sich nur einhalten lassen, wenn die Pläne zur Wohnraumverdichtung schnellstmöglich in die Tat umgesetzt werden.

Wie sinnvoll die Planungen für die Entwicklung der CMA und CMR auch sein mögen, wird m. E. erst eine Zentralisierung der Finanzen und der urbanen Planung dem MSDF zum Erfolg verhelfen. Bisher arbeiten die einzelnen Kommunen in Kapstadt eher gegeneinander als miteinander. Anhand der Wohnungspolitik soll diese Einschätzung im Folgenden untermauert werden.

---

145 S. Kap. V. und VI. zum *Integrated Serviced Land Project* in Philippi.

4.2   Die Wohnungspolitik in Kapstadt

Neben den nationalen und Provinz-Richtlinien existieren derzeit in jedem *Metropolitan Local Council* (MLC) – mehr oder weniger ausformulierte – eigene Richtlinien. Je nach vorherrschender Problemlage in den einzelnen Gebietskörperschaften sind die Formulierung der Wohnungspolitik und deren administrative Handhabung in einem unterschiedlichen Stadium. Die drei am stärksten durch die Wohnungskrise betroffenen Gebietskörperschaften, die *City of Cape Town*, die *South Peninsula Municipality* sowie die *City of Tygerberg*, haben der jeweils vorherrschenden Problemlage entsprechend Diskussionspapiere erstellt, die zur Formulierung einer Wohnungspolitik führen sollen. Vorreiter ist hierbei die *City of Cape Town*, die Ende 1997 den ersten Entwurf für eine Wohnungspolitik vorgelegt hat.[146]

Die *South Peninsula Municipality* hat 1997 eine neue *Housing Services Unit* eingerichtet und im August 1998 ein internes *Housing Review and Policy Handbook* herausgegeben. Tygerberg befindet sich noch im Diskussionsprozess, es existiert jedoch eine Direktive, die die Verfahrensweise mit städtischen Mietwohnraum regelt.

Insgesamt ist anzumerken, dass erhebliche Disparitäten zwischen allen Gebietskörperschaften Kapstadts bezüglich des Vorhandenseins von geeigneten Freiflächen für den *low cost* Wohnungsbau und der zu versorgenden Bevölkerung bestehen. So haben etwa Tygerberg und die *City of Cape Town* den größten Bedarf an Wohnraum, aber die wenigsten verfügbaren Flächen.

Alle *Substructures* in der CMA haben mit dem Vermächtnis ungleicher Entwicklung zu Apartheidzeiten und der Inkorporation unterschiedlicher Verwaltungsstrukturen zu kämpfen. Das Management der städtischen Sozialwohnungen, ebenso wie das *Upgrading* existierender informeller Siedlungen und die Ausweisung neuer *low cost*-Wohngebiete stellen hohe Anforderungen an die neuen Verwaltungs- und Entscheidungsstrukturen. Es soll an dieser Stelle nicht vergessen werden, dass auch die neugeschaffenen Verwaltungseinheiten unterschiedliche Verwaltungssysteme aus der Apartheidzeit inkorporieren mussten und die jeweils dazugehörigen Angestellten und Beamten neue Aufgaben übernehmen und dazu oft erst entsprechende Zusatzqualifikationen erlangen mussten. Diese Prozesse sind noch längst nicht abgeschlossen. Die derzeitigen Veränderungen zur Übernahme des Megacity-Konzeptes erfordern weitere Umstrukturierungen.

4.2.1 Städtische Sozialwohnungen

Fast alle neu geschaffenen Gebietskörperschaften der CMA haben städtische Sozialwohnungen aus der Apartheidzeit geerbt. Die größten Anteile werden durch die *City of Cape Town* mit 15.466 und die *South Peninsula Municipality* mit 10.500 Einheiten verwaltet.

Die Familieneinkommen von Bewohnern städtischer Sozialwohnungen sollen 3.000 Rand nicht übersteigen und die Mieten sind an die Einkommen gekoppelt. Während der 80er Jahre wurden Wartelisten für städtische Sozialwohnungen eingerichtet, zu der nur

---

146 CITY OF CAPE TOWN (1997)

Coloureds, Inder und Weiße Zugang hatten. Heute verursachen diese Wartelisten erhebliche Probleme, da sie zum einen nicht mit der Integrations- und Desegregationspolitik kompatibel sind, weil sie bestimmte Bevölkerungsgruppen bevorzugen, zum anderen können sie jedoch auch nicht einfach aufgelöst werden. Mindestens 31.500 Familien waren Ende 1998 auf der Warteliste für ein städtisches Miethaus oder eine Mietwohnung in der *City of Cape Town* und pro Monat kommen mehr als 100 neue Bewerber hinzu. Viele dieser Familien sind bereits seit über 15 Jahren auf dieser Liste und wohnen derzeit unter extrem beengten Verhältnissen bei Verwandten oder Freunden. Die Auslagerung von Teilen der Familie in sogenannte *backyard shacks* – illegal errichtete Hütten in den Hinterhöfen städtischer Mietwohnungen und Miethäuser – sind an der Tagesordnung. Der hohen Nachfrage nach städtischen Sozialwohnungen steht jedoch eine viel zu geringe Anzahl an städtisch verwaltetem Mietwohnraum gegenüber, so dass im besten Falle pro Jahr weniger als 50 neue Wohnungen zugewiesen werden können. Demnach erweckt die immer noch existierende Warteliste falsche Hoffnungen für die Bewerber, die irgendwann in Frustration umschlagen.[147]

Aufgrund der extremen Knappheit wird städtischer Sozialwohnraum zum Druckmittel und Spekulationsobjekt für unterschiedliche kriminelle Gangs vor allem in den ehemaligen *Coloured Group Areas* der *Cape Flats*.[148] Das in Kapstadt bereits sprichwörtliche *Hijacking* von Wohnungen, sobald ein Bewohner stirbt oder durch kriminelle Drohungen vertrieben wird, ist derzeit an der Tagesordnung. In vielen Fällen sind die Wohnungen auch zu Mietpreisen, die weit über den hochsubventionierten Sozialmieten liegen, illegal vermietet.

Die Mitarbeiter des *Department of Housing* sind derzeit hoffnungslos überfordert, diesen Zuständen Abhilfe zu schaffen, da Interventionen ihrerseits nicht selten mit Gewaltandrohungen einhergehen. So mussten etwa Mitte 1998 die Mitarbeiterinnen des *Housing*-Büros in Manenberg unter Polizeischutz evakuiert werden, da das Büro beschossen worden war. Todesdrohungen an den *Director of Housing*, der u. a. dem Missbrauch städtischer Sozialwohnungen den Kampf angesagt hatte, führten zu dessen Rücktritt Anfang 1998 und zur Verlegung seines Wohnsitzes ins Ausland.

Um der hoffnungslosen Überfüllung städtischen Wohnraums und der Errichtung illegaler *backyard shacks* zu begegnen, hat die *City of Cape Town* 1999 erstmals ein Programm zur Legalisierung von *backyard shacks* aufgelegt. In einer Pilotgemeinde in Kewtown (»The Closes«) in den *Cape Flats* sollen die vorhandenen *shacks* an das Strom- und Wassernetz angeschlossen werden und neue Grundstücke auf gemeinschaftlich genutzten Freiflächen zwischen den städtischen Häusern von etwa 10m^2 ausgewiesen

---

147 »*(...) most of the people are in a queue that has more to do with history and forlorn hope than with housing. The reality is that the quantity of council held stock becoming available each year is, at best, a few dozen and constantly declining. The existing waiting list is not connected to the new housing policy, and amounts to a cul de sac for thousands of people, who still contact our offices to find out when a house will become available.*« (City of Cape Town, internes Diskussionspapier, 5.11.1997)
148 Etwa in Hannover Park, Kewtown, Manenberg, Mitchells Plain, u.a.

werden, auf denen eine informelle Bebauung zulässig ist. Die Registrierung der Bewohner und ein eher symbolischer Mietzins von 40 Rand pro Monat sollen Rechtssicherheit vermitteln. Die Legalisierung bezieht sich allerdings nur auf unmittelbare Familienmitglieder der legalen Mieter städtischer Sozialwohnungen. Sollte dieses Pilotprogramm erfolgreich sein, plant die *City of Cape Town* dessen Ausweitung.[149]

Auch die *City of Tygerberg*, die ebenso einen großen Anteil der während der Apartheid errichteten Sozialwohnungen übernommen hat, plant derzeit *backyard shacks* zu legalisieren, soweit sie noch nicht näher spezifizierten Standards genügen.[150] Im Gegensatz zum Pilotversuch in der *City of Cape Town* wird jedoch im internen Diskussionspapier zur *Housing Administration Policy* (ohne Jahresangabe) für Tygerberg unter Punkt 5.2 klargestellt: »*structures will not be allowed on communal grounds/areas of flats*«.

Ein weiteres großes Problem, das die städtischen Sozialwohnungen betrifft, ist der enorme Mietrückstand. Zurückgehend auf die Zeit der Apartheid, in der viele Mieter städtischer Wohnungen aus politischem Protest ihre Mietzahlungen eingestellt hatten, hat sich diese Praxis in die heutige Zeit fortgesetzt. Etwa 90% aller Bewohner subventionierter Sozialwohnungen sind im Rückstand mit ihren Mietzahlungen. Im Oktober 1997 verzeichnete zum Beispiel der *Cape Town City Council* Außenstände für Mieten von mindestens 40 Millionen Rand in den ehemaligen *Coloured Group Areas*[151]. In den nach der Einrichtung der neuen Gebietskörperschaften heute zur *City of Cape Town* gehörenden ehemaligen schwarzen *Group Areas* (z. B. Crossroads), die unter die Verwaltung der sogenannten *Black Local Authorities* fielen, wurden seit 1994 überhaupt keine Mieten mehr erhoben. Abgesehen von denjenigen Familien, die aufgrund von Arbeitslosigkeit tatsächlich nicht in der Lage sind, ihre Mieten zu bezahlen, gibt es eine große Anzahl von Haushalten, die sich zwar die ohnehin geringen Mieten leisten könnten, diese aber aufgrund mangelhafter Kontrolle und bislang nicht ausgeübter Strafmaßnahmen (in letzter Instanz die Ausweisung aus dem besetzten Wohnraum) nicht zahlen. So wurden etwa in den ehemaligen *Coloured Group Areas* des *Cape Town City Council* seit 1993 und in den *Black Local Authority Areas* seit 1988 von Verwaltungsseite keine Maßnahmen bei Mietrückstand mehr ergriffen.

Eine Verwaltung, die es nicht schafft, solche Vorgänge zu kontrollieren, benachteiligt diejenigen, die sich an die Regeln halten. Es ist nicht verwunderlich, dass diese Zustände

---

149 Bruce Malagas, der für Kewtown zuständige Verwaltungsbeamte der City of Cape Town wird im *Cape Argus* (15.03.1999) zitiert: »*It has been a very tough battle to get this trough because of opposition as it is the first time this is being done. The informal structures are a temporary measure. The structures have a lifespan of five to ten years. If it works, we will consider extending it to other areas.*«

150 »*It is accepted that temporary and permanent structures will be erected in housing schemes, but these should conform to set procedures, specifications, regulations and standards, and if not, that it is the tenants' responsibility to regularise such structure, and thereafter maintain it to the satisfaction of the Council.*«(City of Tygerberg, o. Jahresangabe:3)

151 CITY OF CAPE TOWN (1997:5)

zu Frustration auf allen Ebenen führen und die Mitarbeiter der einzelnen *Housing Departments* generell kein hohes Ansehen bei der Bevölkerung genießen. Zudem senden solche Bedingungen die falschen Signale an die Privatwirtschaft, die sich aufgrund der Erfahrungen mit städtischen Mietwohnungen im Moment kaum dazu bereit findet, sich im Mietwohnungsbau für Geringverdienende zu engagieren. Eine ähnliche Argumentationslinie verfolgen auch die Gegner kommunalen Sozialwohnungsbaus, der unter den derzeitigen Rahmenbedingungen nur zum Verlustgeschäft werden kann. Das ist neben der Umverteilungsidee einer der Gründe, warum derzeit dem Bau von Wohneigentum absolute Priorität eingeräumt wird.

4.2.2 Informelle Siedlungen und Neubau von low cost-Einheiten

Nicht nur die Administration der Sozialwohnungen stellen die einzelnen Gebietskörperschaften vor enorme Probleme, sondern auch die mindestens 600.000 Menschen in der CMA, die derzeit in informellen Wohneinheiten leben und dringend entweder auf die Legalisierung ihrer Wohneinheiten und Infrastruktureinrichtungen oder die Zuteilung von Baugrund bzw. neugeschaffenem Wohnraum warten.

Auch die informell und illegal errichteten Siedlungen leiden unter dem Problem der Kriminalisierung. Derzeit sind in verschiedensten informellen Siedlungen sogenannte *Squatter Lords* oder *War Lords* am Werke, die zum einen friedliche Verhandlungen über Umzüge verhindern und zum anderen Besetzungen von zur *low cost*-Bebauung ausgewiesenen Freiflächen organisieren. So wurde etwa im März 1999 eine gewählte Stadträtin massiv bedroht, als sie versuchte, mit den illegalen Besetzern eines privaten Grundstückes in Athlone zu verhandeln. Dort wurde auch beobachtet, dass die Störenfriede, die das Treffen verhinderten, offensichtlich bezahlt wurden. Die Athlone News (17.03.1999) zitieren die Stadträtin folgendermaßen:

> There seemed to be a third force at work there who appeared to want to disrupt the meeting. (...). When I was on my way home I saw a man who was in the meeting, handling money to some of the squatters who had caused the disruption. When I got home I received a threatening phone call on my cell phone. The person told me to stay out of the area.

Diese Art von Gewalt, die von informellen Siedlungen ausgeht, ist kein Einzelfall, sondern tagtägliche Realität für Stadt- und Gemeinderäte sowie Vertreter der Administration. Eigene Erhebungen und Erfahrungen in drei informellen Siedlungen Kapstadts bestätigen dies.[152] Nicht selten werden Drohungen in die Tat umgesetzt, wie etwa im Falle eines Gemeinderates, der nach einer Versammlung mit illegalen Besetzern eines neuen Wohnungsprojektes in Landsdowne/Philippi im April 1999 erschossen wurde. Auch in diesem Fall hatten organisierte Landbesetzer Hütten auf einem am Vortag für die Entwicklung eines neuen *low-cost-housing*-Projekts freigegebenen Gebiet errichtet. Diese wurden jedoch zwei Tage später durch die Polizei wieder geräumt.

---

152 S. Kap. V und VI

Korruption ist ein weiteres Problem, das die gerechte Verteilung von neu ausgewiesenen Grundstücken behindert. Auch hier sind *Squatter Lords* zugange, die den verzweifelten Familien hohe Beträge abpressen um sie auf die Zuteilungslisten zu setzten. Das ist natürlich nicht ohne die Mithilfe von Gemeinderäten, Angestellten der Administration und nicht selten auch vor Ort arbeitenden Mitgliedern von NGOs möglich.

Alle Gebietskörperschaften der CMA sind darauf angewiesen, möglichst rasch Flächen, die in vertretbarer Nähe zu den Arbeitsplätzen der Stadt liegen, für die *low cost*-Bebauung auszuweisen. Wie bereits erwähnt befinden sich jedoch die vorhandenen Flächen und der Wohnraumbedarf in den einzelnen *Municipalities* in einem extremen Ungleichgewicht. Da es bislang noch keine einheitliche und vor allem integrierte Wohnungspolitik für die gesamte CMA gibt, wären die einzelnen *Municipalities* darauf angewiesen, zumindest in der Wohnungsfrage eng zusammenzuarbeiten. Das Gegenteil ist jedoch der Fall: Um ihre jeweilige Einkommensbasis zu schützen – *low cost*-Wohngebiete bringen wenig Steuern ein, kosten jedoch viel – versuchen die reicheren *Municipalities* mit weniger Wohnraumbedarf eher Industrieflächen oder Wohngebiete für den oberen Mittelstand auszuweisen, als geeignete Flächen für den *low cost*-Wohnungsbau für die Bewohner anderer *Municipalities* bereitzustellen. Insgesamt ist festzustellen, dass die einzelnen Verwaltungseinheiten der CMA zumindest in der Wohnungspolitik derzeit noch eher gegeneinander als miteinander arbeiten. Auch einzelne Mitarbeiter werden bisweilen von einer Kommune in die andere abgeworben. Zur (nicht vorhandenen) Kooperation der einzelnen Gebietskörperschaften der CMA bemerkt ein internes Dokument der *Cape Town Municipality* treffend:

> (...) the existing system could still work, but it would need an extremely high level of mutual trust and co-operation among the six municipalities. Not only does that relationship not exist, it would be accurate to describe the current relationship in the opposite terms – mean-spirited, competitive, closed and hostile. (zitiert in: Cape Argus, May 22, 1998)

So versucht derzeit jede Gebietskörperschaft ihren eigenen Weg zu gehen – mehr oder minder innovativ und mit mehr oder weniger Erfolg.

Die *City of Cape Town* hat als erste Kommune überhaupt ein neues Konzept vorgelegt, das sich nicht ausschließlich auf die staatlich zur Verfügung gestellten Summen der *National Housing Subsidy* beschränkt. Hierzu wurde im Mai 1999 die *Cape Town Community Housing Company* als *joint venture* zwischen der *City of Cape Town* und der *National Housing Finance Corporation* (NHFC)[153] gegründet. Das neue Förderkonzept umfasst vier Elemente:

a)   die staatliche *Housing Subsidy*
b)   eine zusätzliche finanzielle Subvention von Seiten der Kommune
c)   Eigene Ersparnisse der Betroffenen
d)   Mikro-Kredite, vergeben oder vermittelt durch die NHFC

---

153 Neben koordinatorischer Aufgaben im Wohnungsbau auf nationaler Ebene vergibt und vermittelt der NHFC Mikro-Kredite für den Wohnungsbau.

Diejenigen, die in der Lage sind, auch nur kleinste Summen zu sparen, können sich so einen adäquateren Standard leisten, als ihn die allein mit der *Subsidy* finanzierten 24m²-Häuser zu bieten vermögen. Personen, die für die *National Housing Subsidy* qualifiziert sind und nachweisen, dass sie über ein halbes Jahr pro Monat je 50 Rand[154] sparen können, erhalten vom CCC einen zusätzlichen einmaligen Wohnungsbauzuschuss von 5.000 Rand. Die Summe von 50 Rand entspricht den derzeitigen Kommunalabgaben. Wer also beweist, dass er/sie in Zukunft seine Kommunalabgaben zahlen kann, wird mit einem Zuschuss belohnt. Diejenigen, die nachweisen können, dass sie in der Lage sind, über 50 Rand pro Monat zu sparen, qualifizieren sich für einen sogenannten Mikro-Kredit, der sich je nach ökonomischem Potential der Antragsteller zwischen 2.500 und 6.500 Rand bewegen kann. Erst nach Rückzahlung der Kredite gehen die Häuser in das Eigentum der Antragsteller über.

Der Vorstoß des CCC wird durch die negativen Erfahrungen der letzten Jahre mit dem Bau von *low cost*-Einheiten, die allein durch die *National Housing Subsidy* finanziert wurden geleitet:

1. Die bisher gebauten *core structures* erreichten in Kapstadt maximale Größen von 24m²; das ist selbst in Erwartung eines selbsthilfegesteuerten sukzessiven An- und Ausbaus durch die Besitzer zu klein und war vor allem in den Medien massiver Kritik ausgesetzt.

2. Es fanden nur in seltenen Einzelfällen tatsächlich adäquate Aus- und Anbauten statt. Statt dessen wurden vielfach trotz Verbots auf den Grundstücken neue informelle Strukturen errichtet. In vielen Fällen hatte diese Praxis nichts mit fehlenden ökonomischen Mitteln der Bewohner zu tun.[155]

3. Durch eine Eigenbeteiligung von Anfang an kann der *Ownership*-Gedanke gestärkt werden. Wer im Gegensatz zu den »geschenkten *Subsidy*-Häusern« Geld in seine Behausung investiert hat, wird ein größeres Verantwortungsbewusstsein und eine stärkere Identifizierung mit dem Wohnort Stadt entwickeln.

4. Diese Vorgehensweise könnte auch der weitverbreiteten Nehmermentalität entgegenwirken, die sich allein auf die Leistungen des Staates verlässt und bei Nicht-Erfüllung ihrer Wünsche ein massives Protestpotential mobilisieren kann.

Das neu eingerichtete Programm orientiert sich auch an der Tatsache, dass Selbsthilfeprojekte mit Sparanteil wie etwa in *Victoria Mxenge*[156] erhebliche Erfolge zu verzeichnen haben. Ob die Rechnung des CCC aufgehen wird, muss die Zukunft zeigen.

Kritisiert werden könnte an dieser Vorgehensweise natürlich, dass sie diejenigen Haushalte bevorzugt, die ohnehin über größere Mittel verfügen. Andererseits ist die erforderlich Sparsumme von 50 Rand pro Monat so niedrig gehängt, dass sie von der Mehrzahl der Betroffenen auch aufgebracht werden kann.

---

154 Ende 2000 waren 50 Rand etwa DM 15,50
155 S. hierzu Kap. VI
156 S. hierzu Kap. VI

Die zusätzliche Unterstützung von 5.000 Rand durch das CCC ermöglicht es, dem durchschnittlichen Einzimmerhaus von 24m² zumindest ein weiteres Zimmer von 16m² anzubauen (s. Abb. IV. 11). Alle anderen Kommunen Kapstadts nutzen derzeit ausschließlich die nationale *Housing Subsidy*, um weitere Einheiten zu bauen. Wie viele Einheiten in den letzten Jahren tatsächlich entstanden sind, lässt sich derzeit allerdings kaum nachvollziehen.

5.   Die große Unübersichtlichkeit der Wohnungspolitik in Kapstadt

Die wesentlichsten Probleme, die sich der Wohnungspolitik in Kapstadt stellen liegen in der nicht vorhandenen Koordination und Kooperation der einzelnen Kommunen der CMA begründet. Die weitgehende Autonomie und die Konkurrenzsituation sowie die unterschiedliche Belastung mit Problemen der einzelnen Kommunen erschwert bisher eine ganzheitliche Entwicklungsplanung.

Der notwendige zügige Wohnungsneubau scheitert an der fehlenden Ausweisung geeigneter Flächen und mangelnder Kooperation zwischen den einzelnen Gebietskörperschaften. Auch die Probleme der Mietrückstände und der Kriminalisierung von Sozialwohnungen könnten mit metroweit verbindlichen Richtlinien und der Bündelung der Finanz- und Personalmittel zielgerichteter angegangen werden.

Unterschiedliche Förderprogramme für den Wohnungsbau, sowie unterschiedliche Vorgehensweisen bei der Räumung informeller Siedlungen setzen intraurbane Migrationsbewegungen in Gang. Innovative Alleingänge in der Wohnungsbauförderung wie der des CCC können weitere Migrationsbewegungen in Gang setzten. Diese werden im Falle des CCC die Kommune treffen, die ohnehin über die geringsten Freiflächen für die Ausweisung von *low cost*-Gebieten verfügt.

Das *Metropolitan Spatial Development Framework* setzt vernünftige und m. E die richtigen Akzente, um die Entwicklung der CMA und CMR zu einer weniger segregierten, ökonomisch, sozial und nicht zuletzt ökologisch annäherungsweise nachhaltigen Metroregion zu unterstützen. Zur Umsetzung des MSDF ist jedoch ein Konsens aller beteiligten Entscheidungsträger und eine Zentralisierung der Entscheidungsgewalt unabdingbar. Bedauerlicherweise können die langwierigen politischen Umgestaltungsprogramme und das Beharrungsvermögen administrativer Strukturen dazu führen, dass bei weiterer Verzögerung des Inkrafttretens des MSDF die Realität in Form von weiterer informeller und illegaler Besiedlung die Planung überholt. Allein die Tatsache, dass sechs Jahre intensiver und kontroverser Diskussionen vergehen mussten, um die Vorlage des MSDF für die Provinzregierung zu erarbeiten, lässt befürchten, dass zu viele weitere Jahre ins Land gehen werden bevor die Richtlinien in allen Gremien verabschiedet sind und sie in Kraft gesetzt werden können.

Abbildung IV. 11: Beispielgrundrisse

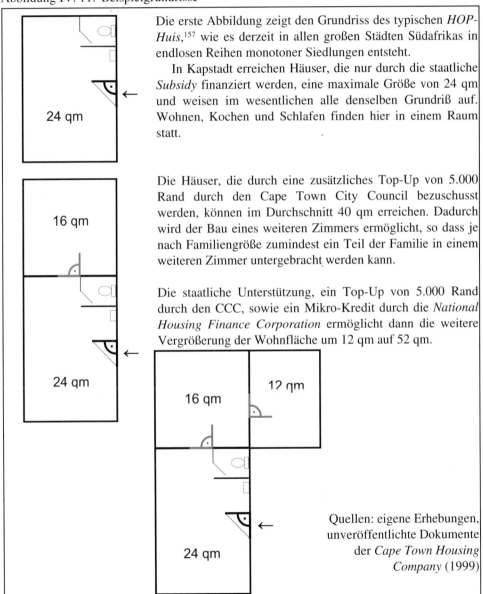

Die erste Abbildung zeigt den Grundriss des typischen *HOP-Huis*,[157] wie es derzeit in allen großen Städten Südafrikas in endlosen Reihen monotoner Siedlungen entsteht.

In Kapstadt erreichen Häuser, die nur durch die staatliche *Subsidy* finanziert werden, eine maximale Größe von 24 qm und weisen im wesentlichen alle denselben Grundriß auf. Wohnen, Kochen und Schlafen finden hier in einem Raum statt.

Die Häuser, die durch eine zusätzliches Top-Up von 5.000 Rand durch den Cape Town City Council bezuschusst werden, können im Durchschnitt 40 qm erreichen. Dadurch wird der Bau eines weiteren Zimmers ermöglicht, so dass je nach Familiengröße zumindest ein Teil der Familie in einem weiteren Zimmer untergebracht werden kann.

Die staatliche Unterstützung, ein Top-Up von 5.000 Rand durch den CCC, sowie ein Mikro-Kredit durch die *National Housing Finance Corporation* ermöglicht dann die weitere Vergrößerung der Wohnfläche um 12 qm auf 52 qm.

Quellen: eigene Erhebungen, unveröffentlichte Dokumente der *Cape Town Housing Company* (1999)

---

157 HOP- *Heropbou en Ontwikkelingsprogram*, Afrikaans für *Reconstruction and Development Programme* (RDP), das offizielle Umbau- und Entwicklungsprogramm der ANC-Regierungen

Um dem MSDF und damit einer nachhaltigen und gerechteren Stadtentwicklung von Kapstadt zum Erfolg zu verhelfen, ist es des weiteren unabdingbar, die Zersplitterung und Unübersichtlichkeit der Zuständigkeiten aufzugeben und eine zentralisiertere Entscheidungsgewalt einzusetzen. Es ist zu hoffen, dass Kapstadt die Vorgaben des *White Paper on Local Government* zur Umstrukturierung der Megacity schnellstmöglich umsetzt. Nachdem Billy Cobbett, der ehemalige *Director of Housing* des CCC, die wesentlichen Eckpunkte der Wohnungspolitik der *City of Cape Town* auf den Weg gebracht hatte und daraufhin wegen Todesdrohungen zurückgetreten war, sagte er voraus:

> doom and a certain disaster unless the structure of local government changes and there is an integrated approach to housing. The present system could lead to apartheidstyle inefficiencies, fragmentation of the city, racial polarisation and the continued provision of sub-standard housing or new ghettos. (Cape Argus, 22.05.1998).

Weder der Staat noch die dezentralisierten Strukturen sind derzeit in der Lage, die enormen Wohnraumprobleme mit all ihren negativen sozioökonomischen Nebeneffekten befriedigend zu lösen. Selbsthilfe und Eigeninitiative der Betroffenen spielen deshalb eine große Rolle. Ohnehin zielen alle bisher aufgelegten Wohnungsbauprogramme auf eine staatlich unterstützte Selbsthilfestrategie.

Die nun folgenden Kapitel werden sich anhand detaillierter Fallstudien mit den Chancen der Selbsthilfe im Wohnungssektor beschäftigen und der Frage nachgehen, unter welchen Bedingungen Selbsthilfe in der Schaffung von Wohnraum erfolgversprechend ist. Zunächst sollen die Untersuchungsmethoden und die einzelnen Untersuchungsgebiete in Kapstadt vorgestellt werden.

V. Charakterisierung der Untersuchungsgebiete in Kapstadt und Methodik der empirischen Erhebungen

Die nun folgenden Kapitel beziehen sich auf empirische Forschungsarbeiten in drei ausgewählten informellen Siedlungen in Kapstadt, die zwischen 1995 und 2000 durchgeführt wurden. Die lange Vorlaufzeit – bis tatsächlich mit den Untersuchungen begonnen werden konnte – eingerechnet, hat die Autorin insgesamt mindestens 2,5 Jahre in Kapstadt verbracht.

Wer in informellen Siedlungen arbeiten will, braucht einen langen Atem. Aufgrund des hohen Gewaltpotentials in diesen Siedlungen ist ein behutsames Vorgehen und ein hohes Maß an Empathie unabdingbar. Ohne das Vertrauen und die Unterstützung durch die Bewohnerinnen und Bewohner sind solche Untersuchungen zum Scheitern verurteilt. Besonders schwierig werden Untersuchungen dann, wenn rivalisierende Gruppen um die Vormachtstellung in den Siedlungen kämpfen. Dann muss die Unterstützung aller *Community Leaders*, die nicht selten über kriminelle Aktivitäten und Gewaltandrohung in diese Position gelangt sind, erbeten werden. Das ist nicht immer einfach, da diese ja zunächst identifiziert werden müssen. So mussten etwa die Untersuchungen in der Siedlung Brown's Farm abgebrochen werden, nachdem bereits über 100 Interviews durchgeführt worden waren, weil massive Bedrohungen durch eine neu aufgetretene Machtgruppe, die schließlich in physischen Angriffen auf das Interviewerteam kulminierten, eine Weiterarbeit verunmöglichten.

Bevor nun die einzelnen Untersuchungsgebiete vorgestellt werden, soll die methodische Vorgehensweise der empirischen Untersuchungen dargestellt werden.

1. Methodik der empirischen Untersuchungen

Neben den für alle wissenschaftlichen Arbeiten unabdingbaren Literaturrecherchen und - auswertungen wurden eine Reihe unterschiedlicher Methoden auf unterschiedlichen Ebenen angewandt. Die Ergebnisse unzähliger Expertengespräche auf kommunaler, Provinz- und nationaler Ebene sind bereits zu weiten Teilen in die beiden vorhergehenden Kapitel eingeflossen. Insbesondere mit dem *Planning Department* des CCC und den einzelnen Planungseinheiten der CMR wurde eng zusammengearbeitet.

1.1 Kriterien zur Auswahl der Untersuchungsgebiete

Bis heute gibt es kaum valide sozioökonomische Basisdaten zu den informellen Siedlungen in Kapstadt. Insbesondere bestehen erhebliche Informationslücken etwa über Herkunft, intraurbanes Migrationsverhalten, Konsolidierungsmuster und Selbsthilfepotential städtischer Marginalgruppen in der Metropolitanregion Kapstadt. Daher mussten im Rahmen der Untersuchung auch diese Basisdaten erhoben werden.

Dabei sollten insbesondere diejenigen Faktoren herausgearbeitet werden, die eine Wohnraumkonsolidierung durch Selbsthilfe in der Stadt befördern bzw. diese verhindern. Neben der Berücksichtigung der individuellen Lebensplanung, der individuellen Präferenzen sowie der Sozialstruktur einzelner Haushalte und den sozioökonomischen Rahmenbedingungen sollte auch der Frage nachgegangen werden, inwieweit dabei die räumliche Lage, die sozio-strukturellen Merkmale, aber auch die Nachbarschaft innerhalb eines Wohnortes ausschlaggebend sind.

Es wurden drei im wesentlichen durch informelle Wohnformen gekennzeichnete Wohnviertel als Untersuchungsorte ausgewählt. Die Auswahl erfolgte mit dem Ziel, möglichst viele unterschiedliche strukturelle Merkmale aller in Kapstadt derzeit vorhandenen *Squatter*-Siedlungen zu reflektieren und damit Unterschiede im Konsolidierungsverhalten ihrer Bewohner in Beziehung zu den Rahmenbedingungen setzen zu können, um daraus verallgemeinerbare Schlüsse abzuleiten. Die Untersuchungsgebiete Marconi Beam, Weltevreden Valley und Imizamo Yethu wurden nach folgenden Kriterien ausgewählt:

– Alter der Siedlung und Entstehungsgeschichte
– Größe der Siedlung, wobei hier ein wichtiges Kriterium die Durchführbarkeit der Untersuchungen war, insbesondere im Hinblick auf die Durchführbarkeit repräsentativer Stichprobenerhebungen.
– Lage der Siedlung zu potentiellen Arbeitsplätzen und zur Innenstadt
– Legaler Status
– Geplante oder bereits angelaufene Wohnungsprojekte mit Selbsthilfekomponente
– Unterstützung durch Nicht-Regierungsorganisationen
– Konfliktpotential mit formellen Anwohnern
– Vorhandensein von Basisorganisationen und Organisationsgrad der Siedlung
– Lage in unterschiedlichen kommunalen Einheiten mit unterschiedlichen Planungs- ansätzen zu informellen Siedlungen

Da bei der Auswahl der Untersuchungsgebiete nicht auf vorherige Untersuchungen zurück- gegriffen werden konnte, konnten Kriterien zur Bevölkerungsstruktur nicht zur Auswahl herangezogen werden.

Abbildung V. 1:   Lage der Untersuchungsgebiete

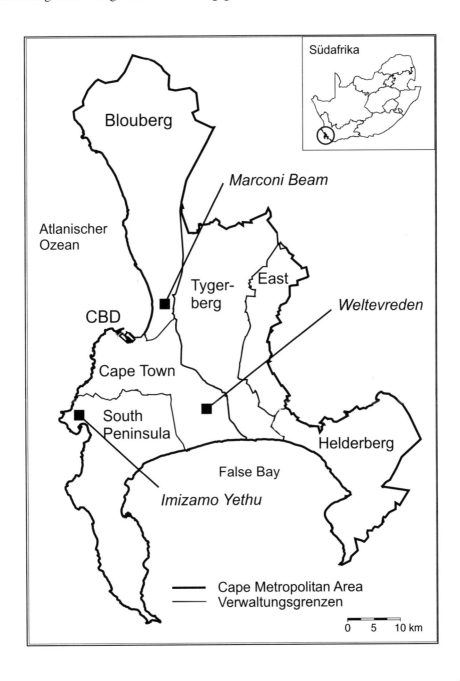

Tabelle V. 1:   Charakterisierung der Untersuchungsgebiete nach Auswahlkriterien

Untersuchungs-gebiete / Auswahlkriterien	MARCONI BEAM	WELTEVREDEN VALLEY	IMIZAMO YETHU
ALTER	1982: Besetzung durch illegale *Squatter*, sukzessive Zuwanderung bis heute	seit 1988: illegale *Squatter* ab 1996: Offizielles Wohnungsbauprojekt, Legalisierung und Umsiedlung	1991: Gründung als *Site & Service*, sukzessive Zuwanderung bis heute
GRÖSSE: (1997) Wohneinheiten Personen (ca.)	1.343 5.775	1.715 7.203	1.130 4.500
LAGE	Ca. 10 km vom CBD, am Koeberg Rd.- Entwicklungs- korridor und Montague Gardens-Industriegebiet	Ca. 20 km vom CBD, am geplanten Philippi-Entwicklungspol	Ca. 20 km vom CBD, Nähe zur Fischfabrik in Hout Bay
LEGALER STATUS	zunächst illegal auf Privatbesitz, seit 1991 Transitgebiet, seit Anf. 1997 Umsiedlung nach Joe Slovo	zunächst illegal, seit 1996 legales Umsiedlungs- und Entwicklungsgebiet	50% der Bewohner legal auf *Site & Service* 50% der Bewohner illegal im angrenzenden Wald
PROJEKT-ANSATZ	*Core housing* mit Umsiedlung der gesamten Gemeinde	*Core housing, Site & Service*, teilweise in situ, teilweise Zuzug aus anderen Gebieten	geplant: in situ *Upgrading* der alten *Site & Service*-Gebiete, Umsiedlung der illegalen Bewohner
NRO–UNTER-STÜTZUNG	hoch	gering	gering
KONFLIKT-POTENTIAL (m. form. Anwohnern)	ehemals hoch, nach Umsiedlungsbeginn Entspannung der Auseinandersetzungen	keines, da inmitten informeller und semi-formeller Wohngebiete der Cape Flats gelegen	hoch, da inmitten einer suburbanen Siedlung der oberen Mittelklasse gelegen
BASISORGA-NISATIONEN	RDP-Forum, Civics, diverse Interessengruppen	Diverse Interessengruppen	RDP-Forum, diverse Interessengruppen
KOMMUNE	Blouberg	City of Cape Town	South Peninsula

1.2   Untersuchungsmethoden

Um die oben genannten Ziele zu erreichen, wurde auf eine Vielzahl unterschiedlicher Methoden zurückgegriffen. So kamen – je nach Fragestellung und Durchführbarkeit – sowohl qualitative als auch quantitative Methoden zum Einsatz.

1.2.1 Basisdatenerfassung durch Luftbildauswertungen

Mit personeller und technischer Unterstützung durch das *Department of Geomatics* an der *University of Cape Town* konnten 1997 von allen drei Untersuchungsgebieten Luftbilder erstellt werden. Diese dienten zum einen dazu, die genauen Ausbreitungsgebiete der informellen Siedlungen zu erfassen, zum anderen konnten – in Verbindung mit Haushaltsuntersuchungen – so erstmals valide Berechnungen zur Bevölkerungszahl angestellt werden. Des weiteren konnte eine erste Bestandsaufnahme der vorhandenen Infrastruktureinrichtungen erfolgen.

Insbesondere in Imizamo Yethu dienten die Luftbilder auch einer ersten Beurteilung ökologischer Schäden durch illegale Besiedlung, da die illegalen Siedler an den Hängen des Tafelbergmassivs hier sukzessive in das Waldschutzgebiet eindringen und den Baumbestand abholzen. In Marconi Beam konnte mit Hilfe von Zeitreihenaufnahmen die sukzessive Umsiedlung und illegale Wiederbesiedlung beobachtet werden.

1.2.2 Strukturierte Interviews

In einem Zeitraum von 3 Monaten wurden 700 der im informellen Rahmen siedelnden Wohneinheiten (›Haushalte‹) der ausgewählten Wohnviertel befragt. Die Stichprobenhaushalte wurden mittels einer räumlichen Zufallsauswahl anhand der aktuellen Luftbilder identifiziert. Die Befragungen wurden, wo es möglich war, mit Hilfe ortskundiger und in den Wohnvierteln bekannter Personen durchgeführt. Es war jedoch zum einen nicht immer möglich ausreichend qualifizierte Personen in den Siedlungen zu finden und – was sich als sehr viel wichtiger herausstellte – potentielle Interviewer zu identifizieren, die nicht in die einzelnen konkurrierenden Machtzirkel eingebunden waren. Am Anfang der Untersuchung stand ein einwöchiges Interviewertraining, das an den *Pretest* angegliedert war. Da die Befragungsbögen parallel zur Erhebung direkt mittels EDV erfasst wurden, konnte bei Unklarheiten bei den entsprechenden Interviewern nachgefragt werden bzw. die Befragten nochmals aufgesucht werden.

Um eine Vergleichbarkeit der Daten zu gewährleisten, um der Vielzahl der unterschiedlichen Variablen Rechnung zu tragen und nicht zuletzt aus Durchführbarkeits- und Kostenüberlegungen wurde die Fallzahl der Interviews in den einzelnen Untersuchungsgebieten im Rahmen einer geschichteten Stichprobe festgesetzt. So wurden in den kleineren Untersuchungsgebieten Marconi Beam und Imizamo Yethu je 200 Interviews (davon 185, bzw. 199 auswertbar) und im heterogeneren und größeren Untersuchungsgebiet Weltvreden Valley 300 Interviews (davon 296 auswertbar) geführt. Verweigerungen wurden zwar erfasst, aber in einem zweiten Auswahldurchgang durch weitere Interviews ersetzt. Insgesamt war die Verweigerungsrate mit 0,5% jedoch vernachlässigbar gering. Die Zielgruppe der Interviews in den einzelnen Wohneinheiten waren die Haushaltsvorstände bzw. Inhaber/-innen der Wohneinheiten oder bei längerfristiger Abwesenheit deren Stellvertreter/-innen.

Mittels standardisierter Fragebögen wurden Daten zu folgenden Themenkomplexen erhoben:

– Sozioökonomische Basisdaten (Haushaltsgröße, Einkommensquellen etc.)
– Herkunft, Migrationsgeschichte, innerstädtisches Migrationsverhalten
– Problemwahrnehmung bzgl. Wohnraum und Wohnumfeld sowie Einschätzung der eigenen Rolle
– Positive/negative Aspekte des Lebens in der Stadt
– geographische Kenntnisse von Kapstadt
– Konsolidierungsabsicht und Selbsthilfepotential

1.2.3 Haushaltsbücher und Besucherbücher

In allen Untersuchungsgebieten wurden je 12 Haushaltsvorstände gebeten, über einen Zeitraum von 6 bis 12 Monaten ein Haushaltsbuch zu führen, in dem alle Investitionen in den Wohnraum erfasst werden sollten. Hierzu wurden Hefte mit klaren Handlungsanweisungen ausgegeben. Insgesamt gesehen ist diese Methode der Datenerhebung sehr arbeits- und zeitaufwendig. Die buchführenden Haushalte mussten alle 2–4 Wochen entweder von der Verfasserin oder vor Ort lebenden Vertrauenspersonen aufgesucht werden und die Eintragungen besprochen, bzw. in machen Fällen Ausgaben auch nachgetragen werden. Gleichzeitig wurde bei jedem Besuch eine Datensicherung vorgenommen, um bei einem Umzug der hochmobilen *Squatter*-Haushalte zumindest den letzten Stand gesichert zu haben. Insgesamt 10 Haushalte konnten nach einigen Monaten nicht mehr identifiziert werden, da sie ohne Angabe des neuen Wohnortes verzogen waren.

Diese Methode kann natürlich nur in Haushalten zur Anwendung kommen, in denen die verantwortliche Person über ein gewisses Maß an Bildung verfügt, also mindestens lesen und schreiben kann. Schon aus diesem Grund können Ergebnisse, die sich aus den Haushaltsbüchern ergeben, nicht repräsentativ sein. Allerdings sind – das ergaben die sozioökonomischen Basisdatenerhebungen – gerade Haushalte, die einen höheren Bildungsstand aufweisen, aufgrund ihres durchschnittlich höheren Einkommens potentiell eher in der Lage, in ihren städtischen Wohnraum zu investieren und so die von politischer Seite geforderte und erwartete Selbsthilfekomponente zu erbringen. Daher können diese Haushalte als Anzeiger dienen und wertvolle Hinweise darauf liefern ob, wie und unter welchen Bedingungen – bei vorhandenem ökonomischem Potential – in städtischen Wohnraum investiert wird.

Außerdem wurden die Haushalte gebeten, ein Besucherbuch für Gäste, die länger als einen Tag bleiben, zu führen. Hier sollten die Dauer des Aufenthaltes, das Verhältnis zu den jeweiligen Besuchern, der Grund für den Besuch sowie Herkunft und Destination nach der Abreise eingetragen werden. Die Auswertung der Besucherbücher erbrachte aufschlussreiche   Anhaltspunkte   zur   Beurteilung   der   Mobilität   innerhalb   der Haushaltsstrukturen.

1.2.4 Qualitative Interviews mit Schlüsselpersonen und die Aufnahme von Biographien

Mit Schlüsselpersonen wurden in den einzelnen Untersuchungsgebieten eine Reihe qualitativer Interviews geführt, die zum Teil auch als problemzentrierte Gruppendiskussionen durchgeführt wurden. Als Schlüsselpersonen wurden alle diejenigen erachtet, die exponierte Stellungen im Gemeinschaftsleben der Siedlungen einnahmen. Das konnten informelle Führungspersonen, gewählte Vertreter aber auch Mitarbeiter von vor Ort arbeitenden NROs und der offiziellen Administration sein.

In vielen informellen Gesprächen während der Explorationsphase sowie durch die partizipativen Luftbildinterpretationen (s. 1.2.5) konnten die informellen Meinungsmacher und Führungspersonen in den Siedlungen identifiziert werden. Mit diesen Personen wurden dann problemzentrierte Interviews zu den Problemen innerhalb der Siedlungen sowie Problemen zwischen Siedlung und Kommune geführt.

In einem weiteren Schritt wurden einige Führungspersonen aus den verschiedenen Untersuchungsgebieten zusammengebracht und eine Gruppendiskussion initiiert. Insbesondere der hier stattfindende Austausch von Informationen über Verfahrensweisen und Unterstützungsmöglichkeiten bei der Verbesserung der Wohnbedingungen ergab für die weiteren Untersuchungen wichtige Impulse.

Weiterhin wurden Lebensgeschichten von einigen ausgewählten älteren Frauen aufgenommen. Die beispielhafte Lebensgeschichte von Arletta illustriert die gesamten Auswertungen.

Alle qualitativen Interviews mit Schlüsselpersonen wurden aufgezeichnet und flossen als zusätzliche Hintergrundinformationen in die Untersuchungen und Auswertungen ein.

1.2.5 Partizipative Luftbildinterpretationen

Nach anfänglichen Schwierigkeiten, die im wesentlichen auf die verwendeten Materialien zurückzuführen sind, wurden gute Erfahrungen mit dem Einsatz aktueller Luftbilder zur Informationsgewinnung in informellen Siedlungen gemacht. Im Gegensatz zu oft beobachtbaren Schwierigkeiten, sich auf abstrahierten Darstellungen wie etwa Stadtplänen zurechtzufinden, konnten sich alle Befragten ohne oder mit geringer Hilfestellung auf den Luftbildern orientieren sowie ihre eigenen und die Hütten anderer identifizieren. Die Qualität der Luftbilder, insbesondere Auflösung, Kontrast und Farbgebung ist hierbei allerdings von entscheidender Bedeutung. Sie muss die Identifizierung der Wohnquartiere und des Wohnumfeldes durch die entsprechenden Interviewpartner ermöglichen. Nach einigen Tests stellte sich für die Auflösung des Bildes der Wert von 0,25 x 0,25 m / Pixel für die digitale Vorlage des Luftbildes als ideal heraus, mit dessen Hilfe Reproduktionen im Maßstab von 1:300 bis 1:400 erstellt werden konnten. Die so aufbereiteten Luftbilder wurden farbecht im A0-Format ausgedruckt und laminiert, um bei den herrschenden Witterungsverhältnissen einsetzbar zu sein. Oft mussten die Bilder auch auf dem Boden ausgelegt werden, da in kaum einem Haushalt, beziehungsweise kaum einer Siedlung Tische von entsprechender Größe vorhanden waren. Allein das Interesse und die in Gang gesetzten Diskussionen, welche die Luftbilder in einem Milieu hervorriefen, das eher durch eine abwehrende Haltung gegenüber jeglicher Art von Befragung geprägt ist, würde den Einsatz einer solchen doch eher aufwendigen Methode schon rechtfertigen.

Die Luftbilder wurden in einem ersten Schritt einzelnen sozialen Gruppen wie Männern, Frauen und Jugendlichen, sowie einzelnen Schlüsselpersonen vorgelegt mit der Bitte, einzelne Infrastruktureinrichtungen aber auch problembehaftete Lagen wie etwa bei Regen überschwemmte Flächen zu identifizieren. Das erleichterte zunächst die Orientierung innerhalb der Siedlungen.

Zum anderen wurde diese Methode benutzt, um Hinweise auf die Ausprägung sozialer Netzwerke in den einzelnen Siedlungen zu erlangen. Es ist davon auszugehen, dass das Eingebundensein in soziale Netzwerke der Konsolidierung in einer Nachbarschaft förderlich ist. Im Laufe der Explorationsphase stellte sich heraus, dass Migrantinnen in besonderem Maße auf das Funktionieren sozialer Netzwerke in der für sie fremden Umgebung Stadt angewiesen sind. In vorgeschalteten Gruppengesprächen stellte sich heraus, dass Frauen in drei wesentlichen Bereichen auf informelle Netzwerke angewiesen sind:

– *Die Betreuung von minderjährigen Kindern,* während der Abwesenheit der Mütter, sei es während längerfristiger Abwesenheit etwa bei Ausübung einer Erwerbstätigkeit oder auch kurzfristig etwa zum Einkaufen, stellt nicht nur für alleinerziehende Frauen ein großes Problem dar.

– Viele Haushalte in den informellen Siedlungen können nicht über ein geregeltes Einkommen verfügen. Selbst wo dieses gegeben ist, treten immer wieder finanzielle Engpässe auf, die dann über *informelle Kreditbeziehungen* abgedeckt werden müssen. Insbesondere in Familien, in denen nur die Männer monetäres Einkommen erwirtschaften, stehen den Frauen oft nicht genügend Mittel zur Verfügung, um Nahrungsmittel für die Familie zu erwerben. Die Ursachen hierfür sind oft nicht in den insgesamt geringen Einnahmen sondern im wesentlichen in der patriarchalen Gesellschaftsstruktur und hohen Alkoholmissbrauchsraten unter den männlichen Bewohnern informeller Siedlungen zu suchen. Nicht selten werden Wochenlöhne am Freitag komplett in Alkohol umgesetzt.

– Um mit der rechtlich unsicheren Lage als Bewohnerin einer informellen Siedlung insgesamt umzugehen, aber auch um die komplizierten Verwaltungsschritte der einzelnen Wohnungsförderprogramme zu durchdringen, ist entweder ein entsprechender Bildungs- und Informationsstand erforderlich oder Beratung und Unterstützung vonnöten. Oft sind es gerade Frauen, die auf eine *Beratung bei administrativen Vorgängen* angewiesen sind. Neben der Information, ob die einzelnen Befragten solche Hilfestellung erhalten, konnten durch Mehrfachnennungen einer Person auch bisher nicht erkannte informelle Führungspersonen identifiziert werden.

Da vermutet wurde, dass viele dieser Funktionen über Verwandtschaftsbeziehungen vermittelt werden, wurde zusätzlich nach in der Siedlung lebenden Verwandten und deren genauen Verwandtschaftsgrad gefragt. Zusätzlich konnten durch diese Frage auch Rückschlüsse auf die Siedlungsentwicklung etwa durch Auslagerung von Haushaltsteilen in neu entstandene Hütten gezogen werden.

In jeder Siedlung wurden 50 zufällig ausgewählte Frauen mit Kindern aus verschiedenen Sektoren der Siedlungen gebeten, ihre Netzwerkbeziehungen zu den oben genannten Fragestellungen mit wasserfesten Farbstiften auf den Luftbildern einzuzeichnen. Dabei wurde für jede Fragestellung eine andere Farbe benutzt. Die einzelnen Fragen dienten als Einstieg in weitere Diskussionen und das Erfragen weiterer Informationen wie Herkunft, Dauer der Anwesenheit in der Siedlung, Basisdaten zu Familienstand und Größe etc.

Der partizipative Ansatz der hier vorgestellten Methode bezieht sich im wesentlichen auf den aktiven Einbezug der Befragten in den Prozess der Sammlung, Auswertung und Bewertung von Information und nicht auf ein ›Empowerment‹ der Betroffenen. Die Verfasserin bezweifelt, dass ein solches über wie auch immer geartete Forschung erreicht werden kann.[158] In diesem Sinne kann auch die Definition von PRA[159] (in unserem Falle eher PUA[160]) durch CHAMBERS (1992:1):

> (...) PRA describes a growing family to enable local people to share, enhance and analyze their knowledge of life and conditions, to plan and to act.

nicht unwidersprochen bleiben, da m. E. partizipative Erhebungsmethoden alleine, Menschen weder in die Lage versetzen zu planen noch zu handeln.

2.   Charakterisierung der Untersuchungsgebiete

Im Folgenden sollen nun die drei Untersuchungsgebiete mit ihren wesentlichsten individuellen Merkmalen charakterisiert werden. Insbesondere soll hier die Grundlage für das Verständnis der nachfolgenden vergleichenden Auswertungen der empirischen Erhebungen geschaffen werden. Die drei Untersuchungsgebiete Marconi Beam, Imizamo Yethu und Weltevreden Valley repräsentieren drei unterschiedliche Ansätze der Förderung von Selbsthilfewohnungsbau.

2.1   From Shacks to Houses: der Umzug von Marconi Beam nach Joe Slovo Park

Die *Squatter*-Siedlung Marconi Beam repräsentiert den glücklichen Fall einer Wohnraumbeschaffungsmaßnahme, an der neben den Betroffenen und der Administration auch der Privatsektor beteiligt ist. Es handelt sich hier um ein Umsiedlungsprojekt, das im wesentlichen dem *Core House*-Ansatz folgt. Langwierige und schwierige Verhandlungen gingen dem positiven Ende für die meisten Bewohner voraus.

---

158 Zu einer ausführlichen Diskussion partizipativer Methoden in der geographischen Entwicklungsforschung s. KRÜGER/LOHNERT (1996)

159 PRA – Participatory Rural Appraisal

160 PUA – Participatory Urban Appraisal

Die informelle Siedlung Marconi Beam leitet ihren Namen von der Radio- und Telegraphenstation der südafrikanischen Telefongesellschaft Telkom ab, die sich heute noch auf diesem Gebiet befindet. Das Gelände der Telkom umfasst insgesamt 246 ha und liegt etwa 10 km nordöstlich des CBD in der Gemeinde Milnerton. Die informelle Siedlung nahm 1997 nur einen geringen Teil – 8,3 ha – ganz im Norden des Geländes ein. Als sich die ersten *Squatter* hier ansiedelten, befand sich das Gebiet im Besitz des Ministeriums für Post und Telekommunikation, dessen Telekommunikationssparte 1991 in die parastaatliche Gesellschaft Telkom überführt wurde.

Milnerton ist traditionelles Wohngebiet der weißen Mittel- und oberen Mittelschicht, hat etwa 70.000 Einwohner und gehört der Kommune Blouberg (oder Afrikaans: Blaauwberg) [161] an. Bis zur Aufhebung der Apartheidgesetze 1986 war Milnerton weiße *Group Area*. Marconi Beam liegt äußerst verkehrsgünstig an der vierspurigen Ausfallstraße Koeberg Road, zentrumsnah und zwischen zwei Industriegebieten – Montague Gardens und Metro Industrial Township. Gegenüber liegt eine Pferderennbahn, die einen hohen Bedarf an ungelernten Arbeitskräften hat. Montague Gardens ist das am schnellsten wachsende Industriegebiet Kapstadts und bietet nicht nur Arbeitsplätze für die Bewohner von Milnerton und Marconi Beam, sondern vor allem für gering qualifizierte Arbeitnehmer, die im wesentlichen aus den *Cape Flats*[162] täglich einpendeln.

2.1.1 Geschichte der informellen Sieldung Marconi Beam

Die erste Erwähnung informeller Besiedlung des Geländes von Marconi Beam stammt aus dem Jahre 1982 (SURPLUS PEOPLE PROJECT 1983c:23). Zunächst handelte es sich bei den informellen Siedlern fast ausschließlich um Familienangehörige der auf der gegen-überliegenden Pferderennbahn beschäftigten Stallarbeiter, die dort in Gemeinschafts-unterkünften – sogenannten *Hostels* – untergebracht waren. Auf dem zu dieser Zeit noch dicht mit Bäumen und Sträuchern bewachsenen Gelände waren die wenigen Hütten von der Straße aus kaum zu sehen und wurden vermutlich deshalb auch nicht geräumt (SAFF, 1996:243). Erst gegen Ende der 80er und zu Beginn der 90er Jahre nahm die Besiedlung mit ansteigender Bewohnerzahl und damit einhergehender Rodung größerer Teilflächen deutlich sichtbare Formen an (s. Tabelle V.2).

Während eines Streiks der Stallarbeiter für bessere Arbeitsbedingungen im August 1990 wurden diese von ihren Arbeitgebern aus den Sammelunterkünften ausgesperrt. Daraufhin begannen sie auf der gegenüberliegenden Straßenseite, wo ohnehin schon ein Teil der Familienangehörigen lebte, Unterkünfte zu errichten. Nach der Beendigung des Streiks gingen nicht alle Arbeiter zurück; ein Teil der Leute blieb in ihren selbsterrichteten Behau-

---

161 Da die Kommune Blouberg einen großen Anteil an afrikaanssprechender Bevölkerung aufweist, wird der Name der Kommune oft auch in Afrikaans – Blaauwberg – verwandt.

162 ehemals *Coloured* und Schwarze *Group Areas*, u. a. Bishop Lavis, Bonteheuwel, Elsies River, Gugulethu, Hanover Park, Khayelitsha, Langa, Mannenberg, Mitchell's Plain, Nyanga u.a.

sungen u.a. auch, um mit ihren Familien zu leben, da in den *Hostels* der Pferderennbahn keine Frauen und Kinder erlaubt waren.

Zusätzlich fand ein Zuzug aus verschiedenen schwarzen Townships statt. Die URBAN FOUNDATION (1993b:16) stellt fest, dass im Mai 1993 bereits 36,4% der informellen Bewohner Marconi Beams aus den Gebieten Nyanga, Gugulethu und Khayelitsha zugewandert waren.

Als die *Squatter* sichtbar wurden, formierte sich Widerstand von Seiten der formellen Bewohner Milnertons. Die Hintergründe für die Beschwerden waren vielschichtig. Zum einen drohte das Kernstück der Stadtplanung der Apartheid, die Segregation der Bevölkerungsgruppen, ins Wanken zu geraten. Das (Apartheid-) Recht war hierbei auf der Seite der formellen Bewohner, da die informelle Siedlung sowohl gegen den *Prevention of Illegal Squatting Act* als auch gegen den *Group Areas Act* verstieß. Zum anderen schürten die ungewohnten Kontakte zwischen Schwarz und Weiß auf der Seite der weißen Mittelschicht Ängste vor Kriminalität und Wertverlust ihrer Immobilien (SAFF, 1996:247f). Die Gemeindeverwaltung Milnerton verlangte sodann von der Eigentümerin die nach dem *Prevention of Illegal Squatting Act*[163] von 1951 gesetzlich vorgeschriebene Räumung des Geländes. Im September 1990 wurden daraufhin etwa 30 Hütten zerstört. Die Bewohner von Marconi Beam schalteten in Folge die NGO *Surplus People Project* ein, die über einen Anwalt die einstweilige Einstellung der Räumung erreichte.

Am 20. November 1990 erklärte die Provinzregierung schließlich 8,02 ha im Norden des Gebietes zur *Transit Area*,[164] wodurch die Bewohner von Marconi Beam nun das Recht erhielten, vorübergehend – mit 400 Hütten bis maximal 18 Monate – auf diesem Land zu siedeln. Gleichzeitig wurde der Gemeindeverwaltung das Verfügungsrecht über das Transitgebiet übertragen, was bedeutete, dass sie über Aufenthaltsrechte, Infrastruktureinrichtungen und eventuelle Räumungen entscheiden konnte. Die Ausweisung des Transitgebietes geschah gegen den erklärten Willen der Steuerzahlervereinigung Milnertons, in der sich die Gegner der Siedlung zusammengeschlossen hatten.

Die Entscheidung zur Umsiedlung, respektive zur Zusammenfassung der verstreut liegenden Hütten auf das Transitgebiet wurde ohne Konsultation der Bewohner gefällt, die dieser Option daher zunächst nicht positiv gegenüberstanden. Unter Vermittlung einer weiteren NGO, der *Development Action Group* (DAG), konnte schließlich ein für alle Seiten akzeptabler Kompromiss gefunden werden. Unter der Bedingung, dass die Gemeindeverwaltung das Transitgebiet mit gemeinschaftlicher Wasserversorgung, Müllentsorgung sowie Gemeinschaftstoiletten ausstatten sollte und sich bereit erklärte nach einer Dauerlösung für die Bewohner zu suchen, konnte Ende Januar 1991 die Umsiedlung auf das Transitgebiet abgeschlossen werden. Während sich die Gemeindeverwaltung an die Abmachungen bzgl. der Infrastruktureinrichtungen hielt, wurden von Seiten der Bewohner

---

163 Zur ausführlichen Auseinandersetzung mit diesem Gesetz und seiner Anwendung s. O'REGAN (1989)

164 Unter: *Prevention of Illegal Squatting Act*, Paragraph 6 (3), a.

die ebenfalls vereinbarten nominalen Zahlungen von 15 Rand pro Monat und Haushalt für Wasser, Abwasser etc. von Anfang an boykottiert (SAFF, 1996:244).[165]

2.1.2 Der Wettlauf mit der Zeit: die Suche nach einer dauerhaften Lösung

Hatte man noch Ende 1990 mit der Ausweisung des Transitgebietes an etwa 400 Hütten gedacht, stellte sich alsbald heraus, dass mit Aufnahme der Verhandlungen und damit der Aussicht auf Legalisierung und *Upgrading* oder Umsiedlung ein weiterer Zuzug von informellen Siedlern stattfand (s. Tabelle V.2). Die Gemeindeverwaltung sah sich sowohl von den formellen Bewohnern Milnertons, als auch den informellen Bewohnern Marconi Beams, dem Besitzer des Grundstückes und dem Faktum, dass sich mit der Zeit das Problem durch weitere Zuzüge vergrößerte, unter massivem Druck gesetzt.

Der erste Alternativvorschlag für ein dauerhaftes Wohngebiet, das etwa 5 km nördlich stadtauswärts von Marconi gelegene Du Noon, wurde weder von der damaligen Interessenvertretung der Bewohner Marconis (*Marconi Beam Civic Association*) noch den unmittelbaren Nachbarn der anvisierten Siedlungsfläche akzeptiert.[166] Mit der *Marconi Beam Civic Association* entstand im Oktober 1992 erstmals eine offizielle Interessensvertretung der *Squatter*, die allerdings in der Folgezeit wegen mangelhafter Information und Abstimmung vielfach kritisiert wurde.[167]

Mit der Ablehnung von Du Noon entstand eine festgefahrene Situation, die dadurch erhärtet wurde, dass laut einer Studie der URBAN FOUNDATION (1993a:3) nur 33,7% der bis 1993 bereits auf 834 Haushalte angewachsenen Siedlung überhaupt bereit wären, Marconi Beam zu verlassen.

Während sich die Bevölkerungsdichte in Marconi Beam ständig erhöhte, wurden kaum weitere Einrichtungen zur sanitären Grundversorgung installiert. Die ohnehin kritischen Lebensbedingungen verschlechterten sich weiter. Während des niederschlagsreichen Kapwinters kommt es auf weitgehend durch Bebauung versiegelten Flächen, die wie Marconi zudem noch einen wasserundurchlässigem Untergrund aufweisen, zu massiven Überschwemmungen auch im Inneren der Gebäude. Zusätzlich führen häufig auftretende Brände, die sich in extrem dichter Bebauung schnell von Haus zu Haus ausbreiten, zum Tod und Wohnungsverlust vieler Bewohner.

---

165 S. auch die Ausführungen zu Miet- und Mietnebenkostenboykotts in Kap. IV

166 Hier wurde vor allem von der Vereinigung der Steuerzahler von Table View (CRAVOT *Concerned Ratepayers and Voters of Table View*) geltend gemacht, dass bereits die Bekanntgabe der Umsiedlungsfläche zu einem Immobilienpreisverfall von 40% geführt habe (URBAN FOUNDATION, 1993a:14). Dies wurde jedoch von Immobilienmaklern für weitgehend unzutreffend erklärt (SAFF, 1996:248).

167 URBAN FOUNDATION (1993a:15): »*However there still seems to be some dissatisfaction among some residents regarding the performance of the Civic. Residents feel that the Civic does not consult or communicate as often as necessary; that the same people appear to be singled out of negotiations by the NGOs and the Municipality, further isolating ordinary residents.*«

In dieser verfahrenen Situation bot Telkom an, den informellen Siedlern einen im Süden des Gesamtgeländes gelegenen Anteil von 25 ha für einen nominalen Preis zu überlassen. Innerhalb eines dreiviertel Jahres wurde unter Beteiligung aller Betroffenen und Interessengruppen – unterstützt und moderiert durch DAG – ein konsensfähiger Entwicklungsplan für das gesamte Gebiet der Telkom, das eine Mischnutzung aus sozialem Wohnungsbau, Wohnungsbau für mittlere Einkommensschichten sowie Leichtindustrie und Einzelhandel vorsieht (s. Abb. V.2), vorgelegt.

Die *Development Action Group* (DAG) führte eine Registrierung der am 15.8.1994 in Marconi Beam lebenden *Squatter* durch. Die Erfassung auf dieser Liste und die Qualifizierung für die staatliche Wohnungsbausubvention[168] sollten als Kriterien für den Bezug der zu erstellenden *Core*-Häuser im Umsiedlungsgebiet, das nach dem ehemaligen Wohnungsminister Joe Slovo Park benannt wurde, gelten. An dieser Stelle sei angemerkt, dass aus den vorgesehenen 18 Monaten Übergangsfrist zu Umsiedlungsbeginn Ende 1990 mittlerweile bereits 4 Jahre geworden waren.

Im Januar 1995 konnte schließlich ein Abkommen zwischen dem Landbesitzer – mittlerweile hatte Telkom an BURAD Ltd. verkauft – und der *Marconi Civic Association*, DAG sowie der Gemeinde Milnerton unterzeichnet werden, der den sukzessiven Landverkauf von BURAD an die Bewohner von Marconi Beam regelte. Als Käufer wurden die Vorstandsmitglieder der zu diesem Zweck gegründeten Treuhand, des *Marconi Beam Development Trusts*, eingesetzt. Die Vorstandsmitglieder setzten sich aus sieben zuvor von den Bewohnern Marconi Beams gewählten Vertretern aus der Siedlung, dem Gemeindedirektor Milnertons sowie drei wieteren Vertrauenspersonen der Bewohner, einem Rechtsanwalt, einem Buchhalter und einem Unternehmer zusammen.

Tabelle V. 2:   Bevölkerungsentwicklung in Marconi Beam, 1982-1996

Jahr	Anzahl der Hütten	Geschätzte Anzahl Bewohner	Geschätzte EW-dichte pro Hektar*
1982	109	318	
1990	226	768	96
1991	500	2000	250
1993	834	2836	354
1994	1278	4856	605
1996	1343	5775	720

ab 1990 auf 8,02 ha

Quellen: URBAN FOUNDATION (1993a), SAFF (1996), Eigene Erhebungen 1995-98

---

168 Zu den Kriterien der staatlichen Wohnungsbausubvention s. Kap. III

Abbildung V. 2:   Partizipativ erstellter Flächennutzungsplan für die Gesamtfläche
                  Marconi Beam

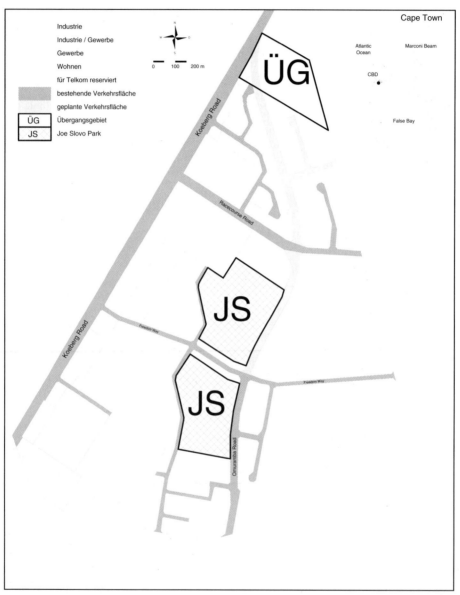

Quelle: SCHLAUTMANN (1998:47) nach *Marconi Beam Composite Plan* Nr. 106501,
27.05.1996.

2.1.3 Der lange Prozess von der Idee bis zum eigenen Haus: Das Marconi Beam
        Affordable Housing Project

Das *Marconi Beam Affordable Housing Project* war von DAG als partizipativ geplantes
Wohnungsbauprojekt mit dem Oberziel *»to secure well-located land for the existing
squatters and other urban poor and create a long-term sustainable living environment«*
(DAG, 1994:2) entworfen worden. In einem integrierten Ansatz wurde auch der
ökonomischen Stärkung der Bewohner eine hohe Priorität eingeräumt. Das sollte durch die
kurzfristige Schaffung von Arbeitsplätzen während der Bauphase, sowie von
Langzeitarbeitsplätzen durch ein *›Training on the Job‹* während der Bauarbeiten und die
Schaffung weiterer Erwerbsmöglichkeiten in Handel und Dienstleistung innerhalb der
neuen Siedlung erreicht werden. Das war insofern wichtig, als die einkommensabhängige
finanzielle Beteiligung an den Kosten für die Erstellung der *Core-Häuser* und deren
weiterer Ausbau zu erbringen waren.

Etwa 65% der Bewohner Marconi Beams gehörten zum Zeitpunkt der Verhandlungen
der potentiell ökonomisch aktiven Altersgruppe zwischen 18 und 65 an, davon
bezeichneten sich jedoch wiederum etwa 30% als arbeitslos (URBAN FOUNDATION,
1993b:8). Die Einkommensangaben, die als Grundlage für die Zuteilung der
Wohnungsbausubventionen gelten, vermitteln ein Bild, nachdem fast ¾ aller Haushalte mit
weniger als 800 Rand pro Monat auskommen müssen. Insgesamt waren zum Zeitpunkt der
Auswahl 1000 Haushalte befugt, die Wohnungssubvention zu erhalten und damit berechtigt
am Projekt teilzunehmen. Was die restlichen 1994 in Marconi Beam ansässigen 278
Haushalte angeht, so konnte nurmehr rekonstruiert werden, dass einige nicht die Kriterien
erfüllten, die sich ja nicht nur auf die Einkommenshöhe beziehen. Einige hatten allerdings
schlicht keinen Antrag gestellt, was in Anbetracht der hohen Analphabetenrate von über
50% (URBAN FOUNDATION, 1993b:13) nicht verwundert. Hierfür waren auch eine
offensichtlich mangelhafte Information und Mobilisierung der Bewohner verantwortlich.

Tabelle V. 3:   Wohnungsbausubventionen in Abhängigkeit der Einkommensverteilung
                 Marconi Beam, 1996

Anzahl der Haushalte	Einkommensklassen in Rand/Monat	Höhe der Subvention in Rand	+ 15% für besonders schwierigen Baugrund
733	0–800	15.000	17.250
225	801–1.500	12.500	14.375
37	1501–2500	9.500	10.925
5	2501–3500	5.000	5.750

Quellen: DAG, interne Dokumente, o.A., SCHLAUTMANN (1998:51)

Die Angaben aus Tabelle V.3 über die Einkommenshöhen der Bewohner sind allerdings
mit größter Vorsicht zu genießen, da sie eine Selbstauskunft der Antragsteller darstellen,

die ja beabsichtigen, am Wohnungsbauprogramm teilzunehmen und Überprüfungen von Einkommen etwa aus dem informellen Sektor nicht möglich sind.

Eigene Erhebungen 1996 ergaben, dass ca. 12% der Haushalte der repräsentativen Stichprobe komplett auf die Unterstützung von außen angewiesen waren, d. h. nicht über ein eigenes Einkommen verfügen konnten. Hierunter fallen auch 5% Einpersonenhaushalte ohne eigenes Einkommen, die explizit vom Genuss der Wohnungsbausubvention ausgeschlossen sind.[169] Immerhin 46% der Haushalte Marconi Beams konnten auf ein festes und reguläres Einkommen zählen, das zu 80% in einem der Industriegebiete Milnertons sowie auf der Pferderennbahn erwirtschaftet wurde. Allerdings wurden diese Einkommen zum überwiegenden Teil durch angelernte und ungelernte Tätigkeiten erzielt. Lediglich 3% der Befragten waren in einem Beruf beschäftigt, für den sie vorher einen berufsqualifizierenden Abschluss erworben hatten – darunter war zum Bespiel eine Krankenschwester.[170] Dennoch ist davon auszugehen, dass das Hauhaltseinkommen dieser Haushalte zumindest zu einem überwiegenden Teil – gemessen an den Durchschnittslöhnen für angelernte Arbeiter in der Industrie Milnertons – über 800 Rand pro Monat lag. Diese Ergebnisse würden dem Bild, das die Subventionsbefragung mit 75% der Haushalte zwischen 0 und 800 Rand zeichnet, doch weitgehend widersprechen.[171]

Ein Drittel der Haushalte war auf Gelegenheitsarbeiten angewiesen, sogenannte *piece jobs,* während sich 15% der Befragten als selbständig bezeichneten, diese waren vorwiegend im informellen Sektor als Händler, traditionelle Heiler und ähnliche tätig.

Unter Einbezug aller vorhandenen Daten kann davon ausgegangen werden, dass mindestens die Hälfte der zukünftigen Bewohner von Joe Slovo Park über ein Einkommen von mehr als 800 Rand verfügen konnten, die – je nach Haushaltsgröße – potentiell in der Lage waren, zumindest in kleinerem Maßstab in Wohnraum zu investieren.

Das ökonomische Potential der Bewohner ist insofern wichtig, als trotz der enormen Ersparnis durch die quasi Schenkung des Baugeländes[172] mit den vorhandenen Mitteln aus der Wohnungsbausubvention nur 20m² Wohnfläche umfassende Zweiraumhäuser mit abgetrennter Toilette erstellt werden konnten und jeder weitere Ausbau in Selbsthilfe erfolgen musste.

---

169 An dieser Stelle sei die vielfach geäußerte Kritik, die verwundbarsten Gruppen fielen aus dem Raster des Selbsthilfe-Ansatzes heraus, nochmals bekräftigt.

170 Hier sei angemerkt, dass es in Südafrika (noch) keine dem deutschen System vergleichbare Berufsqualifikation etwa im Bereich industrieller und handwerklicher Tätigkeiten gibt.

171 Die Proxiindikatoren ›Beschäftigungsverhältnis‹ und ›Qualifikation‹ wurden herangezogen um sich der tatsächlichen Einkommenshöhe anzunähern, da direkte Befragungen zum Einkommen erfahrungsgemäß kaum valide Ergebnisse hervorbringen.

172 Das Gelände zur Wohnbebauung wurde schlussendlich für 2.000 Rand pro ha (20 ha = 40.000 Rand) an die Treuhand Marconi Beam verkauft, der Preis für einen 5 ha großen Anteil an Gewerbefläche, der später weiterverkauft werden sollte, wurde für diese Lage mit äußerst geringen 300.000 Rand festgelegt.

2.1.4 Verträge, Vertragsbrüche und Verzögerungen

Dem Verkauf und der Übergabe des Landes ging ein detaillierter Vertrag zwischen dem Verkäufer BURAD Ltd. und der *Marconi Beam Civic Association* voraus, der weitreichende Vorbedingungen für die sukzessive Übergabe des Landes in organisatorischer, finanzieller und zeitlicher Hinsicht festlegte. Der Vertrag teilt den Verkauf des Landes in vier Phasen ein; nach jeweiliger Erfüllung der Bedingungen sollte dann die nächste Tranche freigesetzt werden.

Eines der wichtigsten Kriterien war *die Räumung* und *der Umzug* ganzer Sektionen des Übergangsgebietes,[173] sobald die entsprechende Anzahl an Häusern in Joe Slovo Park fertiggestellt war. Weiterhin verpflichtete sich die *Community keine weiteren Zuzüge* mehr zuzulassen. Bis zum 31.12.1997 sollte der gesamte Prozess einschließlich der kompletten Räumung des Übergangsgebietes abgeschlossen sein. Im Dezember 1996 waren gerade einmal 150 Häuser in Joe Slovo Park bezugsfertig und bis Ende 1998 waren immer noch nicht alle zukünftigen Bewohner Joe Slovo Parks umgezogen. Die Räumung des Übergangsgebietes ließ noch einmal mehr als ein Jahr auf sich warten, und ging in manchen Fällen nicht ohne den Einsatz von Gewalt einher.

Die Gründe für diese enormen zeitlichen Verzögerungen sind sowohl bei Planung, Organisation und Durchführung als auch auf Seiten der *Community* zu suchen:

–   Die an der Ausschreibung für den Bau der Häuser beteiligten Unternehmen konnten zunächst keine zufriedenstellenden Lösungen, die auch preislich im Rahmen gelegen hätten, anbieten. Auch der Bau eines Musterdorfes half nicht weiter, da die von den Bewohnern favorisierten Lösungen zu teuer waren. Die Anpassung der Häuser auf eine akzeptable und bezahlbare Lösung nahm weitere Zeit in Anspruch.

–   Die Planung für Joe Slovo Park betraf 1000 Haushalte, zum Ende des Prozesses mussten allerdings mindestens 500 Hauhalte mehr versorgt werden. Daher wurde im Verlauf des Prozesses mit dem Bau von subventionsunterstützten Niedrig-kostenhäusern in Du Noon – dem ursprünglich anvisierten Umsiedlungsgebiet – begonnen, diese konnten allerdings nicht bis Ende 1997 bereitgestellt werden.

–   Die *Community* stimmte nach der Vertragsunterzeichnung nicht der geplanten Umsiedlung nach Sektionen zu, die in ihren Augen eine Benachteiligung für alle bedeutete, die in Sektionen lebten, die erst spät umgesiedelt werden sollten. Nach langer Verhandlung einigte man sich auf ein Losverfahren, an dem alle teilnahmen. Das bedeutete, dass der Räumungsprozess unkontrollierbar wurde und weiteren Zuzügen Tür und Tor geöffnet wurde.

–   Die *Community* hielt sich nicht an die Zusage, keine weiteren Zuzüge zuzulassen. Insbesondere Verwandte aus den ehemaligen *Homelands*, die noch nie in der Stadt gewohnt hatten, wurden herbeordert und übernahmen die jeweils leeren Hütten um so

---

173 Diese Freiflächen sollten abgetrennt und der rechtliche Status als Übergangsgebiet aufgehoben werden und damit als Gewerbefläche nutzbar werden.

in den Genuss eines Grundstückes auf der Ausweichfläche Du Noon zu kommen.[174] Es gab allerdings auch einen nicht unerheblichen Zuzug von anderen informellen Siedlungen in Kapstadt. Diese Leute kauften die Hütten der umgesiedelten Bewohner und erkauften sich damit das Recht auf einen schnellen Umzug in eine Niedrigkostenwohnsiedlung, der in ihrem Herkunftsgebiet vermutlich noch lange hätte auf sich warten lassen.

Insgesamt gesehen kann der Prozess zur Umsiedlung von Marconi Beam als Modellfall für weitere Umsiedlungsprojekte dieser Art, die unter gleichen Bedingungen entstehen, herangezogen werden – allerdings unter der Voraussetzung, dass die entsprechenden Probleme und die gelernten Lektionen in neue Konzepte eingearbeitet werden. Man sollte hier nicht vergessen, dass der Fall Marconi Beam zu seinem Beginn 1990 vier Jahre vor den ersten freien Wahlen in Südafrika einmalig war, da vorher die Räumung solcher Gebiete auf der Tagesordnung stand.

2.1.5 Lessons Learned und Zwischenresümee Marconi Beam

– Druck und Proteste von außen, d.h. vor allem formeller Anwohner, sind nicht nur negativ zu sehen, sondern können auch Prozesse im positiven Sinne für die Bewohner informeller Siedlungen beschleunigen

– Insgesamt gesehen haben sich die informellen Siedler an keine der Vereinbarungen vollständig gehalten. Weder wurden in der Frühphase Unkostenbeiträge für Wasser etc. bezahlt, noch wurde die Zuzugskontrolle eingehalten, noch wurde tatsächlich zum vereinbarten Zeitpunkt geräumt.

– Vertragsbrüchige informelle *Communities* geben ein schlechtes Beispiel und schrecken potentielles privates Engagement ab.

– In den jeweiligen *Communities* müssen akzeptierte Ansprechpartner und Interessenvertreter vorhanden sein, um von allen getragene Verhandlungslösungen zu erzielen. Hierbei ist es von äußerster Wichtigkeit, die internen Machtstrukturen zu kennen. Nicht immer sind die gewählten Vertreter auch diejenigen, die das Sagen haben und als Meinungsmacher auftreten.

– Alle Beteiligten müssen in der Lage sein, das Prinzip demokratisch gewählter Vertreter zu verstehen und gemeinsam gefällte Entscheidungen mittragen. Die Perzeption von rechtsgültigen Verträgen spielt hier eine wichtige Rolle. Für den formellen Vertragspartner mögen diese verbindliche Vereinbarungen sein, für einen Analphabeten, der die meiste Zeit seines Lebens in einem kleinen Dorf verbracht hat, nicht mehr als ein Stück Papier. Daher sind auch interne Kontrollmechanismen, die die Einhaltung von Vereinbarungen überwachen, wichtig.

– Partizipative Verhandlungslösungen führen nur dann zum Erfolg, wenn die Siedlung einen gewissen Organisationsgrad aufweist und eine von allen akzeptierte

---

174 »*Now they bring all their family from Transkei and Ciskei to take over the huts.*« Bemerkte ein Trustee in einem Interview 1998.

Interessenvertretung als Vertragspartner Entscheidungen fällen und die Einhaltung derselben auch kontrollieren kann. Die Rolle von NROs als Mediatoren, Moderatoren und Impulsgeber ist hierbei nicht zu unterschätzen. Ohne die aktive Rolle der *Development Action Group*, die bisweilen nach allen Seiten hin zu vermitteln hatte, wäre der Umzug von Marconi Beam nach Joe Slovo Park nicht erfolgt.

–   Zeit spielt eine große Rolle bei der Planung und Umsetzung jeder Art von Wohnungsprogrammen für informelle Siedler, da, sobald Verhandlungen über Rechtssicherheit und *Upgrading* aufgenommen werden, Zuzüge unvermeidbar sind. Acht Jahre – wie im Falle Marconi Beam – von der ersten Verhandlung bis zur Fertigstellung sind eindeutig zu lange, da sich zu viele interne als auch externe Bedingungen in dieser Zeit verändern.

2.2   Imizamo Yethu und die »Free Republic of Hout Bay«[175]

Die *Squatter*-Siedlung Imizamo Yethu verdankt ihren Namen einem Xhosa Ausdruck – der frei übersetzt etwa »durch gemeinsamen Kampf erreichen wir etwas« bedeutet. An den steilen Hängen des Tafelbergmassivs gelegen, hat Imizamo Yethu seit seiner Entstehung massiven Widerstand der formellen Bewohner der Gemeinde Hout Bay hervorgerufen. Die formellen Gemeindemitglieder der ehemaligen weißen *Group Area* Hout Bay gehören der oberen Mittelklasse an und bewohnen zumeist ausgedehnte Farmgrundstücke, deren Bebauung sich teilweise an der kapholländischen Architektur mit reetgedeckten Dächern orientiert. Nicht nur für Touristen ist diese malerische Bucht, die vom Tafelberg-Naturreservat umschlossen ist – etwa 20 km südlich des CBD gelegen – ein Anziehungspunkt. Hout Bay verfügt über einen Fischereihafen mit reger Fischfangindustrie. Die Farmarbeiter und die Arbeiter in der Fischfangindustrie – im wesentlichen *Coloureds* – waren die einzigen Nicht-Weißen, die zu Apartheidzeiten in Hout Bay offiziell geduldet waren.

Ähnlich wie Marconi Beam begann die Geschichte Imizamo Yethus als Umsiedlungs- und Übergangsgebiet und repräsentiert heute ein älteres *Site & Service*-Gebiet mit nachfolgender informeller und illegaler Besiedlung.

2.2.1 Geschichte der informellen Siedlung Imizamo Yethu

Bereits in den 80er Jahren entwickelten sich vereinzelt informelle Strukturen in Hout Bay. Diese entstanden entweder als sogenannte *backyard shacks* in den Hinterhöfen der offiziellen Siedlung der *Coloureds*, deren Siedlungsgelände oberhalb des Hafens bei weitem zu klein geworden war, oder zwischen Büschen und Bäumen versteckt in Flussniederungen sowie in schwer einsehbaren Dünen. Mehrfach wurden die in den

---

175 Die Bewohner von Hout Bay demonstrieren ihre vermeintliche Unabhängigkeit durch Ortseingangsschilder mit der Aufschrift: »*You are now entering the Free Republic of Hout Bay*«

folgenden Jahren anwachsenden Ansiedlungen[176] Opfer von Polizeigewalt. Die Hütten wurden zerstört und die Bewohner in die offiziellen schwarzen *Group Areas* etwa nach Khayelitsha deportiert (SOWMAN/GAWITH, 1994:560). Diese Maßnahmen waren jeweils nur von temporärem Erfolg, da zunehmend auch Migranten aus den *Homelands* ihren Weg nach Hout Bay fanden, insbesondere aus Fischfanggebieten.

Spätestens als 1988 zwei neue informelle Siedlungen in den Dünen am Badestrand von Hout Bay auftauchten und sich mit immenser Geschwindigkeit ausbreiteten, wurde klar, dass das ›Problem‹ nicht mehr ignoriert werden konnte. Diese beiden Siedlungen (Princess Bush und Sea Products), die vorwiegend von schwarzen Xhosa sprechenden Migranten bewohnt wurden, grenzten direkt an ein teures weißes Wohngebiet sowie das Haupterholungsgebiet von Hout Bay an. Massive Reaktionen der formellen weißen und der *Coloured*-Bewohner waren die Folge.

Zur gleichen Zeit bestanden bereits drei weitere informelle Siedlungen. Zwei davon, Disa River und David's Kraal wurden von *Coloured Communities* bewohnt, eine weitere Siedlung – Blue Valley – ebenfalls von Migranten aus den *Homelands* Transkei und Ciskei.

1990 gründete sich eine Assoziation der weißen Landbesitzer Hout Bays mit dem Ziel, die *Squatter* aus dem Tal zu vertreiben. Begründet wurde dieses Ansinnen mit Umweltschäden, steigenden Kriminalitätsraten und fallenden Grundstückswerten, für die die *Squatter* verantwortlich gemacht wurden. Die Assoziation bot sogar an, Geld für die infrastrukturelle Ausstattung eines Grundstücks außerhalb von Hout Bay zur Besiedlung durch die informellen Siedler bereitzustellen.

Die informellen *Communities* waren allerdings bereits zu dieser Zeit in hohem Maße politisiert und bestens organisiert – das unterscheidet sie von den anderen Untersuchungsgebieten. Eine direkte Eingabe an die Regierung sowie die Einschaltung einer Rechtsberatung erfolgten durch die *Community Leader*, die alle Mitglieder des ANC waren.

1990 war es aufgrund der sich verändernden innenpolitischen Lage, sowie der internationalen Aufmerksamkeit die Südafrika zuteil wurde, fast unmöglich geworden, solche Siedlungen einfach zu räumen. Der öffentliche Druck, den die informellen Siedler, unter Ausnutzung ihrer politischen Kontakte hergestellt hatten, zwang die Regierung dazu, eine Lösung zu finden, die sowohl für die *Squatter* und die formellen Bewohner Hout Bays als auch für die südafrikanische Öffentlichkeit akzeptabel war. Das *Department of Local Government, Housing and Works* beauftragte ein Architektur- und Planungsbüro: »*to identify land and undertake the planning necessary to meet the long-term needs of the homeless people in Hout Bay.*« (SOWMAN/GAWITH, 1994:561).

Ein verheerender Brand in der informellen Siedlung Sea Products gab schließlich den Ausschlag zur Intervention von oberster Stelle. Der Minister für Wohnen, Soziales und Arbeit verfügte die Allokation eines Stückes Land, welches das bereits erwähnte Planungsbüro identifiziert hatte, an alle informellen Siedler. Daraufhin wurden 18 ha Wald, der sich vom Tal aus die Hänge des Tafelbergmassivs hinaufzieht und sich damals im

---

176 Für Hout Bay liegen keine verlässlichen Daten über die Entwicklung der informellen Siedler vor
      1990 vor, da es diese ja offiziell nicht gab.   .

Besitz des *Western Cape Regional Services Council* befand, als Umsiedlungsfläche bereitgestellt. Diese Entscheidung fiel, ohne die formellen oder informellen Bewohner Hout Bays einzubeziehen. Von beiden Seiten wurde dagegen protestiert, dennoch wurden alle informellen *Communities,* insgesamt 429 Haushalte (ca. 2000 Personen) als temporäre Maßnahme zunächst auf ein 8 ha großes Stück der anvisierten Fläche umgesiedelt, während die Planung für die permanente Struktur abgeschlossen werden sollte. Diese Haushalte wurden in der Folgezeit auf *Site & Service*-Gründstücken mit einer Grundfläche von etwa 65m^2 angesiedelt, wobei bis 1997 nie die versprochenen 18 ha zur Verfügung gestellt wurden. Ebenso hatte bis 2000 keine Eigentumstitelübertragung stattgefunden. Das kann zum einen auf die unklaren Zuständigkeiten während der Übergangsphase der politischen Dezentralisierung und der administrativen Neuordnung seit 1993 zurückgeführt werden, zum anderen wurde von Seiten der lokalen und regionalen Durchführungsverantwortlichen eine gewisse Zurückhaltung bei der raschen Umsetzung geübt, die als Reaktion auf die »undemokratische« Entscheidung zur Umsiedlung gedeutet werden kann. Die Zukunft Imizamo Yethus wird in einer kombinierten *in situ Upgrading*-Maßnahme mit gleichzeitiger Umsiedlung der illegalen Bewohner liegen. Das, soviel ist heute schon absehbar, wird vermutlich nicht ohne gewalttätige Auseinandersetzungen vonstatten gehen. Besondere Schwierigkeiten werden sich bei der Identifizierung der rechtmäßigen ›Besitzer‹ der *Site & Service*-Flächen ergeben, da sowohl die ständige Fluktuation der Bewohner als auch die Praxis der Unter- und Zwischenvermietung sowie der Verkauf von Hütten mittlerweile durchaus üblich ist.

2.2.2 Sozial-räumliche Disparitäten und Umweltschäden durch Zuwanderung

Auch in Imizamo Yethu hat die Entwicklung der Zuwanderung die Planungen rasch überholt. Von ehemals 429 Wohnstätten, die autorisiert und geplant auf *Site & Service*-Grundstücken gebaut wurden, war die Siedlung bis 1998 auf 1130 Wohnstätten mit etwa 4500 Bewohnern angewachsen. Die meisten der bis 1987 über 700 illegal errichteten Hütten breiteten sich in das hangaufwärts angrenzende Naturschutzgebiet des Tafelbergmassivs aus, und fraßen geradezu Schneisen in den unter Naturschutz stehenden Wald (S. Luftbild, Abb. V. 4 im Anhang). Die illegale Besiedlung von Imizamo Yethu weitete sich in der Folge zu einem massiven Umweltproblem aus, von dem – neben den Schäden für das Ökosystem der Kaphalbinsel – die Bewohner ganz direkt betroffen sind. Tiefe Erosionsgräben ziehen sich mittlerweile durch die ganze Siedlung, auch durch die *Site & Service*-Gebiete. Hangrutschungen und Überschwemmungen, die in der Regenzeit im Winter ganze Hütten wegspülen, sind die Folge.

Die Ausbreitung der Siedlung geht zum einen auf eine stetige Zuwanderung, aber auch auf ein natürliches Haushaltswachstum zurück.[177] Grundsätzlich gilt, dass diejenigen, die am längsten in der Siedlung leben, auch die relativ gesehen ›besten‹ – weil infrastrukturell ausgestatteten – Siedlungsplätze belegen.

---

177 Zur Siedlungsentwicklung über soziale Netzwerke s. Kap. VI

> Significantly, migrant communities that urbanised before the end of Apartheid are no longer at the bottom of the urban housing hierarchy. Phased immigration into the Imizamo Yethu area means that initial residents have relatively more secure tenure. This has created a two class system of dwellers: those who have been living in Imizamo Yethu for an average of six years and who have been allocated a serviced site; and the ›latecomers‹ who have only lived there for four and a half years on average and who had to put up a shack either in the backyards of the serviced sites or on unserviced plots on the mountain slope. (LOHNERT et al. 1998:88)

Die Bevölkerungszusammensetzung in Imizamo Yethu ist recht heterogen. Im Jahre 1998 stammten ca. 68% der Bewohner Imizamo Yethus aus den ehemaligen *Homelands* Transkei und Ciskei, diese waren entweder direkt oder über weitere Zwischenstationen in Kapstadt zugewandert. Ein hoher Anteil von etwa 13% – MCDONALD (1997:3) spricht von 500–700 Personen – ist aus Nachbarstaaten, vor allem aus Namibia, Mozambique und Angola, zugewandert. Diese Leute sind vorwiegend als Angehörige ausländischer Fischfangflotten über den Hafen von Hout Bay nach Imizamo Yethu gekommen und dort geblieben.[178] Etwa 20% der Bewohner sind *Coloureds* aus der Western Cape Province, davon wurden fast alle in Kapstadt geboren.

Abhängig von der Wohndauer in Imizamo Yethu stellt sich auch das ökonomische Potential der Bewohner dar. Etwa 97% der Haushalte auf den *S&S*-Flächen und 87% im illegal besiedelten Teil haben mindestens eine Person, die über ein Einkommen verfügt. Die meisten dieser Einkommen werden jedoch im informellen Bereich der Wirtschaft, der in keiner Statistik auftaucht, erzielt. Hierzu gehört auch die Hausarbeit, von der 32% der *S&S*-Haushalte und 21,4% der anderen abhängig sind. Etwa 20% der Männer haben als Gärtner oder Farmarbeiter in Hout Bay einen permanenten Arbeitsplatz gefunden. Insgesamt stellt Hout Bay 90% aller Arbeitsplätze der Bewohner Imizamo Yethus.

2.2.3 Interne Konflikte und Machtstruktur

Der ungeplante *ad hoc* Umzug von fünf ehemals gut organisierten Gemeinschaften (David's Kraal, Blue Valley, Disa River, Princess Bush, Sea Products) auf das zudem noch zu kleine Gelände von Imizamo Yethu zerstörte die jeweiligen internen Organisationsstrukturen. Ein organisatorisches Vakuum entstand, da die Umgesiedelten zunächst ihre gesamte Energie einsetzten, um ihre Häuser (wieder) aufzubauen (SOWMAN/GAWITH, 1994:561).

Etwa sechs Monate nach dem Umzug wurde die erste einstweilige Bürgervertretung aus Angehörigen aller ehemaligen *Squatter*-Siedlungen gegründet, die es in der folgenden Zeit, ebenso wie die ehemaligen *Squatter* in den Dünen verstand, die Interessen der Bewohner Imizamo Yethus hörbar zu artikulieren.

Zum Zeitpunkt der Untersuchungen 1998 stammten alle Funktionsträger der Hout Bay *Civic Organisation* aus der *Eastern Cape Province*, Angehörige der *Coloured Community* etwa waren nicht vertreten. Politisch ist Imizamo Yethu fest in der Hand des ANC, dessen

---

178 Die Mehrzahl besitzt keine gültige Aufenthaltsgenehmigung für Südafrika.

traditionelle Wählerschaft sich aus der schwarzen Unter- und Mittelschicht rekrutiert, während die *Cape Coloureds* traditionell eher den Anhängern der New National Party (NNP) zugerechnet werden. Die politische Mobilisierung der Bewohner von Imizamo Yethu führte bei den Kommunalwahlen dazu, dass die gesamte Gemeinde Hout Bay durch einen ANC Gemeinderat, der aus Imizamo Yethu stammt, vertreten wird. Das bringt für die *Community* Vorteile insofern, als diese offizielle Interessenvertretung den Zugang zu Entwicklungsprojekten erheblich erleichtert.[179]

Während der unterschwellige Konflikt zwischen ANC-Anhängern und Anhängern anderer Parteien sowie zwischen *Coloureds* und Xhosa nicht offen ausgetragen wird – man geht sich eher freundschaftlich aus dem Weg und hat andere soziale Bezugspunkte – führte der Konflikt zwischen Südafrikanern und ›Fremden‹ in der Vergangenheit schon zu blutigen Auseinandersetzungen, die bereits mehrere Menschenleben gekostet haben. Aussagen wie: »*they bring AIDS into our community, they take our women, they steal our jobs*« wurden während der Interviews oft gehört. In ihrer Xenophobie sind sich alle südafrikanischen Staatsbürger von Imizamo Yethu, egal welcher Hautfarbe oder Parteizugehörigkeit, absolut einig.

2.2.4 Lessons Learned und Zwischenresümee Imizamo Yethu

– Entscheidungen von ganz oben, unter Umgehung der dezentralen Entscheidungs- und Administrationsstrukturen sowie der Betroffenen rächen sich auf lange Sicht durch die Verzögerung des Folgeprozesses. Im Falle Hout Bays ist davon auszugehen, dass der lange Prozess bis zur Übertragung der Eigentumstitel u. a. eine indirekte Folge der Übergehung sämtlicher Beteiligter war.

– Politisierung ist hilfreich im Kampf um Landfragen, zur Konsolidierung von Siedlungen kann sie hinderlich werden, da sie unter Umständen den Teil der Bewohner, die nicht mit der vorherrschenden Partei sympathisiert, von der Partizipation an Entscheidungen ausschließt.

– Massiver Druck von formellen Anwohnern führt zum Aufbau starker Organisationsstrukturen und starker Identifikation mit derselben, solange der Druck von außen anhält.

– Umsiedlung auf *S&S*-Flächen ohne Registrierung und baldige Titelübertragung führt bei nachholender Titelübertragung fast unweigerlich zu Konflikten, da die rechtmäßigen Besitzer nur noch schwer zu identifizieren sind.

---

179 1997 waren folgende größere Projekte in Imizamo Yethu angesiedelt: Nutrition Project, finanziert durch Food Aid; Kinderkrippe, finanziert durch RDP-Gelder, durchgeführt durch Child Welfare; Community Hall, finanziert u.a. durch britische und deutsche Botschaft; Recycling Depot als einkommensschaffende Maßnahme für Frauen, die dort Wertmüll sortieren.

2.3   Weltevreden Valley – Siedlungsentwicklung auf der »grünen Wiese«

Weltevreden Valley liegt in Philippi, in unmittelbarere Nachbarschaft zu den berüchtigten *Hot Spots* der Township-Gewalt – Nyanga, Crossroads und KTC/Gugulethu. Philippi soll nach dem *Metropolitan Spatial Development Framework* (MSDF)[180] zu einem wichtigen Entwicklungspol der *Cape Flats* ausgebaut werden. Die sogenannten *Cape Flats* zeichnen sich durch sandige Böden und einen hohen Grundwasserspiegel aus, der Infra-strukturmaßnahmen und Wohnungsbau vor große Probleme stellt. Noch vor weniger als 20 Jahren war die Gegend um Philippi der Gemüsegarten Kapstadts mit ausgedehnten Farmen, deren Grundstücksnamen wie etwa Browns Farm oder Heinz Park heute noch an die ehemalige Nutzung erinnern. Zwischen den Verkehrsadern Vanguard Drive und der R300, die direkt zur N2 führt, gelegen, bietet das neue Wohngebiet Weltevreden Valley hervorragende Verkehrsanbindungen, sowohl in die Stadt als auch in die südlichen Vororte.

2.3.1 Das Weltevreden Valley – Integrated Serviced Land Project

Das Siedlungsprojekt in Weltevreden Valley ist Teil des *Integrated Serviced Land Project* (ISLP)*,* einem holistischen Wohnungsprojekt, das 26 Siedlungen der *Cape Flats* direkt oder indirekt betrifft. Das ISLP wurde per Kabinettsbeschluss 1994 als sogenanntes *Presidential Lead Project*[181] anerkannt und so konnte diese Initiative auf erhebliche Unterstützung von oberster Stelle zählen. Bereits 1991 kam eine Expertenkommission zu dem Schluss, dass die langjährigen gewalttätigen Auseinandersetzungen im berüchtigten Dreieck zwischen KTC, Nyanga und Crossroads im Folgenden begründet lagen:

- the enormous imbalances in the demand & supply of urban resources,
- the lack of inclusive participation in development projects,
- the piece-meal nature of development projects and
- alleged corruption in the allocation of sites by autocratic elements within communities. (ISLP, 1994:1)

Im April 1991 bildete sich das *SLP-Policy Committee*, in dem die wichtigsten Organisationen und Administrationen vertreten waren.[182] Es dauerte allerdings noch bis 1994, bis eine Verfassung für das ISLP und ein strategischer Plan für das Projekt vorlag. Als Hauptziel wurde im Business Plan formuliert:

The SLP has therefore been established to assist more than 35.000 of Cape Town's most deprived families to improve their housing circumstances within 5 years. This will include ownership of serviced sites and access to building resources. The project incorporates community empowerment in every phase of development from planning

---

180 S. Kap. VI.4.

181 Auch die seit 1994 laufenden Schulspeisungsprojekte, die vom damaligen Präsidenten Nelson Mandela initiiert wurden, fallen unter diese Kategorie.

182 Im einzelnen: ANC, CPA, SANCO, WCRSC, WCUSA, CCC, WCCA, Ikapa Town Council, Unzamo Development Projects, Crossroads Town Council.

through implementation to consolidation of new or upgraded settlements. (ISLP, 1994:2)

Das ISLP umfasst etwa 38 Einzelprojekte in 26 verschiedenen *Communities*. Davon sind 13 Projekte typische *in situ Upgrading*-Projekte, die etwa 8.500 Grundstücke umfassen. Weitere 8 Projekte sind sogenannte *Infill*-Projekte, die innerhalb der Townships vorhandene Freiflächen bewohnbar machen, wovon etwa 2.000 Haushalte profitieren sollen. Mit etwa 24.000 neuen Grundstücken soll jedoch der weitaus größte Teil der Nutznießer in drei sogenannten *Greenfield*-Projekten untergebracht werden. Neben Philippi East und Southern Delft ist Weltevreden Valley eines der drei Projektgebiete, die höchste Priorität genießen, da sie u. a. als Umsiedlungsziel für die Opfer der Entdichtung von *Upgrading*-Gebieten geplant wurden.

Noch bevor die Verwaltungsreformen und die Dezentralisierung der Zuständigkeiten im Wohnungssektor durchgeführt waren, kaufte die damals zuständige Western Cape Province das Gebiet der heutigen Siedlung Weltevreden Valley. Wie die meisten vermeintlichen Freiflächen in Kapstadt war auch dieses Gebiet bereits durch etwa 1.000 Haushalte illegal besiedelt. Diese wurden als weitere Projektteilnehmer in den Entwicklungsprozess aufgenommen. Zunächst wurde diese »ursprüngliche« *Community* in einer Übergangssiedlung, die den Namen Samora Machel erhielt, untergebracht um mit dem Bau der entsprechenden Infrastruktureinrichtungen beginnen zu können. Spätestens an diesem Punkt fand ein weiterer Zuzug statt, der jedoch kaum quantifizierbar ist, da die Registrierung der bereits vorhandenen Siedler derart unsystematisch erfolgte, dass sie nur schwerlich als Datengrundlage für irgendeine Art von Entscheidung dienen konnte.

Um in Weltevreden zu einem Grundstück oder Haus zu kommen, musste zunächst ein Antrag gestellt werden. Die Antragsteller müssen folgende Voraussetzungen erfüllen:

> An applicant must:
> – be at least 21 years of age
> – *Have lived in the ISLP project area for at least 2 years* [Hervorh. B. L.].
> – Have dependents living with the applicant.
> – Must never have owned residential property.
> – Meet the eligibility requirements of the national housing subsidy policy, or be able to demonstrate an ability to acquire a site without the benefit of the subsidy policy. (ISLP, 1996:1)

Weltevreden war als Umsiedlungsgebiet für 17 verschiedene *Communities* vorgesehen. In Phase 1 und 2 wurden Umsiedlungen von 1.200 Haushalten aus insgesamt 14 verschiedenen Gemeinden durchgeführt.[183] Diese Mischung der Nutznießer war offensichtlich nötig, um im Klima der Gewalt dieser Region nicht den Anschein zu erwecken, eine Gruppe oder Siedlung würde der anderen vorgezogen. Diese Vorgehensweise hatte

---

183 Die Grundstücke wurden folgendermaßen verteilt: Black City – 200 HH; Browns Farm – 200 HH; Gxa-Gxa – 100 HH; Kanana – 200 HH; KTC – 200 HH; Mahobe Drive – 200 HH; Millers Camp – 100 HH; Mkonto Square – 100 HH; Mpetha Square – 100 HH; New Rest – 200 HH; Pholla Park/Fezeka/Waterfront – 100 HH; Samora Machel – 500 HH.

allerdings den klaren Nachteil, dass informelle Netzwerke zerrissen wurden und der Aufbau von Organisationsstrukturen zur Partizipation erheblich erschwert wurde.

Alle Antragsteller, die die oben zitierten Voraussetzungen erfüllten, konnten zwischen zwei Optionen – einem *Core*-Haus oder *Site & Service* mit sukzessivem Eigenbau einer formellen Struktur – wählen. Ein *Core*-Haus kostete inklusive Erschließung und Titelübertragung genau 17.250 Rand, das entsprach der damaligen Höchstsumme der Wohnungsbausubvention.[184] Für diejenigen, die für die Eigenbauoption votierten, wurde ein *Housing Support Center* eingerichtet, in dem Grundfertigkeiten im Hausbau vermittelt werden, sowie Maschinen und Werkzeuge ausgeliehen werden können.

2.3.2 Fehlschläge und Verzögerungen

Laut ISLP Plan sollten bis März 1998 alle vier Phasen der Erschließung und Bebauung der insgesamt 3.910 Grundstücke von Weltevreden Valley abgeschlossen sein. Die Phasen 1 und 2 mit insgesamt 2.200 Grundstücken sollten bereits im März 1997 fertiggestellt sein (ISLP, 1994:o.S.). Im November 1997 waren allerdings gerade einmal 1.484 Grundstücke belegt, 605 davon waren mit *Core*-Häusern bebaut und bezogen. Erst zu Beginn des Jahres 2000 kann das Projekt eigentlich als vorläufig abgeschlossen gelten, was jedoch nicht bedeutet, dass die sogenannten ›Selbstbauer‹, die mit Hilfe der in der Siedlung eingerichteten Bauunterstützungszentren in weitgehender Eigenarbeit formelle Strukturen errichten sollten, mittlerweile alle in einem Haus wohnen.

Aufgrund der Verzögerungen in Weltevreden, das ja einen Teil der Umgesiedelten aus den *Upgrading*-Gebieten direkt aufnehmen sollte, mussten viele, die der Entdichtung in ihren Herkunftssiedlungen zum Opfer fielen, wieder mit einer Notlösung, nämlich der temporären Unterbringung im *Transit Camp* Samora Machel vorlieb nehmen. Spätestens ab diesem Zeitpunkt wurde die Registrierung der rechtmäßig im Übergangslager lebenden Personen kaum mehr nachvollziehbar. Damit war – trotz des hilflosen Versuchs, die Hütten zu markieren – einer weiteren Zuwanderung Tür und Tor geöffnet.

Der in den Statuten des ISLP geforderte Aufbau von repräsentativen Interessenvertretungen in den Herkunftsgebieten und in Weltevreden Valley, die an Planung und Implementierung beteiligt werden sollten, nahm längere Zeit in Anspruch als erwartet. Dafür wird insbesondere die Heterogenität der Umgesiedelten in Weltevreden verantwortlich gemacht.

Enorme Verzögerungen bei der Auszahlung der beantragten und genehmigten Wohnungsbausubventionen führten zum einen zu Verzögerungen der tatsächlichen Bautätigkeiten, da kurzzeitige Finanzengpässe auftraten und zum anderen zu Verzögerungen bei der Grundstücks- und Wohnraumallokation, da natürlich erst nach Eingang der an Personen gebundenen Subvention jeweils Eigentumstitelübertragungen stattfinden konnten.

---

184 Im einzelnen kosteten 1998: Grundstück, Erschließungskosten durchschnittlich: 10.500 Rand; bezugsfertiges *Core*-Haus: 6500 Rand; Administrations- und Übertragungskosten: 250 Rand.

Zudem stellte sich die Regierungsrichtlinie, beim staatlich subventionierten Wohnungsbau bevorzugt sogenannte ›*emerging contractors*‹, d.h. neue Firmen, die durch vormals benachteiligte Gruppen gegründet wurden, zu berücksichtigen, als kompletter Fehlschlag heraus. Zunächst hatte die Provinz als Bauherr Ende 1996 vier sogenannte ›*emerging contractors*‹ beauftragt, jeweils 450 *Low-Cost*-Häuser zu bauen. Als nach einem Jahr, Ende 1997 insgesamt gerade einmal 100 Häuser bezugsfertig waren, wurden alle Verträge aufgelöst und den jeweiligen Besitzern blieb nichts anderes übrig, als informelle Strukturen auf den infrastrukturell erschlossenen Grundstücken aufzustellen und doch die Selbstbauoption in Erwägung zu ziehen.

2.3.3 Konfliktpotenzial

Die empirische Stichprobe ergab, dass 13 Haushalte, die aus dem Transitcamp Samora Machel in Phase 1 und 2 ein Grundstück zugewiesen bekamen, erst 1996/97 nach Kapstadt zugewandert waren. Das widerspricht zwar ganz klar den Grundregeln des ISLP für die Grundstücksallokation, dennoch handelt es hierbei nicht um Einzelfälle. Diese Art der Wohnungspolitik und erneuter Unregelmäßigkeiten bei der Vergabe von Grundstücken ist für diejenigen Kapstädter, die seit 25 Jahren auf der Warteliste für eine Mietwohnung oder ein Haus aus städtischem Besitz stehen, verständlicherweise nicht mehr nachvollziehbar. Die Brisanz dieser Ungleichbehandlung wird dadurch erhöht, dass die Mehrzahl der auf der Warteliste stehenden *coloured* und die Mehrzahl derjenigen, die von Projekten wie dem ISLP profitieren schwarz sind. Das Zitat einer aufgebrachten Bewohnerin von Athlone mag die Stimmung der alteingesessenen Kapstädter, die unter ähnlich schlechten Verhältnissen leben wie die Zuwanderer, illustrieren:

> Us, we are waiting for 15 years now to move into a council apartment or house. Us, we have to pay rent. Them, they just come and get a plot with water and electricity or even a house. They are not from Cape Town, I was born here.

Der Vorwurf an die ANC-geführte Regierung, einen neuen Rassismus zu befördern, bekommt durch solche Verhältnisse neue Nahrung.

Von vielen Interviewpartnern in Weltevreden Valley wurde berichtet, dass die Chancen, in eine frühe Phase der Grundstücksallokation aufgenommen zu werden, mit der Höhe der Schmiergelder, die an die – aus der *Community* rekrutierten – Mitarbeiter gezahlt werden, steigen. So mancher, der sicher war, auf der Liste für die nächste Phase zu stehen, musste plötzlich erkennen, dass sein Name durch einen anderen ersetzt worden war. Vor allem Analphabeten fällt es schwer, hier ihre Rechte geltend zu machen.

Weltevreden Valley hat im ersten Jahr seines Bestehens bereits ausgedehnte und gewalttätig geführte Machtkämpfe zwischen verschiedenen Fraktionen, die jeweils aus unterschiedlichen Siedlungen stammen, erlebt. Die Tatsache, dass bisher mehrere Tote bei solchen Auseinandersetzungen zu beklagen waren, nähren nicht gerade die Hoffnung auf ein friedliches Zusammenleben im Dreieck KTC/Nyanga, Crossroads und Weltevreden.

2.3.4 Lessons Learned und Zwischenresümee Weltevreden Valley

– Ohne akkurate Überprüfungsinstrumente wie räumlich spezifizierende Datenbanken, die auf dem laufenden gehalten werden und nicht für jedermann zugänglich sind, können Korruption und Unregelmäßigkeiten in einem Projekt, das 35.000 Personen umfasst, kaum ausgeschlossen werden. Transparenz und Nachvollziehbarkeit sind unabdingbar für Selbsthilfe und Partizipation. Auch um Konflikte zu vermeiden, ist eine größtmögliche Nachvollziehbarkeit der Kriterien und Einhaltung derselben vonnöten.

– Umsiedlung aus zu vielen Ursprungsgemeinden zerstört soziale Netzwerke und erschwert den Aufbau von Partizipationsstrukturen. Große Heterogenität und fehlende Identifikation verhindert soziale Kontrollemechanismen und befördert anarchische Strukturen und Machtkämpfe.

VI. Bestimmungsgründe für die Verbesserung von Wohnraum in Selbsthilfe in Kapstadt

Im Weiteren sollen nun aus den empirischen Ergebnissen der diversen Untersuchungen in den drei Untersuchungsgebieten Kapstadts die Bestimmungsgründe für die Verbesserung von Lebensbedingungen und Wohnraum in Selbsthilfe abgeleitet werden. Nachdem in den Kapiteln III, IV und V die sozioökonomischen, politischen und administrativen Rahmenbedingungen der Wohnraumfrage auf nationaler, regional-städtischer und Stadtteilebene dargestellt und bewertet wurden, bezieht sich dieses Kapitel auf die lokale Ebene und stellt die Wahrnehmung, das Potential und das Handeln der Haushalte und Individuen in den Mittelpunkt der Betrachtungen.

1. Die subjektiven Probleme und die Verantwortlichkeiten

In den vorherigen Kapiteln wurde bereits detailliert dargelegt, unter welchen sozioökonomischen und ökologischen Problemen *Squatter*-Bewohner zu leiden haben. Ebenso wurde erörtert, welche Verursacherrolle den Bewohnern von informellen Siedlungen bezüglich ökologischer Schäden auf unterschiedlichen Ebenen zukommen kann. Dies geschah jedoch aus einer Außensicht, die sich nicht notwendigerweise mit der Wahrnehmung der Betroffenen decken muss. Voraussetzung für eine Wohnraumverbesserung in Selbsthilfe ist jedoch ein subjektives Problemempfinden. Denn ohne das subjektive Vorhandensein von Problemen wird kaum Eigenanstrengung zur Behebung nur von Außen gesehener Missstände zu erwarten sein. Wer nur geringe Probleme mit seiner derzeitigen Wohnungssituation hat, der wird zwar die angebotene Unterstützung annehmen, allerdings ist kaum davon auszugehen, dass er oder sie nachhaltige und langfristige Investitionen tätigt.

Ebenso wie die subjektive Problemsicht, ist auch die Einschätzung der Verantwortlichkeiten für die jeweiligen Probleme und deren Behebung von enormer Bedeutung, wenn Selbsthilfe und Eigeninitiative eine große Rolle bei der Behebung von Missständen spielen soll. Beiden Fragenkomplexen wird im Folgenden nachgegangen.

1.1 Die Sicht der Betroffenen: Wohnraumprobleme

In allen Untersuchungsgebieten wurden die Interviewpartner gebeten, ihre wichtigsten Probleme bezüglich ihrer Wohnungssituation zu benennen. Dabei sollten die drei wichtigsten Probleme in hierarchischer Abfolge entsprechend ihrer Wichtigkeit genannt werden. Zunächst fällt auf, dass nur 4% aller Befragten überhaupt in der Lage waren, drei

Probleme zu benennen. Den meisten Befragten fielen spontan nur zwei Problemlagen ein, die konkret mit ihrer Wohnsituation in Verbindung stehen.

Tabelle VI. 1:   Die subjektiven Probleme der Bewohner[185]

	Marconi Beam		Imizamo Yethu S&S		Imizamo Yethu Informell		Weltevreden Samora Machel		Weltevreden Core-Häuser		1. N. insg. n=
Probleme:	1. N.	2. N.	1. N.	2. N.	1. N.	2. N.	1. N.	2. N.	1. N.	2. N.	680
Keine Isolierung gegen Feuchtigkeit	10 5,4%	13	79 82,3%	8	85 82,5%	12	160 80,8%	34	24 24,5%	11	51,8%
Brände durch offene Feuerstellen	96 51,9%	51	—	—	—	—	—	—	—	—	14,1%
Verschmutzung, Hygieneprobleme	60 32,4%	71	2 2,1%	—	—	—	—	—	2 2,0%	—	9,4%
Keine Isolierung gegen Kälte, Staub	1 0,5%	2	1 1%	12	8 7,8%	23	24 12,1%	79	22 22,4%	26	9,1%
Überfüllung der Häuser	7 3,8%	10	2 2,1%	—	1 1%	2	—	3	24 24,5%	4	5,0%
Kein Stromanschluss	6 3,2%	11	—	—	—	—	—	—	—	—	1,0%
Andere	5 2,8%	15	3 3,1%	—	1 1%	—	3 1,5%	—	7 7,2%	—	2,7%
Keine Probleme	—	—	9 9,4%	—	8 7,8%	—	11 5,6%	—	19 19,4%	—	6,9%
Insgesamt	185	173	96	20	103	40	198	116	98	41	100%

Quelle: eigene Erhebungen, 1996/97

Aus der Kenntnis der Untersuchungsgebiete verwundert weniger, welche Probleme mit welcher Häufigkeit genannt wurden, sondern eher, welche Probleme nicht genannt wurden. So ist es z. B. absolut nachvollziehbar, dass in den besonders sturmanfälligen *Cape Flats* (Weltevreden) die fehlende oder schlechte Isolierung der Behausungen gegen Feuchtigkeit eine große Rolle spielen. Interessant ist in diesem Zusammenhang, dass die von

---

185 1. N. = 1. Nennung, Angaben in % der Grundgesamtheit (=680) und absolute Nennungen; 2. N. = 2. Nennung, Angaben in absoluten Zahlen, da nur 57% der Grundgesamtheit (= 390 Befragte) in der Lage waren, ein zweites Wohnungsproblem zu nennen.

Bauunternehmern erstellten *Core*-Häuser offensichtlich – neben ihrer zu geringen Größe von 20m^2 – auch in dieser Hinsicht Grund zur Beanstandung geben.

Wie bereits in Kapitel V ausgeführt wurde, hat sich die Siedlung Imizamo Yethu in die steilen Hänge des Waldes am Tafelbergmassiv ausgebreitet, Erosionsschäden ausgelöst und so dafür gesorgt, dass Niederschläge nun ungehindert zum Teil als wahre Sturzbäche durch die Siedlung, sowie teilweise sogar durch die Hütten fließen. Keiner der Befragten stellte jedoch auf Nachfrage den Zusammenhang zwischen Abholzung und Siedlungsentwicklung in die steilen Hanglagen und Überschwemmungsproblemen her.

Dass für die Bewohner von Marconi Beam die Brände durch offene Feuerstellen das am weitaus häufigsten genannte Problem darstellen, ist aus der leidvollen Geschichte mehrerer Brandopfer jedes Jahr nachvollziehbar. Umwelt- und Gesundheitsprobleme, die sich aus dem Heizen und Kochen auf offenen Feuerstellen in den geschlossenen Räumen der Hütten ergeben, wurden nicht genannt. Es verwundert ebenso wenig, dass für die Bewohner von Marconi Beam die Verschmutzungen des Wohnumfeldes und sich daraus ergebende Hygieneprobleme an zweiter Stelle stehen, da die Überfüllung des Transitgebietes bei gleichzeitiger Abwesenheit einer funktionierenden Müllentsorgung, sowie der absolut unzureichenden Versorgung mit öffentlichen Toiletten unzumutbare Zustände hervorruft. Erstaunlich ist allerdings, dass weder die Bewohner des informellen Teils von Imizamo Yethu noch des Transitcamps von Samora Machel in Weltevreden Hygieneprobleme nennen, obwohl sich von außen betrachtet die Zustände dort nur graduell von denen in Marconi Beam unterscheiden. Allerdings sind in beiden Siedlungen noch Ausweichflächen vorhanden – in Imizamo Yethu etwa das angrenzende Naturschutzgebiet –, die eine Entsorgung von Abfällen außerhalb des direkten Wohnumfeldes erlauben.

Ebenso überraschend erscheint es zunächst, dass keiner der Befragten aus den informellen Teilen der Untersuchungsgebiete Probleme in der nicht vorhandenen direkten Wasserversorgung und Entsorgung sehen. Hierzu ist anzumerken, dass viele der Migranten – und insbesondere die Frauen – aus dem ländlichen Raum es gewohnt sind, lange Strecken zum Wasserholen zurückzulegen. Im Vergleich dazu ist die zurückzulegende Strecke zur Gemeinschaftswasserversorgung vernachlässigbar gering, und eine Abwasserentsorgung gibt es im ländlichen Raum schließlich auch nicht.

Insgesamt gesehen geht aus den hier vorgestellten Antworten hervor, dass im wesentlichen direkte Ursache-Wirkungs-Mechanismen wie etwa die Paare: offenes Feuer = Brand oder schlechte Isolierung = Nässe als problematisch wahrgenommen werden. Tieferliegende Ursachenbündel, die unter Umständen auch die eigene Verursacherrolle in die Diskussion bringen könnte, werden – auch auf Nachfrage hin – nicht erkannt. Wer sich selbst nicht als Beteiligter an Problemen erkennt, dem wird es allerdings auch schwer fallen, sich selbst eine Rolle bei der Behebung der jeweiligen Probleme zuzuschreiben.

1.2   *Wer ist eigentlich verantwortlich für die Behebung der Wohnraumprobleme?*

Viele der 70 Personen, die auf die Frage, wer denn verantwortlich für die Lösung ihrer Probleme sei, ›Nelson Mandela‹ als Person benannten, spezifizierten ihre Antwort weiter mit den Worten: »*he has promised us houses*«. Mit den Wahlen in Juli 1999 schied Mandela aus dem Amt. Sein Versprechen, bis zum Jahr 2000 fünf Millionen Südafrikanern ein Dach über dem Kopf zu verschaffen, konnte nicht eingehalten werden. Insgesamt sind 54% der Meinung, die Regierung sei allein verantwortlich für die Behebung der Wohnraumprobleme. Es bleibt abzuwarten, wie die neuen Regierungen mit diesem Erwartungsdruck umgehen werden. Viel wichtiger ist jedoch die Frage, ob die Millionen von Obdachlosen sich trotz ihrer hohen Erwartungen an die Regierung – an denen diese natürlich nicht unschuldig ist – weiterhin ruhig verhalten werden.

Tabelle VI. 2:   Perzeption der Verantwortlichkeit für Wohnraumprobleme

Wer ist verantwortlich?	%
Regierung	44%
Präsident Nelson Mandela	10%
ich selbst, meine Familie	18%
Councillors, Council	5%
Municipality	5%
weiß nicht	18%

Der äußerst geringe Anteil der Antworten, die sich auf eine dezentrale Verwaltungseinheit oder *Local Government*-Einrichtung wie den *Council* oder die *Municipality* beziehen, bestätigt die in Kap. III getroffenen Aussagen zum Ruf dieser Einrichtungen innerhalb der Bevölkerung. Nur die wenigsten nehmen bisher wahr, dass die für sie wichtigen Entscheidungen auf der lokalen Ebene fallen und über ihre gewählten Vertreter zumindest potentiell beeinflussbar sind.

Immerhin 18% der Befragten gaben an, dass sie selbst oder ihre Familie (Vater, Ehemann) für die Behebung der Probleme verantwortlich seinen und signalisierten damit die Bereitschaft zur Selbsthilfe.

Die Interviewpartner wurden auch gefragt, wie ihre Beteiligung bei der Lösung ihrer Wohnungsprobleme aussehen könnte. Rund 27% der Befragten hatten keine Ahnung, wie ihre Eigenbeteiligung aussehen könnte und weitere 13% waren der Meinung, sie hätten keinerlei Anteil an der Behebung ihrer eigenen Wohnraumprobleme. Allerdings antworteten 36% mit einem unbestimmten »*I can assist, I can help*« und zeigten damit ihre Bereitschaft sich bei der Behebung ihrer Wohnraumprobleme einzubringen. Arletta drückt ihre Bereitschaft zur Selbsthilfe folgendermaßen aus:

> Now we really see that we're getting a better life we must also help him with all what he's giving us, to work with him together.[186]

Weitere 11% der Befragten wurden konkreter bei der Angabe ihrer Leistungen, etwa durch das Reparieren von Dächern und den Kauf von Material. Die derzeit laufenden Kampagnen, die das Zahlen von kommunalen Serviceabgaben betreffen, wurden offensichtlich nur von 5% der Befragten in Zusammenhang mit ihren persönlichen Wohnraumproblemen gebracht. Diese Gruppe gab explizit an, dass das Zahlen von Elektrizität und Wasser die Stadt in die Lage versetzten könnte, ihnen bessere Wohnungsbedingungen zu schaffen.

---

186 ›He‹ ist, wie könnte es anders sein: Nelson Mandela

Diese Ergebnisse spiegeln die landesweiten Verhältnisse wider, wo das Zahlen von Gebühren für kommunale Leistungen nicht nur aufgrund der Boykottgeschichte verpönt ist, sondern die freie Lieferung von Strom und Wasser inzwischen von vielen als Gewohnheitsrecht angesehen wird. Insbesondere bei der Frage nach der Bezahlung von Gebühren für die Lieferung von Wasser prallen traditionelle Wertvorstellungen auf ökonomische und ökologische Notwendigkeiten. In den ländlichen Räumen der Herkunftsgebiete der Migranten gehört Wasser – wie übrigens auch der Boden – zu nicht veräußerbaren Umweltallgemeingütern, die vom jeweiligen *Chief* zur Nutzung zugeteilt werden.

2.   Das ökonomische Potenzial der Bewohner

Eine weitere Voraussetzung für die Selbsthilfe im Wohnungsbau ist die ökonomische Möglichkeit der Betroffenen, auch tatsächlich in ihren Wohnraum zu investieren. Selbsthilfe kann zwar allein durch den Einsatz der eigenen Arbeitskraft erbracht werden, allerdings ist in der Regel auch der – und sei er noch so minimale – Einsatz finanzieller Ressourcen vonnöten, um Wohnraum zu verbessern. Daher soll im Folgenden erörtert werden, ob die Bewohner der Untersuchungsgebiete überhaupt in der Lage sind, finanzielle Eigenleistungen zu erbringen. Die für die einzelnen Untersuchungsgebiete bereits im vorherigen Kapitel getroffenen Aussagen sollen dazu nur noch einmal zusammengefasst werden.

Es wurde bei der Fragestellung explizit darauf verzichtet, direkt nach der Höhe der Einkommen zu fragen, da solche Angaben erfahrungsgemäß nicht sehr valide sind. Statt dessen fand eine Annäherung an das ökonomische Potential der Bewohner über Fragen nach Beschäftigungsverhältnis, Dauer und Art der Beschäftigung statt.

Mehr als die Hälfte der befragten Haushalte (54,5%) konnten zum Zeitpunkt der Befragung über Einnahmen aus mindestens einem festen Arbeitsplatz verfügen, alle anderen waren auf die Einkünfte aus temporären Beschäftigungsverhältnissen bzw. auf die Unterstützung durch formelle oder informelle Netzwerke angewiesen.

40% aller befragten Haushalte sind ausschließlich von Frauenarbeit abhängig. Diese wird im Dienstleistungssektor des formellen Sektors etwa als Kellnerin oder in einfachen Fertigungstätigkeiten in der Industrie, sowie zur Hälfte durch Haus- und Putzarbeiten in Privathaushalten erbracht. Die Arbeit in Privathaushalten gehört immer noch zu den unsichersten und am schlechtesten bezahlten Arbeiten. Viele der Frauen haben mehrere Arbeitsstellen und sind pro Tag viele Stunden unterwegs, um von einem Arbeitsplatz zum nächsten zu fahren. Trotz

Tabelle VI. 3:   Haupteinnahmequellen der Haushalte

Art der Einnahmequelle	in %
Einfache Arbeit (Industrie, Fischerei, Handwerk, Dienstleistungen)	66,5
Hausarbeit / Haushalthilfen	20,0
Unterstützung durch formelle und informelle Netzwerke	10,0
Facharbeit	2,0
andere	1,5

Bemühungen von Seiten des Gesetzgebers[187] spielen sich fast alle dieser Beschäftigungs-verhältnisse ohne soziale Absicherung und unter Umgehung arbeitsrechtlicher Bestimmungen ab.

Von den 10% der Haushalte (s. Tab. VI. 3), die ausschließlich von formellen oder informellen sozialen Sicherungssystemen abhängig sind, sind 47% frauengeführt (bei einem Gesamtanteil frauengeführter Haushalte von 15%). Von denjenigen Haushalten, deren Überleben von sozialen Sicherungssystemen abhängt, sind 42% auf die Unterstützung von Verwandten und Freunden angewiesen, der Rest kann auf eine staatliche Rente zurückgreifen. Auch in der Kategorie derjenigen, die von der unsichersten Art der Unterstützung abhängen – Verwandte und Freunde – sind die frauengeführten Haushalte mit 78% überdurchschnittlich hoch vertreten.

Im Durchschnitt müssen in den Untersuchungsgebieten 4,2 Personen von einer staatlichen Rente leben, es wurden jedoch auch Haushalte befragt, in denen bis zu 13 Personen (!) von einer Rente (über-)lebten.

Diejenigen Haushalte, die zum Zeitpunkt der Befragungen von informellen sozialen Netzen abhingen, hatten eine durchschnittliche Haushaltsgröße von 2,7 Personen und bestanden zu 36% aus Einzelpersonen.

Insgesamt kann konstatiert werden, dass von denjenigen, die einen festen Arbeitsplatz haben, ein finanzieller Input zum Aus- und Umbau von Wohnraum erwartet werden kann. Etwa 10% der Befragten sind aufgrund ihrer Abhängigkeit von formellen und informellen Netzwerken sicherlich nicht in der Lage, finanzielle Inputs zu leisten. Diese Gruppe und die Gruppe der temporär Beschäftigten können jedoch im Rahmen unterstützter Selbsthilfeprogramme sicherlich Beiträge im Rahmen von Arbeitsleistungen erbringen. Hiervon auszuschließen sind diejenigen frauengeführten Haushalte, die kleinere Kinder zu versorgen haben und keinen Zugang zu sozialen Netzwerken haben, welche die Kinderbetreuung während ihrer Abwesenheit übernehmen könnten.

3.   Rechtsstatus, Sicherheit und Selbsthilfe

Bezugnehmend auf die in Kapitel II dargestellte Theoriediskussion, in der die Frage nach dem Zusammenhang zwischen Rechtssicherheit und Selbsthilfe aus verschiedenen Perspektiven beleuchtet wurde, soll nun versucht werden, die Theoriediskussion mit den empirischen Ergebnissen zu verknüpfen. Die Untersuchungsgebiete befanden sich zum Zeitpunkt der empirischen Erhebungen in unterschiedlichen Stadien der Legalisierung. In Marconi Beam war damit begonnen worden, die registrierten Personen in *Core*-Häuser nach Joe Slovo Park umzusiedeln. Die Umgesiedelten wurden dort zu Haus- und

---

187 Ende 1997 wurde der neue *Basic Conditions of Employment Act* verabschiedet, der die Basisstandards für alle Beschäftigten festlegt. Hier werden etwa allgemeingültige Wochen-arbeitszeitregelungen (45 Std. pro Woche), Überstundenregelungen und Sozialleistungen festgeschrieben.

Grundstückseigentümern. Schon die Registrierung der umzusiedelnden Haushalte wurde von den Bewohnern aber auch von anderen als erster Schritt zur Rechtssicherheit gewertet.

Die Bewohner der *Site & Service*-Gebiete von Imizamo Yethu leben in relativer Rechtssicherheit im Gegensatz zu den Bewohnern der informellen Gebiete dieser Siedlung, die auf ein *in situ Upgrading* mit entsprechender Titelvergabe hoffen.

Sowohl die Bewohner der Häuser als auch der *Site & Service*-Gebiete des *Integrated Serviced Land Project* (ISLP) in Weltevreden Valley haben Eigentumstitel, während die Bewohner der angrenzenden informellen Siedlung Samora Machel noch auf die Zuweisung von Grundstücken und ihre Umsiedlung warten.

3.1   Wie wichtig ist Sicherheit für die Investition in Wohnraum?

Wie bereits in Kap. V. ausgeführt wurde, haben in allen Untersuchungsgebieten einige Haushalte über einen Zeitraum von 6 bis 12 Monaten ein Haushaltsbuch geführt, in dem alle Investitionen in den Wohnraum aufgeführt werden sollten. Ausgehend von der Hypothese, dass sich die Bereitschaft, in die Immobilie zu investieren, bei erhöhter Rechtssicherheit bzw. Wohneigentum erhöht, sollen hier beispielhaft die Auswertung der Haushaltsbücher der in feste Häuser mit Eigentumstiteln Umgesiedelten in Joe Slovo Park dargestellt werden.[188] Anhand dreier Beispielhaushalte werden die Ausgaben im einzelnen illustriert und in Verbindung zu den Einnahmen gesetzt.

a) Fallbeispiel Haushalt 1 aus Joe Slovo Park

Familie 1 zog im August 1997 in ihr neues Haus in Joe Slovo Park. Der Drei-Personen-Haushalt besteht aus Mann, Frau und einem Kind.

Das gesamte Einkommen der Familie lag Ende 1997 bei etwa 1.800 Rand/Monat[189], das sich aus einer zeitlich befristeten Anstellung des Mannes und die informellen – durch den Verkauf von Süßigkeiten von zuhause aus – erzielten Einnahmen der Frau zusammensetzte. Die Frau ist im Eastern Cape ausgebildete Primarschullehrerin und kann in Kapstadt keine Arbeit finden. Anfang 1998 spielte sie mit dem Gedanken zurückzukehren, da sie dort über Beziehungen eine ihrer Ausbildung angemessene Arbeit in Aussicht hatte. Das Kind wollte sie mitnehmen und bei der Mutter unterbringen.

---

188 Es wurden hier Beispielhaushalte aus Joe Slovo Park ausgewählt, da zu diesen Haushalten seit vielen Jahren – schon zu Zeiten ihres Aufenthaltes in Marconi Beam – enge Kontakte bestanden und so vor allem was die Einnahmenseite betrifft, von verlässlichen Angaben auszugehen ist. In allen buchführenden Haushalten wurden jeweils die Quittungen für die angeschafften Gegenstände aufbewahrt, die eine Überprüfung der Angaben ermöglichte.

189 Hier sei angemerkt, dass diese Familie den vollen Wohnungszuschuss, der eigentlich Familien mit Einkommen zwischen 0 und 800 Rand vorbehalten sein soll, erhielt. Zu keinem Zeitpunkt war dieser Haushaltsvorstand jedoch arbeitslos. Auch die Hochzeit zwischen den Ehepartnern fand erst statt, nachdem das Grundstück bereits zugewiesen worden war.

Tabelle VI. 4:   Investitionen in Wohnraum, Haushalt 1 aus Joe Slovo Park

	Einrichtungsgegenstände	Wert in Rand	Investition in Immobilie	Wert in Rand	insgesamt in Rand
Sept. 1997	div. Küchenutensilien	16,90			
	Doppelbett	395,00			
	gebr. Fernsehgerät	60,00			471.90
Okt. 1997	Geschirr, Gläser	20,50			20,50
Nov. 1997	div. Küchenutensilien	211,50	2 Stecker-	5,50	
	gebr. Fernsehgerät	50,00	abdeckungen	89,85	356,95
			Wandfarbe		
Dez. 1998	div. Haushaltsutensilien	87,99			
	Couchgarnitur	1000,15			
	Kühl-Gefrier-kombination	3200,00[190]			4288,14
Jan. 1998	div. Haushaltsutensilien	44,96	Verputzmasse	65,85	110,81
Febr. 1998	Matratze für Kleinkind	79,99	Zement f.	90,00	
	2 Lampen	57,60	Vorgarten		227,59
	Insgesamt:	5224,59	Insgesamt:	251,20	5475,79

Ein weiterer Besuch der Familie im Mai 1999 ergab, dass die Frau tatsächlich mittlerweile immer für mehrere Monate in der *Eastern Cape Province* aufhielt, um Lehrvertretungen zu übernehmen. An diesem Beispiel zeigt sich, dass Rechtssicherheit und Eigentum die Mobilität nicht verhindert, und dass auch im Nachapartheid-Südafrika Arbeitsmigration und die daraus resultierenden getrennten Familien weiterhin realistische Optionen bleiben. Die Investitionen in die Immobilie, die sich wohlgemerkt in einem unfertigen Zustand – zwar mit Dach, Fenster Türen und Estrich allerdings ohne Verputz, Anstrich, etc. – befindet, nehmen sich im Vergleich zu den Ausgaben für Haushalts- und Luxusgegenstände mit einem Anteil von knapp 5% doch eher gering aus. Insbesondere die notwendigen Maßnahmen zur Fertigstellung des Hauses, wie etwa der Innenputz, waren trotz ausreichender Einnahmen auch nach 2 Jahren nicht erfolgt.

b) Fallbeispiel Haushalt 2 aus Joe Slovo Park

Haushalt 2 besteht aus 6 Personen, davon gehören mit dem Mann und der Frau sowie zwei Kindern 4 Personen zur Kernfamilie, während die anderen beiden weiblichen Erwachsenen der erweiterten Großfamilie zuzurechnen sind.

---

190 Ausgaben in dieser Höhe werden in der Regel auf Kredit getätigt.

Tabelle VI. 5:   Investitionen in Wohnraum, Haushalt 2 aus Joe Slovo Park

	Einrichtungsgegenstände	Wert in Rand	Investition in Immobilie	Wert in Rand	insg. in Rand
Febr. 1997			Wasserhahn	20,00	20,00
	Kleiderschrank	150,00			
März 1997	Stühle	30,00			
	Musiktruhe	95,00			275,00
Apr. 1997			Wandfarbe	80,00	80,00
Mai 1997	Küchenschrank	750,00			750,00
Juni 1997					
Juli 1997	Doppelbett	400,00	Nägel	10,00	
			›Wendy House‹	800,00	1210,00
Aug. 1997	elektrischer Heizofen	75,50			75,50
Sept. 1997			Raumteiler	500,00	500,00
Okt. 1997	Kühlschrank	850,00			850,00
	Gartenutensilien	37,00	Elektrische	72,35	
Nov. 1997	Küchenutensilien	134,99	Kabel und		
	elektrisches Bügeleisen	75,00	Steckdosen		319,34
Dez. 1997	Herd	3138,86			3138,86
	Insgesamt	5756,35	Insgesamt	1462,35	7218,70

Der Umzug von Marconi Beam fand im Februar 1997 statt. Alle Erwachsenen waren zum Zeitpunkt der Befragung berufstätig und erwirtschafteten zusammen ein Haushaltseinkommen von etwa 2600 Rand. Die drei Frauen waren teilzeitbeschäftigte Haushaltshilfen und der Mann als einfacher Arbeiter im Industriegebiet von Milnerton tätig. Sechs Monate nach Einzug in das mit 20 m^2 für sechs Personen viel zu kleine Haus wurde ein sogenanntes *Wendy House*, ein Holzhäuschen, etwa entsprechend einem Gartenhäuschen, angeschafft und auf dem Grundstück aufgestellt. Damit wurde der Vorgabe genüge getan, keine informellen Strukturen in Joe Slovo Park aufzubauen und gleichzeitig der Wohnraum relativ billig erweitert. Über elektrische Verlängerungskabel wurde auch im »Erweiterungsbau« ein Stromanschluss geschaffen.

Die relativ hohen Ausgaben für den Anbau des Hauses sind dafür verantwortlich, dass dieser Haushalt etwa 20% der Gesamtausgaben für Wohnraum in die Immobilien investiert hat.

c) Fallbeispiel Haushalt 3 aus Joe Slovo Park

Beispielhaushalt 3 besteht aus einer alleinerziehenden Frau mit einem Kleinkind, die im Mai 1997 in ihr neues Haus einziehen konnten.

Tabelle VI. 6:   Investitionen in Wohnraum, Haushalt 3 aus Joe Slovo Park

	Einrichtungsgegenstände	Wert in Rand	Investition in Immobilie	Wert in Rand	insg. in Rand
Mai 1997	Fernsehgerät	200,00			
Juni 1997	Schlafzimmereinrichtung	700,00			
	Küchenschrank	640,00			
Juli 1997					
Aug. 1997	Geschirr	100,00			
Sept. 1997					
Okt. 1997	Bügeleisen	65,99			
Nov. 1997					
Dez. 1997	2-Platten-Kocher	105,00			
	Küchenutensilien	14,00			
	Insgesamt:	1824,99	Insgesamt:	0	1824,99

Durch diverse Tätigkeiten als Haushaltshilfe verdient sie etwa 700 Rand pro Monat. Diese Frau hat in den ersten acht Monaten nach Bezug des Hauses nicht in die Immobilie investiert. Auch nach sieben Monaten waren etwa die Wände nicht verputzt und gestrichen. Andererseits bestand die erste Anschaffung in einem Fernsehgerät. Es folgten relativ teure Möbelstücke wie eine komplette Schlafzimmereinrichtung und ein Küchenschrank, die wie das Fernsehgerät auf Kredit mit monatlich festgesetzten Rückzahlungsraten erworben wurde. Diese Rückzahlungsverpflichtungen legten die operativen Mittel der Bewohnerin für Monate fest, so dass in den Folgemonaten kaum Spielraum für sonstige Anschaffungen vorhanden war.

Auf aggregierter Ebene ergab die Auswertung der Haushaltsbücher, dass nur zu einem sehr geringen Teil in die Immobilie investiert wurde. Statt dessen wurde nun – sicherlich mehr als vorher – in Einrichtungsgegenstände, die veräußerbar und mobil sind, investiert. Im Durchschnitt lag der Anteil der Investitionen in den Erhalt oder Ausbau der Immobilie bei nur 7,5% der Ausgaben für Einrichtungsgegenstände. Verschiedene Erklärungen bieten sich hierfür an:

– Zum einen ist es nach dem Umzug in ein festes Haus für viele zunächst nötig einige grundlegende Einrichtungsgegenstände zu beschaffen, diese können hier – im Gegensatz zu den kaum gesicherten Hütten erstmalig auch vor Diebstahl gesichert werden.

– Zum anderen spielen Statussymbole wie etwa Radios und Fernsehgeräte eine große Rolle im Ansehen der einzelnen Familien. So wurden etwa in einem Haushalt, der gerade in ein neues Haus in Joe Slovo Park umgezogen war, drei (!) Fernsehgeräte vorgefunden, die zwar alle funktionsuntüchtig waren, aber an exponierter Stelle übereinander im Wohnzimmer aufgestellt waren.

– Manche Anschaffungen wie etwa für einen 3-Personenhaushalt völlig überdimensionierte Kühl-Gefrierkombinationen werden als Investitionen in ein Gewerbe, das von zuhause ausgeübt wird, getätigt. Frauen können so von Zuhause aus etwa gekühlte Getränke oder Eis verkaufen. Durch den Stromanschluss in den Häusern werden solche Gewerbe erstmals möglich.

– Die ökonomischen Möglichkeiten der Bewohner sind bei der Erwartung von Investitionen in die Immobilie natürlich von äußerster Wichtigkeit. Wem rechtmäßig (d.h. bei einem monatlichen Einkommen von unter 800 Rand) die volle Wohnungsbausubvention zugesprochen wurde, der wird unter Berücksichtigung anderer Bedürfnisse schwerlich in der Lage sein, irgendwelche Investitionen in seinen Wohnraum zu tätigen.

– Des weiteren muss auch die Möglichkeit in Betracht gezogen werden, dass sich die Bewohner trotz Rechtssicherheit nicht auf einen dauerhaften Verbleib einstellen und mit der jetzt zwar verbesserten aber nicht optimalen (Übergangs-)Lösung zufrieden sind.

– Zuletzt ist natürlich in Betracht zu ziehen, dass die Erhebungen während der ersten sechs bis zwölf Monate nach dem Umzug stattfanden und nicht ausgeschlossen werden kann, dass zu einem späteren Zeitpunkt Investitionen in den Aus- und Umbau der Häuser getätigt werden. Alle befragten Haushalte haben Zeit ihres städtischen Lebens in Rechtsunsicherheit gelebt und die Vermutung liegt nahe, dass man sich auch an Rechtssicherheit erst gewöhnen muss.

Vergleicht man nun die Haushaltsbücher der in Rechtssicherheit lebenden Befragten mit denen, die entweder noch auf die Zuteilung eines Grundstückes oder Hauses warten oder in völliger Unsicherheit über ihre wohnrechtliche Zukunft leben, so kann zusammenfassend festgestellt werden, dass je unsicherer die rechtlichen Umstände sind, desto weniger Geld für Wohnraum insgesamt ausgegeben wird, das gilt auch für Einrichtungsgegenstände. Die in Unsicherheit Lebenden hatten im selben Befragungszeitraum, unabhängig vom Einkommen der Haushalte, etwa zwei Drittel weniger für ihre Wohnungen ausgegeben, als die in Sicherheit Lebenden.

3.2 Mögliche Nebeneffekte von Rechtssicherheit

Eine weitere Frage, die in der Literatur und von Stadtplanern in Entwicklungsländern umstritten diskutiert wird, ist die von vielen geäußerte Befürchtung, dass Rechtssicherheit und selbst die Aussicht darauf einerseits den Zuzug erhöhen kann und andererseits einen informellen Bodenmarkt in Gang setzen kann. MERTINS ET AL. bemerken hierzu:

> Bereits die Ankündigung von Regulierungs- bzw. Legalisierungsabsichten führt in den jeweiligen Siedlungsgebieten zur Steigerung der Bodenpreise, zu erhöhten Bodenmarktaktivitäten und forciert damit die Grundstücksmobilität, sei es bei illegal

besetzten oder semilegal erworbenen Grundstücken. Allerdings ist der informelle Bodenmarkt – analog dem formellen Bodenmarkt – ausschließlich von Angebot und Nachfrage bestimmt. (MERTINS ET AL., 1998:57)

Diese Aussage konnte in allen Untersuchungsgebieten – mehr oder weniger direkt – nachvollzogen werden.[191] Besonders eindrücklich lässt sich die Erhöhung der Siedlungsaktivitäten und das Entstehen eines dynamischen Grundstücksmarktes jedoch anhand des Beispiels Marconi Beam darstellen. Hier hatte es sich mit der Zeit herumgesprochen, dass alle, die nicht nach Joe Slovo Park umgesiedelt werden konnten, ein Grundstück in Du Noon erhalten sollten. In Kapitel V wurde bereits ausgeführt, dass die mit der *Community* und dem *Marconi Housing Trust* getroffene Vereinbarung, keine Wiederbesiedlung der geräumten Fläche zu erlauben, nicht eingehalten wurde. Anhand von Luftbildaufnahmen der Siedlung konnte nachgewiesen werden, dass im Zeitraum zwischen Dezember 1996 – dem Umzugsbeginn – und Juli 1997 zwar 315 Hütten abgerissen wurden aber im selben Zeitraum 111 neue hinzukamen (SCHLAUTMANN, 1998:66).

Nur zu einem geringen Teil sind diese Neuerrichtungen auf die Auslagerung von vorher mitwohnenden Familienmitgliedern und Mietern zurückzuführen. Die etwas ratlose Aussage eines Mitglieds des *Housing Trusts* mag die Problematik illustrieren: »*Now they all tell their family in the Transkei to come here and to register for Du Noon*«. In diesem Fall ist es nicht die Rechtssicherheit, die weitere Migranten anzieht, da für alle klar ist, dass ein Verbleib in Marconi Beam ausgeschlossen ist, sondern die Hoffnung auf die Zuteilung eines Hauses oder Grundstücks an einem anderen Ort.

Während unserer Untersuchungen, die 1996 kurz vor dem Umsiedlungsbeginn stattfanden, wurde auch nach dem geschätzten Wert der Hütte gefragt und ob daran gedacht sei, diese bzw. das Baumaterial bei Umzug zu verkaufen. Von allen 185 befragten Haushalten waren 170 für ein Haus in Joe Slovo Park registriert. Der Rest hatte noch keine weitergehenden Optionen. Von den Registrierten hatten 88,5% bereits sehr klare Vorstellungen, für welchen Preis sie ihre Hütte verkaufen wollten. Im Durchschnitt beliefen sich die Vorstellungen auf 810 Rand, sie wiesen jedoch eine Spannbreite von 200 bis zu 5000 Rand auf. Es sei hier betont, dass explizit nach dem Verkaufspreis für die Hütte, nicht für das Baumaterial gefragt wurde.[192] Der illegale Verkauf einer Hütte in Marconi Beam hat für die Käufer nicht in erster Linie die Funktion des Erwerbs von ortsgebundenem Eigentum, vielmehr erwerben sie damit den potentiellen Anspruch auf eine Umsiedlungsfläche.

---

191 S. Kapitel V

192 Fast alle Befragten gaben bereitwillig Antwort auf diese Frage, obwohl die Bewohner Marconi Beams an mehreren Sensibilisierungs- und Informationsworkshops teilgenommen hatten, in denen die Konditionen für die Umsiedlung dargestellt wurden, u.a. auch, dass durch den Vertrag mit dem Eigentümer Burad der Weiterverkauf der Hütten explizit ausgeschlossen war.

Abbildung VI. 1:   Neuenstehung von Hütten in Marconi Beam zwischen 12/96 und 07/97

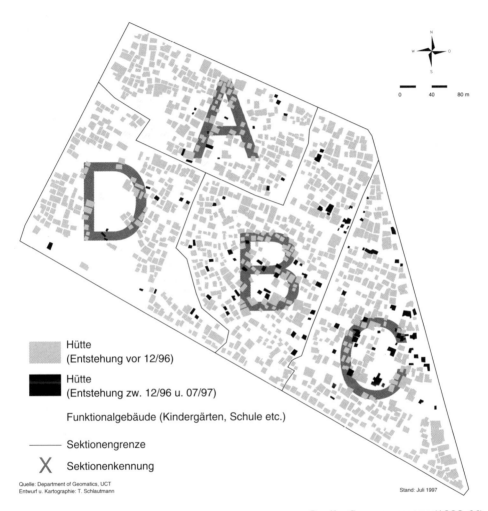

Quelle: SCHLAUTMANN (1998:66)

Auch in Imizamo Yethu hatte die Einrichtung der *Site & Service*-Grundstücke einen weiteren Zuzug von Migranten zur Folge. Diese Aussage wir dadurch erhärtet, dass 103 der 199 befragten Personen erst nach 1992, also dem Zeitpunkt der Einrichtung der *Site & Service*-Gebiete und der Umsiedlung der ehemaligen illegalen *Squatter* aus Hout Bay, zugezogen sind. Davon sind über 50% nicht aus anderen Stadtteilen, sondern direkt aus dem ländlichen Raum der ehemaligen Transkei gekommen.

Die partizipativen Luftbildinterpretationen ergaben viele Hinweise darauf, wie sich Großfamilien sowohl durch Nachzug aus den Herkunftsgebieten als auch durch Auslagerung von Mitbewohnern von einem legalisierten *Site & Service*-Grundstück in die informellen Gebiete der Siedlung ausgedehnt haben. Beispielhaft soll hier die Funktion von Familie A (=Haushalt Nr. 30) für weitere Migrationen nach Imizamo Yethu dargestellt werden (s. Abbildung VI.2 im Anhang).

Frau A ist zum Zeitpunkt der Befragung 50 Jahre alt und lebt im formellen Teil von Imizamo Yethu. Sie wurde in Takarstad (*Eastern Cape* Provinz) geboren und lebt seit 1981 in Hout Bay. Sie war unter den ersten, die aus David's Kraal auf ein *Site & Service*-Grundstück nach Imizamo Yethu umgesiedelt wurde. Zur Zeit teilt sie sich das Haus mit ihrem Mann, zwei Schwestern und zwei Nichten. Beide Schwestern sind erst vor einem Jahr mit jeweils einer Tochter aus dem Herkunftsdistrikt von Frau A zugezogen und nutzen den Haushalt A als Eintrittsort in die Stadt. Es kann erwartet werden, dass die beiden Schwestern in absehbarer Zeit, soweit es die ökonomischen Möglichkeiten zulassen, eigene Hütten im informellen Teil der Siedlung beziehen werden. Frau A hat drei Kinder, zwei Töchter und einen Sohn. Zur Zeit der Umsiedlung waren die beiden Ältesten, ein Sohn und eine Tochter bereits verheiratet und hatten eigene Familien, so dass diese auch im formellen Teil ein Grundstück zugewiesen bekamen. Die jüngere Tochter ist erst 1995 aus dem elterlichen Haushalt ausgezogen und bezog eine Hütte im informellen Teil. Alle drei Kinder wurden noch im Herkunftsgebiet geboren und zogen erst Ende der 80er Jahre nach Beendigung der Schulausbildung nach. Eine Schwester von Frau A, die mit Familie in David's Kraal gelebt hatte, wohnt ebenfalls im *Site & Service*-Teil der Siedlung. Alle weiteren Verwandten, wie eine Schwester, eine Tante und zwei Cousins von Frau A, benutzten entweder Frau A oder deren Schwester im *Site & Service*-Teil als Eintrittsorte in die Stadt und haben sich mittlerweile im informellen Teil der Siedlung niedergelassen. An dieser Stelle sei darauf hingewiesen, dass es nach wie vor eher die Regel ist, sich seinen Lebenspartner in den Herkunftsregionen zu suchen. Vier der elf Personen haben sich inzwischen mit Familien, nach einer Übergangszeit im *Site & Service*-Haushalt von Frau A bereits in den informellen Teil der Siedlung ausgelagert. Alle hoffen, dass auch ihre Wohnstandorte legalisiert werden.

Dieser Fall verdeutlicht zum einen die wichtige Funktion, die Familienangehörige bei der Migration in die Stadt spielen und zum anderen, wie einmal legalisierte Siedlungen sich über den Zuzug weiterer Personen ausbreiten. Insgesamt haben die Pioniermigranten Frau A und ihr Mann weitere 11 Personen angezogen, die ihrerseits wiederum als Eintrittshaushalte in die Stadt fungieren können. Mit der Bedeutung sozialer Netzwerke für die Siedlungsentwicklung beschäftigt sich Kapitel 7.4 eingehender.

Zusammenfassend kann hier festgestellt werden, dass Rechtssicherheit zwar notwendig aber auf keinen Fall hinreichend ist, um die Selbsthilfe beim Wohnungsbau zu forcieren. Viele andere Kriterien spielen eine zusätzliche und wichtige Rolle bei der Bereitschaft, in städtischen Wohnraum zu investieren. Außerdem sollte nicht vergessen werden, dass viele Arbeitsmigranten gar nicht an einen dauerhaften Verbleib in der Stadt denken. Erschwingliche Mietwohnungen, die es erlauben, einen Teil des Arbeitslohnes in den ländlichen Raum zu transferieren, wären den Bedürfnissen dieser Gruppe sicherlich besser angepasst.

Die aus unterschiedlichsten Richtungen (Politische Parteien, Planer, Interessenvertreter der *Squatter*) geäußerten Bedenken, dass Xhosa-Migranten sich weigern würden, in Miet-wohnungen zu leben, ist zum einen bisher nicht belegt worden und zum anderen müssen solche Aussagen natürlich auch an den Interessen der Urheber gemessen werden. Für viele Verfechter dieser These handelt es sich um ein vorgeschobenes Argument, über das sich die ohne Zweifel notwendige ökonomische Umverteilung rechtfertigen lässt. Auf der anderen Seite ist die ›*one family, one plot*‹-Politik aus ökologischen und ökonomischen Gründen nicht mehr lange aufrecht zu erhalten. Die negativen Aspekte dieser Politik – wie etwa ein verstärkter Zuzug aus den ländlichen Räumen – sind nicht zu unterschätzen.

4.   Die Rolle von NROs und Selbsthilfeorganisationen

NROs und Selbsthilfeorganisationen wie die etwa die *Homeless People Federation* können eine wichtige Rolle in der Errichtung und Verbesserung von Wohnraum spielen. Selbsthilfeorganisationen, die auf gegenseitiger Hilfe[193] aufbauen, sind jedoch nur funktionsfähig, wenn die Mitglieder die Fähigkeit besitzen, gemeinschaftliche Ziele zu verfolgen und Investitionen zu tätigen, die sich erst auf längere Sicht individuell positiv auswirken.

Mitgliedschaften in Zusammenschlüssen und Organisationen können Hinweise auf die Verankerung einzelner in der Gemeinde sowie auf die Bereitschaft und Fähigkeit, sich zu organisieren, geben. Zusammenschlüsse und Organisationen egal welcher Art erfüllen, gerade in Zeiten in denen Transformationen zu erwarten sind, äußerst wichtige Funktionen in der Verbreitung von Information und der Meinungsbildung.

4.1   Die Homeless People Federation als Beispiel einer Selbsthilfeorganisation

Eine der erfolgreichsten Selbsthilfeorganisationen in Südafrika, die sich der Schaffung von Wohnraum verschrieben hat, ist die *Homeless People Federation*. Diese Organisation hatte bereits Ende 1996, als die staatlichen Wohnungsprogramme nur äußerst schleppend angelaufen waren, mit ihren damals 30.000 Mitgliedsfamilien über eine halbe Million Rand angespart und über 700 Häuser ohne staatliche Unterstützung gebaut. Um breitenwirksam zu sein, sind solche Zusammenschlüsse jedoch unbedingt auf die Unterstützung durch offizielle Stellen angewiesen. Die Notwendigkeit dieser Unterstützung wurde im *White*

---

193 S. Kap. II.2 zum Begriff der kollektiven Selbsthilfe

Paper on Housing (1994) anerkannt, indem dem sogenannten *People's Housing Process* entsprechende Wichtigkeit zugestanden wurde:

> The National Housing Policy: Supporting the People's Housing Process intends to assist people who wish to enhance their housing subsidies, by building or organising the building of their homes themselves, to access:
>
> – housing subsidies
> – technical, financial, logistical and administrative support regarding the building of their homes on a basis which is sustainable and affordable. (GCIS, 1998:383)

Um die Funktionsweise dieser unterstützten Selbsthilfeprogramme zu illustrieren, soll an dieser Stelle wieder einmal Arletta zu Wort kommen, die es als verwitwete ältere Frau mittlerweile geschafft hat, sich mit Unterstützung durch die *Homeless People Federation* ein Haus zu bauen – die erste formelle Behausung seit 1952, dem Jahr, in dem sie aufgrund der Apartheidgesetze aus ihrer Wohnung in der Innenstadt Kapstadts vertrieben wurde.

> *Q:Please tell me something about the South African Homeless Peoples Federation*
>
> It was made for the people who live in the shacks, right. In this position we must gather a little bit of money, put in 50 cents, put in one Rand, until we must be a group of fifty, grouping this, and once we got a site like this now, then we can start building our houses. That federation has got its own bank, it's called uTshani, it's something like a grass, it's a grassroot, ya. Because it starts from a scrap of nothing but it takes you from this 50 cents until you get a big house like those people at Mxenge. [194] You can hear the saving of those people. And those people didn't even have a ground. They were saving, they didn't know were they are building their houses until they got a piece of a land, then they could build a house. They went to their bank uTshani. uTshani was borrowing the money on top of what they were saving. It's the same with us here who have joined uTshani. On top of the little money that is left from the Government, uTshani is borrowing, say for instance like me, I wanted a house for 10.000, I show you the plan just now, I've got a nice plan ya. So they told me the house would cost 10.000, okay, it's all right. So uTshani will borrow me the money on top of the money that is left from the Government, so to fill up for the house that I'm wanting.
>
> Then you repay it. We are not going to stop saving those 50 cents. Those 50 cents and 1 Rand it gathers, you take it to the uTshani bank until you finished. That is a very good idea. Because the Government's money, he has given us money, as they tell us most of this money went to service the land, the most money went to the ground. Ya, I can believe, because I remember when they showed us this place it was full of trees and full of hills and whatnot. So now you can imagine the place is now flat and it has pipes, we are going to get light. So we must think that where does that money come from. Of course it must come from the money we have been given from the Government. But we have a leftover so then we can built our houses. You are in a group like me, it is very easy. And I'm telling the Ladies here, I said you must join that, it is going to help us building a nice big house. They are very interested, they are joining. In the end of the

---

194 Hier ist die Siedlung Victoria Mxenge in Philippi gemeint, wo ein unterstützter Selbsthilfe-Ansatz erfolgreich durchgeführt wurde.

month we'll be having a meeting here they are joining because they also want to have a proper house in this place.

Q: And how are you going to build your house, do you employ people?

We don't, we built our houses ourselves. Ladies. You find most Ladies are building those houses. We've got a few men who's got the ideas of making this and this but mostly it's women that was also trained to put up a brick, to make all the designs. Ya, we've got the Ladies. Like the two Ladies that we've got the other day from Mxenge, at the meeting we had, the one Lady there, she is, ah you know, a designer, that young one she is a designer. And she can design this proper house in a very, very neat way. In most of those houses she's the one who designed it, yaa. And also the one, Nxolisa, she is helping, she is a secretary to her, they are very good on designing houses. Then we've got another man, called Mike, he's a Coloured, but he's also living there, he's also somebody very good on bricklaying and also on designing. Then we have another old man, you can't see him properly that picture with the red hat [zeigt auf ein Bild, das an der Wand hängt], it's one of the old men that's working with us. And that is Martin standing in the middle. And that Lady is also a Mama from Macassar. And when that women makes to put up a brick you can't believe it, you think it's a man. Once she starts putting bricks on, that's how I learned also every time when I came there. See how the bricks get put up, see how the bricks get mixed up with the concrete, oh it's going on like this and you put it through that machine that cuts the bricks. I can also do that. I've been there several times.

Q: So you come together, the whole group and start building...

We come together, yaa, start building my house all together. When we finished then they go to the other one. Just like that. Just like that. And people, if we know people that can help us, yaa, we don't mind them, they must join. Anybody that's got the skill of helping. We say come join us. You see. But we don't pay anybody.

I want to see your house being built

You'll see it, you'll see it my dear.

Arletta musste zwar noch fast ein weiteres Jahr warten, da sich die Überweisung ihrer bereits genehmigten Wohnungsbausubvention so lange hinzog, aber im Februar 1998 war sie mit Hilfe des H.P.F.– Kredits in ihrem Wunschhaus.

4.2   Mitgliedschaften in Organisationen und Vereinen

Alle Interviewpartner wurden nach eventuellen Mitgliedschaften in Organisationen oder Vereinen gefragt. Diese Merkmale können als Proxiindikatoren für die Fähigkeit und Bereitschaft, sich zu organisieren, gelten.

Auffällig ist der hohe Anteil von Bewohnern, die in Marconi Beam im Vergleich zu den anderen Untersuchungsorten angeben, Mitglied in einem Verband oder einer Organisation zu sein. Vor dem Hintergrund, dass die Bewohner Marconi Beams ja offensichtlich erfolgreich zunächst die Räumung verhindert und dann die komplette Umsiedlung erreicht haben, überrascht es zunächst ein wenig, dass nur 7 der 94 organisierten Personen in Gemeindeentwicklungsorganisationen engagiert sind (s. Tabelle VI. 7).

Tabelle VI. 7:   Mitgliedschaften in Organisationen und Vereinen

	Marconi Beam n = 185	Imizamo Yethu *Site & Service* n = 96	Imizamo Yethu informell n = 103	Weltevreden Samora Machel n = 198	Weltevreden *Site & Service Core*-Häuser n = 98
Mitgliedschaften insgesamt:	94 (51%)	11 (11,5%)	6 (5,8%)	5 (2,5%)	8 (8%)
Sterbekasse	84	5	—	1	5
ANC	—	4	—	2	2
Western Cape Civic Org.	—	2	2	—	—
Gemeindeentwicklungs- organisationen auf lokaler Ebene[195]	7	1	3	2	—
Andere	2	—	2	—	1

Den Sterbekassen, in denen 84 der Befragten aus Marconi Beam organisiert waren, kommt allerdings eine wichtige Rolle im Gemeinschaftsleben zu. Die Sterbekassen funktionieren nach dem aus Westafrika für die Sparkassenassoziationen[196] bekannten flexiblen Rotations- prinzip. Wer lange genug Mitgliedsbeiträge gezahlt hat, wird – bei Bedarf – bei der Ausrichtung der gerade in den Xhosa-Gesellschaften recht aufwendigen und teuren Beerdigungen finanziell unterstützt. Die Mitgliedschaft in solchen Kassenverbänden setzt ein erhebliches Vertrauen in diejenige Person voraus, die die Verwaltung der Gelder übernimmt und eine entsprechende soziale Kontrolle durch die Gemeinschaft, die dazu beiträgt, dass Unterschlagungen nicht allzu häufig vorkommen. So fördern auch Sterbekassen, die zunächst nichts mit unserem eigentlichen Problem zu tun haben, die Fähigkeit, gemeinschaftliche Ziele zu verfolgen und Investitionen zu tätigen, die sich erst auf längere Sicht individuell positiv auswirken. Auch trainieren sie die Mitglieder darin, kleinere Beträge anzusparen. Der Sparerfolg und die Regelmäßigkeit der Einzahlungen wird in diesem Fall über soziale Kontrolle erreicht. Sterbekassen funktionieren nach einem ähnlichen Prinzip wie der oben beschriebene uTshani-Fonds, der im Rotationsprinzip Gelder für den Hausbau seiner Mitglieder bereitstellt. Insofern kann auch die Mitgliedschaft zum Beispiel in Sterbekassen Hinweise darauf liefern, welcher Grad von Organisationserfahrung in einer Gemeinschaft vorhanden ist. Je mehr Organisations- erfahrung unter Bewohnern informeller Siedlungen vorhanden ist, desto besser und schneller werden Selbsthilfeorganisationen funktionieren. Die Fähigkeit, sich zu organisieren, ist eine der vitalen Voraussetzungen für erfolgreiche kommunale Selbsthilfe.

---

195 Hierunter wurden etwa der *Housing Trust* in Marconi Beam, die Marconi *Business Organisation*, *Street Committees* und *Community Problem Committees* zusammengefasst.
196 In Ghana auch als *ensusu* bekannt

Einen Schritt weiter auf dem Weg zur kommunalen Selbsthilfe stellen diejenigen Zusammenschlüsse dar, die hier unter Gemeindeentwicklungsorganisationen zusammengefasst sind. Selbstverständlich haben etwa der *Marconi Housing Trust*[197] und ein Straßenkomitee unterschiedliche Aufgaben und agieren auf unterschiedlichen Hierarchieebenen der Selbstorganisation von Siedlungen, sie sind jedoch beide wichtig.

Der *Marconi Housing Trust* ist zum Beispiel erst mit Hilfe der NGO *Development Action Group* (DAG) entstanden, deren Hauptziel es ist, Gemeinden bei der Organisation und Durchführung von Legalisierungs-, *Upgrading*- und Umsiedlungsvorhaben zu unterstützen. Auch Nichtregierungsorganisationen, die Selbsthilfeprozesse fördern, sind in ihrer Arbeit auf schon vorhandene Organisationsstrukturen angewiesen, auf denen sie aufbauen können. Soziale Netzwerke, über die Informationen weitergeleitet werden, sind hier ebenso wichtig, wie schon vorhandene Komitees, die sich mit bestimmten Problembereichen der Siedlung befassen.

5.   Intraurbane Migration, soziale und räumliche Mobilität

Um beurteilen zu können, ob unterstützte Selbsthilfeprogramme für bestimmte Bevölkerungsgruppen sinnvoll sind, muss auch der Frage nach den Kriterien für die Wahl des Wohnortes nachgegangen werden. Nicht nur das Wanderungsverhalten zwischen Stadt und Land, auf das im folgenden Kapitel VI. 6 eingegangen werden soll, muss hier berücksichtigt werden, sondern ebenso das intraurbane Migrationsverhalten. Schließlich ist eine der Grundvoraussetzungen für eine erfolgreiche Eigenbeteiligung in der Produktion von Wohnraum der Verbleib an einem Ort über eine gewisse Zeitspanne. Im Folgenden soll daher den Bestimmungsgründen für die Wohnortwahl und der bisherigen intraurbanen Migrationsgeschichte der befragten Haushalte nachgegangen werden.

5.1   *Nähe zum Arbeitsplatz, Nähe zu potenziellen Arbeitsmöglichkeiten*

Für die Beantwortung der Frage, ob einem *Upgrading* am derzeitigen Wohnort – natürlich unter der Voraussetzung der räumlichen und rechtlichen Möglichkeiten – der Vorzug gegenüber einer Umsiedlung gegeben werden sollte, sind zunächst die derzeitigen Arbeitsorte der Migranten von Relevanz. Wie in Kapitel IV ausgeführt wurde, ist der öffentliche Personennahverkehr in Kapstadt nicht nur ineffektiv, sondern für viele Geringstverdienende auch kaum erschwinglich. Die Aufgaben, die der öffentliche Nahverkehr nicht übernehmen kann, werden durch private Kleinbusse übernommen. Diese operieren jedoch strikt nachfrageorientiert, so dass weniger nachgefragte Strecken entweder nur unregelmäßig oder gar nicht bedient werden. So ist es für Pendler ohne eigenes Transportmittel wichtig, entweder an einer der Hauptbuslinien oder in der Nähe der Arbeitsplätze zu leben. Die Nähe der Arbeitsplätze zum Wohnort ist daher auch ein wichtiger Grund für viele, an ihrem jetzigen Wohnort bleiben zu wollen. Die Antworten auf die Frage, warum die Bewohner der einzelnen Siedlungen an ihrem jetzigen Wohnort

---

197 Zur Beschreibung der Aufgaben des *Marconi Housing Trusts* s. Kap. V.2.1

bleiben wollen, gaben für die durch zunächst ungehinderten Zuzug gewachsenen Siedlungen Imizamo Yethu und Marconi Beam ein klares Bild: 64% aller Befragten in Marconi Beam gaben an, in der näheren Umgebung bleiben zu wollen, da sie dort nah bei ihrem Arbeitsplatz bzw. potentiellen Arbeitsmöglichkeiten sind. In Imizamo Yethu gaben über 70% dieselben Gründe für einen Verbleib an. Da die Bewohner Marconi Beams durch die Verhandlungen, die der Entscheidung zur Umsiedlung vorausgingen, sicherlich sensibilisiert wurden, was die Gründe für einen Verbleib der Bewohner in der unmittelbaren Umgebung angeht und die Nähe der Arbeitsplätze bei den Verhandlungen über eine Umsiedlungsfläche immer im Mittelpunkt der Argumentation standen, ist es sinnvoll, diese Angaben zu überprüfen. Die Kontrollfrage nach der Lage des derzeitigen Arbeitsplatzes ergab, dass 55% zum Zeitpunkt der Befragung tatsächlich in einem Radius von 1–2 km um die Siedlung Marconi Beam in Milnerton beschäftigt waren.

Hout Bay stellte mit über 80% die meisten Arbeitsplätze für die Bewohner von Imizamo Yethu. Es ist damit fraglos eine berechtigte Forderung der Bewohner, in der Umgebung ihres jetzigen Wohnortes zu verbleiben. Für die meisten der Bewohner von Marconi Beam hat sich mit dem Umzug nach Joe Slovo Park diese Forderung erfüllt. Es bleibt abzuwarten, wie und ob die Verantwortlichen auf diese Sachlage in Imizamo Yethu eingehen, da es nach jetzigem Sachstand kaum möglich erscheint, alle derzeitigen Bewohner Imizamo Yethus auf dem flächenmäßig begrenzten Areal unter Einhaltung selbst minimaler infrastruktureller Standards und vor allem unter Berücksichtigung der gegebenen ökologischen Begrenzungen unterzubringen.

In Samora Machel, dem dritten ungelenkt und informell besiedelten Untersuchungsgebiet gaben nur 18% an, dass sie dort bleiben wollen, weil sie ihren Arbeitsplatz in der Nähe haben, dafür gaben weitere 15% an, dass sie die Transportverbindungen entweder über die Straße oder Schiene – der nächste Bahnhof liegt nur etwa 10 Gehminuten entfernt – als besonders vorteilhaft an der Lage ihres jetzigen Wohnortes erachten.

Im Falle Samora Machels muss selbstverständlich in Betracht gezogen werden, dass die Bewohner den Umzug auf ein eigenes Stück Land direkt vor Augen haben und entsprechend zu über 40% als Hauptgrund zu Bleiben angaben, bald ein eigenes Grundstück bzw. Haus zu beziehen.

Für die vornehmlich aus anderen Stadtteilen Kapstadts umgesiedelten Bewohner der *Site & Service* und *Core-Housing*-Gebiete von Weltevreden Valley war der Hauptgrund für einen Verbleib in der Siedlung die Infrastruktur und der Besitz eines eigenen Hauses bzw. Grundstücks. Bei der Betrachtung der Lage der Arbeitsplätze der umgesiedelten Personen wird klar, dass die Mehrzahl früher in der Nähe ihrer Arbeitsplätze gewohnt hatten.

Etwa die Hälfte der interviewten Personen wurde aus den aneinander angrenzenden ehemals schwarzen Townships Nyanga, Gugulethu und KTC nach Weltevreden umgesiedelt. KTC schließt nördlich an die Philippi Industrial Area an, westlich von KTC liegen Nyanga und Gugulethu ebenso auf der nördlichen Seite der Landsdowne Road. Für die Umgesiedelten aus diesen Gebieten fallen durch den Umzug je nach Lage der Arbeitsorte nur geringfügig höhere Fahrtkosten zum Arbeitsplatz an, da Weltevreden

Valley nur etwa zwischen 3 und 5 km südlich dieser Siedlungen gelegen ist.[198] Die aus Langa Umgesiedelten trifft es in dieser Beziehung je nach Lage der Arbeitsorte härter, da ihr neuer Wohnort etwa 12 km weiter von der Innenstadt entfernt liegt.

Tabelle VI. 8:   Arbeitsorte und vorherige Wohnorte der umgesiedelten Bewohner von Weltevreden

Vorherige Wohnorte der umgesiedelten Bewohner von Weltevreden:	Langa	Nyanga, KTC Gugulethu	Weltevreden, Philippi	Gesamt
Arbeitsorte:				
Innenstadt	3	12	4	19
Östliche, innenstadtnahe Vororte*	2	5	4	11
Claremont/Wynberg		4	1	5
Constantia/Bishops Court		3		3
Elsies Rivier, Epping, Pinelands		2	2	4
Parow, Bellville, Everite, Brackenfell	3	7		10
Philippi Ind., Landsdowne, Weltevreden	1	13	11	25
Athlone, Newlands		3	2	5
Milnerton	1	2		3
Mitchells Plain, Retreat		2	1	3
Gugulethu		2		2
Gesamt	10	55	25	90

* Observatory, Salt River, Woodstock, Mowbray

Etwa 28% der Umgesiedelten, die zum Zeitpunkt der Befragung einen Arbeitsplatz hatten, arbeiteten in der unmittelbaren Umgebung, wie etwa Philippi und Landsdowne oder in Weltevreden selbst. Für weitere 30% hat der Umzug keine wesentlichen Nachteile bezüglich der Erreichbarkeit ihrer Arbeitsplätze in zeitlicher und finanzieller Hinsicht gebracht.

Für etwa ein Drittel der Berufstätigen hat sich der Transportaufwand allerdings signifikant erhöht, was sich im wesentlichen finanziell niederschlägt. Durch die gute Verkehrsanbindung von Weltevreden Valley über Nationalstraßen und die Autobahnen sind sowohl die Vororte als auch die Innenstadt in relativ kurzer Zeit erreichbar. Ebenso wird die Siedlung, da sie innerhalb einer größeren Gemeinde täglicher Pendler liegt, auch regelmäßig durch die privaten Kleinbusunternehmen bedient. Des weiteren ist die Bahnlinie zur Innenstadt und in die südlichen Vororte in 10 Minuten zu Fuß zu erreichen.

---

198 Es soll an dieser Stelle allerdings auch daraufhin gewiesen werden, dass selbst geringe Beträge, wie etwa 4 Rand täglich für Fahrtkosten von dieser Distanz bei einem ohnehin geringen Budget ins Gewicht schlagen.

Zum Zeitpunkt der Befragungen erwog in Weltevreden keiner der Interviewpartner einen Umzug, um wieder näher zu seinem Arbeitsplatz zu kommen.

Das soll allerdings nicht darüber hinwegtäuschen, dass *Greenfield*-Entwicklungen, die in der Nähe keine Arbeitsmöglichkeiten bieten, grundsätzlich problematisch sind und zur Vergrößerung der täglichen Pendlerströme und Erhöhung der Transportkosten für die Pendler führen. Es darf nicht vergessen werden, dass die Transportkosten für viele Haushalte kaum tragbar sind, so dass Wohnortverlagerungen in die Nähe der Arbeitsplätze sehr wahrscheinlich sind.

5.2   Umzüge in der Stadt

Wie aus den oben dargestellten empirischen Ergebnissen hervorgeht, ist das wichtigste Kriterium für die Wahl des Wohnortes dessen Nähe zum Arbeitsplatz. Viele Befragte (45,5%) waren nur temporär über Zeitverträge beschäftigt. Bei den durchschnittlich sehr geringen Einkommen der Bewohner von informellen und *low cost*-Siedlungen sind weite Wege zum Arbeitsplatz, die mit hohen Transportosten verbunden sind, für die Haushalte kaum vertretbar. Es ist zu erwarten, dass auch bei Rechtssicherheit und Eigentum von Haus und Grundstück bei Verlust einer nahegelegenen Arbeitsstelle bzw. bei Aufnahme einer Arbeit an einem weiter entfernten Ort auch der Wohnort gewechselt wird. Diese Annahme, der aufgrund der kurzen Laufzeit der *Housing*-Programme noch nicht empirisch nachgegangen werden kann, hält jedoch Plausibilitätsüberlegungen stand, die sich über Proxiindikatoren, die das Verhalten der Migranten in der Vergangenheit beschreiben, ableiten lassen. Die Migrationsgeschichte der Befragten zeigt eine sehr hohe Bereitschaft zur intra-urbanen Mobilität, und dies schon unter den erschwerten Bedingungen von Apartheid. Von 680 Befragten hatten 452 einmal und 128 mindestens zweimal ihren Wohnort innerhalb Kapstadts gewechselt. 48 Personen sind drei- bis sechsmal Mal innerhalb Kapstadts umgezogen.

Diese Art der intraurbanen Mobilität ist jedoch kein Ausdruck von sozialer Mobilität. Im Gegensatz zum TURNERschen Modell fand der Eintritt der Migranten in die Stadt in Abhängigkeit von verschiedensten sozialen, ökonomischen und politischen Rahmenbedingungen in der Regel *nicht* in der City, sondern tendenziell eher in der Peripherie statt. Zwar war bis zur Abschaffung des *Group Areas Act* am 5. 6. 1991, der die Trennung von städtischen Wohngebieten nach Hautfarbe geregelt hatte, der Eintritt von Migranten in die Stadt *legal* nur in den peripher gelegenen *Group Areas* für Schwarze möglich. Dennoch haben illegale Landbesetzungen schon lange vor Abschaffung dieser Regelungen dazu geführt, dass sich schwarze Migranten in weißen und *coloured Group Areas* angesiedelt haben (s. Kap. IV). Marconi Beam in Milnerton und Imizamo Yethu in Hout Bay sind dafür gute Beispiele: so haben sich nur 10,1% der Bewohner Imizamo Yethus bis 1990 dort niedergelassen während 36,8% der Bewohner Marconi Beams zu diesem Zeitpunkt bereits vor Ort waren. Der größte Teil der Bewohner dieser beiden Siedlungen ist jedoch erst nach Abschaffung des *Group Areas Acts* zugezogen.

Abbildung VI. 3:   Ankunftsjahr in Marconi Beam

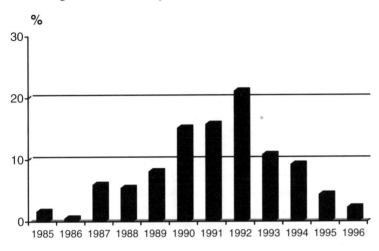

Abbildung VI. 4:   Ankunftsjahr in Imizamo Yethu

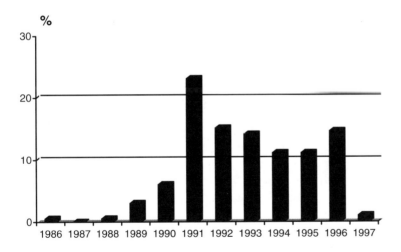

Die Ankunftszeiten in Weltevreden Valley ergeben ein anderes Bild: hier fand eine verstärkte Besiedlung erst ab 1995 statt, als erste Gerüchte in Umlauf kamen, dass auf diesem Gebiet neue Wohnungen entstehen sollten.

Abbildung VI. 5:   Ankunftsjahr in Weltvreden Valley

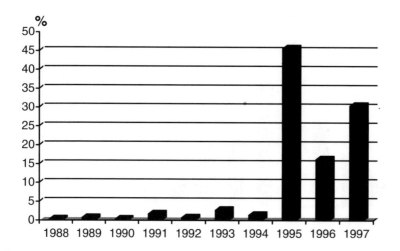

Vergleicht man nun die Ankunftszeit in der Stadt (erster Wohnort in der *Cape Metro Area* nach Verlassen der ländlichen Herkunftsgebiete) mit den Zeiten der Ankunft in den einzelnen Untersuchungsgebieten, so sind auch hier Unterschiede zu verzeichnen (s. Tabelle VI. 9), die im wesentlichen mit dem Alter der Siedlung, den sozialen Netzwerken und vermuteter bzw. tatsächlich vorhandener Unterstützung von außen zusammenhängen.

So erklärt sich etwa die vergleichsweise geringe Differenz zwischen der Aufenthaltszeit in Kapstadt und der Aufenthaltszeit im informellen Teil Imizamo Yethus aus der Tatsache, dass ein Großteil der Bewohner aus dem legalisierten *Site & Service* Teil ausgezogene Familienangehörige und ehemalige Mieter sind. Diese Aussage konnte mittels partizipativer Luftbildinterpretationen nachgewiesen werden. Ein weiterer Teil der Bewohner des informellen Siedlungsgebietes von Imizamo Yethu kam auf direktem Wege über Kettenmigrationsprozesse nach Hout Bay; daraus erklärt sich der vergleichsweise geringe Anteil an Bewohnern, die aus anderen Stadtteilen Kapstadts zugezogen sind. In Weltevreden (Samora Machel) begann der Hauptzuzug erst, nachdem Gerüchte über geplanten Wohnungsbau laut wurden (s.o.).

Tabelle VI. 9:   Aufenthaltszeiten in den einzelnen Untersuchungsgebieten

Untersuchungsgebiete:	Aufenthaltszeit im U.-Gebiet in Monaten (Stand 04/1997)	Aufenthaltszeit in Kapstadt in Monaten (Stand 04/1997)	Zuzug aus anderen Stadtteilen von Kapstadt in %
Marconi Beam	74	106	53,0
Imizamo Yethu: *Site & Service*	63	137	38,5
Imizamo Yethu: Informell	45	80	13,5
Weltevreden Valley: Samora Machel *Squatter*	29	102	14,6
Weltevreden Valley: *Site & Service*, *Core*-Häuser	5,5	164	48,0

Quelle: Eigene Erhebungen 1997

Betrachtet man die Eintrittsorte in die Stadt (s. Abbildungen VI. 6–8), so wird deutlich, dass sie *nicht* im Zentrum, sondern in der Peripherie liegen. Damit konnte die Migrationstheorie von TURNER in diesem Punkt für Kapstadt klar widerlegt werden. In den vorliegenden Fällen waren es vor allem – zu etwa 80% – Informationen und Hilfe-stellungen, die über soziale Netzwerke vermittelt wurden, welche die Migranten dazu bewogen, gerade in diesen Gebieten ihren ersten Wohnsitz in der Stadt zu nehmen; also ein typisches Phänomen von Kettenmigrationsprozessen.

Als Gründe für weitere Umzüge in der Stadt wurden genannt:

– Nähe zum Arbeitsplatz und potentielle Arbeitsmöglichkeiten: 66%
– Aussicht auf ein Grundstück, Legalisierung im Zielgebiet: 15%
– Überfüllung, schlechte Wohnbedingungen im Herkunftsgebiet, Siedlungs-möglichkeiten im Zielgebiet: 13%
– Andere: 4%.

Abbildung VI. 6:   Eintrittsorte in die Stadt – Marconi Beam (Sektorendarstellung in Relation zum CBD)

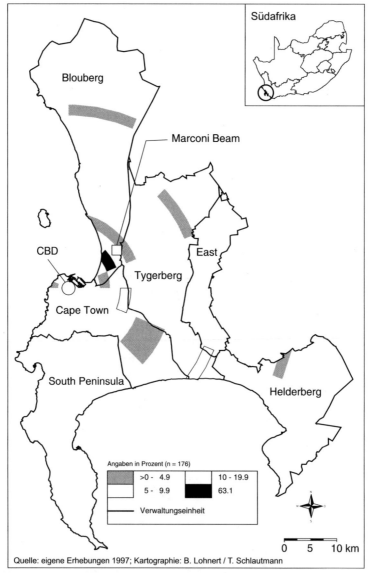

Quelle: eigene Erhebungen 1997; Kartographie: B. Lohnert / T. Schlautmann

(Darstellung bezieht sich auf alle, die nicht direkt in ihr jetziges Wohngebiet zugewandert sind)

Abbildung VI. 7:   Eintrittsorte in die Stadt – Imizamo Yethu (Sektorendarstellung in Relation zum CBD)

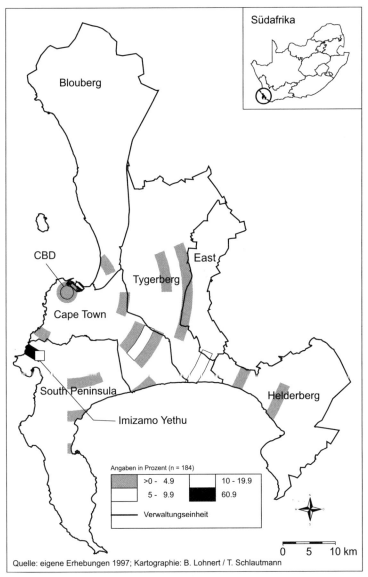

(Darstellung bezieht sich auf alle, die nicht direkt in ihr jetziges Wohngebiet zugewandert sind)

Abbildung VI. 8:   Eintrittsorte in die Stadt – Weltevreden Valley (Sektorendarstellung in Relation zum CBD)

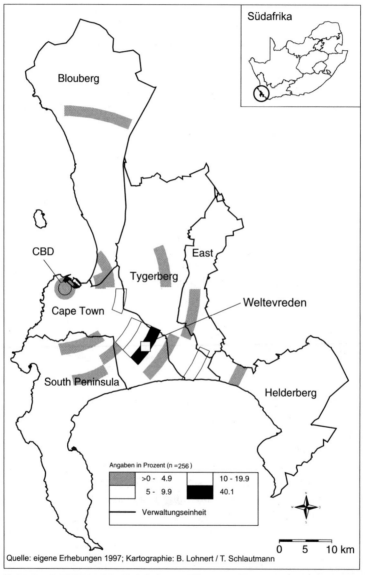

(Darstellung bezieht sich auf alle, die nicht direkt in ihr jetziges Wohngebiet zugewandert sind)

6.   Räumliche Identität oder Regionalisierung der Lebenswelt – zur Ausbildung multilokaler Haushalte

Neben anderen Faktoren sind auch die Identifikation mit der Siedlung, das ›Verwurzeltsein‹ in der Gemeinschaft sowie die persönlichen Perspektiven an einem bestimmten Wohnort in Betracht zu ziehen, wenn man die Bereitschaft zur Mobilisierung von Ressourcen für Selbsthilfeaktivitäten im städtischen Wohnungsbau beurteilen will. Wie bereits diskutiert wurde, stellen Land-Stadt Migranten unterschiedliche Ansprüche an städtischen Wohnraum. Vor allem Migranten, die planen nur für eine begrenzte Zeit – etwa für die Dauer ihrer Erwerbstätigkeit – in der Stadt zu bleiben, werden kaum größere Investitionen in ihre städtische Behausung tätigen. Gleichzeitig investieren eine große Anzahl der Migranten in ihren Herkunftsgebieten. Ob die Absicht, zum Ende des Arbeitslebens wieder in das Herkunftsgebiet zurückzukehren, je zur Realität wird, sei dahingestellt. Wichtig sind hier zunächst nur die erfolgten und unterlassenen Handlungen, die aus diesem Wunsch folgen.

Die Untersuchungen in den *Squattern* von Kapstadt ergaben, dass neben potentiellen oder tatsächlichen permanenten Umzügen auch das dynamische Mobilitätsverhalten der Migranten, das mit mehreren temporären Wohnsitzverlagerungen einhergeht, für die Bedarfsstrukturen an Wohnraum zunehmend wichtig wird.

Für fast alle Aspekte dieser komplexen Fragestellung mussten Proxiindikatoren gefunden werden, die zumindest eine Annäherung an die Problematik erlauben.

6.1   Erfahrungen mit dem städtischen Leben

Zunächst soll hier untersucht werden, wie die Migranten ihr Leben in der Stadt im Gegensatz zum Leben auf dem Land erfahren.[199] Hierzu wurden zwei offene Fragen gestellt:
–   *What are the positive aspects of urban live as opposed to rural life?*
–   *What are the negative aspects of urban life as opposed to rural life?*
Es wurde bewusst nicht die Frage nach den Motiven für die Migration gestellt, da der Umzug für viele bereits Jahre zurückliegt und sich die Antworten – wie auch der *Pretest* ergab – mit den aktuellen Erfahrungen vermischen. Da 96% aller Befragten mindestens einmal pro Jahr wieder in ihre Herkunftsgebiete zurückkehren, konnte davon ausgegangen werden, dass sie nach wie vor in der Lage sind, einen Vergleich zwischen städtischen und ländlichem Leben anzustellen – wiewohl allerdings auch davon ausgegangen werden kann, dass bestimmte Aspekte des ländlichen Lebens verherrlicht werden.

---

199 Die Stadt-Land Unterscheidung ist insofern gerechtfertigt, als 90% der Befragten aus dem ländlichen Raum zugewandert sind und vorher noch keine Erfahrungen städtischen Lebens gemacht hatten.

Tabelle VI. 10:   Positive   Aspekte   des
Lebens in der Stadt

Positive Aspekte:	
Ökonomische Vorteile	76,0%
Physische Infrastruktur	11,0%
Soziale Infrastruktur	7,0%
Keine	4,0%
Natürliche und anthropogen geschaffene Umwelt	1,0%
Unterhaltungsangebot, Information	0,3%
Andere	0,7%

Weder zwischen den einzelnen Siedlungen noch bezogen auf die Herkunftsgebiete gibt es nennenswerte Unterschiede hinsichtlich der prozentualen Verteilung und der Gewichtung der Antworten. Zwischen Männern und Frauen ist jedoch ein Unterschied festzustellen: Während 84 % aller männlichen Interviewpartner die ökonomischen Möglichkeiten als wichtigsten positiven Aspekt des Lebens in der Stadt angaben, waren nur 74% aller weiblichen Befragten dieser Meinung. Demgegenüber stellten Frauen häufiger das Vorhandensein physischer Infrastruktur (14% aller Frauen gegenüber 7% aller Männer) und sozialer Infrastruktur (5% aller Frauen gegenüber 1,7% aller Männer) in den Vordergrund ihrer positiven Erfahrungen mit dem städtischen Leben. Das ist insofern kaum verwunderlich als auch minimale Verbesserungen, wie etwa ein in der Nähe gelegener Wasseranschluss im Gegensatz zu langen Fußwegen zum Wasserholen aus dem Fluss oder Damm, eine erhebliche Erleichterung bei den täglichen Hausarbeiten bedeuten.

Das Alter und die Dauer der Anwesenheit der Befragten waren kein signifikantes Unterscheidungsmerkmal bei den Antworten. Insgesamt ist anzumerken, dass die Antworten sehr materiell ausgerichtet sind, nur wenige nennen Aspekte wie Freizeitmöglichkeiten, den Tafelberg, die städtische Architektur und die Nähe zum Meer. Das ist insofern nicht verwunderlich, als davon auszugehen ist, dass Migration für die meisten eine *Coping Strategy* bedeutet, die in erster Linie der Überlebenssicherung dient und damit die Pull-Faktoren in dieser Kategorie zu suchen sind. Das wird durch die überwältigende Mehrheit der Befragten deutlich, die als wichtigsten Positivaspekt Arbeitsplätze und Einkommen nannten.

Die von den Befragten genannten Negativaspekte spiegeln die typischen sozialen Probleme großer Städte wider. Auch bei den negative Aspekten des Stadtlebens gibt es im wesentlichen Unterschiede zwischen männlichen und weiblichen Interviewpartnern. Für 68% aller Frauen im Gegensatz zu 55% aller männlichen Befragten liegen die wesentlichsten Negativaspekte ihres Stadtlebens in der Bedrohung durch Gewalt und Verbrechen. Gerade in informellen Siedlungen sind Kriminalität sowie durch Alkohol und Drogen bedingte Gewalt an der Tagesordnung. Viele der Befragten waren selbst schon Opfer gewalttätiger Übergriffe. Vor allem an den Wochenenden, ab Freitag Nachmittag, wenn viele der Arbeiter ihren Wochenlohn in die illegalen Bars (*Shebeens*) der Siedlungen tragen, werden diese Gebiete zu ›*no go areas*‹.[200] Regelmäßig waren an den Wochenenden

---

200 An den Wochenenden konnten aus Sicherheitsgründen auch keine Befragungen in den *Squattern* durchgeführt werden, obwohl sich gerade die Wochenenden anbieten, wenn die Zielgruppe der Befragten durch die normalerweise berufstätigen Haushaltsvorstände gebildet

in den Untersuchungsgebieten Tote und Verletzte durch alkoholisierte Auseinandersetzungen zu beklagen. Wie überall auf der Welt sind es auch hier die Frauen und Kinder, die am schutzlosesten sind und unter häuslicher Gewalt leiden. Daher verwundert der hohe Prozentanteil der Frauen nicht, die Kriminalität und Gewalt als den wesentlichsten Negativaspekt ihres Stadtlebens identifizieren.

Tabelle VI. 11:   Die negativen Aspekte des Lebens in Kapstadt

Negative Aspekte:	
Kriminalität, Gewalt	60,6%
Unfälle	8,8%
Schlechte Wohnumfeld- und Wohnbedingungen[1]	8,3%
Drogen und Alkoholprobleme	3,1%
Alles ist vom Geld abhängig	2,3%
Moralischer Werteverfall	0,7%
Keine	15,4%

Eine größere Anzahl der männlichen Befragten (11% gegenüber 7% der weiblichen Befragten) sehen in den vielen Verkehrs- und Hausunfällen das größte Manko ihres städtischen Lebens im Vergleich zu ihrem Leben im ländlichen Raum. Einige wenige, vor allem ältere Menschen beklagten auch den moralischen Werteverfall, der sich ihrer Meinung nach in geringem Respekt der Jugend vor dem Alter und der nicht vorhandenen Verantwortlichkeit der gewählten Vertreter für die Gemeinschaft äußert. Die Klage, dass sich in der Stadt alles nur ums Geld drehe, wurde vor allem von Personen geäußert, die im Durchschnitt kürzer in der jeweiligen Siedlung lebten als der Rest und demnach in geringerem Maße in soziale Netzwerke eingebunden waren. Die Anmerkung einer alleinerziehenden Frau mag diese Aussage illustrieren: »*If you don't have money in town you will die. At home you can grow food or your family will help you.*«

6.2   Bindung an die Stadt – Städtische oder Stadtteilidentität?

Einen Hinweis darauf, ob Migranten über die Dauer ihres Stadtlebens so etwas wie eine städtische ›*Identität*‹ entwickelt haben, oder ob sie eher auf ihren Stadtteil fixiert sind, können die räumlichen Vorstellungen von der Stadt geben. Alle Interviewten wurden gefragt, in welchem Stadtteil sie leben würden, wenn sie die Wahl hätten.[201]

---

wird. Daher musste die Fragebogenerhebung jeweils am späten Nachmittag und Abend stattfinden, was den Zeitaufwand für die Durchführung der Befragungen erheblich erhöhte.

201 Nachdem die *Pretests* ergeben hatten, dass die meisten mit dieser eher nüchtern gestellten Frage und Vorstellung, sich plötzlich aussuchen zu können, wo sie wohnen wollten, wenig anfangen konnten, musste sich mithilfe der Interviewer eine Geschichte ausgedacht werden, die etwa folgendermaßen lautete: »*Just imagine, Nelson Mandela is coming to your house and he tells you: now you can freely choose where in Cape Town you want to live. He would be paying for everything, the moving, the house, just everything. Where would you like to live?*"

Viele der Befragten haben ein sehr beschränktes Bild von der Stadt. Immerhin gaben 5 % aller Befragten an, keine Idee zu haben, wo sie wohnen möchten und etwa 6% gaben explizit an, nichts anderes zu kennen als ihren derzeitigen Wohnort. Die Mehrzahl aller Befragten nannten ihren jetzigen Wohnort als Wunschwohnort. So würden sich 77,9% aller Bewohner von Imizamo Yethu wieder Hout Bay als Wohnort aussuchen, 64,4% aller Befragten aus Marconi Beam wünschten sich Milnerton und 59% aller Bewohner von Weltevreden Valley machten ihren derzeitigen Wohnort zum Wunschwohnort. Bei der Interpretation dieser Daten spielen zwei Faktoren eine Rolle: zum einen die tatsächliche Kenntnis der Stadt – das heißt, sind Alternativen überhaupt bekannt? – und zum anderen die Beweggründe für einen Verbleib im derzeitigen Umfeld.

Von den 304 amtlichen Stadtteilen Kapstadts[202] wurden von 680 Befragten insgesamt gerade einmal 45 genannt. Dabei beschränkten sich 86% aller Antworten auf die in Tabelle VI. 12 genannten 9 Stadtteile. Wider Erwarten konnten zwischen Aufenthaltsdauer in der Stadt und Wohnortwunsch keine signifikanten Korrelationen gefunden werden. Nach dem derzeitigen Wohnort rangieren die typischen Townships der Apartheidzeit wie etwa Khayelitsha und Langa an zweiter Stelle der Wunschliste. Nur etwa 10% der Befragten nannten die ehemaligen weißen Wohnviertel Sea Point und Constantia. Diese Nennungen kamen im wesentlichen von weiblichen Befragten, die ihren Lebensunterhalt durch Hausarbeit verdienen und vermutlich in einem der beiden Stadtteile als Haushaltshilfe arbeiten.

Neben der Arbeitsplatznähe als immer wieder auftauchenden Hauptgrund für die Wohnortwahl, machen die Migranten auch sehr deutlich, dass das Leben in einer ihnen vertrauten Gemeinschaft – und das bedeutet einem Personenkreis, der zumindest denselben kulturellen Hintergrund hat – von großer Wichtigkeit ist. Die Antworten hierzu lauteten zum Beispiel: »*Xhosa people staying here; we are one, we must stay together; I want to live among blacks; I don't want to loose my culture.*« Es wurden sogar Personen angetroffen, die aus einem formellen Wohngebiet in ein informelles Wohngebiet gezogen sind und das mit ihrer Anonymität und der Einsamkeit in den gemischten Wohngebieten begründeten.

---

202 Natürlich gibt es mindestens ebenso viele umgangssprachliche nichtamtliche Bezeichnungen für einzelne Stadtteile oder Wohngebiete.

Tabelle VI. 12:   Wunschwohnorte der *Squatter*-Bewohner in Kapstadt

Wunschwohnorte in Kapstadt	Angaben in % (gerundet)	Gründe (in % der Angaben)
Derzeitiger Wohnort (Hout Bay, Weltevreden, Milnerton)	63,0	– Arbeitsplatznähe (70%) – Verwandte/Freunde (10%) – kenne nichts anderes (10%) – andere Gründe (10%)
Ehemalige schwarze Group Areas (Khayelitsha, Langa, Gugulethu, Nyanga)	12,5	– habe Verwandte/Freunde dort (50%) – Menschen meiner Kultur (25%) – saubere und ordentliche Siedlung (15%) – andere Gründe (10%)
Attraktive Wohnviertel der oberen Mittelklasse und Ober-schicht (Sea Point und Constantia)	10,0	– schöne Häuser (40%) – reiche Gegend (30%) – Naturschönheiten wie Wald, Meer (30%)
Andere	14,5	

Die Behandlung der Problemkomplexe von Segregation und Desegregation muss auch die Funktion von Segregation und sozialen Netzwerken für die Betroffenen in die Analyse miteinbeziehen. Zusammenfassend kann an dieser Stelle festgestellt werden, dass im Falle der untersuchten Migranten nicht von einer räumlich verankerten städtischen Identität gesprochen werden kann. Allenfalls handelt es sich hier um so etwas wie eine Stadt-teilidentität, die jedoch gleichfalls nicht im wesentlichen räumlich verankert ist, sondern als Regionalisierung der sozialen Lebenswelt aufzufassen ist.

> In order to cope with persistent, and in some cases renewed poverty, networks that entrench old racial or migrant/urbanite divisions are adopted. The overall picture that emerges is one of increasing social polarisation within racially homogeneous settlements, a vision far removed from the lofty ideals of equity and non-racialism. (LOHNERT ET AL., 1998:91)

Auf die Bedeutung räumlich gebundener sozialer Netzwerke für das (Über-)Leben in der Stadt wird im Folgenden noch eingegangen.

6.3   Die Bindung an die Herkunftsregionen und die Ausbildung multilokaler Haushalte

Nachdem zuvor der Frage nach der Bindung an die Stadt nachgegangen wurde, sollen im Folgenden die Verflechtungen mit den Herkunftsregionen und deren Funktionen eingehender beleuchtet werden.

6.3.1 Bindungen an die Herkunftsregionen

Die Häufigkeit, der Anlass und die Dauer der Besuche in den Herkunftsregionen wurden als Indikatoren zur Beurteilung der Qualität der Bindungen an die Herkunftsregionen herangezogen. Was tun die Besucher in ihren Herkunftsregionen? Sind diese Besuche reine Urlaubsbesuche oder gibt es weitere Verbindungen, die diese Besuche nötig machen?

Tabelle VI. 13:   Häufigkeit der Besuche in den Herkunftsregionen (in %)

Besuche pro Jahr	Marconi Beam	Imizamo Yethu (Site & Service)	Imizamo Yethu (inform.)	Weltevreden (S. Machel)	Weltevreden (S&S/ Core-Häuser)	Insgesamt
Einmal	82,8	87,5	82,5	79,7	69,2	80
Zweimal	12,4	1,3	10,5	9,2	16,5	10
Dreimal	1,1	2,5	0	0,5	4,7	2
Öfter	1,6	3,8	2,4	2,7	9,6	4
Nie	2,2	5,0	4,6	8,1	0	4

65% aller Befragten gaben an, dass sie nach Hause fahren um ihre unmittelbaren Verwandten zu sehen, 20% der Gesamtheit gab explizit an, ihre Kinder sehen zu wollen. Das ist insofern nicht verwunderlich, als viele Familien ihre Kinder in den Herkunftsregionen bei Verwandten belassen, da sie sich zum einen aufgrund ihrer Arbeitstätigkeit nur bedingt um sie kümmern können, zum anderen ergab sich aus Gruppendiskussionen mit Frauen, dass viele es vorziehen, ihre Kinder in ihrer Muttersprache unterrichten zu lassen.[203] Diese Regelung hat vor allem für die ältere Generation, die im ländlichen Raum verblieben ist und sich dort um die Kinder kümmert, auch eine Art Versicherungsfunktion, da die Versorgung der Kinder in der Regel mit mehr oder weniger regelmäßigen Geldtransfers aus der Stadt einhergeht und damit auch die Versorgung der Alten sichert. Es soll hier nicht verschwiegen werden, dass es auch Fälle gibt, in denen sich die migrierten Eltern nicht mehr um ihre Kinder kümmern; diese bilden allerdings – wie aufgrund vieler Gespräche im städtischen und ländlichen Raum angenommen werden kann – die Ausnahme.

Weitere 17,5% gaben an, zuhause Urlaub zu machen. Eine Gruppe von 12% fährt regelmäßig in ihre Herkunftsgebiete zurück, um dort wichtige Funktionen zu erfüllen. Darunter fallen:
– sich um den dortigen Besitz zu kümmern,
– beim Nahrungsmittelanbau zu helfen,
– familiäre Probleme zu lösen und

---

203 Die Unterrichtssprache in den Zielgebieten, vor allem in der Primarstufe, stellt für viele Migrantenkinder ein großes Problem dar. Fast ausschließlich Xhosa-sprachig aufgewachsen, sollen sie sich nun – je nach Lage der Siedlung – auf eine Unterrichtssprache einstellen, die auf die Mehrzahl der Schüler eines Einzugsgebietes abgestimmt ist und sowohl in Hout Bay als auch in Milnerton Afrikaans oder Englisch ist. Viele Kinder verweigern aufgrund der Sprachschwierigkeiten den Schulbesuch und werden daraufhin in vielen Fällen von ihren Eltern wieder zurückgeschickt

– an familiären und traditionellen Festlichkeiten teilzunehmen.

Diese Gruppe ist noch am stärksten in ihrem Herkunftsgebiet verwurzelt und äußerte zu fast 70%, dass sie wieder dorthin zurückkehren wollen, um dort zu leben, während etwa diejenigen, die zu Familienbesuchen aufbrechen, zu 50% zurückkehren wollen und damit genau im Durchschnitt liegen (s. Tabelle VI. 14).

Die verbleibenden 5% der Befragten antworteten auf die Frage, warum sie dahin zurückkehren, wo sie geboren wurden, mit ähnlichen Worten: *»because it's my home, we belong there«*.

Viele der sogenannten Besuche in den Herkunftsregionen haben eine Dauer von mehreren Monaten und könnten durchaus als temporäre Rückkehr gedeutet werden. Etwa 40% der interviewten Haushaltsvorstände verbringen im Durchschnitt mehr als 10 Wochen pro Jahr in ihren Herkunftsregionen, etwa 20% mehrere Monate. Ohne Ausnahme waren das diejenigen Haushalte, die nur über temporäre Arbeitsplätze und Einkünfte verfügen. Viele Arbeitsplätze sind saisonabhängig und bieten nur für bestimmte Zeiten im Jahr ein Einkommen. Insbesondere in der Landwirtschaft und Fischerei werden zu den arbeitsintensiven Zeiten zusätzliche Arbeitskräfte eingestellt. In der Regel können die temporären Arbeitskräfte damit rechnen, einige Monate später wieder eingestellt zu werden und können so mit einem relativen Sicherheitsgefühl einen vorher absehbaren Zeitraum in ihren Herkunftsgebieten verbringen. Die restlichen Haushaltsmitglieder, also diejenigen, die nicht primär das Haushaltseinkommen bestreiten, sind noch um ein vielfaches mobiler.

Die Auswertung der Besucherbücher ergab, dass ein reger Besuchsverkehr zwischen den Herkunftsgebieten und dem städtischen Standort der Großfamilie sowie anderen Standorten wie etwa anderen Großstädten Südafrikas und umgekehrt herrscht. Demnach fluktuiert die Haushaltszusammensetzung in den Untersuchungshaushalten permanent. Sogenannte Besuche in der Stadt können sich in vielen Fällen ebenso über viele Monate erstrecken, wie die ›Besuche‹ in den Herkunftsregionen.

Für die Herkunftsgebiete haben diese Besuche wichtige Funktionen, denn natürlich müssen bei jedem Besuch Geschenke mitgebracht und so eine Transferleistung erbracht werden. Für die Migrationswilligen in den ländlichen Gebieten sind die Rückkehrer wichtige Brückenköpfe, über die die eigene Migration organisiert werden kann.

6.3.2 Here to Stay?

Insgesamt wollen 51% der Befragten permanent wieder dahin zurückkehren, wo sie geboren wurden und aufgewachsen sind – allerdings nur unter bestimmten Bedingungen, die im wesentlichen ökonomischer Natur sind.

Tabelle VI. 14:   Anteil der Rückkehrwilligen und Gründe bzw. Konditionen für eine Rückkehr

	Marconi Beam	Imizamo Yethu (S&S)	Imizamo Yethu (inf.)	Weltevreden (S. Machel)	Weltevreden (S&S/Core-H.)	Durchschnitt aller Befragten
Anteil aller Rückkehrwilligen	52 %	54 %	52 %	51 %	37 %	51 %
Unter der Bedingung, dass es dort Arbeit gibt	72,1 %	21,6 %	35,0 %	22,5 %	27,8 %	39%
Das ist mein zuhause	11,8 %	60,8 %	59,9 %	61,8 %	54,5 %	46%
Ich besitze dort Land / ein Haus	0	3,9 %	2 %	3,3 %	8,7 %	3%
Andere Gründe	16,1 %	13,7 %	3,4 %	12,4 %	9,0 %	12%

So gaben etwa 72% aller Rückkehrwilligen aus Marconi Beam an, dass sie nur dann zurückkehren würden, wenn sie dort einen Arbeitsplatz hätten. Für alle anderen war die Bindung an zuhause und die dort verbliebene Familie der Hauptgrund, der sie zur Rückkehr bewegen könnte. Etwa 3% gaben an, dass sie in ihrem Herkunftsgebiet Land bzw. ein Haus besitzen und deshalb zurückkehren wollten.

Wodurch wird nun der Wunsch – und es sei nochmals darauf hingewiesen, dass es sich hierbei um reine Absichtserklärungen handelt, die nicht in die Tat umgesetzt werden müssen – nach Hause zurückzukehren, bestimmt?

In keinem der Untersuchungsgebiete ist ein Zusammenhang zwischen Rückkehrwunsch und Aufenthaltsdauer nachweisbar. Auch wenn wir den Zeitpunkt des Verlassens der ländlichen Herkunftsregion betrachten – da dieser aufgrund der vielfachen Umzüge nicht mit dem Ankunftszeitpunkt in den untersuchten Siedlungen zusammenfallen muss – und diesen mit dem Rückkehrwunsch in Verbindung bringen, ergibt sich auch hier kein signifikanter Zusammenhang. Auch zwischen Alter, Geschlecht, Familienzusammensetzung und dem geäußerten Rückkehrwunsch lassen sich keine signifikanten Korrelationen erkennen.

Einzig die Qualität der Beschäftigung und das erzielte Einkommen stehen in Zusammenhang mit dem geäußerten Rückkehrwunsch. Je stärker sich die Erwartungen an das Leben in der Stadt erfüllen – und diese sind, wie bereits dargestellt wurde, bei allen Befragten im wesentlichen ökonomischer Natur – desto weniger wünschen sich die Beteiligten zurückzukehren. Alle Arbeitslosen wollten zurückkehren, auch ein Großteil derjenigen, die ihren Lebensunterhalt über sogenannte *piece jobs* – Gelegenheitsarbeiten – verdienen. Deswegen wollen mehr als 60% derjenigen, die über eine feste Anstellung verfügen, auf keinen Fall wieder zurückkehren.

An dieser Stelle ist festzuhalten, dass die Migranten mehrere Zuhause haben und sich mehreren Orten gleichzeitig verbunden fühlen. Grundsätzlich gilt zwar, dass das ›erste Zuhause‹ für alle Migranten – ohne Ausnahme – da ist, wo ihre Nabelschnur begraben liegt. Zuhause ist aber auch die Siedlung in Kapstadt, wo sie ihre sozialen Beziehungen pflegen. Für viele wird die Vorstellung, jederzeit zurückkehren zu können, zur psychischen (Überlebens-) Notwendigkeit. Nur vor dem Hintergrund einer – mehr oder weniger realistischen – permanenten Rückkehroption können viele Migranten die Lebensumstände in der Stadt erst ertragen. In diesem Licht sind auch die Investitionen im Herkunftsgebiet zu betrachten. So manches Haus, das dort mit den in der Stadt erwirtschafteten Ersparnissen gebaut wird, wird womöglich nie vom Eigentümer dauerhaft bezogen werden. Diese Rückkehrträume können sich allerdings auch kontraproduktiv auf Investitionen in Wohnraum in der Stadt auswirken. Wer sowieso plant zurückzukehren, der wird auch schlechte Wohnbedingungen über längere Zeiträume in Kauf nehmen. Dasselbe gilt für Haushaltsmitglieder, die zwar immer wieder, aber dann nur temporär in der Stadt leben.

Abbildung VI. 9:   Zusammenhang zwischen Rückkehrwunsch und Aufenthaltsdauer

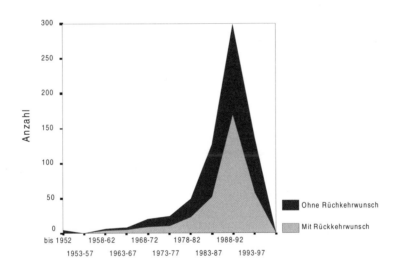

> To cope with a strange and hostile environment migrants tend to construct an image of their stay in the urban area as a merely transitional phase. Migrants coming from the former homelands keep strong connections with home areas through regular visits, the repatriation of assets and prioritisation of investments at ›home‹. An image of always being able to go back is established and thus the purpose of working here – in the city – is made clear. So a new, quasi-urban identity is founded on the purpose of working for money. In Imizamo Yethu very little effort is given to the designation of insiders and outsiders, other than protecting access to networks which provide jobs, credit and other tools for economic survival. Residents therefore are clear about who is a homeboy (from the same rural district or village) and who is an ›alien‹ (foreign national). (LOHNERT ET AL., 1998:88)

Zur Behandlung der Wohnungsfrage im städtischen Raum stellt sich hier also weniger die Frage ob und ab wann städtischer Wohnraum zum Zuhause wird, sondern an welchen der mehreren Wohnorte welche Ansprüche gestellt werden. Im Rahmen der Selbsthilfedebatte ist zu fragen, welche Prioritäten den städtischen Lebensräumen von den jeweiligen Haushaltsverbänden eingeräumt werden.

6.3.3 Die Organisation multilokaler Haushalte

Bevor der Versuch unternommen werden soll, die Organisation multilokaler Haushalte zwischen dem ländlichen und städtischen Raum zu beschreiben, soll noch einmal auf die hier zugrunde gelegte Definition von Haushalten hingewiesen werden:[204]

> (...) ›household‹ [is] defined for this purposes as the social unit that effectively over long periods of time enables individuals, of varying ages of both sexes, to pool income coming from multiple sources in order to ensure their individual well-being. We shall call the multiple processes by which they pool income, allocate tasks, and make collective decisions ›householding‹. (WALLERSTEIN/ SMITH, 1984a:13).

Demnach ist ein Haushalt weder an einen Ort gebunden noch müssen immer alle Haushaltsmitglieder am selben Ort leben. Vielmehr wird, je nach den Erfordernissen der sozialen Logik, die Zusammensetzung der Haushalte einer ›alltäglichen Regionalisierung‹ unterworfen. Auch die Verteilung der Aufgaben im Rahmen des ›Haushaltens‹ (*householding*) unterliegen einem kontinuierlichen Wandlungsprozess.

Die folgende Tabelle erteilt Auskunft über die Zusammensetzung der städtischen Haushaltsstandorte zum Untersuchungszeitpunkt. Wenn hier nun etwa von Kernfamilien ohne Kinder die Rede ist, so heißt das nicht, dass besagtes Paar keine Kinder hat, sondern lediglich, dass zum Zeitpunkt der Untersuchung keine Kinder im städtischen Haushaltsstandort gelebt haben.

---

204 S. auch Kap. I

Tabelle VI. 15:   Die Zusammensetzung der städtischen Haushaltsstandorte zum Untersuchungszeitpunkt

	Marconi Beam	Imizamo Yethu (S&S)	Imizamo Yethu (inf.)	Weltevreden (S. Machel)	Weltevreden (S&S/Core-H.)
Kernfamilie ohne Kinder	9	9	17	8	11
Kernfamilie mit Kindern	66	30	23	79	41
Frauengeführte Haushalte mit Abhängigen	26	25	12	31	10
Großfamilie	52	20	21	31	23
Wohngemein-schaften	17	7	12	18	5
Einpersonen-haushalte	11 (7m, 4w)	3 (1m, 2w)	14 (7m, 7w)	24 (15m, 9w)	6 (3m, 3w)
Unklare Mischformen	4	2	4	7	2

Die Auswertung von 20 Besucherbüchern bestätigte die Vermutung, dass viele Kinder nur ihre Ferienzeit in Kapstadt bei ihren Eltern oder einem Elternteil verbringen, während der Schulzeit sind sie in den ländlichen Herkunftsgebieten. Informationen, die während der partizipativen Luftbildinterpretationen mit Frauen aufgenommen wurden, ergaben, dass etwa 50% aller Kinder nicht im städtischen Haushalt leben. Andererseits werden die städtischen Haushaltstandorte dann wichtig, wenn weiterführende Schulen besucht werden sollen.

Wie dynamisch die Zusammensetzung der städtischen Haushalte ist, soll beispielhaft anhand des Besucherbuches von Haushalt XZ in Joe Slovo Park dargestellt werden. Dieser Haushaltsstandort bestand zum Untersuchungszeitraum aus einem *Core*-Haus von 24m^2 Wohnfläche. Der dazugehörige ländliche Haushaltsstandort befindet sich in Elliot (*Eastern Cape Province*), weitere Verbindungen bestehen zu Standorten in Philippi und Nyanga.

Die Haushaltsstandorte im ländlichen Raum erfüllen im wesentlichen folgende Funktionen:
–   Sie übernehmen die Betreuung von Kindern.
–   Sie versorgen Alte und Kranke.
–   Sie sichern den Erhalt von Eigentum wie Land, Häuser oder Vieh.
–   Sie produzieren z. T. einen Überschuss an Nahrungsmitteln für die städtischen Mitglieder.

Auf der anderen Seite dienen die städtischen Haushaltsstandorte:
–   der Erwirtschaftung von monetärem Einkommen und
–   als Brückenköpfe für weitere Migranten.

Tabelle VI. 16:   Veränderungen in der Haushaltszusammensetzung von Familie XZ Juli–Dezember 1997

Monat	Haushaltsdynamik	Grund des Ortswechsels	Verhältnis zur interviewten Person	woher	wohin
Juli	♂♀♀	Ausgangsgröße			
	+♀♀	Arbeitssuche	Schwestern	Elliot	
Aug.	♂♀♀♀♀				
	-♀	Bes. des Bruders	Schwester		Nyan-ga
	+♂♀	Besuch	Kinder	Elliot	
Sep.	♂♂♀♀♀♀				
	-♂♀	Rückkehr	Kinder		Elliot
Okt.	♂♀♀♀				
	+♂	Arbeitssuche	Neffe	Elliot	
Nov.	♂♂♀♀♀				
	-♂♂♀♀	'Familienangelegenheiten'			Elliot
Dez.	♀				
	-♀	Urlaub			Elliot

Zwischen beiden – oder mehreren – Standorten findet ein Austausch von z. B. Gütern, Leistungen, Informationen und Personen statt. So kommen zum Beispiel Arbeitskräfte nicht nur in die Stadt, sondern gehen bisweilen auch zurück aufs Land, um etwa bei der Ernte zu helfen. Kapital wird von der Stadt zum Haushaltsstandort im ländlichen Raum transferiert, während dafür zum Beispiel Nahrungsmittel in die Stadt gehen. Mehrere Busse mit Bewohnern der informellen Siedlungen verlassen täglich Kapstadt in Richtung der ehemaligen *Homelands*. Ebenso oft kommen welche in den informellen Siedlungen an. Betrachtet man allein das unmittelbar sichtbare Gepäck der Ankömmlinge, so finden sich darunter etwa: lebende Hühner, Ziegen, Schafe, Säcke mit Mais und Körbe mit Gemüse.

Unter Berücksichtigung aller Daten, auch der qualitativen Interviews, kann davon ausgegangen werden, dass mindestens 60% unserer Befragten – mehr oder weniger intensiv – in derart dynamische Haushaltszusammenhänge eingebunden sind.

Zusammenfassend kann an dieser Stelle festgehalten werden, dass ein großer Teil der Bewohner informeller Siedlungen vielfältige Verflechtungen zu den Herkunftsgebieten unterhält. Dabei ist nicht von einer stabilen Haushaltszusammensetzung in der Stadt auszugehen. Die Dynamik der jeweiligen Haushaltszusammensetzung folgt einer Überlebensrationalität, bei der Einkommens- und Arbeitsmöglichkeiten die absolut dominante Rolle spielen. Für die Förderung von Selbsthilfe im städtischen Wohnungsbau bedeutet dies, dass es zwar relativ stabile städtische Haushalt*standorte* gibt, die allerdings nicht durch eine stetige Gruppe an Personen gebildet werden, die als Träger von längerfristigen und nachhaltigen Investition in Wohnraum fungieren könnten. Die Bedarfe und Ansprüche an Wohnraum verändern sich analog zur Veränderung der personellen Zusammensetzung der Haushalte an den einzelnen Standorten.

7.   Interne Bedingungen für die Verbesserung von Wohnraum – die Funktionen sozialer Netzwerke

Bevor die aktuellen sozialen Netzwerke in den einzelnen Untersuchungsgebieten beschrieben und analysiert und daraufhin die Auswirkungen des Eingebundenseins in diese Netzwerke für die Verbesserung der Lebensbedingungen in informellen Siedlungen diskutiert werden, sollen zunächst einige theoretische und methodische Überlegungen erfolgen.

7.1   Soziale Netzwerke: Überlebensstrategie für die einen, Machtbasis für die anderen

Nach BOISSEVAIN (1974), der sich in seiner Definition an MITCHELL (1969) orientiert, wird im Folgenden unter sozialen Netzwerken die Gesamtheit aller sozialen Beziehungen verstanden, in denen Individuen agieren.

> This social network may, at one level of abstraction, be looked upon as a scattering of points connected by lines. The points, of course, are persons, and the lines are social relations. Each person can thus be viewed as a star from which lines radiate to points, some of which are connected to each other. These form his first order or primary network zone. But these persons are also in contact with others whom our central person does not know, but with whom he could come into contact via members of his first order zone. These are the often important friends-of-friends. They form what might be called his second order zone. This process can be carried out at still further removes so that we can theoretically speak not only of a person's second, but also of his third, forth or Nth order zones (...). In fact, all of society can be viewed as a network, and via links in his various zones, an individual, in theory can eventually get in touch with every other person. (BOISSEVAIN, 1974:24)

Die Außensicht der Wissenschaft auf soziale Netzwerke in armen und benachteiligten Gemeinschaften der sogenannten Entwicklungsländer ist nicht selten von einer romantisierenden Vorstellung der Menschlichkeit und gegenseitiger uneigennütziger Hilfe im Rahmen traditioneller Strukturen geprägt. So bemerkt auch WILSWORTH (1979:18) in einer der wenigen Studien, die sich mit dem Aspekt der Umverteilung in einem südafrikanischen Township beschäftigen:

> The resources and strategies for survival in the impoverished African community of Grahamstown are derived not only from the income generated by formal and informal employment but from a community ethos which encourages and stresses mutual aid in all areas of community live. (...). Without such mutual aid, based on the tradition of ubuntu (humanity), the community's ability to survive in the face of extensive poverty would be considerably diminished.

Es steht außer Zweifel, dass die Unterstützung durch informelle soziale Netzwerke in Krisenzeiten für viele oft die einzige Überlebensmöglichkeit bedeutet.[205] Nicht bestritten werden soll auch die Funktion dieser oft als präkapitalistische, ›traditionelle‹ Sozial-beziehungen beschriebenen Mechanismen, die im urbanen Raum als Anpassungsstrategie einer neuen Proletarierklasse gewertet werden kann, um im urbanen Kapitalismus zu über-leben. Auch die funktionale Rolle, die diese ›Versicherung‹ für den Staat und die Wirtschaft spielt, soll nicht in Frage gestellt werden:

> It allows labour to be reproduced at a wage rate that is below the level that would apply in a context of privatisation and individualism. (...) That is to say, the persistence of pre-capitalist relations facilitates the maximum rate of appropriation of surplus value from the urban proletariat with a minimum degree of political resistance. (McCarthy: 1988:296).

Auch 20 Jahre nach Wilsworths Untersuchung existieren die von ihm beschriebenen Bewältigungsstrategien noch, sind nicht weniger überlebensnotwendig und erfüllen noch immer dieselben Funktionen für Kapital und Staat.

Es gibt jedoch wichtige Fragen, die die romantisierende Euphorie über die traditionellen Werte und die Menschlichkeit der »Armen« oft vernachlässigt:

– Wer hat eigentlich Zugang zu sozialen Netzwerken?
– und warum? – bzw. wer nicht und warum nicht?
– Welche Funktionen übernehmen soziale Netzwerke für die einzelnen Akteure?
– Welche Funktionen übernehmen sie im *Upgrading*-Prozess von Wohnraum?

Wer in afrikanischen Gesellschaften ohne Beziehungen ist, wird es schwer haben jemals etwas zu erreichen.[206] Beziehungen werden in Krisenzeiten umso wichtiger, als das Überleben davon abhängen kann, ob und in welcher Weise Personen und Gruppen in tragfähige und funktionierende informelle Unterstützungssysteme eingebunden sind.[207]

Wer längere Zeit in afrikanischen Gesellschaften verbracht hat, gewinnt schnell den Eindruck, dass die Menschen mindestens ebensoviel Zeit und Energie dafür aufwenden, als ›soziale Unternehmer‹ zu agieren, wie sie dafür aufwenden, ihren im kapitalistischen oder Subsistenzsektor angesiedelten Erwerbstätigkeiten nachzugehen. Beide Sphären sind natürlich nicht voneinander zu trennen. So wird etwa am Arbeitsplatz mit Kollegen arrangiert, wer welche für ein bestimmtes Problem hilfreiche Person kennt, wo durch wen bestimmte Güter und Dienstleistungen zu bekommen und welche Gegenleistungen dafür zu erbringen sind. Oft werden diese ›sozialen Geschäftsbeziehungen‹ nicht über finanzielle Medien abgewickelt, sondern über die Verpflichtung, einen Gefallen durch einen ebensolchen bei Bedarf ›zurückzuzahlen‹.

---

205 S. Lohnert (1995)

206 Dies gilt natürlich – allerdings in einer anderen Dimension – auch für westliche Gesellschaften wie etwa Boissevain (1974) eindrücklich für Sizilien beschrieben hat.

207 Für die ehemaligen Dürremigranten am Rande der Stadt Mopti in Mali konnte das detailliert nachgewiesen werden (Lohnert, 1995:189–206).

Maßnahmen und Gegenmaßnahmen zur Durchsetzung und den Erhalt von Privilegien finden selten in direkter, expliziter Sprache statt; es ist vielmehr ein Ritual von Andeutungen und Allegorien, die über Netzwerke vieler unterschiedlicher Personen stattfindet, die schließlich zum gewünschten Erfolg führen. Die Organisation solcher Koalitionen ist äußerst dynamisch. Mindestens ebenso oft wie Verhaltensweisen, die durch die gesellschaftliche Norm bestimmt sind, sind es Gründe der direkten individuellen Nutzenmaximierung und persönliche Sympathien und Antipathien, die das Eingehen und Brechen von Koalitionen und die Manipulation von Normen und Beziehungen bestimmen. In einem Dreieck der Antriebskräfte können die aktuellen Gründe für jede einzelne Beziehung und deren Intensität und Qualität aus Sicht des Individuums unterschiedlich sein und sich sowohl zeitlich als räumlich verändern. Diese Dynamik der Antriebskräfte macht es für die von außen kommenden Forscher so schwierig, soziale Netzwerke und deren Instrumentalisierung zu durchschauen und noch schwieriger, Regelhaftigkeiten zu erkennen.

Abbildung VI. 10: Antriebskräfte sozialen Unternehmertums

Soziale Normen

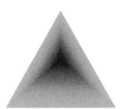

Sympathien,   Individuelle
Antipathien   Nutzenmaximierung

Transaktionen, die sich sowohl auf materielle (etwa das Verleihen von Nahrungsmitteln etc.) als auch auf immaterielle Werte (etwa Unterstützung bei Wahlen, Streitigkeiten etc.) beziehen, können sowohl *unilaterale* als auch *reziproke* Beziehungen hervorbringen. Im ersteren Fall steht derjenige, der nicht in gleichem Maße zurückgibt, in der Schuld des Gebers. An diese Schuld wird bei Bedarf erinnert.

7.2   *Die Basis sozialer Netzwerke in den informellen Siedlungen*

Es wurde damit gerechnet, dass soziale Netze, die im weiteren Sinne über gleiche sozial-räumliche Herkunft und im engeren Sinne über Familienbande vermittelt werden, auf die Wahl des Eintrittsortes, das intraurbane Migrationsverhalten und die Bildung neuer räumlicher Einheiten in der Stadt einen entscheidenden Einfluss haben.

Die Hauptherkunftsgebiete für alle drei Untersuchungsgebiete liegen in den ehemaligen Homelands Transkei und Ciskei (heute: *Eastern Cape Province*) mit 87% der Befragten in

Marconi Beam, 82,9% in Imizamo Yethu und 77,4% in Weltevreden Valley. Dies lässt sich mit dem durch apartheidbedingte Zwangsumsiedlungen hervorgerufenen enormen Bevölkerungsdruck erklären. Interessanter ist jedoch die kleinräumigere Betrachtung der Herkunft: 48,8% der Bewohner aus Marconi Beam kommen aus *einem Magisterial District*, Tsolo, und weitere 21% kommen aus dem angrenzenden Distrikt Engcobo (s. Abb. VI. 11).

Die verstärkte Besiedlung von Marconi Beam nahm ihren Anfang mit einem Streik der Stallburschen des gegenübergelegenen *Turf Club* zu Beginn der neunziger Jahre (s. Kap. V. 2.1.1). Zu jener Zeit waren die meisten Stallburschen angeworbene Arbeiter aus Tsolo, da dieser Distrikt als traditionelles Pferdehaltergebiet bekannt war und man den Menschen aus Tsolo einen guten Umgang mit Pferden zuschrieb. Selbst nach Beilegung des Streiks blieben die meisten Männer auf dem Gelände von Marconi Beam. Im Laufe der Jahre kamen immer mehr Menschen aus Tsolo nach Marconi, entweder auf direktem Wege, aber auch über andere Stadtteile, weil sie gehört hatten, dass Landsleute in Marconi lebten.

Für Imizamo Yethu ergibt sich ein ähnliches Bild: 41% der Bewohner von Imizamo Yethu kommen aus *einem Magisterial District*: Gatyana (s. Abb. VI. 12).

Gatyana ist als Distrikt, der Anteil an der sogenannten *Wild Coast* des Indischen Ozeans hat, traditionelle Heimat von Fischern. Auf der Suche nach Arbeit gelangten die ersten Fischer aus Gatyana schon sehr früh an die Küste von Hout Bay. Qualitative Interviews mit ausgewählten Personen ergaben, dass einige Nachkommen von Fischern bereits mit der 2. Generation vor Ort leben. Die meisten weiteren Migranten aus Gatyana kamen direkt über Kettenmigration nach Hout Bay.

In Weltevreden lassen sich dagegen *keine* derartig klaren kleinräumigen Kern-Herkunftsgebiete ausmachen, wiewohl auch hier 17% der Bewohner aus Tsolo stammen (s. Abb. VI. 13). Dies lässt sich im wesentlichen durch die nach wie vor ungelösten Clan-Konflikte in Tsolo erklären. Dass in Weltevreden ein vergleichsweise geringer Anteil aus nur einem Herkunftsdistrikt stammt, ist insofern nicht verwunderlich, als es sich hier – mit Ausnahme des ursprünglichen *Squatter*-Camps Samora Machel – um eine behördlich gelenkte Besiedlung handelt, in deren Rahmen Menschen aus 14 unterschiedlichen informellen Siedlungen umgesiedelt wurden und werden.

Abbildung VI. 11: Herkunft der Bewohner von Marconi Beam

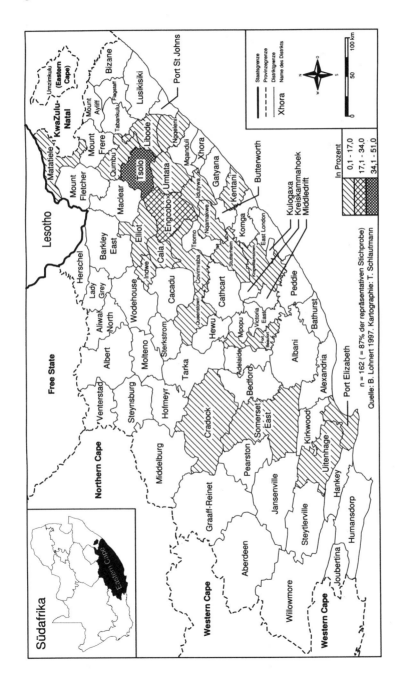

Abbildung VI. 12: Herkunft der Bewohner von Imizamo Yethu

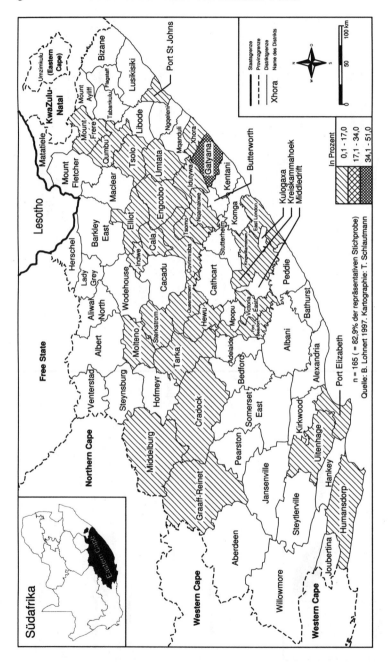

Abbildung VI. 13: Herkunft der Bewohner von Weltevreden Valley

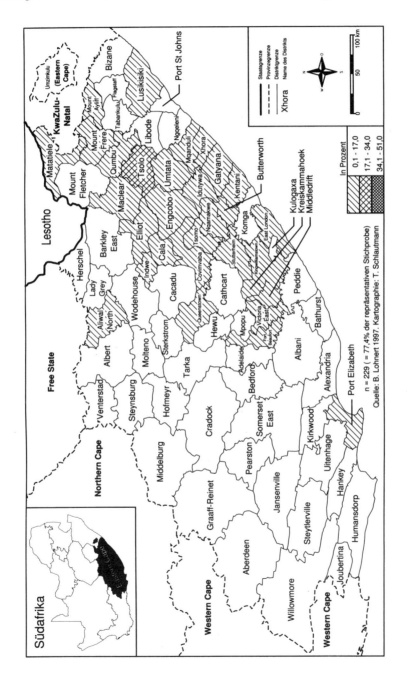

7.3   Die Bedeutung sozialer Netzwerke für Upgrading-Prozesse: zwischen kollektiver Hilfe und Hexerei

Funktionierende soziale Netzwerke sind einerseits zwar für kommunale *Upgrading*-Prozesse unabdingbar, können andererseits allerdings durch die damit verbundenen Machtpolitiken auch entwicklungshemmend sein.

> A person's network thus forms a social environment from and through which pressure is exerted to influence his behaviour; but it is also an environment through which he can exert pressure to affect the behaviour of others. It is the reservoir of social relations from and through which he recruits support to counter his rivals and mobilizes support to attain his goals. (BOISSEVAIN, 1994:27)

Verhaltensbeeinflussung ist wichtig, wenn bestimmte Ziele gemeinsam erreicht werden sollen. Mindestens ebenso wichtig sind bereits etablierte Informationskanäle, auf die bei Planung und Durchführung unterstützter Selbsthilfemaßnahmen zurückgegriffen werden kann. In diesem Sinne ist das Vorhandensein von sozialen Netzwerken ein wichtiger Faktor im *Upgrading*-Prozess informeller Siedlungen.

In soziale Netzwerke eingebunden zu sein bedeutet für die Betroffenen jedoch nicht nur im positiven Sinne Unterstützung, sondern auch soziale Kontrolle. Kontrolle kann auf verschiedene Arten ausgeübt werden. Von den subtileren Formen der Exklusion aus sozialen Veranstaltungen und Netzwerken bis hin zu direkter Gewaltandrohung und -ausübung gegenüber denjenigen, die sich nicht an den jeweils vorherrschenden Verhaltenskodex halten, sind viele Übergangsformen beobachtbar.

Nicht selten wird soziale Kontrolle über das Vehikel von Hexenglauben und Zauberei ausgeübt. Die Rolle von Hexenglauben für den Entwicklungsprozess bedürfte aufgrund seiner wichtigen Stellung eigentlich weit mehr Aufmerksamkeit als ihr hier gewidmet werden kann. Hexenglauben ist nicht nur unter der schwarzen Bevölkerung Südafrikas ein weit verbreitetes Phänomen – wenn man den Experten glauben kann sogar mit steigender Tendenz[208] – sondern auf dem gesamten afrikanischen Kontinent zu finden.[209]

Hexerei gilt als Antwort auf alle Schicksalsschläge wie Krankheiten, Unfälle o.ä., bei denen durch die Betroffenen keine direkten Ursache-Wirkungsmechanismen identifiziert werden können. Besonders tragisch wirkt sich das etwa auf Anstrengungen zur AIDS-

---

208 S. COMAROFF/COMAROFF (1999)

209 Die ungeheure Bedeutung von Zauberei und Hexenglauben für die südafrikanische Gesellschaft spiegelt sich auch in den Prozessen der *Truth and Reconciliation Commission* (TRC) wider, die eigentlich eingerichtet worden war, um die gewaltpolitische Vergangenheit des Landes aufzuarbeiten. Zunehmend beantragen verurteilte Gewaltverbrecher, die ihre Taten – wie etwa die Steinigung von vermeintlichen Hexen – mit ihrem traditionellen Glauben begründen, Amnestie. So berichtet etwa DIE ZEIT (4.1.2001:28) von 34 Häftlingen, die die Ermordung von 26 vermeintlichen Hexen damit begründeten, dass ihre Opfer eine Zaubermedizin hergestellt hätten, um das Apartheidregime zu stärken. Die Kommission erkannte in den meisten Fällen den Glauben an Hexerei als mildernden Umstand an und gewährte Amnestie.

Prävention aus, da bei der entsprechend langen Inkubationszeit und damit langen ›Unsichtbarkeit‹ der Krankheit dem Glauben an Zauberei Tür und Tor geöffnet ist.

Das verstärkte Auftreten von Hexenglauben und damit verbundenen Straftaten gerade jetzt im »Neuen Südafrika«, begründen COMAROFF und COMAROFF (1999) damit, dass die Undurchsichtigkeit und Unverständlichkeit einer globalisierten Welt durch übersinnliche Erklärungen quasi (»ent-«)mystifiziert werden müsse, um sich darin noch zurechtzufinden.

> An answer to the question, and to the more general problem of making sense of the enchantments of modernity, is sought in the encounter of rural South Africa with the contradictory effects of millennial capitalism and the culture of neoliberalism. This encounter, (…), brings »the global« and »the local« (…) into a dialectical interplay. (COMAROFF/COMAROFF, 1999:1)

Grundsätzlich gilt, dass sich jeder, der sich durch Erfolg im privaten oder ökonomischen Bereich von den anderen abhebt, verdächtig macht. So wird beispielsweise das Überleben aller Kinder in einer Familie nicht etwa auf das Einhalten von Hygienegrundsätzen oder eine ausgewogene Ernährung zurückgeführt, sondern auf die Anwendung schwarzer Magie.[210] Ebenso wird ökonomischer Erfolg gedeutet. Insbesondere Migranten, die es in der Stadt zu einem gewissen Wohlstand gebracht haben, scheuen sich davor, wieder in ihre Heimatdörfer zurückzukehren bzw. dort von ihrem Erfolg zu berichten. Entweder wird erwartet, dass die Erträge unter allen geteilt werden oder es ist mit Repressalien etwa in Form einer Anklage als Hexe zu rechnen. Diesem Phänomen liegt das »*Konzept limitierter kosmischer Güter*« zugrunde.[211] Entsprechend seiner gesellschaftlichen Stellung hat demnach jeder einen Anspruch auf einen definierten Anteil an Glück und Erfolg. Wer etwa durch Eigenanstrengung und Innovation mehr besitzt als ihm in den Augen der anderen zusteht, gerät in den Verdacht, den anderen ihren Anteil mithilfe dunkler Mächte gestohlen zu haben. Aus diesem Konzept ist auch die für Europäer oft kaum nachvollziehbare Akzeptanz des unermesslichen Reichtums etwa von hohen Staatsbeamten und Präsidenten durch die verarmte Bevölkerung in verschiedenen afrikanischen Ländern zu erklären. Im Rahmen eines solchen Weltbildes erfordert die gesellschaftliche Stellung dieser Personen den Reichtum geradezu, alles andere wäre eher suspekt.

Für alle Entwicklungsprojekte, die auf Selbsthilfe setzen, ist diese Art von Irrglauben geradezu fatal. Jede Entwicklungsanstrengung, die darin resultiert, dass sich die Lebensbedingungen einzelner durch Eigenanstrengung verbessern, läuft Gefahr, dass die Errungenschaften durch die Instrumentalisierung von Hexerei und Hexenglauben wieder zunichte gemacht werden. Nicht wenige der Interviewpartner gaben – allerdings außerhalb der standardisierten Interviews und ohne Beisein von Übersetzern – an, dass sie vor dem

---

210 Zur Illustration mag ein Interview in Imizamo Yethu mit einer Mutter dienen, die gerade ihr zweites Kind aufgrund einer Durchfallerkrankung verloren hatte. Sie beschuldigte ihre Nachbarin, deren Kinder auf unnatürliche Weise am Leben zu erhalten. Auf Nachfrage ergab sich, dass diese ›erfolgreiche‹ Mutter an mehreren Trainingsmaßnahmen zur Kinderernährung und Hygiene im Haushalt teilgenommen hatte.

211 Nach MINNAAR, zitiert in: HOFFMANN (2001:28)

Neid der anderen Angst hätten und befürchten müssten, der schwarzen Magie beschuldigt zu werden, wenn sie ihren (relativen) Wohlstand zeigen würden. Nicht wenige Häuser bleiben so etwa unverputzt und nicht wenige Hauhalte nehmen *Upgrading*-Maßnahmen langsamer vor als es ihre finanziellen Möglichkeiten erlauben würden.

Während der empirischen Arbeiten kamen zum Beispiel im Untersuchungsgebiet Weltevreden Valley mindestens zwei Personen unter dubiosen Umständen zu Tode, die mit Hilfe von NGOs und Eigenarbeit im Vergleich zu den anderen relativ schnell zu akzeptablen Unterkünften gekommen waren. Auf Nachfrage wurde – hinter vorgehaltener Hand – gemunkelt, beide hätten Verbindungen zum Teufel gehabt, anders sei schließlich der schnelle Bau der Häuser kaum zu erklären.

Viele Entwicklungsprojekte setzen auf die Vorbildfunktion einzelner, die die anderen zur Nachahmung anregen sollen. In gesellschaftlichen Zusammenhängen, in denen jedoch individueller Erfolg derart negativ belegt ist, werden solche Ansätze kaum zum gewünschten Resultat führen. Im Gegenteil werden gerade die »Vorzeigehaushalte« und »Vorzeigebauern« von Projekten oft einem unkalkulierbaren – und auf Seiten der externen Projektmanager unbekannten – Risiko ausgesetzt.[212]

Es kann an dieser Stelle zwar nicht belegt werden, die Hypothese hält allerdings Plausibilitätsüberlegungen stand, dass einige Haushalte auch aus Angst vor Neid und Missgunst eher in den ländlichen Herkunftsgebieten investieren, wo sie nicht dauerhaft wohnen und wo der Rest der Großfamilie davon profitiert, als sich dem Druck der sozialen Kontrolle, die eine Hervorhebung aus der Gemeinschaft nach sich zieht, auszusetzen.

7.4   *Bedeutung sozialer Netzwerke für die physiognomische Siedlungsentwicklung*

Soziale Netzwerke, das heißt Verbindungen zu den Herkunftsgebieten der Migranten, sind wesentliche Bestimmungsgründe für das Wachstum informeller Siedlungen. Im Rahmen der partizipativen Luftbildinterpretationen konnte nachgewiesen werden, welche verwandtschaftlichen Verflechtungen in den Siedlungen tatsächlich bestehen und in welcher Weise diese zur Verdichtung und Ausbreitung von Siedlungen beigetragen haben. Besonders eindrücklich lässt sich das Siedlungswachstum über soziale Netzwerke am Beispiel Imizamo Yethus darstellen. Aus 50 analysierten Haushalten wurden aus Gründen der Übersichtlichkeit die in Abbildung VI. 14 (im Anhang) dargestellten 7 Haushalte ausgewählt. Hier wird bildhaft deutlich, wie mittlerweile kaum noch identifizierbare Pionierhaushalte über ihre Brückenkopffunktion für Migranten aus dem weiteren Familienumfeld dazu beitragen, dass sich die Siedlung immer weiter ausbreitet. Die roten Linien zeigen alle verwandtschaftlichen Verbindungen der Befragten innerhalb der Siedlung an. Hierbei wird deutlich, wie sich die nach 1992, das heißt nach der Zuteilung von *Site & Service*-Flächen an die ursprünglichen Siedler, in Imizamo Yethu

---

212 Leider ist viel zu wenig über die Rolle okkulter Glaubenssysteme im Entwicklungsprozess bekannt. Dass sie eine – in vielen Fällen negative – Rolle spielen, gehört zum Erfahrungsschatz vieler derzeit in Afrika tätigen Entwicklungsexperten.

angekommenen Bewohner in die Hänge des Naturschutzgebietes ausgebreitet haben (s. Abb. VI. 14 im Anhang). So hat die Brückenkopffunktion der Pioniermigranten zu den irreversiblen Umweltzerstörungen am Tafelbergmassiv beigetragen.

7.5   Bestimmungsgründe sozialer Netzwerke in den informellen Siedlungen

Wenn hier von sozialen Netzwerken gesprochen wird, so geschieht das aus einer egozentrischen Perspektive. Das heißt, die Untersuchung konzentriert sich im wesentlichen auf diejenigen Personen, mit denen eine Untersuchungsperson in tatsächlichem Kontakt steht und die Qualität dieser Beziehungen, also auf die Zone erster Ordnung nach BOISSEVAIN. Außerdem handelt es sich in den folgenden Beschreibungen im wesentlichen um räumlich gebundene soziale Netzwerke, das heißt um Beziehungen, auf die innerhalb der einzelnen Siedlungen zurückgegriffen werden kann. Sowohl die Merkmale der befragten Personen als auch die Art der untersuchten Netzwerkbeziehungen wurden definiert. Es wurden nur Frauen mit minderjährigen Kindern zu ihren persönlichen Netzwerken befragt. Die Frauen wurden gebeten, zu vier Netzwerkfunktionen jeweils die entsprechenden Linien auf den Luftbildern einzuzeichnen:[213]

1. Wer betreut bei Abwesenheit die Kinder?
2. Wo können bei Nahrungsengpässen Geld oder Nahrungsmittel ausgeliehen werden?
3. Wo wird Beratung bei administrativen Vorgängen gesucht?
4. Wo leben weitere direkte Verwandte (erster und zweiter Ordnung)?

Zusätzlich wurden jeweils Herkunft, die Dauer der Anwesenheit in der jeweiligen Siedlung und der Aufenthaltsort der Kinder abgefragt.

Anhand der Untersuchungen in Marconi Beam, Imizamo Yethu und Weltevreden Valley konnten eine Reihe von Bestimmungsgründen für die Qualität und Quantität der sozialen Netzwerkbeziehungen der Untersuchungsgruppe identifiziert werden. Die Relevanz der einzelnen Bestimmungsgründe kann je nach Einzelfall und je nach Kombination mit den anderen unterschiedlich ausgeprägt sein.

– *Die Dauer des Aufenthaltes* in einem bestimmten Wohngebiet spielt eine große Rolle beim Aufbau von Netzwerken, die auf gegenseitiger Hilfe aufbauen. So konnte keine der befragten Personen in den *Core*-Häusern und den *Site & Service*-Flächen von Weltevreden innerhalb der Siedlung Referenzpersonen für alle vier Funktionen angeben. Insbesondere bei der Frage nach der Unterstützung in administrativen Angelegenheiten konnte nur eine der befragten Frauen auf eine Person ihres Vertrauens in der Siedlung verweisen. Das ist umso erstaunlicher, als inmitten der Siedlung die Niederlassung desjenigen Unternehmens steht, das die Umzüge und die Zuweisung von Grundstücken federführend organisiert. Mit mindesten sechs Mitarbeiten wird von hier aus die Information und Sensibilisierung der Bewohner organisiert. Jeder, der ein Grundstück in Weltevreden zugewiesen bekommt, muss hier

---

213 Zur ausführlichen Beschreibung der Methode partizipativer Luftbildinterpretationen und Begründung der Auswahl der Netzwerkbeziehungen s. Kap. V.1.

mehrmals vorsprechen. Dennoch würde sich keine der befragten Frauen offensichtlich spontan an die Mitarbeiter des Siedlungsverwaltungsbüros wenden. Auch bei der Auswertung der Netzwerklinien in den anderen Untersuchungsgebieten konnte eine klare Relation zwischen Anwesenheitsdauer in der Siedlung und Anzahl der Netzwerklinien (außer der familiären Verflechtungen) festgestellt werden.

– *Ausgeprägte interne Macht- und Vertrauensstrukturen* bzw. die Einbindung in solche spielen offensichtlich die Hauptrolle bei der Beratung in administrativen Angelegenheiten. Wie anhand des Beispiels Weltevreden deutlich wurde, reichen externe Beratungsangebote nicht aus. Die Abbildung VI. 15 im Anhang, die die Antworten der Befragten auf die Frage nach der Beratung in administrativen Dingen in Imizamo Yethu visualisiert, verdeutlicht, dass die Linien fast ausschließlich auf zwei Personen hinweisen. Beide sind gewählte Mitglieder der *Civic Organisation* und sind Mitglieder des ANC. Diese beiden Personen lenken maßgeblich die Geschicke der Siedlung. Sie entscheiden zum Beispiel über weitere Zuzüge – obwohl diese laut Vereinbarung mit dem Gemeinderat nicht mehr zulässig sind. Hier wird deutlich, wie der Machtausbau einer neuen, sub-urbanen Elite über einen Informationsvorsprung und Parteipolitik stattfindet. Nach BOISSEVAIN (1974:85) bedeutet Macht in sozialen Netzwerken:

> (...) the ability of a person to influence the behaviour of others independently of their wishes. Power can be based on many factors. These include wealth and occupation or special relations which give access to strategic information, or resources such as jobs and licences that can be allocated by him.

Dieses Informations- und Machtmonopol ist bei einer von außen unterstützten *Upgrading*-Maßnahme unbedingt zu beachten. In einer machtpolitisch derart straff organisierten Siedlung kann ein Boykott durch diese beiden Schlüsselpersonen mit ziemlicher Sicherheit den Fehlschlag jeder Maßnahme bedeuten.

Betrachtet man die Netzwerklinien, so fällt weiterhin die Zweiteilung der Siedlung in den Nordteil und den südlichen Teil auf. Im südlichen Teil der Siedlung leben fast ausnahmslos die 20% *Coloured*-Bevölkerung. Hier wird deutlich, dass Vertrauens- und Machtstrukturen nach wie vor entlang ethnischer Linien organisiert sind. Obwohl der Ansprechpartner für die *Coloureds* selbst der ethischen Gruppe der Xhosa angehört, genießt er in dieser Gruppe ein höheres Ansehen als der Vertreter der schwarzen Bevölkerung des nördlichen Teils.

– Für die Frage nach den Kreditmöglichkeiten konnte die *räumliche, familiäre, ethnische Herkunft* als ausschlaggebend identifiziert werden. So konnte zum Beispiel in Imizamo Yethu beobachtet werden, dass viele der grünen Kreditlinien an einzelnen Hütten zusammentreffen. Die Knotenpunkte der Kreditlinien werden durch kleine Geschäfte, sogenannte *Spaza-Shops* gebildet. Ohne Ausnahme deckte sich bei allen Befragten, die in diesen Shops Kredite bekamen, die räumliche Herkunft mit denen der Besitzer. Das heißt, offensichtlich erlaubt die gemeinsame räumliche Herkunft – nicht die

Verwandtschaft – ein gewisses Maß an sozialen Kontrollmechanismen, die die Kreditwürdigkeit der Klienten erhöht.

- Die Kinderbetreuung wird im wesentlichen über *Sympathie und gegenseitiges Vertrauen* geregelt. Dabei scheint die räumliche Nähe eine wichtige Rolle zu spielen. Im Durchschnitt waren die Netzwerklinien, die zu denjenigen zeigten, die sporadisch oder regelmäßig auf die minderjährigen Kinder der Befragten aufpassen, um ein Vielfaches kürzer als alle anderen Netzwerklinien. Diese Verbindungen sind für die betroffenen Frauen von großer Relevanz. Zum Aufbau dieser Vertrauensverhältnisse muss Zeit und Energie aufgewendet werden. Bei vielen Umsiedlungsmaßnahmen werden gerade die Netzwerkbeziehungen am ehesten durchbrochen, die auf räumliche Nähe angewiesen sind.[214] Diese Aussage mag durch die Befürchtungen einer alleinstehenden arbeitenden Mutter aus Marconi Beam vom September 1996, als die Umsiedlung noch nicht begonnen hatte, illustriert werden:

> Today I can take my baby to my friend who lives next door. We know each other for years so I trust her. When I have to go to work I'll bring her the baby, she herself has a baby and can't go out. When she needs me I'll be there for her. But what happens when she has to go to Du Noon and I have to go to Joe Slovo Park? Or if we live long walks apart? You try to make new friends with your neighbor. If not I'm sitting alone. I will have to pay for someone looking after the baby when I go to work.

Die Familienzugehörigkeit spielt für die hier abgefragten Aspekte kaum eine Rolle, erstaunlicherweise überdecken sich nur ausgesprochen wenige Funktionslinien mit den Familienlinien. Einzig bei der Betreuung der Kinder wird bisweilen auf familiäre Beziehungen zurückgegriffen. Die familiären Bindungen spielen zwar beim Eintritt in die Stadt eine wichtige Rolle, für die Funktionen ›Kinderbetreuung, Beratung/Information und Kleinkredite‹ müssen offensichtlich neue Verbindungen geknüpft werden.

Die Analyse der sozialen Netzwerke in den Untersuchungsgebieten verdeutlicht ihre wichtige Rolle bei der Siedlungsentwicklung. Der Autorin ist keine – wie auch immer geartete – von außen unterstützte Maßnahme zur Verbesserung der Wohnbedingungen marginalisierter städtischer Bevölkerung bekannt, die diesen Faktor ausreichend in die Planungen miteinbezogen hat. Wohnungsprogramme mit Umsiedlungskomponente können zwar die Wohnungssituation verbessern, womöglich wird jedoch durch die Zerstörung von Netzwerkbeziehungen die Gesamtlebenssituation der Betroffenen eher verschlechtert.

---

214 Erste Ergebnisse eines am *Dept. for Social Anthropology* der *University of Cape Town* durchgeführten Projektes deuten darauf hin, dass in umgesiedelten Gemeinschaften der Bedarf an Kindergärten und Kinderkrippen im Gegensatz zu den Herkunftsregionen um ein Vielfaches höher lag. Ursache dafür könnten die durch Umzug zerbrochenen Netzwerkbeziehungen sein.

VII. Wohnraum durch Selbsthilfe – eine realistische Option für die großen Städte Afrikas?

In diesem letzten Kapitel wird der Versuch unternommen, den Kreis zu schließen und die Resultate der empirischen Untersuchungen in den *Squattern* von Kapstadt sowie die Ergebnisse der Analyse der südafrikanischen Wohnungspolitik der Theoriedebatte und den entwicklungspolitischen bzw. entwicklungspraktischen Ansätzen gegenüberzustellen. Insbesondere soll zusammenfassend der eingangs gestellten Frage nach den Bedingungen, unter denen das Konzept der Selbsthilfe im Wohnungsbau eine realistische Lösung für das Problem informeller Siedlungen sein kann, Rechnung getragen werden. In einem weiteren Schritt soll dann der Weg für eine realistische Wohnungspolitik in Südafrika angedacht und eine Prognose gewagt werden.

1. Die Grundannahmen der Theoriedebatte und die soziale Realität

Bezugnehmend auf den in Kapitel II. 2 diskutierten entwicklungstheoretischen und entwicklungspraktischen Hintergrund der Selbsthilfedebatte im Wohnungsbau sollen nun abschließend die beiden wichtigsten Grundannahmen dieses Konzeptes mit den empirischen Ergebnissen in Beziehung gesetzt werden. Es ist insofern wichtig, nochmals auf die Theoriedebatte einzugehen, als – wie das Beispiel Südafrika gezeigt hat – auch heutige Strategien zur Verbesserung der Wohn- und Lebensbedingungen urbaner Marginalgruppen auf das Konzept der unterstützten Selbsthilfe setzen. Die Ergebnisse der empirischen Kapitel zusammenfassend, soll nun nochmals die Frage nach der Validität der Grundannahmen, auf denen der Selbsthilfeansatz fußt, gestellt werden.

1.1 Bereitschaft und Fähigkeit zur Selbsthilfe?

Die zentrale Annahme, auf der im Grunde die gesamte Selbsthilfeidee und die daraus entstandenen entwicklungspolitischen Strategien der unterstützten Selbsthilfe wie etwa die *Site & Service-* oder *Core*-Haus-Konzepte aufbauen, lautet:

Urbane Armutsgruppen (oder die meisten von ihnen) sind in der Lage, ihre Wohnsituation basierend auf Eigenanstrengung zu verbessern.

Zum einen richtet sich diese Grundannahme auf die ökonomischen Möglichkeiten der Bewohner informeller Siedlungen, die es der Mehrzahl erlauben sollen, in städtischen Wohnraum zu investieren. Die empirischen Untersuchungen von 680 *Squatter*-Haushalten in Kapstadt haben ergeben, dass – in der Tat – davon ausgegangen werden kann, dass selbst bei konservativen Berechnungen mehr als die Hälfte der untersuchten Haushalte potenziell in der Lage wären, in Wohnraum zu investieren.

Implizit wird über diese Grundannahme allerdings auch vorausgesetzt, dass die Betroffenen auch willens sind, diese von den Verfechtern des Selbsthilfeansatzes postulierte Eigenanstrengung zu erbringen, bzw. dass die soziale Logik der Handelnden eine Verbesserung der städtischen Wohnung in Selbsthilfe als erstrebenswert erscheinen lässt. Diese Grundannahme wird, seit TURNER in den 60er Jahren die Vorteile des ›selbst-bestimmten Wohnens‹ propagiert hatte, fast unhinterfragt hingenommen. Das ist insoweit nachvollziehbar, als doch ein Infragestellen dieser Grundannahme das gesamte Konzept ins Wanken bringen und so die entwicklungspolitische Praxis der letzten dreißig Jahre in Frage stellen würde.

Dass multilokale Haushalte und hochflexible Migrationsformen jedoch eine nicht zu vernachlässigende Realität städtischer informeller Siedlungen sind, konnte in Kapstadt nachgewiesen werden. Mit den flexiblen Haushaltszusammensetzungen geht ein ebenso flexibles Bedürfnisprofil der Haushalte und ihrer einzelnen Mitglieder an Wohnraum an den unterschiedlichen Standorten einher. Hier sei noch einmal darauf hingewiesen, dass Standards im Wohnungsbau normative Konzepte darstellen, die sowohl kulturell als auch klassenspezifisch unterschiedlich sein können. Das Erreichen eines Wohnstandards, wie er etwa von Planern und Politikern als erstrebenswert erachtet wird, mag für Migranten, die sich unter Umständen – und sei es nur in ihrer Wunschvorstellung – nur übergangsweise in der Stadt aufhalten, eine eher nachgeordnete Rolle in ihrer Bedürfnishierarchie spielen So kann eben nicht *per se* davon ausgegangen werden, dass jeder, der sich über einen längeren Zeitraum in der Stadt aufhält – selbst bei vorhandenem ökonomischem Potenzial – auch bereit ist, nachhaltig in Wohnraum zu investieren. Ortsfestigkeit der Bewohner, zumindest für eine ausreichende Zeitspanne, sowie eine zumindest mittelfristige Perspektive im städtischen Wohnort sind demnach ebenso als Voraussetzung für die Investition in Wohnraum zu sehen, wie das ökonomische Potenzial.

Obwohl bisher nur wenige Studien zur Haushaltsflexibilität in anderen afrikanischen Städten vorliegen, kann aus der derzeit bekannten Datenlage[215] geschlossen werden, dass das hier beschriebene Phänomen der Multilokalität von Haushalten durchaus auch in anderen afrikanischen Staaten existent ist. In diesem Bereich besteht unbedingt weiterer Forschungsbedarf.

Außerdem wird in der Auseinandersetzung mit Selbsthilfe oft vergessen, welch wichtige Rolle soziale Kontrollsysteme – hierzu zählen etwa traditionelle Hierarchie- und Herrschaftssysteme, aber auch okkulte Glaubenssysteme – bei der Investition in Wohnraum spielen. In Gesellschaften, in denen es das soziale Kontrollnetz nur schwerlich zulässt, sich aus der Masse hervorzuheben, ist es im Rahmen von unterstützen Selbsthilfeprogrammen, die auf Individualbesitz und Individualinitiative setzen, für den Einzelnen äußerst schwierig, Investitionen zu tätigen, die für alle sichtbar sind.

---

215 Etwa: CHANT (1998), DAVID ET AL. (1995), ELLIS (1998), FALL (1998), FALL/BA (1997), KRÜGER (1998)

Zusammenfassend kann festgehalten werden, dass die hier diskutierte Grundannahme der Fähigkeit und des Willens zur Wohnraumverbesserung in Selbsthilfe überhaupt nur auf einen beschränkten Teil der Bewohner informeller Siedlungen in Afrika zutrifft. Für diesen begrenzten Anteil – dessen Größe von Siedlung zu Siedlung, von Stadt zu Stadt und von Land zu Land sicherlich variiert – kann Selbsthilfe eine Option sein. Für alle anderen Bewohner informeller Siedlungen müssen andere Lösungsmöglichkeiten angedacht werden.

1.2   Sozioökonomischer Aufstieg und Konsolidierung?

Der antizipierte prozesshafte Verlauf von Investition und *Upgrading,* der in der Selbsthilfe-debatte mit dem von TURNER geprägten Satz: *»housing is a verb, not a noun«* umschrieben wird, wird in der zweiten Grundannahme, die hier zu diskutieren ist, zum Ausdruck gebracht:

Parallel zum sozioökonomischen Aufstieg findet eine Konsolidierung der Unterkunft im Verlauf einer bestimmten Zeitspanne statt. Eine der »natürlichen« Lebenszyklusphase entsprechende Verbesserung der sozioökonomischen Lage eines Haushaltes führt quasi naturgemäß zu einer Veränderung der Ansprüche und folglich zur Verbesserung der Wohnverhältnisse.

Die Annahme eines sozioökonomischen Aufstiegs urbaner Marginalgruppen mag für die Schwellenländer Lateinamerikas ihre bedingte Richtigkeit gehabt haben – für Afrika ist sie vor den Hintergrund stagnierender bzw. negativer Wachstumsraten heute schlichtweg nicht haltbar. Mit einer Wirtschaftswachstumsrate, die im Jahr 2000 unter 3 % lag und einer Arbeitslosenquote von über 30% ist sie für Südafrika jedenfalls kaum realistisch. Alle seriösen Prognosen lassen nicht auf einen baldigen Wirtschaftsaufschwung für den Kontinent hoffen. Für Südafrika wäre es bereits ein großer Erfolg, könnten 3% Wirtschafts-wachstum über mehrere Jahre konstant gehalten werden – es wäre immer noch ein Wachstum von einem relativ niedrigen Ausgangsniveau aus.

Angesichts der enormen HIV/AIDS Infektionsraten – in Afrika leben etwa 80% aller HIV-Infizierten –, die vor allem die ökonomisch aktive Generation der 30–40jährigen betrifft, kann sogar mit einer Verschlechterung der Situation gerechnet werden. Hohe Krankheits- und Sterberaten der einkommenserwirtschaftenden und produktiven mittleren Altersklassen werden zu einem Verlust an nationaler Wirtschaftskraft, an Bildung und *Know-how* und der Entstehung einer ganzen Generation von Waisen, die von den vorhandenen Sozialsystemen nicht mehr aufgefangen werden können, führen.[216] Südafrika weist afrikaweit die höchsten Neuinfektionsraten auf; bereits heute ist einer von sieben Erwachsenen in diesem Land HIV-positiv. Experten gehen davon aus, dass im Jahre 2005 die Auswirkungen der hohen Infektionsraten voll zum Tragen kommen werden. Angesichts dieser Prognosen drängt sich die Frage auf, wer denn dann die Träger sogenannter Selbsthilfeprojekt sein sollen, wenn die ökonomisch aktive Generation vom Aussterben

---

216 S. hierzu auch: LOHNERT (2001)

bedroht ist. Viel zu wenige aus Entwicklungspolitik und -praxis stellen sich diesem Problem und kaum eine der Entwicklungsagenturen hat Hilfsprogramme für Staaten, die einen bedeutenden Bevölkerungsverlust durch AIDS erfahren werden, auch nur angedacht.

Auch der zweite Teil der oben dargelegten Annahme ist diskussionswürdig. Vor dem Hintergrund multilokaler Haushaltsstrukturen und von Familien, die nicht vollständig bzw. in wechselnden Zusammensetzungen an verschiedenen Orten zusammenleben, kann kaum davon ausgegangen werden, dass diese als quasi evolutionär angenommene Veränderung der Ansprüche tatsächlich eintritt. Die dem Selbsthilfeansatz zugrundeliegende Definition eines Haushaltes ist die der typischen Elternfamilie mit Kindern – die empirischen Ergebnisse haben gezeigt, dass diese zumindest für die Migranten in Kapstadt nicht haltbar ist. Gerade einmal knapp 35% der befragten Haushalte wiesen die idealtypische Struktur der Kernfamilie auf. Allerdings lebt selbst in diesen Fällen oft nicht die gesamte Familie – d. h. meist nicht alle Kinder – in der Stadt.

Der Typus des *Consolidators,* der nach einer gewissen Zeit eine reguläre Einkommensquelle gefunden hat und dann zur Gründung einer Familie übergeht, ist bei den untersuchten Gruppen in Kapstadt nur eine Randerscheinung. Auch der sogenannte *Status Seeker,* der über höheres und sicheres Einkommen den Status der Mittelklasse erreicht hat und für den zunehmend die Qualität des Wohnraums und der Nachbarschaft zu wichtigen Kriterien werden, nach denen Wohnraum ausgesucht wird, konnte als Typus so nicht angetroffen werden.

Vielmehr haben die empirischen Ergebnisse gezeigt, dass für die weitaus größte Zahl (ca. 70%) der Befragten in den spontan entstandenen Siedlungen Marconi Beam und Imizamo Yethu inklusive seiner Vorgängersiedlungen, die Nähe zum Arbeitsplatz der ausschlaggebende Faktor für die Wahl des Wohnortes ist – und zwar unabhängig von Familienstand, Haushaltsgröße und Dauer der Anwesenheit. Auch das widerspricht der Annahme von einer quasi evolutionären Veränderung der Ansprüche, die als eine Voraussetzung für die Selbsthilfebereitschaft gesehen wird. Ebenso vernachlässigt die Annahme die äußerst wichtige Funktion von sozialen Netzwerken, die sich in Migranten-Gemeinden in der Regel über ethnische Zugehörigkeit und räumliche Herkunft definieren. Die empirischen Untersuchungen haben gezeigt, dass das Eingebundensein in soziale Netzwerke, die sich in räumlicher Nähe – das heißt in derselben Siedlung – befinden, für viele wichtiger ist als der Umzug in formelle Unterkünfte.

Insgesamt kann hier konstatiert werden, dass Selbsthilfe im Wohnungsbau als theoretisches Konzept von Grundannahmen ausgeht, die heutzutage für die Mehrzahl der marginalisierten Bewohner der großen Städte Afrikas nicht haltbar sind. Die prominente Stellung dieses Konzeptes in der entwicklungspolitischen und entwicklungspraktischen Diskussion ist demnach mehr als fragwürdig. Keinesfalls soll hier der Selbsthilfegedanke an sich verworfen werden, allerdings sollte vor allem von entwicklungspolitischen Entscheidungsträgern zur Kenntnis genommen werden, dass die Realität die Theorie, wenn sie denn jemals verallgemeinerbar war, bei weitem überholt hat.

1.3 Konsequenzen für die entwicklungspolitische und entwicklungspraktische Behandlung informeller Siedlungen

Es bedarf dringend einer Revision der gesamten Selbsthilfedebatte, die über viele Jahre die allzu einfache Lösung für die schon fast ausweglos erscheinende Lage städtischer informeller Siedlungen in der Dritten Welt zu sein schien. Dass die Weltbank und mit ihr fast alle anderen multi- und bilateralen Entwicklungsagenturen immer noch weitgehend auf Selbsthilfe setzen, ist anhand der nachgewiesenen Fehlkonzeption und dem Vertrauen auf Grundannahmen, die von der heutigen Realität so weit entfernt sind, wie die Mehrzahl der städtischen *Squatter*-Bewohner von adäquatem Wohnraum, kaum mehr nachvollziehbar.

Was fehlt, ist vielmehr die Entwicklung von Indikatoren, die gegeben sein müssen, um diesem Konzept zum Erfolg zu verhelfen. Hierzu müssten sowohl die exogenen als auch die endogenen Verhältnisse jeweils offengelegt und analysiert werden.

Die pauschale Anwendung dieses Ansatzes – aus Mangel an innovativen Ideen oder aus (kurzfristig gedachten) Kostengründen (»Selbsthilfe ist billiger«)[217] – kann sicherlich keinen langfristigen sozioökonomisch und ökologisch nachhaltigen Beitrag zur Behebung der Wohnungskrise in den Städten der Dritten Welt leisten. Ein situationsadäquater und konzeptionell angepasster Einsatz dieses Instruments kann jedoch sehr wohl zweckdienlich sein. Allerdings müsste dafür der Mythos vom gesamtgesellschaftlichen Nutzen des »selbstbestimmten Wohnens« grundsätzlich hinterfragt werden.

Viel zu selten wird etwa die Frage nach den ökologischen Auswirkungen von informellen Siedlungen auf verschiedenen Maßstabsebenen in die Diskussion um Selbsthilfe im Wohnungsbau eingebracht.[218] Es kann jedoch als gesichert gelten, dass ökologische Standards in Selbsthilfe ohne massive Unterstützung von außen nicht eingehalten werden (können). Denn – auch das ist keine neue Erkenntnis – wessen sozialer Überlebenshorizont nicht über die nächsten paar Monate hinausreicht, wird kaum in Kategorien wie ›nachhaltig‹ und ›umweltfreundlich‹ denken. Neben den manifesten Umweltproblemen auf lokaler und regionaler Ebene leisten die in informellen Siedlungen generierten Umweltprobleme über kumulative und additive Prozesse einen langfristigen Beitrag zu Umweltveränderungen bis auf die globale Ebene.

Spätestens jetzt müsste die internationale Entwicklungsgemeinschaft aus den Träumen von der »billigen, nutzungsadäquaten und zufriedenmachenden«[219] Selbsthilfe im Wohnungsbau aufwachen, sich der globalen Relevanz der Urbanisierungsprozesse in der Dritten Welt bewusst werden und entsprechende Maßnahmen ergreifen. Die Anwendung der kurzfristig billigsten Lösungen kann eben auf lange Sicht zur global teuersten mutieren.

---

217 S. Kap. II. 2.2
218 Vgl. hierzu Kap. I. 4.2.2
219 S. Kap. II. 2.2

2.   Exogene und endogene Konditionen für den Erfolg von Selbsthilfe im Wohnungsbau

Der eingangs gestellten Frage,[220] *welche (exogenen und endogenen) Konditionen gegeben sein müssen, um dieses Konzept zum Erfolg zu führen, da sowohl die äußeren Bedingungen als auch die Möglichkeiten und die Bereitschaft der vermeintlichen Selbst-Helfer, sich selbst zu helfen, erheblich variieren,* soll abschließend durch die Entwicklung von Indikatoren Rechnung getragen werden. Auf der nationalen und regional/lokalen Ebene sollen jeweils die wichtigsten Rahmenbedingungen für den erfolgversprechenden Einsatz des unterstützten Selbsthilfekonzeptes im Wohnungsbau aufgelistet werden. Die hier vorgestellte Liste erhebt keinen Anspruch auf Vollständigkeit, doch sollten sich die wichtigsten Merkmale darin finden lassen. Insbesondere regional-spezifische kulturelle Aspekte müssten für einzelne Regionen ergänzt werden. Selbstverständlich treffen nicht alle Indikatoren auf alle Fälle zu und können regional- und lokalspezifisch unterschiedliches Gewicht erlangen. Die unten aufgeführten Merkmale sind als Optimalanforderungen zu sehen, die wohl in kaum einem Fall alle erfüllt werden können.

Die hier vorgestellten Indikatoren beziehen sich auf die derzeit gängigen unterstützen Selbsthilfeprogramme – *Site & Service, Core-Housing* und *in situ Upgrading* – die in der Regel mit der Übertragung von individuellen Nutzungs- bzw. Eigentumsrechten einhergehen. Selbsthilfe im anarchistischen Sinne von ›hilf dir selbst sonst hilft dir keiner‹ wird hier nicht berücksichtigt.

2.1   *Rahmenbedingungen auf nationaler Ebene*

Auf nationaler Ebene lassen sich drei große Bereiche identifizieren, die für die erfolgreiche Durchführung unterstützter Selbsthilfeprogramme von Relevanz sind. Dass überhaupt Mittel vorhanden sind, um Selbsthilfeprojekte zu unterstützen – etwa in Form von Wohnungsbauzuschüssen wie in Südafrika oder über die internationale technische und finanzielle Zusammenarbeit – wird hier als Grundvoraussetzung angenommen. Allerdings müssen zusätzlich auf nationaler Ebene die Weichen gestellt werden, die eine Investition in Wohnraum durch die Zielgruppen ermöglichen und von diesen als sinnvoll erachtet werden.

Im einzelnen sind das auf den verschiedenen Ebenen:

Ökonomie

–   Eine Wirtschaftspolitik, die Beschäftigungs- und Wachstumsziele verfolgt.
–   Ein Wirtschaftswachstum, das ausreicht um ein *Upliftment* der ärmeren Bevölkerungsgruppen zu ermöglichen, und
–   das zumindest teilweise über beschäftigungsintensive Sektoren getragen wird.

---

220 S. Kap. II.2.3

Politik/Gesellschaft/Staat

– Eine rechtsstaatliche Verfassung mit
– einer Exekutive, auf die Verlass ist.
– Das Vorhandensein einer stringenten und einheitlichen Wohnungspolitik.
– Das Vorhandensein ökologischer Mindeststandards für Wohnraum und Kontrolle derselben.
– Das Vorhandensein einer regional angepassten Kultur der Partizipation.
– Eine Zivilgesellschaft, die auf einem gemeinsamen Rechtsempfinden basiert, d. h. in der ein weitgehender Konsens über Rechte und Pflichten besteht.
– Der politische Wille zur Dezentralisierung von Verantwortlichkeit, Entscheidungs- und Durchführungsgewalt bei gleichzeitigem Vorhandensein von
– funktionierenden Kontrollmechanismen zur Einhaltung von Vereinbarungen und Regeln.

Administration/Durchführung

– Das Vorhandensein einer effektiven Administration, die z. B. in der Lage ist, Titel-übertragungen möglicht rasch durchzuführen um Nachzug zu verhindern.
– Ein Informationssystem, das über räumlich spezifizierende Datenbanken Transparenz über geleistete Unterstützung schaffen kann und somit Korruption einschränkt.

Bereits hier wird deutlich, dass die überwiegende Mehrzahl der afrikanischen Staaten heute nur über wenige dieser Merkmale verfügen. Es wird auch deutlich, dass es mit der alleinigen Mittelbereitstellung etwa von Seiten der Entwicklungszusammenarbeit und lokal begrenzten Beratungs- und Unterstützungsprojekten nicht getan ist. Die Verfasserin ist sich sehr wohl darüber im klaren, dass ein Teil der oben genannten Voraussetzungen – zumindest im afrikanischen Kontext – bei jeder seriösen Projektplanung als sogenannte Killerannahmen, die das Projekt von vornherein als nicht durchführbar markieren, auftauchen müssten. Es wird aber auch deutlich, dass die Wohnraumfrage insbesondere in den Städten der Dritten Welt in einen gesamtgesellschaftlichen Kontext eingebettet werden muss, der eine holistische Betrachtung und Bearbeitung der Problematik ermöglicht.

2.2 Interne / lokale Bedingungen in den einzelnen Siedlungen

Die internen, lokalen Bedingungen in den einzelnen Siedlungen und auf der individuellen Ebene der potentiellen ›Selbsthelfer‹ sind oft – selbst bei fast optimalen Rahmen-bedingungen – die Hauptbeschränkungen, die ein Projekt zum Scheitern verurteilen. Nicht selten ist der Informationsgrad über die Zielgruppe zu Beginn eines Projektes so beschränkt, dass die wesentlichen Engpässe erst im Projektverlauf erkannt werden.

Die nun folgenden Aufzählungen tragen der Erkenntnis Rechnung, dass vielen Projektplanern gar nicht bewusst ist, welche Informationen – neben den üblichen quantitativen Basisdaten – vonnöten sind, um eine realistische Potenzialeinschätzung vorzunehmen. Daher ist die folgende Liste auch als Checkliste zu verstehen, die dabei helfen soll, Potenziale zu identifizieren und einen eventuellen zusätzlichen Handlungs-bedarf, etwa in Form von Sensibilisierungs- und Trainingsmaßnahmen oder einkommens-schaffenden Maßnahmen, zu erkennen. Auf die gängigen Basisdaten, die für jedes Selbsthilfeprojekt eine Selbstverständlichkeit darstellen, wird hier nicht eingegangen. Für die Art und Weise, wie die mehrheitlich qualitativen Daten erhoben werden können, sind in den empirischen Kapiteln V und VI ausreichend Beispiele gegeben.

Für die erfolgreiche Durchführung eines unterstützten Selbsthilfeprojektes müssen folgende interne gruppenspezifische und individuelle Aspekte beachtet werden:

Gruppenspezifische Merkmale

–   Der Organisationsgrad der Siedlung, das Vorhandensein von akzeptierten Ansprechpartnern und Interessenvertretern.
–   Funktionierende Informationsvermittlung, die alle erreicht.
–   Das Verständnis und die Akzeptanz demokratisch gefällter Entscheidungen, das Einhalten von Vereinbarungen.
–   Vorhandensein von institutionalisierten Kontrollmechanismen, etwa in Form von *Community Control Committees, Street Committees* etc., die die Einhaltung von Vereinbarungen überwachen.
–   Weitgehender Ausschluss von sozialen Kontroll- und Machtmechanismen, die erfolgreiche individuelle Selbsthilfeanstrengungen über Gewaltandrohung und -ausübung verhindern.

Merkmale auf der individuellen Ebene

–   Vorhandensein des ökonomischen Potenzials zur Investition in Wohnraum.
–   Vorhandensein von Problembewusstsein und Akzeptanz von Eigenverantwortlichkeit bei der Problemlösung.
–   Vorhandensein einer zumindest mittelfristigen Perspektive am Standort (Arbeitsplatznähe) und im städtischen Raum allgemein.
–   Fähigkeit sich zu organisieren und Mehrheitsentscheidungen mitzutragen.
–   Stabile Kernhaushaltszusammensetzung.

Viel zu oft stoßen unterstützte Selbsthilfeprogramme an ihre Grenzen, weil etwa über die internen Machtverhältnisse in den Siedlungen zu wenig Information vorhanden ist. Das Ausmaß des Problems und die Rapidität, mit der sich informelle Siedlungen in den großen Städten der Dritten Welt ausbreiten, lassen aus der Sicht von Politikern und Planern wenig Zeit zur Gewinnung stichhaltiger Information über die einzelnen Siedlungen. So werden einmal ausprobierte Lösungsansätze undifferenziert auf alle Siedlungen angewandt. Die vielen Fehlschläge, die unterstützte Selbsthilfeprojekte im Wohnungsbau bisher hinnehmen mussten, würden jedoch vermeintliche Umwege der Informationsgewinnung damit rechtfertigen, dass sie am Ende Zeit ersparen.

3.   Südafrika: A World in One Country
Ein Plädoyer für flexible und dynamische Politik- und Planungsoptionen im Wohnungsbau

Das südafrikanische Tourismusbüro wirbt mit dem Slogan ›*a world in one country*‹. In der Tat weist Südafrika eine Mischung an Lebensstilen auf, die weltweit ihresgleichen sucht. Insbesondere in den großen Städten entstehen neue (Über-)Lebensstrategien, die sich in einem Kontinuum zwischen städtischem und ländlichem Leben, zwischen ›modernen‹ und ›traditionellen‹ Produktionsweisen, zwischen europäischem und afrikanischem Kulturkreis und zwischen ›Entwicklung‹ und ›Unterentwicklung‹ bewegen. So wachsen Hybridformen zwischen ländlichem ›ethnisch-traditionellem‹ Leben und ›modern-westlich‹ orientiertem städtischem Leben. Diesen unterschiedlichen Lebensstilen muss die Wohnungspolitik Rechnung tragen.

Gefordert sind daher innovative Konzepte, die dem Mietwohnungsbau eine ebenso große Rolle zuweisen, wie dem Bau von zu kleinem und schlecht ausgestattetem Eigentum, das – wie nachgewiesen werden konnte – nur in einer begrenzten Anzahl von Fällen die erhoffte Investition erfährt. Denkbar wären hier zum Beispiel Leasing-Konzepte, die nach mehreren Jahren regelmäßiger Mietzahlungen eine Eigentumsübertragung ermöglichten.

Sowohl der Mietwohnungsbau als auch der Neubau von Eigentum muss in naher Zukunft von der *One-family-one-plot*-Maxime abrücken. Eine Weiterführung der Zersiedelung und Ausbreitung der großen Städte Südafrikas wird fatale Folgen für die Ökologie und Ökonomie des Landes und damit für die gesamtgesellschaftliche Entwicklung haben. Nicht nur werden die letzten Freiflachen versiegelt und die ohnehin spärlichen Grundwasserressourcen weiter dezimiert, auch die bislang offensichtlich kaum hinterfragte Ausbreitung der großen Städte in die Fläche wird zum Beispiel zu einer Erhöhung der Transportkosten und Transportemissionen führen und damit gesamt-gesellschaftliche Kosten verursachen.

Die südafrikanische Wohnungspolitik versucht derzeit gleich einem Janus-Kopf zwei in sich widersprüchliche politische und konzeptionelle Strategien zu verfolgen. Auf der einen Seite soll über die *Housing Subsidy* und die Bereitstellung von städtischem und staatlichem Grund und Boden für den Wohnungsbau die vielbeschworene Umverteilung auf die ehemals benachteiligten Gruppen erfolgen. Dieser Weg kann jedoch aufgrund der limitierten finanziellen Ressourcen nur zur Hälfte gegangen werden. Eine solche *Half-way*-Politik fordert Kritiker der Selbsthilfeschule geradezu heraus. So kann denn auch der südafrikanischen Wohnungspolitik von MARCUSE (1992:21) vorgeworfen werden: »*self-help emerges as governmental policy where redistribution and social equity are low priorities*« – eine Aussage, die von der gegenwärtigen ANC-Regierung sicherlich nicht gerne gehört wird.

Aufgrund limitierter Ressourcen wird Selbsthilfe weiterhin eine Option für die Städte Südafrikas bleiben, allerdings sollte dieses Konzept nur dann und da zum Einsatz kommen, wo die Situationsangemessenheit nachgewiesen ist.

Last but not least muss hier natürlich der Hinweis auf die Situation in den ländlichen Herkunftsgebieten der Migranten erfolgen. Wiewohl die Verfasserin nicht daran glaubt, dass Investitionen im ländlichen Raum die Mehrzahl der Migranten von einem – und sei es nur temporären – Verlassen ihres Herkunftsgebietes abhalten könnte.

Die städtische Wohnungspolitik hat sich auf die Realität hochmobiler Gruppen und Individuen einzustellen, deren Suche nach Lebenschancen nicht mehr auf räumlich definierte Einheiten oder einzelne Beschäftigungsfelder beschränkt ist. Wer im Sommer als Bauer auf seinem eigenen Feld in der ehemaligen Transkei arbeitet, kann im Winter über 1.000 km entfernt in Kapstadt als Bauarbeiter arbeiten. Die Wohnungspolitik hat die Aufgabe, die Voraussetzungen dafür zu schaffen, dass diese Menschen in adäquatem, das heißt ihren Bedürfnissen angepasstem und aus ökologischen Gesichtspunkten vertretbarem Wohnraum in der Stadt leben können.

Zum Schluss ist festzustellen, dass es sicherlich keinen einfachen und unproblematischen Weg zur Lösung von Südafrikas Wohnraumproblemen gibt. Insbesondere vor dem Hintergrund der Apartheidgeschichte wird die Verteilung der Lage und Qualität von Wohnraum auf die einzelnen Bevölkerungsgruppen zum Prüfstein für jede Desegregationspolitik.

Angesichts der in dieser Arbeit beschriebenen Probleme in der Politikformulierung, der Implementierung und der allgemeinen sozioökonomischen Rahmenbedingungen, sowie der Ignoranz der sozialen Realität der Betroffenen durch die derzeitigen *Housing*-Programme sind die Aussichten auf eine erfolgreiche – das heißt sozioökonomisch und ökologisch nachhaltige – Wohnungspolitik derzeit nicht gerade ermutigend. Trotz einiger Erfolge kann die Verfasserin den Aufwärtstrend noch nicht erkennen. Zu viele Probleme, die direkte und indirekte Auswirkungen auf Wohnen und Wohnraum in städtischen Agglomerationen haben –etwa die immer noch steigenden Kriminalitätsraten, die hohe Arbeitslosigkeit sowie ein virulenter Rassismus, der in allen südafrikanischen Bevölkerungsgruppen zu finden ist – relativieren die unbestreitbar vorhandenen Fortschritte.

Im Vergleich zu allen anderen Staaten Afrikas südlich der Sahara verfügt Südafrika allerdings sowohl über die nötigen finanziellen Ressourcen als auch über das erforderliche *Know-how*. Es soll hier auch nicht bestritten werden, dass Südafrika im innerafrikanischen Vergleich sicherlich eines der besten und fortschrittlichsten Wohnungsbauprogramme aufgelegt hat. Mittlerweile sind schließlich die fast eine Million Häuser, die mit Hilfe der *Housing-Subsidy* gebaut wurden, von keinem mehr zu übersehen. Kritiker des hier eher pessimistischen Ausblicks mögen auch einwenden, dass die trotz allem vergleichsweise günstigen Rahmenbedingungen und der politische Wille der südafrikanischen Regierungen Anlass zur Hoffnung geben, dass nach einer *trial and error*-Phase die Wende zu einer nachhaltigen Wohnungspolitik eingeleitet werde.

Abschließend möchte die Autorin mit Antonio Gramsci deshalb ihrer Hoffnung Ausdruck verleihen, dass der Pessimismus des Intellekts durch den Optimismus des Willens wird überwunden werden können. Das Kap war schließlich schon immer nicht nur ein Kap der Stürme, sondern auch ein Kap der guten Hoffnung!

Literatur

ABRAMS, C. (1964): Man's struggle for shelter in an urbanizing world. Cambridge.

ABRAMS, C. (1966): Squatter settlements: the problem and the opportunity. Washington.

African National Congress (Hrsg.) (1994): The Reconstruction and Development Programme. A policy framework. Johannesburg.

AMOS, J. (1993): Planning and managing urban land services. In: Devas, N. u. C. Rakodi (Hrsg.): managing fast growing cities. New approaches to urban planning and management in the Developing World. London. S. 132-152.

ANDERSSEN, N. u. K. GALT (1998): The Wild Coast SDI: Community needs and views of development. CIET international. Bisho.

ANTROBUS, G. G. ET AL. (1994): An overview of the agricultural economy of region D: Final report. Unit for Statistical Analysis, Port Elisabeth.

APPEL, S. (1993): Chalk and cheese: reflections on educational policy. In: Perspectives in Education 14 (2), S. 229–238.

BADCOCK, B. (1994): Urban and regional restructuring and spatial transfers of housing wealth. In: Progress in Human Geography, 18. S. 279–297.

BADE, K. (Hrsg.) (1996): Migration, Ethnizität, Konflikt (=IMIS-Schriften 1). Osnabrück.

BADE, K. u. M. Bommes (1996): Migration-Ethnizität-Konflikt. Erkenntnisprobleme und Beschreibungsnotstände: eine Einführung. In: BADE, K. (Hrsg.) (1996): Migration, Ethnizität, Konflikt. (=IMIS-Schriften 1). Osnabrück. S. 11–42.

BADENHORST, C. (1992): Popular culture and cultural geograpghy. In: ROGERSON, Ch. u. J. McCARTHY (Hrsg.): Geography in a changing South Africa. Progress and prospects. Cape Town. S. 51–66.

BAHRDT, H. P. (1970): Die moderne Großstadt. In: HASELOFF, O.W. (Hrsg.): Die Stadt als Lebensform. Berlin. S. 142–152.

BÄHR, J. u. U. JÜRGENS (1990): Auflösung der Apartheid-Stadt? Fallbeispiele aus Johannesburg. Durban und Port Elizabeth. In: Erdkunde, 44. S. 297–312.

BÄHR, J. u. U. JÜRGENS (1996): Ethnic change in late-apartheid South African cities. In: ROSEMAN, C. ET AL. (Hrsg.): Ethnicity: geographic perspectives on ethnic change in modern cities. Maryland. S. 223–249.

BÄHR, J. u. G. MERTINS (2000): Marginalviertel in Großstädten der Dritten Welt. In Geographische Rundschau 52, Heft 7–8, S. 19–25.

BAKEN, R. J. u. J. VAN DER LINDEN (1992): Land delivery for low-income groups in third world cities. Vermont.

BAKER, J. (1995): Survival and accumulation strategies at the rural-urban interface in northwest Tanzania. In: Environment and Urbanization, Vol. 7/1, S. 117–132.

BARÓSS, P. u. J. VAN DER LINDEN (Hrsg) (1990): The transformation of land supply mechanisms in the Thrid World. Aldershot.

BARRY, M. (1997): Analysing spatial components of land tenure systems in urban settlements. In: IKUSASA / CONSAS (Hrsg.) (1997): Proceedings of the sub-conference on »informal settlements & security of tenure«. Durban.

BECKER, C. M., HAMER A. M. u. A. R. MORRISON (1994): Beyond urban bias in Africa. Urbanization in an era of structural adjustment. London.

BEMBRIDGE, T. J. (1984): A systems approach study to agricultural development problems in Transkei (=unveröff. PhD dissertation, University of Stellenbosch). Stellenbosch.

BICKFORD-SMITH, V. (1995): South African urban history. Racial segregation and the unique case of Cape Town? In: Journal of Southern African Studies, Vol. 21, S. 63–78.

BINNS, T. (1994): Tropical Africa. London.

BISCHOFF, P.-H. (1995): 1994 and beyond: parameters of change in Southern Africa. In: Africa Insight, Vol. 25, S. 108–114.

BLAIKIE, P. (1985): The political economy of soil erosion in developing countries. New York.

BLAIKIE, P. (1994): The political ecology in the 1990s: an evolving view of nature and society. In: CASID (=Distinguished speakers Series No. 13, Michigan State University). East Lansing.

BLAIKIE, P. (1995): Changing environments or changing views? A political ecology for developing countries. In: Geography, Vol. 80 (3), S. 203–214.

BLAIKIE, P. u. H. BROOKFIELD (1987): Land degradation and society. London.

BMZ (Hrsg.) (1994): Deutsche Unterstützung für Südafrika. Bonn.

BMZ (Hrsg.) (1995): Spranger: Die Folgen der Apartheid in Südafrika müssen rasch überwunden werden. Entwicklungspolitik. Pressemitteilung Nr. 7/95. Bonn.

BOHLE, H.-G. (1995): Vorwort Freiburger Studien zur Geographischen Entwicklungsforschung. In: LOHNERT, B.: Überleben am Rande der Stadt. Saarbrücken. O. S.

BOHLE, H.-G., DOWNING, T. u. M. WATTS (1994): Climate change and social vulnerability. In: Global Environmental Change, 4, S: 37–48.

BOISSEVAIN, J. (1974): Friends of friends. Networks, manipulators and coalitions. Oxford.

BOURDIEU, P. (1992): Die verborgenen Mechanismen der Macht. Hamburg.

BOURNE, L.S. (1996): Social polarization and spatial segregation: changing income inequalitites in Canadian cities. In: DAVIES, R.J. (Hrsg.): Contemporary city structuring. Cape Town. S. 134–147.

BRAKE, K. u. U. RICHTER (Hrsg.) (1996): Sustainable urban development. Ausgangsüberlegungen zur Theorie einer nachhaltigen Stadtentwicklung. Oldenburg.

BRAUN, G. (1988): Südafrika: Zwischen Erster und Dritter Welt. In: Geographische Rundschau. 40, S. 14–21.

BRAUN, G. O. (1996): The formation of social space. In: DAVIES, R.J. (Hrsg.): Contemporary city structuring. Cape Town. S. 237–249.

BRENDEL, O. (1970): Über Entstehung und Funktion der Stadt in den alten Hochkulturen. In: HASELOFF, O. W. (Hrsg.): Die Stadt als Lebensform. Berlin. S. 20–28.

BROMLEY, D. W. (1992): Making the commons work: theory, practice, and policy. San Francisco.

BROOKS, S. (1992): The environment in history: new themes for South African Geography. In: ROGERSON, Ch. u. J. McCARTHY (Hrsg.): Geography in a changing South Africa. Progress and prospects. Cape Town. S. 158–172.

BRYCESON, D. F. u. V. JAMAL (1997): Farewell to farms: de-agrarianisation and employment in Africa (= Africa Studies Centre Leiden, Research Series 1997/10). Aldershot.

BULLENDER, D. (Hrsg.) (1996): The woman's budget. Cape Town.

BULLENDER, D. (Hrsg.) (1997): The second woman's budget. Cape Town.

Bureau for Information (Hrsg.) (1991): White Paper on Land Reform – a summary and background study. Pretoria.

Bureau of Information (Hrsg.) (1991): South African profile. Cape Town.

BURGESS, R. (1977): Self-help housing: a new capitalist strategy? A critique of the Turner school. In: Antipode, 9 (2), S. 50–60.

BURGESS, R. (1978): Petty commodity housing or dweller control? A critique of John Turner's view on housing policy. In: World Development, 6 (9/10).

BURGESS, R. (1988): Helping some to help themselves. In: Trialog, 18, S. 4–8.

BURGESS, R. (1992): Helping some to help themselves. Third World housing policies and development strategies. In: MATHÉY, K. (Hrsg.): Beyond Self-Help Housing. München.

BUSINESS DAY (1995–2001): verschiedene Ausgaben.

CABANNES, Y. (1992): Potential of prefabrication for self-help and mutual aid housing. In: MATHÉY, K. (Hrsg.): Beyond Self-Help Housing. München. S. 241–268.

CAPE ARGUS (1995–2001): verschiedene Ausgaben.

Cape Metropolitan Council (Hrsg.) (1996): The Metropolitan Spatial Development Framework (MSDF). Technical report. Cape Town.

Cape Metropolitan Council (Hrsg.) (1997). Towards the formulation of the environmental management strategy for the Cape Metropolitan Area. Cape Town.

Cape Metropolitan Council (Hrsg.) (1998a): Levels of living in the Cape Metropolitan Area. Cape Town.

Cape Metropolitan Council (Hrsg.) (1998b): The Metropolitan Spatial Development Framework (MSDF). Cape Town.

CAPE TIMES (1995–2001): verschiedene Ausgaben.

Cape Town City Council/City Planner's Department (Hrsg.) (1994): Cape Town Metropolitan Area. Statistical and demographic information. Cape Town.

CARTER, A. T. (1984): Household histories. In: NETTING, R., WILK, R. R. u. J. ARNOULD (Hrsg.): Comparative and historical studies of the domestic group. Berkeley. S. 44–83.

CARTER, H. (1995): The study of urban geography. London.

Central Statistics (Hrsg.) (1995): Provincial statistics Western Cape. Pretoria.

Central Statistics (Hrsg.) (1996): RSA: Statistics in brief 1996. Pretoria.

Central Statistics (Hrsg.) (1997): Census '96: Preliminary estimates of the size of the population of South Africa. Pretoria.

Central Statistics (Hrsg.) (1997): RSA: Statistics in brief 1997. Pretoria.

CHANT, S. (1998): Households, gender and rural-urban migration: reflections on linkages and considerations for policy. In: Environment and Urbanization 10:1, S. 5–22.

CHARNEY, C. (1995): Voices of a New Democracy: African expectations in the new South Africa. In: Research Report no. 38. Pretoria.

CHINA, A. u. ROBINS, S. (1994): Literacy, social power and cultural practice in a squatter community: A narrative study of communicative practices in Marconi Beam. Cape Town.

CHIRWA, W. C. (1995): Malawian migrant labour and the politics of HIV / Aids. 1985 to 1993. In: CRUSH, J. u. W. JAMES (Hrsg.): Crossing boundaries. Mine migrancy in a democratic South Africa. Cape Town. S. 120–128.

CHITTENDEN, D. & Associates (The Urban Foundation) (Hrsg.) (1993): Marconi Beam. Interface planning case study. Cape Town.

CHITTENDEN, D. & Associates (The Urban Foundation) (Hrsg.) (1994): Doornbach. Frankdale and Milnerton estates. Socio-economic survey. Cape Town.

City of Cape Town (1997): Community development report, subject: new housing policy. (= internes Diskussionspapier) Cape Town.

City Planner's Department, Surveys and Land Information Branch, Urban Studies (Hrsg.) (1995): Socio-economic characteristics: Langa. Gugulethu. Nyanga. Khayelitsha. Cape Town.

City Planner's Department, Surveys and Land Information Branch, Urban Studies (Hrsg.) (1996): Levels of living in the Cape Metropolitan Area. Cape Town.

CLAYTON, C. (1997): Government to rethink low-cost house subsidies. In: Argus 15/16, 2.Cape Town.

CLOETE, F. (1995): Local government transformation in South Africa. Pretoria.

COBBE, J. (1995): Macroeconomic statistical evidence from Lesotho. In: CRUSH, J. u. W. JAMES (Hrsg.): Crossing boundaries. Mine migrancy in a democratic South Africa. Cape Town. S. 151–162.

COCKBURN, J. C. (1992): Villa El Salvador: Twenty years of self-management and self-government in Lima. Peru. In: KOSTA, M. (Hrsg.): Beyond self-help housing. München. S. 311–322.

COLE, J. (1987): Crossroads: The politics of reform and repression. Johannesburg.

COMAROFF, J. u. J. L. COMAROFF (1999): Occult economies and the violence of abstraction: notes from South Africa. In: American Ethnologist, Vol. 26, No. 2., S. 1–21.

COPLAN, D. (1995): Response to »Mine migrancy in the contemporary era«. In: CRUSH, J. u. W. JAMES (Hrsg.): Crossing boundaries. Mine migrancy in a democratic South Africa. Cape Town. S. 33–35.

COPLAN, D. (1996): Restructuring the local state in post-apartheid cities: Namibian experiences and lessons for South Africa. In: DAVIES, R.J. (Hrsg.): contemporary city structuring. Cape Town. S. 368–404.

COPLAN, D. u. T. THOALANE (1995): Motherless households, landless farms: Employment patterns among Lesotho migrants. In: CRUSH, J. u. W. JAMES (Hrsg.): Crossing boundaries. Mine migrancy in a democratic South Africa. Cape Town. S. 139–150.

COX, S.J.B. (1985): No tragedy on the commons. In: Environmental Ethics 7, S. 49–61.

CRANKSHAW, O. (1993): Squatting. Apartheid and urbanisation on the Southern Witwatersrand. In: African Affairs, 92, S. 31–51.

CRANKSHAW, O. (1996): Social differentiation. Conflict and development in a South African township. In: Urban Forum, 7, S. 53–67.

CRANKSHAW, O. u. T. HART (1990): The roots of homelessness: causes of squatting in the Vlakfontein settlement south of Johannesburg. In: South African Geographical Journal, 72, S. 65–70.

CRUSH, J. (1992): Beyond the frontier: the new South African historical geography. In: ROGERSON, Ch. u. J. McCARTHY (Hrsg.): Geography in a changing South Africa. Progress and prospects. Cape Town. S. 10–37.

CRUSH, J. (1995): Mine migrancy in the contemporary era. In: CRUSH, J. u. W. JAMES (Hrsg.): Crossing Boundaries. Mine migrancy in a democratic South Africa. Cape Town. S. 14–32.

CRUSH, J. (Hrsg.) (1998): Beyond Control. Immigration and human rights in a democratic South Africa. Cape Town.

CRUSH, J. u. W. JAMES (Hrsg.) (1995): Crossing boundaries. Mine migrancy in a democratic South Africa. Cape Town.

CRUSH, J. u. W. JAMES (1995): The politics of normalisation: Mine migrancy in a democratic South Africa. In: CRUSH, J. u. W. JAMES (Hrsg.): Crossing boundaries. Mine migrancy in a democratic South Africa. Cape Town. S. 218–226.

DASGUPTA, P. (1982): The Control of Resources. Cambridge.

DAUSKARDT, R. (1992): Of sickness and health: prospects of South African medical geography. In: ROGERSON, Ch. u. J. McCARTHY (Hrsg.): Geography in a changing South Africa. Progress and prospects. Cape Town. S. 201–215.

DAVEY, K. (1996): Urban management. The challenge of growth. Aldershot.

DAVID, R. ET AL. (1995): Changing places? Women, resource management and migration in the Sahel. London.

DAVIES, R. J. (Hrsg.) (1996): Contemporary city structuring. Cape Town.

DAVIES, R. u. J. HEAD (1995): The future of mine migrancy: Trends in southern Africa. In: CRUSH, J. u. W. JAMES (Hrsg.): Crossing boundaries. Mine migrancy in a democratic South Africa. Cape Town. S. 202–214.

DAVIES, W. K. D. (1996): Post modernism and cities: engaging or accepting simultaneity in forms and social character? In: DAVIES, R.J. (Hrsg.): Contemporary city structuring. Cape Town. S. 3–19.

Department of Housing, Local Government and Planning (Hrsg.) (1995): Integrated serviced land project (ISLP). Cape Town. = Progress Report: 24.8.95.

Department of Trade and Industry (Hrsg.) (1995): Republik Südafrika: Industrieförderprogramm. Bonn.

Deutsche Stiftung für internationale Entwicklung (DSE) (Hrsg.) (1994): German-South African development cooperation – the Reconstruction and Development Programme (RDP). Berlin.

Development Action Group (DAG) (Hrsg.): Marconi Beam socio-economic data from the urban foundation survey May 1993. Cape Town.

Development Action Group (Hrsg.) (1995): Marconi Beam affordable housing project. Executive summary. Cape Town.

Development Action Group (Hrsg.) (1995): South African housing & urban policiy. Snapshots 1900–1995. Cape Town.

Development Action Group (Hrsg.) (1995): Kick-starting the Milnerton RDP: Economic development at Marconi Beam and Montague Gardens. Cape Town.

Development Action Group (Hrsg.) (1995): Annual Report 1994/95. Cape Town.

Development Action Group (Hrsg.) (1996): Annual Report 1996. Cape Town.

Development Action Group (Hrsg.) (1996): 1986–1996. Cape Town.

DEWAR, D., ROSMARIN, T. u. V. WATSON (1991): Movement patterns of the African population in Cape Town. In: Urban Problems Research Unit (Hrsg.): Cape Town. = Urban Problems Research Unit Working Paper Number 44.

DEWAR, D. u. R. S. UYTENBOGAARDT (1991): South African cities: A manifesto for change. Cape Town.

DEWAR, D. u. V. WATSON (1984): The concept of Khayelitsha: A planning perspective (=Urban Problems Research Unit Working Paper No. 31). Cape Town.

DEWAR, D. (1982): Alternative strategies for housing: the case of South Africa (=Urban Problems Research Unit Working Paper No. 26). Cape Town.

DEWAR, D., TODES A. u. V. WATSON (1982): Theories of urbanization and national settlement strategy in South Africa (= Urban Problems Research Unit Working Paper No. 21). Cape Town.

DIXON, J. A. ET AL. (1994): Discourse and the politics of space in South Africa: the ›squatter crisis‹. In: Discourse & Society. Vol. 5, S. 277–296.

DOLAN, C. (1995): Aliens aboard. Mozambicans in the New South Africa. In: Indicator SA. Vol. 12, S. 29–40.

DONALDSON, S. (1996): Urban black home ownership patterns in the Northern Province. South Africa. In: DAVIES, R. J. (Hrsg.): Contemporary City Structuring. Cape Town. S. 189–199.

DRAKAKIS-SMITH, D. (1981): Urbanization, housing and the development process. London.

DRAKAKIS-SMITH, D. (Hrsg.) (1992): Urban and regional change in Southern Africa. London/New York.

DRAKAKIS-SMITH, D. (1992): Urbanization and urban social change in Zimbabwe. In: DRAKAKIS-SMITH, D. (Hrsg.): Urban and regional change in Southern Africa. London/New York. S. 100–120.

DRECHSEL, P., SCHMIDT, B. u. B. GÖLTZ (2000): Kultur im Zeitalter der Globalisierung – von Identität zu Differenzen. Frankfurt.

DRUMMOND, J. (1992): Towards a geography of development for the rural periphery. In: ROGERSON, Ch. u. J. MCCARTHY (Hrsg.): Geography in a changing South Africa. Progress and prospects. Cape Town. S. 265–280.

DURAND-LASSERVE, A. (1993): Conditions de mise on place des systèmes d'information foncière dans les villes d'Afrique sud-saharienne francophone. Washington.

ECSECC (1998): Local Economic development (LED) in the Eastern Cape – a people driven option. East London.

EDWARDS, L. (1984): Area study of Cape Town. Profile of Philippi (=Carnegie Conference Paper No. 10e). Cape Town.

ELLIS, F. (1998): Livelihood diversification and sustainable rural livelihoods. In: CARNEY, D. (Hrsg.): Sustainable rural livelihoods: What contribution can we make? London. S. 53–66.

ELLIS, G. (Hrsg.) (1977): The squatter problem in the Western Cape: some causes and remedies. Cape Town.

ESCOBAR, A. (1992): Planning. In: SACHS, W. (Hrsg.): The development dictionary. London, S. 130–138.

ESCOBAR, A. (1995): Encountering development. Princeton.

EVANS, H. E. (1990): Rural-urban linkages and structural transformation (=INU Report 71, The World Bank). Washington.

FAIRHURST, J. u. F. NDLOVU (1996): An expanding regional dormitory area in socio-urban context. subtly reflecting gender issues: Ogies-Phola. South Africa. In: DAVIES, R. J. (Hrsg.): Contemporary city structuring. Cape Town. S. 222–236.

FALL, A. S. u. A. BA (1997): Pauvreté en milieu rural: quelles strategies de lutte? (=Vortragspapier der Tagung: ›Interactions villes-villages au Sénegal, 27.–29.10.1995). Dakar.

FAST, H. (1995): An overview of African settlements in the Cape Metropolitan Area to 1990 (= Urban Problems Research Unit Working Paper No. 53). Cape Town.

FEKADE, W. (2000): Deficits of formal urban land management and informal responses under rapid urban growth, an international perspective. In: Habitat International 24/2000, S. 127–150.

FIORI, R. (1992): Notes on the self-help housing critique: Towards a conceptual framwork for the analysis of self-help housing policies in developing countries. In: MATHÉY, K. (Hrsg.): Beyond self-help housing. München. S. 23–32.

FISCH, J. (1991): Geschichte Südafrikas. München.

FISCHER, C.S. (1975): Toward a subcultural theory of urbanism. In: American Journal of Sociology, 80, S. 1319–1341.

FISCHER, C. S. (1982): To dwell among friends. Personal networks in town and city. Chicago.

FOUCAULT, M. (1979): Discipline and punish: the birth of the prison. New York.

FOX, R. C. u. E. L. NEL (1996): Small town integration. Social interaction and development initiatives: A case study of Stutterheim. South Africa. In: DAVIES, R. J. (Hrsg.): Contemporary city structuring. Cape Town. S. 259–274.

GAEBE, W. (1988): Umsiedlungen in Südafrika. In: Geographische Rundschau, 40, S. 22–29.

GALTUNG, J. (1971): Gewalt, Frieden und Friedensforschung. In: SENGHAAS, D. (Hrsg.): Kritische Friedensforschung. Frankfurt. S. 55–104.

GASSON, B. (1995): Evaluationg the environmental performance of cities – the case of Cape Town (= papaer presented at the IGU-Conference in Cape Town 21.-25. August 1995), Cape Town.

GEIST, H. (1992): Die orthodoxe und die politisch-ökologische Sichtweise von Umweltdegradierung. In: Die Erde, Vol. 123 (4), S. 283–95.

GEIST, H. (1999): Soil mining and societal responses. In: LOHNERT B. u. H. GEIST (Hrsg.): Coping with changing environments. Social dimensions of endangered ecosystems in the developing world. Aldershot/Brookfield.

GERTEL, J. (1993a): »New Urban Studies«. Konzeptionelle Beiträge für eine problemorientierte geographische Stadtforschung. In: Geographische Zeitschrift, 81, S. 98–109.

GERTEL, J. (1993b): Krisenherd Khartoum (= Freiburger Studien zur Geographischen Entwicklungsforschung Nr. 2). Saarbrücken/Fort Lauderdale

GEYER, H. (1996): Expanding the theoretical foundation of differential urbanization. In: Tijdschrift voor Economische en Sociale Geografie, Vol. 87, S. 44–59.

GIDDENS, A. (1977): Studies in the Social and Political Sciences. London.

GIDDENS, A. (1979): Central Problems in social theory. Action, structure and contradiction in social analysis. London.

GIDDENS, A. (1989): A reply to my critics. In: HELD, D. u. J. THOMPSON (eds.): Social theory of modern society. Anthony Giddens and his critics. Cambridge. S. 249–301.

GILBERT, A. G. (1992): Third World cities: Housing, infrastructure and servicing. In: Urban Studies 29. S. 435-460.

GILBERT, A. G. U. GUGLER, J. (1982): Cities, poverty and development. Urbanization in the Third World. Oxford.

GILBERT, O. L. (1989): The ecology of urban habitats. New York.

GOOL, Z. (1938): Cape Town: city of rich and poor. Cape Town.

GOSS, J. D. (1996): Focus groups as alternative research practice: experience with transmigrants in Indonesia. In: Area, 28, S. 115–123.

GOSS, J. D. (1996): Introduction to focus groups. In: Area, 28, S. 113–114.

Government Communication and Information System (GCIS) (1997): South Africa Yearbook 1997. Pretoria.

Government Communication and Information System (GCIS) (1998): South Africa Yearbook 1998. Pretoria.

Government Communication and Information System (GCIS) (1999): South Africa Yearbook 1999. Pretoria.

Government of South Africa / Dept. of Housing (1994): White Paper of Housing. Pretoria.

Government of South Africa / Dept. of Housing (1997): Doing justice to delivery. Pretoria.

GRANT, L. u. K. KOHLER (1996): Evaluating tourism as a policy tool for urban reconstruction in South Africa: Focus on the Point Waterfront development. Durban. KwaZulu-Natal. In: DAVIES, R.J. (Hrsg.): Contemporary city structuring. Cape Town. S. 531–541.

GRIGGS, R. A. (1995): African boundaries – reconsidered. In: Internationales Afrikaforum, 31, S. 57–62.

GUGLER, J. (1988): The urbanisation of the third world. Oxford.

HAMMEL, E. A. (1984): One the *** of studying household form and function. In: NETTING, R., R. R. WILK u. E. J. ARNOULD (Hrsg.): Comparative and historical studies of the domestic group. Berkeley. S. 29–43.

HANNA, S., C. FOLKE u. K.-G. MÄLER (1995): Property rights and environmental resources. In: HANNA, S. u. M. MUNASINGHE (Hrsg): Property rights and the environment. Social and ecological issues. Washington. S.15–28.

HARD, G. (1987): Das Regionalbewusstsein im Spiegel der regionalistischen Utopie. In: Informationen zur Raumentwicklung, H. 7/8, S. 419–439.

HARD, G. (1988): Selbstmord und Wetter – Selbstmord und Gesellschaft. Studien zur Problemwahrnehmung in der Wissenschaft und zur Geschichte der Geographie. Erdkundliches Wissen, Heft 92. Stuttgart.

HARD, G. (1998): Eine Sozialgeographie alltäglicher Regionalisierungen. In: Erdkunde 52, S. 250–253.

HARD, G. (1999): Raumfragen. Werlens Geographietheorie: Gewinne und offene Fragen. In: MEUSBURGER, P. (Hrsg.): Handlungszentrierte Sozialgeographie. Benno Werlens Entwurf in kritischer Diskussion. Stuttgart. S. 133–162.

HARDIN, G. (1968): The tragedy of the commons. In: Science 162, S. 1243–1248.

HARMS, H. (1992): Self-help housing in developed and third world countries. In: MATHÉY, K. (Hrsg.): beyond self-help housing. München. S. 33–52.

HARVEY, D. (1973): Social justice and the city. London

HEAD, J. (1995): Migrant mine labour from Mozambique: What prospects?. In: CRUSH, J. u. W. JAMES (Hrsg.): Crossing boundaries. Mine migrancy in a democratic South Africa. Cape Town. S. 129–138.

HEAD, J. (1995): Response to »White plague« black labour revisited: TB and the mining industry«. In: CRUSH, J. u. W. JAMES (Hrsg.): Crossing boundaries. Mine migrancy in a democratic South Africa. Cape Town. S. 116–119.

HELBRECHT, I. u. J. POHL (1995): Pluralisierung der Lebensstile: Neue Herausforderungen für die sozialgeographische Stadtforschung. In: Geographische Zeitschrift, 83, S. 222–237.

HENNING, E. (2000): Megastädte, Globalisierung und Segregation. In: EPD Entwicklungspolitik, 11/12, S. 18–21.

HEWATT, P. ET AL. (1984): An exploratory study of the overcrowding and health issues at Old Crossroads. In: Carnegie Conference Paper No. 14. Cape Town.

HINDSON, D. u. B. PAREKH (1993): Urbanisation, housing and poverty. A national literature survey. 1980–1993. In: Southern Africa Labour and Development Research Unit (SALDRU), Paper 14, Cape Town.

HIRSCHMANN, D. (1994): Urban women. Civil society and social transition in the Eastern Cape. South Africa. In: African Rural and Urban Studies, 1, S. 31–48.

HOFFMANN, F. (2001): Zwischen Wahn und Wirklichkeit. Amnestie für Hexenmörder, Konjunktur für Zauberer: In Afrika breitet sich ein zerstörerischer Irrglaube aus. In: DIE ZEIT, 04.01.2001, S. 28.

HOHMANN, H. (1987): Südafrikas Menschenrechtsverletzungen: Ursachen und Reaktionen. In: Internationales Afrikaforum, 23, S. 159–182.

HOLLAND, M. (1995): South Africa. SADC. And the European Union: Matching bilateral with regional policies. In: The Journal of Modern African Studies, 33, S. 263–283.

HOPKINS, J. E. (1996): The challenge to house a nation. Marconi Beam – Phoenix. A blueprint for housing development in South Africa. Cape Town.

HORRELL, M. (1978): Laws affecting race relations in South Africa 1948–1976. Johannesburg.

HOUGHTON, D. H. (1976): The South African economy. Cape Town.

HUMPHISS, D. (1968): Benoni, son of my sorrow. Benoni.

HUYSTEEN, M. K. R. VAN u. J. P. N. NEETHLING (1996): Resort development in the False Bay recreational fringe of Metropolitan Cape Town. In: DAVIES. R.J. (Hrsg.): Contemporary city structuring. Cape Town. S. 401–519.

IBRAHIM, F. N. u. H. RUPPERT (Hrsg.) (1988): Rural – urban migration and identity change. Case studies from the Sudan (=Bayreuther Geowissenschaftliche Arbeiten). Bayreuth.

Integrated Serviced Land Project (1994): The Integrated Services Land Project. Cape Town.

Integrated Serviced Land Project (1996): News from the Integrated Serviced Land Project, No. 4. Cape Town.

JAMAL, V. u. J. WEEKS (1988): The vanishing rural-urban gap in sub-Saharan Africa. In: International Labour review, 127/3.

JAMES, W., D. GAILGIUIRE u. K. CULLINAN (Hrsg.) (1996): Now that we are free. Coloured communities in a democratic South Africa. Cape Town.

JEEVES, A. u. J. CRUSH (1995): The failure of stabilisation experiments on South African gold mines. In: CRUSH, J. u. W. JAMES (Hrsg.): Crossing boundaries. Mine migrancy in a democratic South Africa. Cape Town. S. 2–13.

JOURDAN, P. (1995): Response to »The politics of normalisation«: Mine migrancy in a democratic South Africa«. In: CRUSH, J. u. W. JAMES (Hrsg.): Crossing Boundaries. Mine migrancy in a democratic South Africa. Cape Town. S. 227.

JÜRGENS, U. (1994): Bekkersdal. West Rand: black population and settlement growth in a South African township. In: Petermanns Geographische Mitteilungen, 138, S. 67–76.

JÜRGENS, U. u. J. BÄHR (1992): Die Öffnung südafrikanischer Innenstädte für nicht-weiße Unternehmer. In: Zeitschrift für Wirtschaftsgeographie, 36, S. 175–184.

JUDGES, S. (1977): Poverty, living conditions and social relations – aspects of live in Cape Town in the 1830's (=unveröff. M.A. Thesis). Cape Town.

KARCHER, G. L. (1992): Und das Morden nimmt kein Ende – Zur Gewalt in den schwarzen Townships Südafrikas –. In: Internationales Afrikaforum, 28, S. 67–82.

KILIAN, D., S. GOUDIE, u. B. DODSON (1996): Postmodern f(r)ictions: History, text and identity at the Victoria and Alfred Waterfront. Cape Town. In: DAVIES, R.J. (Hrsg.): Contemporary city structuring. Cape Town. S. 520–530.

KITCHIN, R. M. (1996): Increasing the integrity of cognitive mapping research: appraising conceptual schemata of environment-behaviour interaction. In: Progress in Human Geography, 20, S. 56–84.

KLERK, L. de (2000): Co-review of the Megacities Lecture by Deyan Sudjic. In: http//www.megacities.nl/coref_sudjic.htm (11.07.00).

KOMBE, W. u. V. KREIBICH (2000): Reconciling informal and formal land management: an agenda for improving tenure security and urban governance in poor countries. In: Habitat International, 24, S. 231–240.

KOTZE, N. J. (1996): Gentrification in inner-city Cape Town. In: DAVIES, R.J. (Hrsg.): Contemporary city structuring. Cape Town. S. 489–500.

KRAAS, F. (1996): Entwicklungsdynamik und Regierbarkeit des Großraums Bangkok. Zur Bedeutung soziokultureller Einflußgrößen in der Megastadt. Bonn.

KROß, E. (1992): Die Barridas von Lima. Paderborn.

KRÜGER, F. W. (1997): Urbanisierung und Verwundbarkeit in Botswana. Existenzsicherung und Anfälligkeit städtischer Bevölkerungsgruppen in Gaborone (=Sozioökonomische Prozesse in Asien und Afrika. Band 1). Pfaffenweiler.

KRÜGER, F. W. (1998): Taking advantage of rural assets as a coping strategy for the urban poor. In: Environment and Urbanization, 10:1. S. 119–134.

KRÜGER, F. u. B. LOHNERT (1996): Der Partizipationsbegriff in der geographischen Entwicklungsforschung: Versuch einer Standortbestimmung. Geographische Zeitschrift, 1, 1996, S. 43–53.

KUPER, L., WATTS, H. u. R. J. DAVIES (1958): Durban, a study in racial ecology. London.

L&APC (1995): Land reform research, phase one: provincial synthesis report Eastern Cape Province, Working Paper 24, EC1. Johannesburg.

LABURN-PEART, C. (1995): Housing as a locus of power. In: CRUSH, J. u. W. JAMES (Hrsg.): Crossing boundaries. Mine migrancy in a democratic South Africa. Cape Town. S. 36–42.

LAMMAS, R. (1992): Voices and visions of place: new terrain for humanistic geography. In: ROGERSON, Ch. u. J. McCARTHY (Hrsg.): Geography in a changing South Africa. Progress and prospects. Cape Town. S. 67–85.

Legal Resource Centre (Hrsg.) (1997): Know your constitution. A summary of the 1996 Constitution. 2. Aufl. Braamfontein.

LEMON, A. (1996): Post-apartheid cities: planning for a new society. In: DAVIES, R. J. (Hrsg.): Contemporary city structuring. Cape Town. S. 62–73.

LIEBENBERG, C. (1995): Budget speech for the financial year of 1995/96 by Minister of Finance Chris Liebenberg. Cape Town.

LINDEN, J. van der (1992): Back to the Roots: Keys to successful implementation of sites-and-services. In: MATHÉY, K. (Hrsg.): Beyond self-help housing. München. S. 341–352.

LINDERT, P. van (1992): Social mobility as a vehicle for housing advancement? Some evidence from La Paz. Bolivia. In: MATHÉY, K. (Hrsg.): Beyond self-help housing. München. S. 157–180.

LINGLE, C. (1991): The collectivist origins of apartheid and socialism. In: South African Journal of Economic and Management Sciences, Vol. 5, S. 65–75.

LODGE, T. (1978): The Cape Town troubles, March-April 1960. In: Journal of Southern African studies, 4 (2), S. 230–241.

LOHMEIER, J. ET AL. (1999): Unpublished draft version of the appraisal mission, Community development Eastern Cape / promotion of rural livelihoods, GTZ, Bisho.

LOHNERT, B. (1994): How do urban vulnerable groups cope with price increases in staple food? The displaced people of Mopti, Mali. In: GeoJournal, 34.3, S. 269–275.

LOHNERT, B. (1995): Überleben am Rande der Stadt. Ernährungssicherungspolitik, Getreidehandel und verwundabre Gruppen in Mali. Das Beispiel Mopti (= Freiburger Studien zur Geographischen Entwicklungsforschung, Bd. 8). Saarbrücken.

LOHNERT, B. (1996): The identification of urban vulnerable groups. In: DAVIES, R. J. (Hrsg.): Contemporary city structuring. Cape Town. S. 250–258.

LOHNERT, B. (1998): Die politische Ökologie der Stadt-Land-Migration in Südafrika. In: GAIA, 7, S. 265–270.

LOHNERT, B. (1999): : Debating vulnerability, environment and housing. The case of rural-urban migrants in Cape Town, South Africa. In: LOHNERT, B. u. H. GEIST (Hrsg.): Coping with changing environments, social dimensions of endangered ecosystems in the developing world. Aldershot/Brookfield. S. 97–117.

LOHNERT, B. (2000a): Konflikte um Arbeitsmigration nach Südafrika. In: Blotevogel/Ossenbrügge/Wood (Hrsg.): Lokal verankert – weltweit vernetzt – 52. Geographentag Hamburg, Tagungsbericht und wissenschaftliche Abhandlungen. Stuttgart. S. 318-323.

LOHNERT, B. (2000b): Die Wohnungskrise im Post-Apartheid Südafrika – politische Instrumente und soziale Realität, das Beispiel Kapstadt. In: Bähr/Jürgens (Hrsg.): Transformationsprozesse im Südlichen Afrika – Konsequenzen für Gesellschaft und Natur. Kiel. S. 63-78.

LOHNERT, B. (2001a): Aids und die sozialen Folgen. Afrika steht vor einer Entwicklungskatastrophe. In: Geographie heute, Heft 190/22, S. 32-36.

LOHNERT, B. (2001b): Migration und Verstädterung – informelle Siedlungen und Umweltveränderungen. In: Geographie heute, Heft 190/22, S. 24-27.

LOHNERT, B. u. H. GEIST (1999): Endangered ecosystems and coping strategies. Towards a conceptualization of environmental change in the developing world. In: LOHNERT, B. u. H. GEIST (Hrsg.): Coping with changing environments, social dimensions of endangered ecosystems in the developing world. Aldershot/Brookfield. S. 1–53.

LOHNERT, B. u. H. GEIST (Hrsg.) (1999): Coping with changing environments. Social dimensions of endangered ecosystems in the developing world. Aldershot/Brookfield.

LOHNERT, B., OLDFIELD, S. u. S. PARNELL (1998): Polarisations sociales post-apartheid: l'emergence d'identités micro-locales dans l'agglomeration du Cap. In: Numéro Spécial Géographie et Cultures: Espace et Identités en Afrique du Sud.

LOHNERT, B., OLDFIELD, S. u. S. PARNELL (1998): Post-apartheid social polarisations: The creation of sub-urban identities in Cape Town. In: The South African Geographical Journal, Sept. 1998, S. 86–92.

LOUDEN, R. B. (1992): Morality and moral theory: a reappraisal and reaffirmation. Oxford.

LOWDER, S. (1986): Inside Third World cities. London.

LUPTON, M. (1992): Economic crisis, deracialisation and spatial restructuring: challenges for radical geography. In: ROGERSON, Ch. u. J. McCARTHY (Hrsg.): Geography in a changing South Africa. Progress and prospects. Cape Town. S. 95–110.

MACOLOO, G. C. (1996): The interaction between urbanisation and housing policies: Kenyan lessons for South Africa. In: DAVIES, R. J. (Hrsg.): Contemporary city structuring. Cape Town. S. 158–173.

MAHARAJ, B. (1996): Towards non-racial urban governance: the Durban experience. In: DAVIES, R. J. (Hrsg.): Contemporary city structuring. Cape Town. S. 355–367.

MAIN, H. (1994): Introduction. In: MAIN, H, u. S. W. WILLIAMS (Hrsg.): Environment and housing in third world cities. New York. S. 1–28.

MAIN, H. u. S. W. WILLIAMS (Hrsg.) (1994): Environment and housing in third world cities. New York.

MANGIN, W. (1967): Latin American squatter settlements: a problem and a solution. In: Latin American Research Review, 2, S. 65–98.

MARCUS, T., EALES, K. u. A. WILDSCHUT (1996): Down to earth. Land demand in the New South Africa. Durban.

MARCUSE, P. (1992): Why conventional self-help projects won't work. In: MATHÉY, K. (Hrsg.): Beyond self-help housing. München. S. 15–22.

MAREE, J. (1978): African and coloured squatters in the Cape Town region: 1975–1978 (=Wits History Workshop Paper). Johannesburg.

MAREE, J. u. J. CORNELL (1978): Sample survey of squatters in Crossroads, Dec. 1977 (=SALDRU working paper No. 17). Cape Town.

MASKIE, J. L. (1977): Ethics: Inventing right and wrong. Harmondsworth.

MASON, S. O. ET AL. (1997): Managing informal settlements spatially: Experiences from the urban modeler project. In: IKusasa/CONSAS 1997. Durban.

MATHÉY, K. (1992): Positions on self-help housing. In: MATHÉY, K. (Hrsg.): Beyond self-help housing. München. S. 379–396.

MAY, J. (Hrsg.) (1998): Poverty and inequality in South Africa (=Report for the Office of the Deputy President and the Inter Ministerial Committee for Poverty and Inequality). Cape Town.

MAZUR, R. E. u. V. N. QUANGULE (1995): African migration and appropriate housing responses in Metropolitan Cape Town. Cape Town.

MAZUR, R. E u. V. N. QUANGULE (1996): Household dynamics and appropriate responses: Population mobility amongst Africans in Metropolitan Cape Town. Cape Town.

McAUSLAN, P. (1993): The role of law in urban planning. In: Devas, N. u. C. Rakodi (Hrsg.): managing fast growing cities. New approaches to urban planning and management in the Developing World. London. S.236-264.

McCARTHY, J. (1988): Poor urban housing conditions, class, community and the state: lessons from the republic of South Africa. In: Obudho, R. A. u. C. C. Mhlanga: Slums and squatter settlements in sub-saharan Africa. New York. S. 290–301.

McCARTHY, J. (1992): Urban geography and socio-political change: restrospect and prospect. In: ROGERSON, Ch. u. J. McCARTHY (Hrsg.): Geography in a changing South Africa. Progress and prospects. Cape Town. S. 138–157.

McCARTHY, J. u. Ch. ROGERSON (1992): Unscrambling the demographic mosaic: population geography in South Africa. In: ROGERSON, Ch. u. J. McCARTHY (Hrsg.): Geography in a changing South Africa. Progress and prospects. Cape Town. S. 38–50.

McDONALD, D. (1997): Left out in the cold? Housing and immigration in the New South Africa (=Migration Policy Series, No 4). Cape Town.

McNAMARA, K. (1995): Gate politics: Competing interests in mine hostels. In: CRUSH, J. u. W. JAMES (Hrsg.): Crossing boundaries. Mine migrancy in a democratic South Africa. Cape Town. S. 62–67.

MEHLWANA, A. M. (1997): The anthropology of fuels: situational analysis and energy use in urban low-income townships of South Africa (= Paper read at the Social Anthropology Department Seminar Series, 16 September 1997). Cape Town.

MERTINS, G., POPP, J. u. B. WEHRMANN (1998): Bodenrecht und Bodenordnung in informellen großstädtischen Siedlungsgebieten von Entwicklungsländern. Marburg.

MEUSBURGER, P. (1999): Handlungszentrierte Sozialgeographie. Benno Werlens Entwurf in kritischer Diskussion. Stuttgart.

MEYER, W. B. u. B. L. TURNER II. (1995): The Earth transformed: trends, trajectories, and patterns. In: JOHNSTON, R. J., P. J. TAYLOR u. M. J. WATTS (Hrsg.): Geographies of global change. Blackwell. S. 302–317.

MILLER, F. (1996): Imizamo Yethu settlement is facing anarchy. In: Argus. 22.3.96. Cape Town.

MILLS, E. S. u. B. W. HAMILTON (Hrsg.) (1989): Urban economics. 4. Aufl. Glenview.

MILLS, E.S. u. B.W. HAMILTON (1989): The problem of poverty. In: MILLS, E. S. u. B. W. HAMILTON (Hrsg.): Urban economics. 4. Aufl. Glenview. S. 166–184.

MILLS, E. S. u. B. W. HAMILTON (1989): Housing problems and policies. In: MILLS, E. S. u. B. W. HAMILTON (Hrsg.): Urban economics. 4. Aufl. Glenview. S. 217–251.

MILLS, E. S. u. B. W. HAMILTON (1989): Urbanization in developing countries. In: MILLS, E. S. u. B. W. HAMILTON (Hrsg.): Urban economics. 4. Aufl. Glenview. S. 401–424.

Ministry for Provincial Affairs and Constitutional Development (Hrsg.) (1998): The White Paper on Local Government. Pretoria.

Ministry of the Office of the President (Hrsg.) (1994): White Paper on Reconstruction and Development. Cape Town.

MITCHELL, J. (Hrsg.) (1969): Social networks in urban situations. Manchester.

MLH Architects and Planners (1991): Hout Bay development and management plan, policy and goal statements. Unpublished report. Cape Town.

MOLAPO, M. P. (1995): Job stress, health and perception of migrant mineworkers. In: CRUSH, J. u. W. JAMES (Hrsg.): Crossing boundaries. Mine migrancy in a democratic South Africa. Cape Town. S. 88–100.

MOODIE, D. (1995): Town woman and country wives: Housing preferences at Vaal Reefs mine. In: CRUSH, J. u. W. JAMES (Hrsg.): Crossing boundaries. Mine migrancy in a democratic South Africa. Cape Town. S. 68–81.

MOORHEAD, S. (1995): Housing: The role of the employer. In: CRUSH, J. u. W. JAMES (Hrsg.): Crossing boundaries. Mine migrancy in a democratic South Africa. Cape Town. S. 82–85.

MOSIMANEGAPE, L. M. (1996): Mmabatho: the changing face of a South African city. In: DAVIES, R.J. (Hrsg.): Contemporary city structuring. Cape Town. S. 174–188.

MUTHIEN, Y. G. u. M. M. KHOSA (1995): ›The kingdom, the volkstaat and the New South Africa‹: Drawing South Africa's new regional boundaries. In: Journal of Southern African Studies. Vol. 21, S. 303–322.

MYBURGH, D. W. (1996): The transformation of social space in Tygerberg. Cape Town. In: DAVIES, R.J. (Hrsg.): Contemporary city structuring. Cape Town. S. 200–209.

NAIDOO, J. (Hrsg.) (1995): Taking the RDP forward. Cape Town.

NEL, A. (1962): Geographical aspects of Apartheid in South Africa. In: Tijdschrift voor Economische en Sociale Geografie, 53 (10), S. 197–209.

NETTING, R., R. R. WILK u. E. J. ARNOULD (Hrsg.) (1984): Comparative and historical studies of the domestic group. Berkeley.

NETTING, R., R. R. WILK u. E. J. ARNOULD (1984): Introduction: Notes on the history of the household concept. In: NETTING, R., R. R. WILK u. E. J. ARNOULD (Hrsg.): Comparative and historical studies of the domestic group. Berkeley. S. xiii–xxxvii.

NIENTIED, R. u. J. van der LINDEN (1994): Approaches to low-income housing in the third world. In: GUGLER, J (1994): The urbanization of the third world. 4. Aufl. Oxford.

NUSCHELER, F. (1996): Migration, Ethnizität und Konflikt in Afrika. In: BADE, K. (Hrsg.) (1996): Migration, Ethnizität, Konflikt (=IMIS-Schriften 1). Osnabrück. 289–304.

OAKES, G. (1990): Die Grenzen kulturwissenschaftlicher Begriffsbildung (= Heidelberger Max Weber Vorlesungen 1982). Frankfurt a. M.

ODA (Hrsg.) (1995): The history of the development of townships in Cape Town, 1920–1992. Cape Town.

ODA (Hrsg.) (1995): Townships in Cape Town: demographics and other statistical indicators. Cape Town.

ODA (Hrsg.) (1995): Townships in Cape Town: case study area profiles. Cape Town.

ODA (Hrsg.) (1996): Townships in Cape Town: a pilot study of Nyanga. New crossroads and KTC. Cape Town.

OECD (Hrsg.) (1992): Urban land markets. Policies for the 1990s. Paris.

OELOFSE, C. (1996a): The Integration of three disparate communities: the myths and realities facing Hout Bay. Cape Town.

OELOFSE, C. (1996b): The integration of three disparate communities. In: DAVIES, R. J. (Hrsg.): Contemporary city structuring. Cape Town. S. 275–286.

OESTEREICH, J. (2000): Land and property rights: some remarks on basic concepts and general perspectives. In: HABITAT, No. 24. S.221–230.

Office of the President (Hrsg.) (1997): Housing Act (= Government Gazette. 19. December 1997). Cape Town.

OLIVER-EVANS, C. (1993): Employment and urbanisation: The impact of the abolition of influx control in the Western Cape (= SALDRU Working Paper No. 84). Cape Town.

OPITZ, P.J. (1993): Welten im Aufbruch: Flüchtlings- und Migrationsbewegungen. In: Bayrische Landeszentrale für politische Bildung (Hrsg.): Migration und Toleranz. München. S. 11–26.

PARK, R. E., E. W. BURGESS u. R. D. McKENZIE (Hrsg) (1925): The City. Chicago.

Parliament of the Republic of South Africa / Department of Constitutional Development and Planning (Hrsg.) (1985): White Paper on Urbanization. Pretoria.

Parliament of the Republic of South Africa / President's Council (Hrsg.) (1992): Report of the committee for economic affaires on a revised urban strategy for South Africa. Pretoria.

Parliament of the Republic of South Africa (Hrsg.) (1994): White Paper on Reconstruction and Development. Cape Town.

PARNELL, S. (1993): Creating racial privilege: the origins of South African public health and town planning legislation. In: Journal of Southern African Studies, Vol. 19, S. 471–488.

PARNELL, S. (1996a): South African cities: perspectives from the ivory towner of urban studies. In: DAVIES, R.J. (Hrsg.): Contemporary city structuring. Cape Town. S. 42–61.

PARNELL, S. (1996b): Housing. In: BULLENDER, D. (Hrsg.): The woman's budget. Cape Town. S. 121–147.

PARNELL, S. u. A. MABIN (1995): Rethinking urban South Africa. In: Journal of Southern African Studies, Vol. 21, S. 39–61.

PETSIMÉRIS, P. u. J.-B. RACINE (1996): New forms of ethnic and social division in the European city in transition: division of labour, mobility and inter-cultural relationships. A research agenda. In: DAVIES, R.J. (Hrsg.): Contemporary city structuring. Cape Town. S. 20–41.

POTTS, D. (1995): Shall we go home? Increasing urban poverty in African cities and migration processes. In: The Geographical Journal, Vol. 161, S. 245–264.

Province of Western Cape: (1996): Provincial Gazette 5099, 13.12.1996. Cape Town.

PUMAIN, D. u. C. ROZENBLAT (1996): The dynamics of social specialisation in a system of cities. In: DAVIES, R.J. (Hrsg.): Contemporary city structuring. Cape Town. S. 74–92.

RAKODI, C. (1992): Some issues in urban development and planning in Tanzania, Zambia and Zimbabwe. In: DRAKAKIS-SMITH, D. (Hrsg.): Urban and regional change in Southern Africa. London/ New York. S. 121–146.

RAMPHELE, M. (1995): The affirmative action book. Towards an equity environment. Cape Town.

REINTGES, C. u. J. McCARTHY (1992): Reconstructing political geography in South Africa. In: ROGERSON, Ch. u. J. McCARTHY (Hrsg.): Geography in a changing South Africa. Progress and prospects. Cape Town. S. 111–122.

ROBERTSON, A. F. (1984): People and the state: an anthropology of planned development. Cambridge.

ROBERTSON, M. K. (1990): Black land tenure: Disabilities and some rights. In: RYCROFT, A. J., BOULLE, A. J. u. M. K. ROBERTSON (Hrsg.): Race and the law in South Africa. Cape Town. S. 119–135.

ROBINSON, J. (1992): Abandoning androcentrism? A future for gender studies in South African geography. In: ROGERSON, Ch. u. J. McCARTHY (Hrsg.): Geography in a changing South Africa. Progress and prospects. Cape Town. S. 123–137.

ROBINSON, J. (1996): Transforming spaces: Spatiality and the transformation of local government in South Africa. In: DAVIES, R.J. (Hrsg.): Contemporary city structuring. Cape Town. S. 333–354.

ROGERSON, Ch. u. J. McCARTHY (Hrsg.) (1992): Geography in a changing South Africa. Progress and prospects. Cape Town.

ROLLINS, L. (1991): ›Seizing the gap‹: the potential feasibility of utilizing urban open spaces for informal housing – a case study of Milnerton (= unveröffentlichte Honours Thesis, Dept. of Geographical and Environmetal Studies). Cape Town.

RULE, S. (1996): Suburban demographics change in Johannesburg: The case of Bertrams. In: DAVIES, R.J. (Hrsg.): Contemporary city structuring. Cape Town. S. 210–221.

SAFF, G. (1996): Claiming a space in a changing South Africa: the »squatters« of Marconi Beam. Cape Town. In: Annals of the Association of American Geographers, 86, S. 235–255.

SAUNDERS, C. (1978): Not newcomers. In: South African Outlook, 108, S.29.

SCHLAUTMANN, T. (1998): Raumnutzungskonflikte um informelle Wohnsiedlungen während der politischen Übergangsphase Südafrikas. Das Beispiel der Squatter von Marconi Beam, Kapstadt (= unveröffentlichte Diplomarbeit) Osnabrück.

SCHMIDT, B. (1996): Creating order: Culture as politics in 19th and 29th Century South Africa. Nijmegen.

SCHMIDT-WULFFEN, W. D. (1980): »Welfare Geography« oder Leben in einer ungleichen Welt. In: Geographische Zeitschrift, Jg. 68, Heft 2, S. 107–120.

SCHNEIDER. H. E. (1996): Südafrika und sein Wohnungsbauprogramm. Häuser für die Nation. In: Eine Welt 3/96, S. 17–19.

SCHÜTZ, E. J. (1992): A case for housing prefabrication in squatters' settlements. In: MATHÉY, K. (Hrsg.): Beyond self-help housing. München. S. 235–240.

SEEKINGS, J., GRAAF, J. u. P. JOUBERT (1990): Survey of residential and migration histories of residents of the shack areas of Khayelitsha (=University of Stellenbosch, Research Unit for Sociology and Development, Occasional Paper No. 15). Stellenbosch.

SELL, S. (1994): Räumliche Sozialpolitik. Möglichkeiten und Grenzen sozialwissenschaftlicher Konzepte in der Geographie. In: Geographische Zeitschrift, 82, S. 154–165.

SMIT, W. (1994): Towards a housing strategy for Metropolitan Cape Town (= Urban Problems Research Unit Working Paper No. 51). Cape Town.

SMITH, D.M. (1973): An introduction to Welfare Geography (= Occasional Paper 11. Department of Geography and Environmental Studies, University of the Witwatersrand). Johannesburg.

SMITH, D. M. (1977): Human geography – A welfare approach. London.

SMITH, D. M. (1992a): Redistribution after Apartheid: who gets what where in the new South Africa. In: Area, No. 24, S. 350–358.

SMITH, D. M. (1992b): The apartheid city and beyond: urbanization and social change in South Africa. London.

SMITH, D. M. (1995): Geography. Social justice and the New South Africa. In: South African Geographical Journal, 77, S. 1–5.

SMITH, S. (1990): South Africa's economic integration with Southern Africa. In: Front Line Africa: The Right to a Future. Oxford.

SONI, D. (1992): Human geography in the 1990s: challenges engendered by transformation. In: ROGERSON, Ch. u. J. MCCARTHY (Hrsg.): Geography in a changing South Africa. Progress and prospects. Cape Town. S. 86–94.

South African Communication Service (Hrsg.) (1997): South Africa Yearbook 1997. 4. Aufl. Pretoria.

South African Department of Finance Mission in Europe (Hrsg.) (1994): The South African Economy in Brief. Zürich.

South African Institute of Race Relations (Hrsg.) (1975): South Africa Survey 1974/75. Braamfontein.

South African Institute of Race Relations (Hrsg.) (1996): South Africa Survey 1995/96. Braamfontein.

South African Labour and Development Research Unit – SALDRU (Hrsg.) (1994): South Africans Rich and Poor: baseline household statistics. Cape Town.

South Africa Labour and Development Research Unit – SALDRU (Hrsg.) (1995): Key Indicators of Poverty in South Africa. Cape Town.

Southern Africa Labour and Development Research Unit – SALDRU (Hrsg.) (1993): Dimensions of poverty in the Western Cape Region. Cape Town.

Southern Substructure Executive Committee (Hrsg.) (1996): Proposed meeting between members of the Executive Committee of the Southern Substructure and PAWC (= internes Diskussionspapier). Cape Town.

SOWMAN, M. u. M. GAWITH (1994): Participation of disadvantaged communities in project planning and decision-making: A case study of Hout Bay. In: Development Southern Africa, Vol.11, No. 4, S. 557–571.

SPIEGEL, A. D. u. A. M. MEHLWANA (1996): Family as social network: Kinship and sporadic migrancy in the Western Cape's Khayelitsha (=Report submitted to the Cooperative Research Programme on Marriage and Familiy Life, Human Research Council). Pretoria.

SPIEGEL, A. D., V. WATSON u. P. WILKINSON (1995): Speaking truth to power? Some problems in using ethnographic methods to influence the formulation of housing policy (=Working Paper, School of Education, University of Cape Town). Cape Town.

SPIEGEL, A. D. V. WATSON u. P. WILKINSON (1995): Domestic fluidity and movement patterns among Cape Town's African population: some implications for housing policy (= Discussion Paper, Centre for African Studies, University of Cape Town). Cape Town.

SPIEGEL, A. D. V. WATSON u. P. WILKINSON (1996): Dealing with diversity: African household dynamics and housing policy formation in Cape Town. In: DAVIES, R.J. (Hrsg.): Contemporary city structuring. Cape Town. S. 287–310.

STOKES,C. (1962): A theory of slums. In: Land Economics 38. S.187-197.

STREN, R. u. R. WHITE (Hrsg.) (1989): African cities in crisis. Managing rapid urban growth. Boulder.

Südafrikanische Botschaft Bonn (Hrsg.) (1993): Atlas Südliches Afrika. Bonn.

Südafrikanische Botschaft Bonn (Hrsg.) (1994): Weißbuch über Umbau und Entwicklung. Die Strategie der Südafrikanischen Regierung zur grundlegenden Umgestaltung (Auszüge). Bonn

Surplus People Project (Hrsg.) (1983a): Forced removals: The Western Cape. Northern Cape and Orange Free State. Cape Town.

Surplus People Project (Hrsg.) (1983b): Forced removals: The Eastern Cape. Cape Town.

Surplus People Project (Hrsg.) (1983c): Forced removals: General Overview. Cape Town.

TAIT, J. (1997): From self-help housing to sustainable settlement. Aldershot.

TAKOLI, C. (1999): Rural-urban interactions (=Supplementary theme paper). In: Department for International Development (Hrsg.): Urban Governance, partnership and poverty. London.

TEUTEBERG, H.-J. (Hrsg.) (1983): Urbanisierung im 19. und 20. Jahrhundert. Historische und geographische Aspekte. Köln/Wien.

The MDF Co-ordinating working Group (Hrsg.) (1993): Principles for planning and development in the Cape Metropolitan Area. Third Draft. Cape Town.

The World Bank (Hrsg.) (1994): Reducing poverty in South Africa. Options for equitable and sustainable growth. Washington.

THOMASHAUSEN, A. (1987): The dismantling of apartheid. The balance of reforms 1978–1988. Cape Town.

TOLLEY, G. S. u. T. VINOD (Hrsg.) (1989): The economics of urbanization and urban policies in developing countries. A World Bank symposium, 2. Aufl. Washington.

TOMLINSON, R. ET AL. (1994): Urban development planning. Lessons for the economic reconstruction of South Africa's cities. London/New Jersey.

TURNER, J. u. R. FICHTER (Hrsg.) (1972): Freedom to built. New York.

TURNER, J. (1968): Housing priorities, settlement patterns and urban development in modernizing countries. In: Journal of the American Institute of Planners, 34, Nr. 3, S. 54–63.

TURNER, J. (1976): Housing by people. London.

TURNER, J. (1986): Future Directions in Housing Policy. In: HABITAT 10, Nr. 3. S. 7–25

TURNER, J. (1996): Tools for building community. An examination of 13 Hypothesis. In: HABITAT, 20, Nr. 3. S. 339–347.

UHL, O. u. P. TAVOLATO (1992): Computers. Participation and self-help housing. In: MATHÉY, K. (Hrsg.): Beyond self-help housing. München. S. 269–282.

UNTERHALTER, B. (1975): Changing attitudes to passing for white in an urban coloured community. In: Social Dynamics, 1, S. 53–62.

Urban Foundation (Hrsg.) (1993a): Marconi Beam: Interface planning study. Cape Town.

Urban Foundation (Hrsg.) (1993b): Marconi Beam: Socio-economic survey. Cape Town.

Urban Problems Research Unit / The Urban Foundation (Hrsg.) (1990): An overview of development problems in the Cape Metropolitan Area (=Urban Problems Research Unit Working Paper No. 40). Cape Town.

VAN AVERBECKE, W. ET AL. (1998): An analysis of land, livelihood, governance and infrastructure in two settlements in former Ciskei (=ARDRI Report 3/98, University of Fort Hare). Alice.

VAN WESTEN, A. C. M. (1995): Unsettled: Low-income housing and mobility in Bamako/Mali. Utrecht.

VOGEL, C. (1992): The South African environment: horizons for integrating physical and human geography. In: ROGERSON, Ch. u. J. MCCARTHY (Hrsg.): Geography in a changing South Africa. Progress and prospects. Cape Town. S. 173–185.

VORLAUFER, K. (1984): Wanderungen zwischen ländlichen Peripherie- und großstädtischen Zentralräumen Afrikas. In: Zeitschrift für Wirtschaftsgeographie, 28/3–4, S.229–261.

VORLAUFER, K. (1985): Ethnozentrismus, Tribalismus und Urbanisierung in Kenya. In: Studien zur regionalen Wirtschaftsgeographie, Heft 47, S. 107–157.

VORLAUFER, K. (1992): Urbanisierungsprozesse in schwarzafrikanischen Städten. In: Zeitschrift für Wirtschaftsgeographie, 36/1–2, S. 1–4.

WALLERSTEIN, I. u. J. SMITH (1984a): Households as an institution of the world economy. In: NETTING, R., WILK, R. R. u. E. J. ARNOULD (Hrsg.): Comparative and historical studies of the domestic group. Berkeley. S. 3–23.

WALLERSTEIN, I. u. J. SMITH (1984b): Core-periphery and household structures. In: NETTING, R., WILK, R. R. u. E. J. ARNOULD (Hrsg.): Comparative and historical studies of the domestic group. Berkeley. S. 253–262.

WÄRNERYD, O. (1996): Urban corridors in an urbanised archipelago. In: DAVIES, R.J. (Hrsg.): Contemporary city structuring. Cape Town. S. 429–444.

WATSON, G. (1970): Passing for white: a study of racial assimilation in a South African school. London.

WATTS, M. (1993): The geography of post-colonial Africa: Space, place and development in sub-saharan Africa (1960–93). In: Singapore Journal of Tropical Geography, Vol. 14, S. 173–190.

WATTS, M. u. H.-G. BOHLE (1993): Hunger, famine and the space of vulnerability. In: GeoJournal, 30.2, S. 117–125.

WEBER, M. (1904): Die »Objektivität« sozialwissenschaftlicher und sozialpolitischer Erkenntnis. In: J. WINCKELMANN (Hrsg.) (1988): Gesammelte Aufsätze zur Wissenschaftslehre, Tübingen, S. 146–214.

WEICHART, P. (2000), Geographie als Multi-Paradigmen-Spiel. Eine post-kuhnsche Perspektive. – In: H. H. BLOTEVOGEL, J. OSSENBRÜGGE und G. WOOD (Hrsg): Lokal verankert – weltweit vernetzt. 52. Deutscher Geographentag Hamburg, Tagungsbericht und wissenschaftliche Abhandlungen. Stuttgart, S. 479-488.

WEICHEL, K., SMITH, L. C. u. M. S. PUTTERILL (1978): Nyanga and Crossroads: Some aspects of social and economic activity (= Urban Problems Research Unit Working Paper No. 2.). Cape Town.

WELSH, D. (1978): The growth of towns. In: WILSON, M. u. L. M. THOMPSON: The Oxford history of South Africa , Vol. 2, Oxford.

WERLEN, B. (1995a): Landschaft, Raum und Gesellschaft. Zur Entstehungs- und Entwicklungs-geschichte der Sozialgeographie. In: Geographische Rundschau, 47. Jg., Heft 9, S. 513–522.

WERLEN, B. (1995b): Sozialgeographie alltäglicher Regionalisierungen. Bd. 1: Zur Onthologie von Gesellschaft und Raum. Stuttgart.

WERLEN, B. (1995c): Von der Regionalgeographie zur Sozial-/Kulturgeographie alltäglicher Regio-nalisierungen. In: WERLEN, B. u. S. WÄLTY (Hrsg.): Kulturen und Raum. Theoretische Ansätze und empirische Kulturforschung in Indonesien. Zürich.

WERLEN, B. (1997): Sozialgeographie alltäglicher Regionalisierungen Bd. 2: Globalisierung, Region und Regionalisierung. Stuttgart.

WESGRO (Hrsg.) (1992): South Africa's leading edge? A guide to the Western Cape economy. Cape Town.

WESSO, H. u. S. PARNELL (1992): Geography education in South Africa: Colonial roots and prospects of change. In: ROGERSON, Ch. u. J. MCCARTHY (Hrsg.): Geography in a changing South Africa. Progress and prospects. Cape Town. S. 186–200.

WEST, M. (1983): Influx control in the Cape Peninsular. In: HORNER, D. (Hrsg): Labour preference, influx control and squatters: Cape Town entering the 1980s (= SALDRU working paper No. 50). Cape Town.

WESTERN, J. (1981): Outcast Cape Town. London.

Western Cape Economic Development Forum / Urban Development Commission (Hrsg.) (1995): Metropolitan Spatial Development Framework. A guide for spatial development in the Cape metropolitan functional region. Draft for discussion. Cape Town.

WILDAVSKY, A.B. (1979): Speaking truth to power: The art and craft of policy analysis. Boston.

WILK, R. R. u. R. McC. NETTING (1984): Households: Changing forms and functions. In: NETTING, R. McC., R. R. WILK u. E. J. ARNOULD (Hrsg.): Comparative and historical studies of the domestic group. Berkeley. S. 1–28.

WILSON, F. (1987): Another Crossroads. In: South African Outlook, Vol. 117, S. 3.

WILSON, M. u. L. M. THOMPSON (1978): The Oxford history of South Africa. Oxford.

WILSWORTH, M. (1979): Poverty and survival: the dynamics of redistribution and sharing in a black South African township. In: Social Dynamics, 5 (1), S. 14–25.

WIRTH, L. (1938): Urbanism as a way of life. In: The American Journal of Sociology, 44/1, S. 1–24.

ZUKRIGL, I. (1995): Südafrika in den 90er Jahren. In: afrika süd 2/95, S. 17.

ZUKRIGL, I. (1995): Kommunalwahlen im November: Keine Spur von Euphorie. In: afrika süd 2/95, S. 16–17.

ZYL, B. van (1995): Population Study for the Cape Metropolitan Region: 1995. Cape Town.

Anhang

Abb. IV.6: Disparitäten des Lebensstandards in der CMA

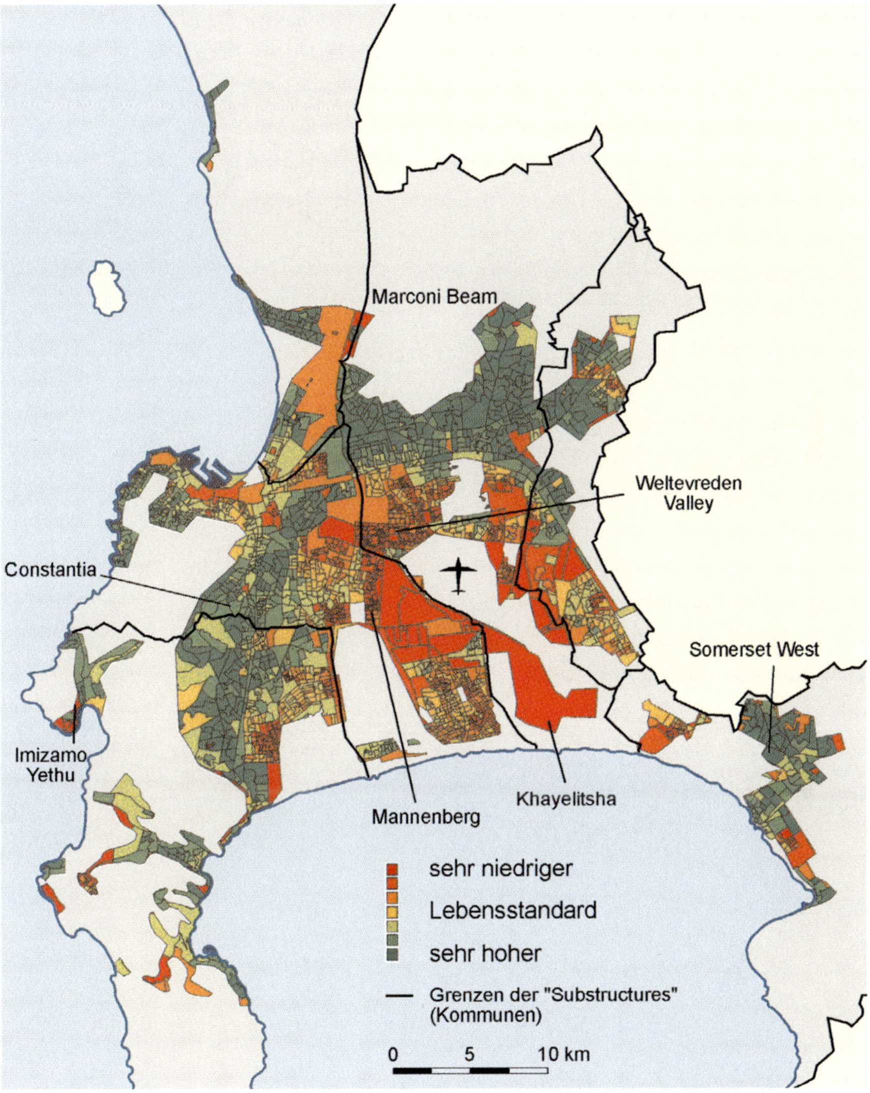

Quelle: CMC (1998a: o. S.), aktualisiert und verändert

Abb. IV. 10: Das Metropolitan Spatial Development Framework

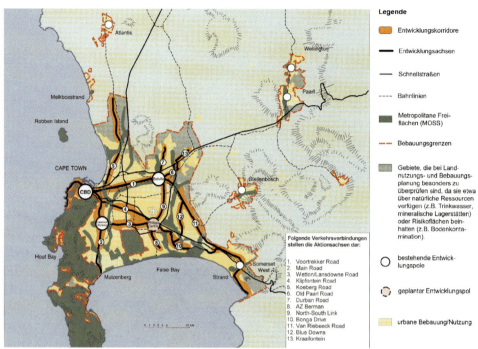

Quelle: CMC (1998b: o. S.), verändert und ergänzt

Abb. V. 3: Luftbild Marconi Beam, 1996

Abb. V. 4: Luftbild Imizamo Yethu, 1998

Abb. V. 5: Luftbild Weltevreden Valley

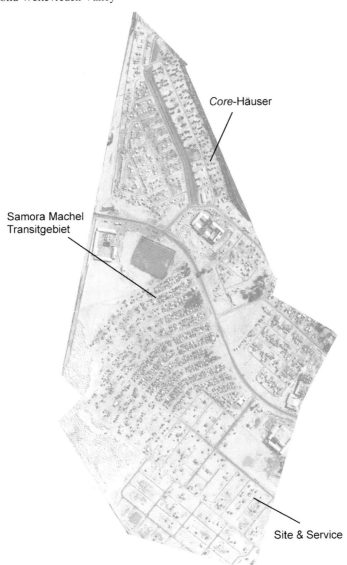

Core-Häuser

Samora Machel
Transitgebiet

Site & Service

Abb. VI. 2: Beispiel Familie A (= Haushalt Nr. 30): Eintrittsort und Ausbreitung in die informellen Gebiete

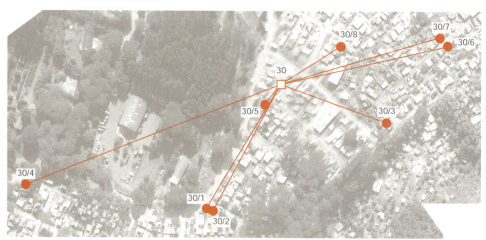

Abb. VI. 14: Soziale Netzwerke und physiognomische Siedlungsentwicklung,
Beispiel Imizamo Yethu

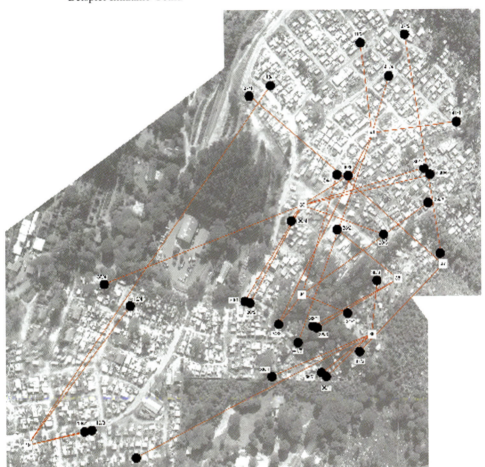

Abb. VI. 15: Machtstrukturen in Imizamo Yethu

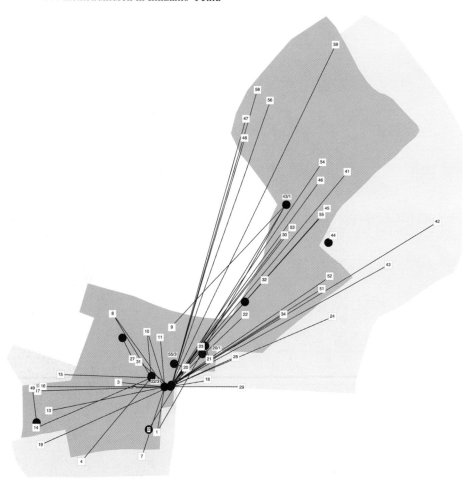

Foto 1: Partizipative Luftbildinterpretation in Marconi

Foto 2: Marconi Beam im Winter 1998

(Foto: B. Lohnert)

Foto 3: Marconi Beam, Winter 1998

(Foto: B. Lohnert)

299

Foto 4: Joe Slovo Park, 1999

(Foto: B. Lohnert)

Foto 5: Imizamo Yethu an den Hängen des Tafelbergmassivs

(Foto: B. Lohnert)

Foto 6: Erosionsschäden in Imizamo Yethu

(Foto: B. Lohnert)